宫哲兵◎编著

唯道论

——质疑中国哲学史“唯物”“唯心”体系

中山大学出版社
·广州·

图书在版编目（CIP）数据

唯道论：质疑中国哲学史“唯物”“唯心”体系/宫哲兵编著. —广州：中山大学出版社，2012. 8
ISBN 978 - 7 - 306 - 04168 - 5

Ⅰ. ①唯…　Ⅱ. ①宫…　Ⅲ. ①哲学史—研究—中国　Ⅳ. ①B2

中国版本图书馆 CIP 数据核字（2012）第 081927 号

出 版 人：祁　军
策划编辑：丁　俭
责任编辑：丁　俭
封面设计：林绵华
责任校对：杨文泉
责任技编：何雅涛
出版发行：中山大学出版社
电　　话：编辑部 020 - 84111996，84113349，84111997，84110779
　　　　　发行部 020 - 84111998，84111981，84111160
地　　址：广州市新港西路 135 号
邮　　编：510275　　　　传　真：020 - 84036565
网　　址：http://www. zsup. com. cn　　E-mail:zdcbs@ mail. sysu. edu. cn
印 刷 者：佛山市南海印刷厂有限公司
规　　格：787 mm × 1092 mm　　1/16　　29. 5 印张　　592 千字
版次印次：2012 年 8 月第 1 版　2012 年 8 月第 1 次印刷
印　　数：1 ~ 2000 册
定　　价：48. 00 元

作者简介

宫哲兵（GongZhebing），男，山东省蓬莱县人，1949年10月生，1981年武汉大学哲学系研究生毕业，1981—1997年任教于中南民族学院，1997年至今任教于武汉大学哲学学院，现为武汉大学哲学学院宗教学系教授、博士生导师、武汉大学中国女书研究中心主任，兼任中国老子道学文化研究会常务副会长兼道商企业家委员会主任、道家网站《人龙网》名誉站长、湖北省宗教学会副秘书长、湖北省道教协会咨询委员会委员、道教天师府《龙虎山》杂志学术顾问、福建省漳州市道教协会顾问、中国人类学会理事、广西瑶族研究会副会长、中国性学会性教育委员会委员、武汉性学会副理事长、湖北省作家协会会员，曾任中国神学研究院（香港）访问学者、武汉市道教文化研究会《财神》杂志主编。

在哲学方面，他主要研究老子与道家思想，代表著作有《唯道论的创立——质疑中国哲学史“唯物”“唯心”体系》、《晚周辩证法史研究》、《湖北历代思想家评传》（合编）、《以道治国：道德经新译》等。2003年，他曾策划与主持“海峡两岸首届当代道家研讨会”，该会由武汉大学、中国社会科学院、湖北省道教协会与武当山道教协会主办。2006年他还策划与主持过“海峡两岸唯道论研讨会”，该会由武汉大学与湖北省政府主办。

在宗教学方面，他主要研究道教与佛教，代表著作有《当代道家与道教》、《净土宗祖师慧远文论今译》（合著）等。他运用田野调查的方法，对中国佛教、道教、基督教的现状有许多研究成果，发表了许多调查报告，代表著作有《宗教人类学的田野调查》等；2005年9月至2006年1月赴香港中国神学研究院讲学；2006—2007年，他主持并完成了美国普渡大学“中国市场经济转型中的信仰与信任研究（道教部分）”的大型课题。

在人类学方面，从1982年至1998年，他用17年的时间从事文化探险，找到并论证了瑶族的圣地——千家峒，代表著作有《千家峒运动与瑶族发祥地》等。同时，1982年在湖南省江永县作民族调查时发现女书文字，随后进行了破译与研究，代表作有《妇女文字与瑶族千家峒》、《女书——世界唯一的女性文字》、《女性文字与女性社会》、《抢救世界文化遗产——女书》、《女书通——女性文字工具书》（合编）、《女书—— 一个惊人的发现》（合著）等。1987年至1995年，曾在美国、加拿大、法国、保加利亚、泰国等国和香港、台湾等地讲学。

老子
混元之祖太清之尊
五千言旨包括乾坤

独标唯道论
力挺新道学
宫哲兵先生惠存
胡孚琛 丙戌夏书
识於中国社会科学院

序

民族之兴旺，国家之强盛，事业之发达，学术之创新，关键在于人才的培养、识别与使用。故自古“人尽其才”，是中华民族传统文化的政治理想。考中华民族之传统社会，是以君权专制为核心形成的道统、政统、学统一体化的大一统政治模式，而“君主之利器”，必以周公旦、孔丘的儒学作为占统治地位的思想。在此政治模式之下，国家之统治阶层为“官”，被统治阶层是“民”，国家由家族组成，家崇父权，国崇君权，国是家的扩大，此所谓“国”、“家”一体，“家国同构”。“民”分“士农工商”，士大夫为“四民”之首，他们不仅是中华民族传统文化的载体，而且是中华民族精神的承担者，更是国家官员的人才库。秦汉以降，中华民族的道统、政统、学统呈现“一治一乱的循环之局”，而“士气”决定着国家和民族的命运。清末以来，以儒学为主流意识形态的道统、学统被打破，封建君权专制的政统也随之覆灭，中华民族的志士在“亡国灭种”的危险面前奋起而救之。所谓“五四”新文化运动，实际上仍以救亡运动为主调，力图打破旧儒学的君权专制、保守腐败之颓风，引进西方的自由、民主、科学、宪政的新思想，最后以中国共产党和马克思列宁主义的胜利而告终。20世纪中叶，我们引进了苏联的政治模式，进而发动了一系列政治运动乃至“无产阶级文化大革命”，使中华民族的传统文化遭到自阉式的破坏。改革开放以来，我们突破了苏联的政治模式，终于举起“中国式社会主义”的旗帜，认识到中华民族的传统文化是我们综合国力的重要因素，是社会主义中国的软实力，于是中国文化的新繁荣、新高潮正在兴起。

中华民族正处在政治、经济、文化诸方面都发生历史性转变、飞速发展的新时期，由此反观我国的“文化”和“士气”是十分必要的。在中华民族的传统文化革新方面，略有三大思潮。一是民族文化虚无主义思潮，欲以美国的新自由主义彻底取代中华民族的传统文化，这批人都是“西方文化中心论”者。在这些人眼里，现代化等于全球化，也就等于西化，等于美国化。他们挑起“中国哲学有无合法性”的讨论，否定中华民族曾领先世界的科学技术史，把中医、养生学、阴阳五行学说、气功等统统打成“伪科学”，甚至把汉字也打成“伪科学”，鼓吹汉字拉丁化。美国的新自由主义如在中国得逞，大一统的中华民族在“西化”的同时将被“分化”，同时实现日人岩里政男（李登辉）将中国分割为七大块的阴谋，这是近百年来在中国进行殖民统治、掠夺中国资源和文物的西方殖民主义分子梦寐以求的事！显然，近半个世纪以来那些自毁中华民族传统文化的行为，也是帮了“台独”分子、“藏独”分子、西方抵制北京奥运会的老殖民主义余孽的忙！我们面对“台独”分子在文化上的“去中国化”，面对西方老殖民主义余孽急于分裂中国和对中华民族和平崛起的仇视和恐慌，应该清醒地认识到：在全球化的浪潮中，传统文化是一个民族的命脉，中华文化是我们民族鲜明的身份标识。在民族绝续存亡的关头，文化存，则国家存；文化亡，则国家亡。我们的老祖宗是伏羲、女娲、神农、黄帝、蚩尤（中国之战神），而不是任何西方人。我们炎黄子孙不能忘记近代在西方列强和日本军国主义面前受屈辱的历史，不愿回到清末半殖民地的旧中国，就应当像爱护自己眼睛一样保护中华民族的传统文化！二是新儒学的思潮，这是中华民族一批爱国的知识分子反思旧儒学的弊端，重新建构有时代精神的新儒学的创举。他们发现儒学并非没有现代性，而是在宪政体制下汲取了自由、民主、科学的理念后才能化腐朽为神奇。他们看到旧儒学和自由、民主、宪政、科学之间有一个“坎陷”，并力图超越这一“坎陷”。我们支持新儒家学派的学术创新，因为儒学思想早已深入中国人的骨髓，如无创新则会成为中华民族在现代化进程中因袭的重担。三是新道学的思潮，这就是我和宫哲兵教授重新诠释老子《道德经》的唯道论学说。如果说中国儒学是和平主义的“羊文明”，近世以来在西方征服世界的“狼文明”面前吃了败仗。道学文化则是飞腾变化的“龙文明”，“龙文明”和自由、民主、宪政、科学之间没有任何“坎陷”，因而本质上是一种普世文明，最终会将人类引向没有阶级、没有压迫、没有国界、没有战争的大同社会。

古云凡能立非常之功者，必能行非常之事；凡能行非常之事者，必非常之人！凡非常之人，必能特立独行，必有非常之思想，必有超越世俗的战略眼光。人有守成之才，有创业之才，而创业之才多有冒险性，很难求全责备。中华民族在“五四”救亡运动中涌现出来的知识分子，尚属有“士气”，留学归国的科学家如钱学森、钱三强等人，皆能独当一面，为中华民族的崛起立下不朽功勋。然而自 1957 年“反右派”等政治运动一直到“无产阶级文化大革命”，知识分子“士气”大伤。特别是 20 世纪 90 年代以来，大学生不问政治，追求时尚，考试成绩唯重外语。学术研究误入市场化、功利化之途，为评职称、评博士点、评科研项目等突击出书，托关系发表论文，形成在低水平上重复的学术研究和追求数量忽视质量的浮躁学风。学术史上的传世之作，多由学者在某一领域刻苦钻研，多年深思熟虑，从而激发出类似佛陀“大圆镜智”的学术境界，独力笔耕而成。能写出传世之作的学者，在自己的学术领域内触类旁通，学贯中西，有历史之眼光和超群之见地，学脉接续了先贤的智慧，方谓之“专家”和“大家”。而当今一些学者，本无国学功底，又缺少学术道德之修养，专以交游趋势为务，借用媒体自我妙作，大兵团作战炮制学术成果，故其学风、文风已不足道，腐败现象时有发生。如此由“评委制”投票而评出的教授虽可谓之“知识分子”，却不能称为学界之“士”了。

然而每个民族、每个国家的历史毕竟要赋予本民族的有志之士以历史使命，召唤国家有历史责任感的知识分子振奋士气，完成时代的大业。21世纪中华民族知识分子的历史使命是，尽快复兴本民族的传统文化，集古今中外文明之精华创立有时代精神的新道学，完成中华民族的统一大业进而引领全人类奔向和谐、双赢的大同社会。我青年时代在杨石先老师的教诲下成长起来，而后受教于黄友谋、钱学森、陈国符、王明、张岱年诸师长，而这些师长都生于19世纪末或20世纪初国难当头的年代，在我的心灵中灌输了浓重的对国家民族的忧患意识。在即将踏入21世纪之门时，随着退休年龄的临近，我为自己确定了五项学术任务：一是尽快完成钱学森老师嘱托的丹道和密宗的调研任务，将其修持法诀留传下来，写成《丹道法诀十二讲》，作为人体科学的研究成果。二是倾毕生学力创立新道学，写成《新道学引论》。三是重新修订《中华道教大辞典》。四是为陈国符老师完成《道藏源流考》再次修订的工程。五是申报全国性的一级社团“老子道学文化研究会”，开创道学文化研究的新局面，将自己来不及完成的学术理想托付给后人。本世纪初，武汉大学宫哲兵教授来访，得知他很认同我对新道学的观点，将拙著《道学通论》推荐给武汉大学的研究生当做教材。随后几年，宫哲兵教授又在武汉发起和组织了几次大型研究新道学文化的学术会议，并提出“唯道论”的学术思想，在国内外引起较大反响。这使我发现，宫哲兵教授是颇具学术战略眼光的开创型人才，他的学术经历使自己形成了独具特色的治学风格。宫哲兵教授在“文革”结束后先在武汉大学哲学系攻读哲学，毕业后却长期从事民族学和人类学的研究，擅长田野调查。那些年，他对“女书”的发现及对瑶族“千家峒”运动的研究轰动海内外，这显然和他的学术战略眼光有关。学术活动本身也有战略和战术之分，在选题和对未知领域的推求中不仅需要扎实的学术功底，更需要辨识轻重真伪的智慧。至于宫哲兵教授到武汉大学宗教系任教后“首倡唯道论，力挺新道学”，更是显示了他在学术战略上的智慧。新道学的创立是人类进入21世纪后时代赋予中国学术界的历史使命，是中华民族21世纪唯一可行的文化战略，也是全人类文化革新的方向。宫哲兵教授以田野调查为功底，治学行事不拘一格，这在书斋中谋进取之路的学者眼中未免有点不规范，但他遇事颇有风力，敢想敢做，行文生动活泼，时出新意，读者从他的书中肯定会产生诸多遐想和启发。

而今时光又过去8年，我给自己提出的学术任务完成过半，这期间与宫哲兵教授交往弥深。我曾为调研丹道和密宗的法诀跋涉江湖、深入康藏、走访山林达26年之久，在这方面和宫哲兵教授调研“女书”的经历有共同语言，致使宫先生亦对丹道亲履而实践之。今年3月28日，老子道学文化研究会经中华人民共和国民政部批准在北京人民大会堂宣告成立，宫哲兵教授亦被推举为常务副会长，负责组建本会内部组织“道商企业家委员会”，于是他很快又开启了“道学文化产业化与道学管理思想和策略”的研究，有望取得崭新的学术成果。我深知新道学的创立绝非一人之力所能独自完成，而是需要几代学者的共同奋斗，这既需要严密扎实的逻辑推理，又需要对《道德经》等道学元典独开风气的新思维，特别是需要一批别开生面的学术著作打破死寂的学术气氛。宫哲兵教授的《唯道论》一书敢于打破禁区，从政治学的视角对《道德经》的文本进行诠释，读来令人耳目一新。德国哲学家伽达默尔的释义学认为，在对历史文本的释义中，历史并非独立于我们之外的客体，我们诠释历史文本同时也就参与了历史，历史是主客体的交融和统一，是一种涵盖一切的过程和关系。老子《道德经》具有无限诠释的可能性，老子的思想经久弥新。在新道家学者眼里，《道德经》不再是儒家眼中的隐士哲学、消极避世无所作为的哲学，而是一种积极变革、与时偕新的哲学。先师王明教授曾云“半部《道德经》可以‘革’天下”，这就是新道学的时代精神！读者能在面前这本书中领略宫哲兵教授那种齐国稷下“处士横议”的墨侠之遗风，岂不快哉！

中国社会科学院哲学研究所研究员
中国老子道学研究会会长
胡孚琛　2008年5月3日

目录

第一部分　唯道论与道论

第二部分　唯道论与道家

第三部分　唯道论与道教

第四部分 唯道论与唯物论、唯心论

第五部分　唯道论与中国哲学史

第六部分　《道德经》辩证法的历史形成与逻辑发展

第八部分　评议唯道论

第九部分　道学新论摘要

第十部分　以道治国：《道德经》新译

第一部分
唯道论与道论

第一章 老子唯道论

道是老子提出的哲学概念，老子的哲学理论都是围绕着道而展开的。过去几十年，哲学界长期争论老子的道是物质还是精神？老子哲学是唯物论还是唯心论？其实老子的道不是物质也不是精神，是什么呢？是“天地之始”，“万物之母”，即宇宙本根。老子哲学不是唯物论也不是唯心论，是什么呢？是“唯道是从”的唯道论。过去已有一些学者将老子哲学概括为唯道论，如许地山先生在《道教史》一书中称道家的理论为唯道论。[1]但这些学者对于什么是唯道论并未加以论证与展开。笔者在本文中将对先秦道论的兴起、老子唯道论的创立、唯道论的基本观点、唯道论的理论渊源等给予比较系统的论述。

一、道的渊源

1. 金文中的道

到目前为止，甲骨文中还没有发现道字。由于甲骨文并没有全部破译，所以我们现在还不能说甲骨文中没有道字。没有道字，那么，在甲骨文中道路的意思是怎么表达的呢？有人考证，道路用途字来表达。甲骨文中有途字，见于《殷虚书契前编》与《殷虚书契乙编》等。途有道途与屠杀两种意义，其中道途为本义，屠杀为引申义。

金文中已确认有道字，而且不止一处。西周时的铜器上的铭文有道字，《貉子卣》上的道字由行与首两个部分组成。《散盘》上的道字由行、首、止三个部分组成。春秋战国时的器物铭文上也有道字，见于《曾伯簠》、《侯马盟书》等。这两处金文道字看上去与西周的相似，大概就是从西周金文道字沿袭下来的。金文中的道字，一般是道路的意思。汉代许慎在《说文解字》中对道的解释是“从行从首，一达谓之道”，即按一定方向去到达的就是道路。

2. 古文献中的道

“十三经”是指中国先秦13部儒家经典著作，包括《易经》、《诗经》、《书经》、《左传》、《国语》等战国以前的古文献，是研究先秦文化的重要资料。在“十三经”中，道字为句首的有86处，道的含义多种多样。一是指道路。如《易经》："履道坦坦。"《诗经》："道阻且长。"二是指谈说。《国语·晋语九》："道之以文，行之以顺。"三是指某种主张。《论语·宪问》："道之将行也与，命也；道之将废也与，命也。"四是指伦理。如《礼记》："道也者不可须臾离也。"五指道义。如《谷梁传》："道义不外公也。"六指治理。如《周礼》："道国之政事。"七是指引导。《论语·为政》："道之以政，齐之以刑。"[2]还有其他的含义，在此不一一举例。

古文献上记录了一些隐士的言行，如《论语》中讽刺、嘲笑孔子的长沮、桀溺、石门晨门、接舆等"楚狂"；又如被孔子称赞的蘧伯玉、虞仲、夷逸等"逸民"。这些隐士"以道抑尊"，"以德抗权"，属于早期道家，或与早期道家关系密切。这些人大多精通天道——天文天象之理，也精通人道——经邦治国之术，但与政治保持一定的距离。《论语·微子》："君子哉蘧伯玉！邦有道则仕，邦无道则可卷而怀之。"这些隐士以道作为他们的政治理想，道是公道、道义的意思。老子也是隐士，《史记·老子韩非列传》："老子，隐君子也。"老子著《道德经》，其思想肯定受到过这些隐士的影响。[3]

3. 道：道路与行路

道有行路、运行的意思。《释名·释道》："道，蹈也；路，露也，言人所践蹈而露见也。"行路之谓道。《说文解字》："道，所行道也。"段玉裁注说："道者人所行，故亦谓之行。"道也就是行路，引申为运行。现在，研究道的学者多将道的原始含义仅作为名词——"道路"理解。根据以上资料，道的原始含义还可以作动词来理解——行路或运行。"十三经"中以道路为句首的有四处：《礼记》："道路不通。"又"道路男子由右"；《周礼》："道路用旌节"；《左传》："道路无壅"。《国语》中有道、路连用多处。如《周语上》："国人莫敢言，道路以目。"《周语中》："道路若塞。"《晋语四》："今子于了圉，道路之人也。"[4]这里面有一些道是动词，即"蹈"、"行"义。"道路以目"，即行路以目，或行道以目。

这里特别指出道的原始含义有名词与动词之分，是为了说明道在成为哲学概念以后，我们要从两个方面去思索它的含义。如果我们仅仅把道作为名词理解，我们就只会问：是什么？如果我们把道作为动词理解，那么就还会问一个问题：怎样运行？前者主要是一个静态宇宙观的问题，后者主要是一个动态宇宙观的问题。正是后面这个问题成为道家哲学始终不变的主题，也是中国哲学的特点。

4. 道路神

在历史悠久的中国道教中，道就是神，道神合一。很少有学者注意到，道在春秋时期已具有神性，它是无人格的道路神。《礼记·曾子问》："道而出。"孙希旦先生集释："道，祭行道之神于国城之外也。"非常难得的是，孙先生还具体记录了古代祭道路神的仪式："其礼，以菩棘柏为神主，对土为軷坛，厚二寸，广五尺，轮四尺，既祭，以车轹之，喻行道时无险难也。"

《左传·昭公七年》："梦襄公祖。"注："祖，祭道神。"疏："祖与道为一，知'道'是祭道神也。"道是道路之神，祖也是道路之神。黄帝之妃嫘祖，一度成为道路之神的人格形象，被祀为道神或祖神。《宋书·礼志》注引崔实《四民月令》："(嫘)祖，道神也。黄帝之妃嫘祖，好远游，死道路，故祀以为道神，以求道路之福。"《云笈七签》卷100《轩辕本纪》："(黄)帝周游行时，元妃嫘祖死于道，帝祭之以为祖神。"这是嫘祖的第一次被神化，没有定型。嫘祖第二次被神化为蚕神，经历漫长的封建社会，一直持续到今天。[5]

二、道论的兴起

春秋战国时期，中国出现了诸子百家的学术繁荣局面。道成为诸子百家都频繁使用的一个重要概念，围绕着道，形成了各种学派的道论。比较重要的有儒家的道论、道家的道论、《易传》的道论、法家的道论、兵家的道论、墨家的道论等。

1. 孔子的道论

儒家的道论，由孔子开创。孔子非常推崇道，《论语》中道字出现大约100次，比《老子》中道字出现的60余次还要多。他说"朝闻道，夕可死矣"(《里仁》)，把道看得比生命还重要。他自称"志于道，据于德，依于仁，游于艺"(《述而》)，立志于弘道是最重要的。他说"人能弘道，非道弘人"。(《卫灵公》)，道因人的弘扬而彰显。孔子道论的主要内容是仁，他把道分为仁与不仁两个方面，主张仁道而反对不仁之道。孟子说："孔子曰：道二，仁与不仁而已矣"(《孟子·离娄上》)。仁的核心是爱人，故道表现为爱人、忠恕、孝悌等品德。孔子说："吾道一以贯之"(《里仁》)。他的弟子曾参解释说："夫子之道，忠恕而已矣。"孔子道论的特点之一是：道不是本体意义上的，而是在政治伦理意义上的，是人道而不是天道。特点之二是，道在孔子的理论体系中并不是最高概念，那么最高概念是什么呢？天或天命。孔子说："君子有三畏，畏天命，畏大人，畏圣人之言"(《季氏》)。他又说："五十而知天命"(《为政》)。在孔子心目中，天或天命是人类社会的最高主宰者。

2.《易传》的道论

《易传》是对《易经》的注释与阐发，《易经》中有一些道的概念，《易传》有丰富的道论思想。《易经》："复自道""履道坦坦""有孚在道""反复其道"几处道字，皆指道路。道在《易传》中出现大约100次，是最重要的概念之一。《易传》

的道论，对后世影响非常之大，它包括的内容主要有太极之道、阴阳之道、形上之道、三材之道等。《易传·系辞》："易有太极，是生两仪，两仪生四象，四象生八卦。"这是中国哲学史上一种重要的宇宙生成模式。宋代周敦颐在太极之道的基础上形成了《太极图》宇宙生成模式，成为宋明理学的宇宙观。《易传·系辞》："一阴一阳之谓道。"阴阳学说是道的重要内容。阴阳是中国哲学史上最基本的一对概念，表达宇宙间刚柔相济、相反相成的两种力量。阴阳之道在《易传》中得到比较系统的论述，故《庄子·天下》说："《易》以道阴阳。"

《易传·系辞》："形而上者谓之道，形而下者谓之器。"这是对道的一种很好的说明，道与器物不同，道是形而上的，它具有本根的性质。《易传·说卦》："立天之道曰阴与阳，立地之道曰柔与刚，立人之道曰仁与义。"这里提出了对后世影响深远的三材之道，尤其对道教的影响很大。《易传》的道论与老子、庄子的道论也有相异之处。道在《易传》中并非最高哲学范畴，与它同样重要的范畴还有天、太极、易等。在有的地方，易比道是更根本更高的范畴。

3. 法家、兵家、墨家的道论

法家的前期人物申不害、慎到、商鞅等提出了因天道而任法的思想。法家集大成者韩非深受老子道论的影响，他在《解老》一文中将道理解为自然界的总规律，又提出一个新概念——理，表示万事万物的特殊规律。他说："道者万物之所以然也，万理之稽也"(《韩非子·解老》)。韩非道论的主要内容是因道全法的思想，道为法之根，法因道而设。他说："以道为常，以法为本"(《韩非子·饰邪》)。韩非的道论与孔子不同，兼言天道与人道，更接近道家。但他与老子的道论也不同，一是老子重天道，韩非重人道，而人道就是法；二是老子的道是宇宙的产生者，而韩非的道是宇宙的规律、法的规律，后世出现了法律这一概念。

兵家有自己的道论，称为兵道。孙武是春秋末期的兵家代表人物，其《孙子兵法》是兵家的代表作。孙子认为，道为"安国全军之道"，是治军用兵的原则。在治军方面，他提出以道为首的五事原则："经之以五事，校之以计，而索其情：一曰道，二曰天，三曰地，四曰将，五曰法"(《孙子兵法·计篇》)。在用兵方面，他总结出胜败之道的原则："此五者，知胜之道也"(《谋攻》)。"凡此六者，败之道也"(《地形》)。对于战争的一般规律，他有所总结："兵者，国之大事，死生之地，存亡之道"；"兵者，诡道也"(《计篇》)。孙子的道论是有系统的，但仅限于人道中的兵道，缺少系统的天道思想。

墨家在先秦百家中与儒家、道家的地位相当，但在道论方面不够系统，也不够形而上。墨子是墨家创始人，在他的理论体系中，最高的概念是天志，而不是道，或者说他的天志相当于老子道的地位。他的整个理论体系是以天志为中心设立的，天志即天的意志，或有意志的上帝。《墨子》一书中用了很多道的概念，大体上都属于人道范围。有的具体，如“舟车之道”、“衣裳之道”；有的抽象，如“有与无之道”；有的涉及政治，如“尧舜禹汤文武之道”、“暴人之道”；有的涉及文化伦理，如“儒之道”、“知者之道”、“君子之道”、“人臣之道”。这些人类社会的规范，都来自于天志与上帝，都服从于天志与上帝。

三、唯道论的创立

1. 道唯一，道最高

诸子百家纷纷创立各自的道论，各种道论互相争鸣又互相吸收，导致道论的丰富与发展。先秦道家的创始者和主要代表人物老子，创立了比较系统与比较完整的道论。他的道论在当时无疑是最成熟最具影响的理论，否则，为什么各家都有道论，而以道命名的道家只是落到了老子创立的这一学派的头上？老子的道论与其他各家的道论有什么区别呢？一个显著的区别是，在老子道论体系中，道是唯一的、最高的范畴。

有的学派也将道作为最高的范畴，但道只局限于人道或人道的某个层面。如兵家之道局限于军事战争层面，法家之道主要运用于政治、法律层面，而老子的道却包括人道、天道、一切层面之道。有的学派也将道作为最高的范畴之一，但不是唯一的最高范畴。如《易传》中，易、太极都是与道一样的最高范畴。在老子的理论体系中，道是唯一的最高的范畴。甚至于其他学派中常常使用的天道、地道、人道、君子之道、用兵之道等，老子认为它们都是“可道”之道，不是自己创立的唯一的最高的“常道”之道。所以《老子》第一章的第一句是：“道可道，非常道。”由此可见，老子的道论与他同时代的其他道论是不同的，道是唯一的、最高的范畴，所以他的道论可以说是唯道论。

2. 道高于天，道先于帝

在诸子百家的时代，道家并不是影响最大的学派。影响最大的学派是儒家与墨家，史称儒墨为显学。儒墨显学的最高范畴是天，又称天命、帝、上帝。天是墨子学说中的最高范畴，墨子对天有着无限的崇拜与信仰。李绍昆先生说：“墨子所谓天，是指主宰天地万物的最高神明。”[6]李震先生认为墨子天的本质是：天是唯一的，天是全知全能的，天是至高贵者，天为超越宇宙万有的赏罚者。[7]天也是孔子学说中的最高范畴，孔子对天有着无限的敬畏与无奈。相比墨子所信仰的人格之天、意志之天，孔子所敬畏的是主宰之天、命运之天。老子学说的最大贡献，也是最大特点，是用最高范畴道来取代人格、意志、主宰、命运之天。老子认为天没有意志与仁爱，让万物自生自灭。《老子·5章》：“天地不仁，以万物为刍狗。”老子认为天是与地相对的天空，是自然之天。《老子·23章》：“希言自然。故飘风不终朝，骤雨不终日。孰为此者？天地。天地尚不能久，而况于人乎？”《老子》一书反复说明的一个主题，是道高于天。《老子·25章》：“道大，天大，地大，人亦大。”在宇宙四大之中，道最大，是大中之大。老子为最高范畴道起名字的时候，按古代习惯，是有名有字，名为大，字为道。《老子·25章》：“可以为天下母，吾不知其名，字之曰道，强名之曰大。”对于上帝的权威，老子也是否定的，认为道先于上帝。《老子·4章》：“吾不知谁之子，象帝之先。”老子的道具有很大权威，超越了天、上帝等一切权威，所以他的道论可以说是唯道论。

3. 老子提出了唯道的概念

“唯道”这个概念不是我们创造的，而是老子自己的概念。《老子·21章》：“孔德之容，唯道是从。”《老子》又称《道德经》，可见道与德都是老子学说中的最重要的概念，它们之间的关系如何呢？可以从两方面理解，一是认识德与道的关系，德必须从属于道，道是唯一的，最高的；二是在实践行为中德绝对服从道，德被道主宰。《老子·41章》：“夫唯道，善贷且成。”帛书乙本作“善始且善成”。这里是强调道的唯一性，唯有道能够使万事万物善始善终。《老子·77章》：“孰能有余以奉天下？唯有道者。”朱谦之案：傅本作“孰能损有余而奉不足于天下者，其惟道者乎”。谁能把自己多余的财物奉献给穷人，唯一能做到的就是有道的人。《老子·67章》：“天下皆谓我道大，似不肖。夫唯大，故似不肖。”老子曾将道“强命之曰大”，故“唯大”似可理解为唯道。老子在以上这些地方都强调了道的唯一性，至高性。他在两处直接使用了唯道的概念，还有两处虽未直接使用唯道的概念，但有明显的唯道观念。我们将老子的道论称之为唯道论，是以老子自己的论述为根据的。

4. 唯道之道是什么

唯道之道，不是可道之道，而是常道。可道之道是老子之前人们经常谈到的道，如《老子·9章》的“功成身退天之道”，《老子·77章》的“人之道”，《老子·81章》的“圣人之道”等。常道在《老子·25章》中讲得很清楚：“有物混成，先天地生。寂兮寥兮！独立不改，周行而不殆，可以为天下母。吾不知谁之子，字之曰道，强名之曰大。大曰逝，逝曰远，远曰反。故道大，天大，地大，人亦大。域中有四大，而人居其一焉。人法地，地法天，天法道，道法自然。”

当今许多学者对老子的道提出了解释，笔者比较欣赏的是道教界前辈任法融道长对道的理解。任道长说：“道既不是物质，也不是思虑的精神，更不是理性的规律，而是造成这一切的无形无象、至虚至灵的宇宙本根。物质、精神、规律皆是道的派生物。”[8]

笔者尝试一种多学科立体透视的方法，探索道的奥秘。从哲学上看，道是宇宙的生生之元，道与始基、本原是比较接近的概念。从科学上看，道是宇宙大爆炸从无生有的创造过程，道与宇宙总能量是比较接近的概念。从宗教学上看，道是泛神论的自然性的神，在修行层面，道与气(神秘的活力或泛生命力)是比较接近的概念。从文化学上看，道是中华民族的最高文化精神，道与逻各斯是比较接近的概念。[9]

四、唯道论的基本观点

1. 万有唯道所生

西方科学是一种构成论的宇宙观，认为宇宙万物由原子或基本粒子所构成。中国哲学是一种生成论的宇宙观，认为宇宙万物皆由一种无形的存在者所生。这种无形的存在者，有些人认为是天，有些人认为是气，而老子认为是道。万有唯道所生，是老子最先提出来的，后来成为中国哲学最占统治地位的理论。《老子·42章》：“道生一，一生二，二生三，三生万物。”这里不仅说明万物唯道所生，还说明了道生万物的过程。万有是比万物更广泛的存在者，如伦理、规律等。《老子·38章》：“失道而后德，失德而后仁，失仁而后义，失义而后礼。”这里隐含着人之伦理均源于道的意思。《老子·1章》：“道可道，非常道。”可道之道，就是规律，表现在不同领域，老子称为“天之道”“人之道”“圣人之道”“长生久视之道”等。这一类的道不是常道，而源于常道，由常道所生，常道即老子之道。

2. 万有唯道所成

万有唯道所成，是说任何一种存在者的本性或特性均来源于道，由道所成就。假定没有道的成就，它将失去它的本性或特性。《老子·39章》：“天得一以清，地得一以宁，神得一以灵，谷得一以盈，万物得一以生，侯王得一以为天下贞(正)。天无以清将恐裂，地无以宁将恐发，神无以灵将恐歇，谷无以盈将恐竭，万物无以生将恐灭，侯王无以为贞将恐蹶。”据高亨考证：“一者道也。”这句话的意思是，天、地、万物、神灵、河谷、君王的统治，都是因为有道才得以存在，才得以保持它们的特性。一旦没有了道，天地万物将不能存在，甚至连宗教之神灵、政治之统治也无法维持。老子将道称为一，是因为道是天下唯一、举世无双的，有创生万有之功，有成就万有之德。

3. 道在万有之中

当道创生出宇宙万有又成就了宇宙万有之后，道与宇宙万有的关系是如何呢？道在万有之中，成为万有的本质，成为万有的活力。《老子·28章》：“为天下谷，常德乃足，复归于朴，朴散则为器。”老子有时用朴表示道，道散寓于万有器物之中。寓于万有器物之中的道称为德，“常德乃足”是活力充沛的意思。庄子与东郭子有一段对话，说明万物皆有道，道在万物中。《庄子·知北游》：东郭问于庄子曰：“所谓道，恶乎在?”庄子曰：“无所不在。”东郭子曰：“期而后可。”庄子曰：“在蝼蚁。”曰：“何其下邪?”曰：“在稗稊。”曰：“何其愈下邪?”曰：“在瓦甓。”曰：“何其愈甚邪?”曰：“在屎溺。”东郭子不应。这段话是说，不论动物、植物、无生命的器物，也不论贵贱，莫不有道寓于其中。

4. 万有唯道所主

宇宙本原的问题是万有由谁所生，宇宙本体的问题是万有由谁所主。道既是万有之创生者，也是万有之主宰者。《老子·4章》：“道冲，而用之或不盈。渊兮，似万物之宗。”道是万有的宗主。《老子·32章》：“道常无名。朴虽小，天下莫能臣也。侯王若能守之，万物将自宾。”《老子·37章》：“侯王若能守之，万物将自化。化而欲作，吾将镇之以无名之朴。”朴就是道，道能够让天下归顺，让万物服从。

道对万有的主宰是非常特别的方式，这种主宰不是命令式的，而是自然的。《老子·51章》：“道之尊，德之贵，夫莫之命而常自然。”道对万有的主宰是间接的，创生以后就由德去培养和支配万有。《老子·51章》：“道生之，德畜之，长之育之，亭之毒之，养之覆之。生而不有，为而不恃，长而不宰，是谓玄德。”道对万有的主宰是无为的，无欲的，它不自以为主宰而成其为主宰，它不自以为伟大而成其为伟大。《老子·34章》：“大道　泛兮，其可左右。万物恃之而生而不辞，功成不名有。衣养万物而不为主，常无欲，可名于小。万物归焉而不为主，可名为大。以其终不自为大，故能成其大。”

以上只是老子唯道论在哲学上的基本观点，远远不能概括唯道论在政治、经济、文化、科学等方面的丰富内容。而且，在不同的时代、不同的领域，唯道论发展出多种多样的理论形态与哲学体系。

五、唯道论的理论突破

1. 突破天、帝信仰，创新为泛神论

中国古代宗教始于商代，商代宗教的核心是对帝的崇拜。商代统治者把帝看成是天上与人间、自然与社会的最高主宰。不仅天体运行、刮风下雨、地震洪水等自然现象是帝的意志体现，社会的兴衰、战争的胜败、国君的权力也都是帝决

定的。甲骨文中留下许多有关帝的记载。如《卜辞通纂·第364片》："帝隹(唯)癸其雨。"即：帝令癸这一天下雨。《卜辞通纂·第373片》："王封邑，帝若。"即：国王建都城，帝答应了。周人灭商之后，普遍认为是天帮助周文王夺取了天下。《诗经·大雅·大明》："有命自天，命此文王。"周人以天崇拜补充了帝崇拜，形成了以天、帝信仰为内容的天命论。春秋时期，由于社会变革与科学进步，重民重人的思潮兴起，天、帝信仰受到普遍怀疑。如随国大夫季梁认为："民为神之主。"史嚚提出："天依人而行。"天、帝、神并没有被否定，只是依人而行事，被民所主宰，这是泛神论的萌芽。

欧洲近代哲学家斯宾诺莎说："上帝就是自然。"认为神在万物之中，没有超自然的人格神主宰自然，他的哲学被称为泛神论。老子认为，道就是自然，近似于泛神论。他不否定天，但在道的面前，天失去了神性，天就是自然，"天法道，道法自然"。他不否认帝，但道比帝更重要，道先于帝。《老子·4章》："吾不知谁之子，象帝之先。"他不否定鬼神，但在道的面前，鬼神失去了神性，对人不起作用，"其鬼不神，其神不伤人。"

道在春秋时期已具有泛神性，它是无人格的道路神。在老子《道德经》中，道也是有神性的。《老子·6章》："谷神不死，是谓玄牝。"谷神即是道，它具有"永生"的神性。《老子·39章》："神得一以灵"；"神无以灵，将恐歇"。一就是道，它具有"灵"的神性。但是道的神性没有人格化，不是上帝，道的神性就是自然性。《老子·51章》："道之尊，德之贵，夫莫之命而常自然。"《老子·64章》："辅万物之自然而不敢为。"泛神论的神就是自然，对事物不直接加以主宰，道也是这样。《老子·34章》："衣养万物而不为主"；"万物归焉而不为主"。英国科学家李约瑟先生引用了老子这几句话以后说："这无疑是自然主义的泛神论。"[10]

2. 突破泛道德主义，创新为自然主义

西周是一个典型的宗法社会，周王以血缘关系为纽带进行国家统治。周王是行政上的最高统治者，又是姬姓血缘家族的族长。他分封的诸侯都是他家族内的亲属，其政治统治又是家族统治。与这种家族政治与宗法社会相适应，文化上必然是伦理至上的观念，"以德配天"是西周最重要的理论。孔子以继承西周文化为己任，高扬仁义礼智，将伦理至上的观念发展为泛道德主义，成为中国文化传统中的主要特点之一。泛道德主义并不只是对道德的肯定与重视，而是道德的泛滥与专制，以道德为唯一的价值，以道德来衡量一切，使哲学、科学、商业统统受到压抑。

老子非常尖锐地批判伦理至上的观念，突破了泛道德主义的厚重传统。孔子伦理思想的核心是仁与礼，他说："克己复礼为仁。"老子主张"绝仁弃义"，批判

礼是“忠信之薄，而乱之首”。孔子提倡学礼，他说：“不学礼，无以立。”老子反对学礼，认为“绝学无忧”。孔子崇尚西周“先王之道”，道是封建礼制与人伦规范。老子的道是比封建礼制、人伦规范更根本的自然原则。他说：“失道而后德，失德而后仁，失仁而后义，失义而后礼。”泛道德主义扼杀了人的本性，消解了人的创造性，人成为僵化伦理的奴隶。只有道可以帮助人回到自己的本性——自然。泛道德主义导致道德虚伪与假仁假义，失去了人道、爱与怜悯，发展出了鲁迅所谓的“吃人的礼教”。只有道崇尚朴素无华，真实无伪，使社会回到自然状态。

西方多次出现自然主义思潮。其中，有古希腊亚里士多德的自然主义，反对用非自然的力量解释自然现象；有欧洲19世纪下半叶的文学自然主义，主张科学地、真实地、客观地描写生活；有美国19世纪末、20世纪初的自然主义哲学，提倡以自然本身来说明自然，重视经验与科学知识；还有西方20世纪回到自然的生活运动，近年来席卷全球的保护自然生态的环保运动等。在这些自然主义思潮与运动中，可以找到与老子自然思想非常接近的内容。中国从古到今也有着自然主义的传统，如魏晋玄学家的“越名教而任自然”。老子是中国自然主义的创始人，他对西方的自然主义思潮与运动也产生过一定的影响。

3. 突破人道的视野，创新出宇宙生成论

西方现代学人雅斯伯思提出“轴心时代”的概念，认为在公元前500年左右时期，中国、印度、阿拉伯、希腊等各种文明大致同时出现，成为人类历史取之不尽的文化资源。他说：“在中国，孔子和老子非常活跃。”另一学人帕森斯认为，在公元前1000年左右，希腊、以色列、印度、中国四大文明国家，大致同时经历了“哲学的突破”。在中国，实现哲学突破的是老子代表的道家，而不是以孔子为代表的儒家。黑格尔认为，孔子是一个“实际的世间智者，在他那里思辨的哲学是一点也没有的——只有一些善良的、老练的、道德的教训”，但老子“却说到了某种普遍的东西，也有点像我们西方哲学开始时那样的情形”。[11]

春秋战国时期，是一个文化突破的时代。例如：孔子在教育方面突破了官学，开创了私学，在中国教育史上具有划时代的意义；法家突破了贵族特权制的传统，邓析作《竹刑》，李悝编《法经》，子产将刑法铸于鼎上公布于市，开创了以法治国的局面；老子在哲学方面实现了突破，创立了唯道论。老子之前，道已经成为诸子百家频繁使用的一个重要概念，而且越来越具有普遍性、抽象性。如天道、地道的概念比较流行，越国范蠡说：“天道盈而不溢”；“天道皇皇，日月以为常”。[12]兵家孙子讲“用兵之道”；“地之道”。但是，各学派的道论很难超出人道的视野，大家所争论的归根到底都是人伦与政治问题。所谓天道、地道，最后也归结为人道。正如子产所言：“天道远，人道迩。”[13]

只有老子的道突破了人伦、政治的视野，创立了宇宙生成论。道生宇宙万有，无生有，不论从普遍性看，还是从抽象性看，或者从形上形下看，老子的道都已达到哲学的高度。道不是任何具体的事物，而是一切事物的统一性基础。道不是任何具体时空的天道、地道、人道，而是最普遍的道。道就是生生不息地创生与发展，生是《老子》书中使用很多也很重要的概念，生成论是中国哲学突破时的特点，它与西方哲学突破时的构成论形成了鲜明的对比。

4. 突破务实的文化精神，创新出超越的文化精神

中国社会的主体是农民，一分耕耘一分收获的农耕生活，导致了中华民族“重实际而黜玄想”的民族性格，以及“大人不华，君子务实”的文化精神。儒家是务实精神的典型代表，孔子不语怪、力、乱、神，敬鬼神而远之。他的弟子子贡说：“夫子之言性与天道，不可得而闻也。”[14]老子、庄子是楚人，浪漫主义的楚文化塑造出老子、庄子的超越精神，突破了由周人沿袭于中原的务实精神。梁启超曾分析过老庄学派与孔孟学派的区别：老庄崇虚想、主无为、贵出世、明哲理、重平等、明自然等；孔孟崇实际、主力行、贵人事、明政法、重阶级、重经验等。[15]很明显，前者是超越的文化精神，后者是务实的文化精神。

孔子的视野局限于人伦的仁义礼智、社会的修齐治平，属于积极入世的“游方之内者”。老子超越于等级名分之上，视功名如粪土，视帝王如秕糠，是隐居山林的“游方之外者”。老子因超越精神而能将视野广及宇宙，发现宇宙的总动力——道。因超越精神而能发现人与天、地、道同大，肯定人在自然界中的重要地位。道家的超越精神升华出老子的社会平等理想以及庄子的个人自由追求，成为中国文化的宝贵遗产。如果说孔子的务实精神奠定了中国政治、社会、伦理的基础，那么老子的超越精神即深刻地影响了中国的哲学、宗教、文学、艺术的特质与风格。

唯道论的理论突破是全方位而多领域的，并不限于以上四个方面。但仅从以上四个方面，就可以看出唯道论的丰富内容，以及唯道论对中国文化的深刻影响与巨大贡献。

自从老子创立唯道论以后，唯道论遂成为道家、道教的主要哲学形态。从战国时代庄子的“惟道集虚”[16]之说，到20世纪新道家金岳霖的《论道》[17]之作，唯道论不仅源远流长，而且推陈出新，理论形态不断更新，如秦汉之际的黄老学、魏晋时期的玄学、隋唐时期的重玄学、当代的新道学等等。陈鼓应先生说：“中国哲学史实际上是一系列以道家思想为主干，道、儒、墨、法诸家互补发展的历史。”[18]笔者对此十分赞成，并且还认为，道就是中国哲学史的主题，唯道论就是中国哲学史的主干。儒、墨、法诸家都对唯道论的发展作出了许多贡献，如法家韩非最早写《解老》、《喻老》，开了中国历代注解《老子》之先河。又如宋

明程朱理学以及当代新儒家的道论，在政治伦理层面继承了传统儒家的理论与范畴，而在哲学思辨层面则与传统道家的理论与范畴关系密切，从儒家的角度丰富了唯道论的内容。

注释：

[1]许地山先生在《道教史》一书中说“在道教建立以前，古代思想家已经立了多门的道说，其中最重要而与道教有关系底是倡唯道论的道家”。另有一些学者也使用过唯道论的概念，如林清泉《太极之光》：“太极之道……唯道论……老子论道德。”见周力行：《唯道论》，载《孔孟月刊》，1982 第 27 期。

[2][4]叶绍均编：《十三经索引》，中华书局 1983 年版，第 827 ~ 828 页。

[3]萧箑父先生对这一问题有精辟的论述，见萧箑父：《吹沙集》，巴蜀书社 1991 年版，第 143 页。

[5]宫哲兵、周冶陶：《嫘祖信仰与蚕神崇拜》，载《炎帝神农与民族精神》，东方红出版社 2002 年版，第 175 页。

[6][7]转引李震：《人与上帝》，辅仁大学出版社 1994 年版，第 109 页。

[8]任法融：《道德经释义》，三秦出版社 1990 年版，第 2 页。

[9]宫哲兵：《唯道论》，载《武汉大学海峡两岸首届当代道家研讨会论文》，武汉大学出版社 2004 年版。

[10]李约瑟：《中国古代科学思想史》，江西人民出版社 1990 年版，第 46 页。

[11]黑格尔：《哲学史讲演录》第 1 卷，商务印书馆 1959 年版，第 127 ~ 128 页。

[12]《国语·越语》。

[13]《左传·昭公十八年》。

[14]《论语·公冶长》。

[15]梁启超：《论中国学术思想变迁之大势》，载《饮冰室全集》第 19 册。

[16]《庄子·人间世篇》。

[17]金岳霖：《论道》，商务印书馆 1987 年版。

[18]陈鼓应：《老庄新论》，上海古籍出版社 1992 年版，第 320 页。

第二章　道的多学科立体透视

中华民族的最高文化精神，就是道。任何一个中国人都可以感觉到本民族的文化精神，感觉到道。但是，如果要求他用准确的定义来表述道却很不容易。古今中外，道的表述有成百上千之多，直到今天还在与日俱增，这充分说明了道的永恒魅力。追根究底，最早使道成为中华文化精神的最高概念之人，就是春秋战国之际的老子。研究老子之道的论著，可谓汗牛充栋，但直到现在还没有得出一个公认的结论。笔者认为，道不是可以一览无余的平面，而是必须多视角透视的立体，需要尝试一种多学科、多角度的立体透视方法，才能探索道的真正奥秘。

一、从哲学上看，道是宇宙的生生之元

1. 关于道的争论

道是什么？有些学者认为是物质实体。20 世纪 50 年代，任继愈先生说："道，它是物质性的最先存在的实体。"[1] 有些学者认为道是物质性的精气（冯友兰）、混沌的物质状态（汤一介）、原子或基本粒子（严灵峰）。有些学者认为道是精神或精神性的东西。例如杨荣国先生说："道到底是什么，是物质，还是精神？我过去认为五千言中的道是后者而不是前者，现在也还是这样的看法。"[2] 再如关锋、林聿时说："道即是绝对精神。"[3] 有些学者认为道是自然法则或总原理。例如苏联学者杨兴顺先生说："道是物的自然法则。"[4] 又如冯友兰的《中国哲学史》中说："万物之所以生之总原理，即道也。"[5] 这些学者各执一端，各有一定的根据，辩论激烈，但始终无法取得一致意见。

后来，学者们似乎选择了一种妥协的答案，认为道既是 A，又是 B，还是 C，当代学者多数是如此。例如张松如先生认为：道"是指支配物质世界或现实事物运动变化的普遍规律，而有时……是指物质世界的实体，即宇宙本体"。[6] 又如张起钧先生认为："道不仅是宇宙万物生成的本源，同时还是宇宙万物运行的法则。"[7] 再如任继愈先生在 20 世纪 80 年代认为道有五种含义："混沌未分的原始状态；自然界的运动；最原始的材料；感官不能直接感知的；事物规律。"[8]

2. 质料因与动力因

宇宙的本原(始基)是什么？这是哲学最古老也是最基本的问题。在回答这个问题之前，其实必须先回答一个问题：你的宇宙模式是什么？是静态的还是动态的？是有限的还是无限的？是构成的还是生成的？是永恒的还是演化的？是有机的还是无机的？很多学者的宇宙模式还是牛顿奠定的宇宙模式，即宇宙是静态的、无限的、永恒的，宇宙是由无机的原子或基本粒子所构成。而中国古代的宇宙模式是动态的，如老子说："独立而不改，周行而不殆"；宇宙是有限的即有开始的，"天下有始，以为天下母"；是演化的与反复运动的，"大曰逝，逝曰远，远曰反"。宇宙不是构成的，而是生成的，像生命的繁衍一样，像母亲的生育一样，"有名万物之母"，"可以为天下母。"宇宙不是无机的，而是有机的过程，中国传统哲学的宇宙模式，一直就是这样的。道，是生成与动态宇宙模式中的一个重要概念，它在牛顿的构成与静态宇宙模式的参照系中显得格格不入，四不像，弄不清楚自己是谁？

当代宇宙大爆炸论是生成与动态的宇宙模式，宇宙的本原问题有了新的内涵。在构成与静态宇宙模式中，宇宙的本原问题基本上是一个质料因的问题。宇宙被看成是有质量的物质的总和，本原是构成这些物质的最小单位，如原子和基本粒子。在生成与动态宇宙模式中，宇宙的本原问题主要是一个动力因的问题，也就是动力的来源问题。严格地说，本原这个概念在这里不是太准确，因为本原往往与静态的要素概念相联系，缺乏足够的能动性、有机性。为了保留本原这一概念，又增加这一概念的能动性、有机性，我们将源于中国的生生概念与源于西方的本原概念结合成为生生之元(原)的概念。生生是不断化育、产生、变化之意，是动力与生命力。《易传·系辞上》："生生之谓易。"清戴震在《孟子字义疏证》一文中，用"生生之道"的概念来表示运动的动力与规律。宇宙的本原是什么的问题，在生成与动态的宇宙模式中，就是宇宙的生生之元是什么的问题，这也是中国哲学史的基本问题。

3. 道是宇宙的生生之元

道就是宇宙的生生之元，是与本原、始基比较接近的概念。《老子·42章》："道生一，一生二，二生三，三生万物。万物负阴而抱阳，中气以为和。"道作为宇宙的生生之元，由一而万，由阴阳二气的分合交感，生成了宇宙万有。《老子·40章》："天下万物生于有，有生于无。"宇宙的生成是一个从无生有的过程。需要说明的是，上面两段话的"万物"不应仅仅理解为"物质"，而应理解为"万有"，即一切存在。因此，从无到有的产生，不仅仅是原始物质的产生，也伴随着物质规律的产生。美国当代物理学家惠勒提出，所有物理学定律都是从无到有产生的，他称其为质朴性原理。惠勒访问中国时在舞剧中发现道教的“无”字旗，认为老子与道教的“无”是质朴性原理的先驱。据董光璧先生分析，惠勒的思想可能受大爆炸宇宙论的影响，认为大爆炸使物质从无生有，也使自然定律无中生有。他说：“惠勒的物理学质朴性原理与老子的思想惊人的一致。”“道的创生能力，自然包含着天地万物的创生和作为‘常道’的各种具体的事物法则的创生两个方面。”[9]

中国李景强先生最近撰文说：“道是天地万物的创造者”，它不是胡适先生所说的“自然法”，也不是冯友兰先生说的“总原理”，更不是张岱年先生说的“普遍规律”。[10]道教前辈任法融道长认为道不是规律，“规律皆是道的派生物”。[11]笔者比较赞成此论。

二、科学上看，道是宇宙大爆炸从无生有的产生过程

1. 从无生有的大爆炸宇宙论

一个时代的哲学，深受那个时代自然科学的影响。中国的当代哲学正受到大爆炸宇宙论的挑战。例如我们的哲学一向受牛顿学说的影响，认为宇宙是永恒的、静止的、无限的，在时间上和空间上都是无限的。但大爆炸宇宙论却得出这样的结论：宇宙起源于150亿年前的大爆炸，它有自己的开始、演化与终结。因此，宇宙不是永恒的，它在时间上是有限的，不是无限的。大爆炸之后的膨胀形成了空间，膨胀的范围就是宇宙空间的范围。这就是说，空间也是有限的，不是无限的。根据可靠的观测，至今宇宙还在膨胀，因此宇宙不是静止的，而是动态的。

英国宇宙学家霍金提出“宇宙自足”的理论。所谓宇宙自足，就是不需要外力，自己使自己产生并运动。老子也有朴素的宇宙自足的思想，即认为道是自然，所谓自然，就是自己使自己运动，“独立而不改，周行而不殆”。道不是由任何东西产生的，甚至比上帝都早，“吾不知谁之子，象帝之先。”霍金对大爆炸导致时间、空间从无生有的过程进行了经验科学的计算，得出“宇宙创生于无”的宇宙解。

美国宇宙学家古斯提出一个修正大爆炸论的爆胀宇宙模型，认为大爆炸后的最初瞬间有一段爆胀期，可观测宇宙中的物质是从虚无中产生的。宇宙学家霍伊尔反对大爆炸论，提出了稳恒态宇宙模型，这个模型也要求物质从虚空中产生。坚持稳恒态宇宙论的另一位宇宙学家邦迪认为，物质是从无到有创造出来的。稳恒态宇宙模型因为缺乏实验与观测的证据，后来影响远不能与大爆炸论相比。

2. 道、无、有与量子场理论

与上述宇宙学理论惊人的相似，老子也认为宇宙创生于无，是从无到有产生的，《老子·1章》："无，名天地之始。"道就是无，它"无极"，"无为"，"无名"，无形无相。道也是有，因为小到微粒子，大到恒星，无不是道生成的。道不是实体，所以它"混沌"，"恍惚"，它是宇宙从无到有产生的过程，是经历一、二、三而生成万物的过程。《老子·40章》："天下万物生于有，有生于无。"

在量子场理论中，真空是量子场的基态，是能量最低态。真空振荡过程中能量会导致虚粒子的产生、消灭与转化，这称为真空涨落。基态量子场之间相互作用可以导致量子激发态，产生粒子束缚态，这被称为真空凝聚。老子的道与有与无的对立统一。中国科学史研究专家董光璧先生认为，"道"就是量子场，"有"就是量子场的激发态，就是粒子；"无"就是量子场的基态，就是真空。所谓无生有，在量子力学中就是真空振荡产生了粒子。[12]美国物理学家卡普拉教授认为，量子场的概念包含在老子的道之中，而表达为气之概念。他说："在中国哲学中，道就是无和无形，场的概念不仅包含在道的概念中，而且还明确地表达在气的概念中。"[13]

在宇宙学上也可以看到与道、无、有相应的过程。道就是宇宙大爆炸从无生有的总过程，与量子力学的真空振荡产生微粒子是同样的过程。"无"是宇宙处于真空状态，一无所有，大致可以说是处于奇点状态。英国宇宙学家霍金的奇点定理认为，宇宙大爆炸发生在奇点，奇点的体积无穷小，密度无穷大。"有"是大爆炸后产生的最早的"种子"，如光、夸克、气等都是处于无形有形之间状态的原始物质。2003年，一个国际科学家小组宣布，他们首次直接观测到了孕育宇宙恒星和星系等物质的"种子"。照片上的宇宙年仅30万年，种子有点像一团模糊不清的火焰。

2004年，多国科学家参加的一个国际物理学联合研究组，在加速器中成功地"复制"出了宇宙大爆炸之后的最初物质，即夸克－胶子等离子体。在宇宙大爆炸之后的百万分之一秒钟内，我们今天所认识到的各类原子并不存在，甚至连质子和中子都没有。当时，只有混合着自由夸克和胶子的灼热物质向四面八方喷溅，这种物质被称为夸克－胶子等离子体。

3. 道、暗能量、真空

宇宙从无到有的创生过程，能量是非常重要的。2003年，科学家观测到宇宙大爆炸后38万年时物质在空间的分布状态。普通重子物质，即后来构成太阳、地球、人体的物质，占4.4%。暗物质，如对光线不敏感的中微子等，占22.6%。暗能量，目前所知道的有量子场真空，占73%。也就是说暗能量是宇宙的主体，它的特性是真空状，无形象，看不见，有巨大的力与能量。科学家们认为，主宰宇宙的演化与发展的就是暗能量。老子认为，主宰宇宙的演化与发展的是道，道也是真空状即无，也是看不见的昏暗。《老子·21章》形容道是“窈兮冥兮”，冥就是昏暗。《老子·41章》：“明道若昧”，“道隐，无名。”昧就是暗昧，隐就是看不见。道也包含着推动事物运动的力与能量。华中科技大学的物理学家张端明教授认为，老子的道是宇宙的原动力，用今天的科学语言来说，非常接近于真空能。真空不空，真空里有支配宇宙的暗能量。[14]

根据能量守恒定理，能量不能产生与消灭，只能转换。这就是说，宇宙从创生时到终结时，能量是守恒的。相对论告诉我们，质量只不过是能量的一种形式。因此微观粒子可以看成是能量的集束，简称“能束”。这就是说，微观粒子是永远流动的能量中短暂的阶段，它们是动态的能束，而不是静态的。卡普拉说：“中国发展了一种与之类似的观念，把事物看做永远流动的‘道’中短暂的阶段。”[15]老子的道也是这样，《老子·21章》：道“其中有精，其精甚真”。精即气也。精、气只不过是道中短暂的阶段而已。

气大致是力与能量。日本小野泽精一说：“气的思想概念，作为全体而言，可以视为是组成人和自然的生命、物质运动的能量。”“在德国，重点是生命力；在法国，重点是能量；以英美，重点是内在力。”[16]卡普拉也认为气是生命的气息与能量。他说：“气这个字在字面上的意义是气体或以太，在古代的中国用它来表示生命的气息，或者表示使宇宙具有生气的能量。”[17]

4. 道与能量的比较

道无形无象，人感觉不到它，所以老子常称它为无或无名。《老子·32章》：“道常无名。”道的作用巨大无边，无处不在。《老子·4章》：“道冲，而用之或不盈。”《老子·40章》：“反者道之动。”能量也是这样，它没有体积，没有形象，看不见，摸不着。但它可以做功，它的功能是巨大的。没有电能，电视机不能工作，电灯不能亮。没有核能，核电站不能工作，原子弹不能爆炸。无形无象之道，其内部孕育着物质，“其中有象”，“其中有物”；看不见摸不着的能量，在量子场激发态中，可以转化出基本粒子。

道无处不在，有多种多样的形式，天之道、地之道、人之道、治国之道、养生之道等，它们之间是相通的。能量也无处不在，有多种多样的形式，机械能、化学能、分子能、电能等，它们之间是互相转换的。道有恒常性，不生不灭。《老子·1章》：“道，可道，非常道。”《老子·21章》：“自古及今，其名不去，以阅众甫。”能量也守恒，不生不灭。能量可以传递，可以转换，如河水的机械能传递给发电机，转换为电能。虽可转换，但能量的总和恒常不变。能量守恒定理被认为是自然科学中最重要最普遍的定律之一。

道使万物得以成立和运动，万物离不开道。《老子·39 章》：“天得一以清，地得一以宁，神得一以灵，谷得一以盈，万物得一以生，侯王得一以为天下贞。天无以清将恐裂，地无以宁将恐发，神无以灵将恐歇，谷无以盈将恐竭，万物无以生将恐灭，侯王无以为贞将恐蹶。”据高亨考证：“一者道也。”科学领域中的能量也是这样，宇宙在创生与演化时离不开能量，能量使万物得以成立与运动。人类靠什么维持生命与开展活动？靠新陈代谢，食物进入体内，消化吸收，产生了能量。能量使人能活动，能量维持着生命。每一个恒星都有其胚胎、发育、成熟、死亡的过程，这个类似于生命的运动过程依靠什么？当然是能量。太阳是一个巨大的火球，氢气在火球中发生热核反应，转换成氦气而释放出巨大的能量。

5. 形而下与形而上的能量

道与能量也有区别。道是哲学概念，它用来表述宇宙的生生之元，是形而上的。能量是科学概念，它是物质运动的一般量度，是形而下的。道是哲学概念，所以它的科学实在性是可以怀疑的，并且是无法计量的。能量是科学概念，所以它的实在性无可怀疑，并且是可以计量的。能量没有方向，只有大小，它的常用单位为尔格、焦耳、千瓦小时等。能量几乎在每一个具体的物理事件中被计量，但一般来说，它没有被作为宇宙的总动力看待。

有一些科学家则例外，他们提出了形而上的能量概念。著名德国物理学家、量子力学创始人海森堡认为“所有的基本粒子都由能量制成，是能量所呈现的不同形式。能量能够转化为运动、热、光和张力，是世界上一切变化运动的基本原因，而且能量总量是不变的，是守恒的。因而他把能量看做构成世界万物的基元，是实体，是世界统一的基础”。[18] 海森堡的能量概念是哲学的概念，与科学的能量概念不完全相同，是宇宙的总能量、总动力。老子的道也是世界上一切变化运动的基本原因，也是世界统一的基础，道与海森堡的能量概念是非常接近的。

由于道是与能量非常接近的概念，所以有些学者认为道包含能量。胡孚琛先生说：“道能化生有气、有形、有质之物，用现代科学的语言说，也就是含有能量、信息、物质三大要素。”[19] 有些学者认为道就是能量，如中国著名道教学者任法融道长说：“道是先天一气，混元无极，是宇宙的能量，是太空的气场。”[20] 台湾学者陈霖生先生说：“宇宙间一切能量的统称，尽包含在道的概念中。”[21] 宇宙演化需在能源与动力，而能量提供了能源与动力。他进一步把宇宙的演化分为四个时期：自然能量时期、活的能量时期、灵的能量时期、自然能量和灵的能量相结合时期。

三、从宗教学看，道是自然性的神

1. 道路之神

中国殷周时代，存在着多种宗教形态。一是对上帝与天的信仰，如殷王朝对上帝的崇拜，周王朝对天的信仰。二是对鬼神的信仰，墨子还对鬼神的存在做了论证。老子对天持不以为然的态度，认为天要效法于道，“天法道”；还认为道比上帝更早，“象帝之先”。老子对鬼神信仰也不以为然，认为在道的面前，鬼神起不了什么作用。《老子·60章》：“以道莅天下，其鬼不神；非其鬼不神，其神不伤人；非其神不伤人，圣人亦不伤人。”有些学者据此而认为老子是否定了殷周宗教的无神论者，这不一定准确。老子认为道在帝先，似乎并不否认帝的存在；老子认为道能使鬼不神，使神不能伤人，似乎并不否认鬼神的存在。从《道德经》的内容看，老子是一个泛神论者，道是有神性的，道的神性就是自然性。著名宗教学家吕大吉先生说：“泛神论思想在各种宗教和哲学中都相当普遍。印度教的大梵、中国道教的道、大乘佛教的佛性，都是泛存于世界万物之中，而世界万物则被当成大梵、道、佛性的体现。”[22]

道的原始含义是道路，它在商周时期的引申意义有言说、规律、方法、治理等等。很少有学者注意到，道在这个时期已具有泛神性，它是无人格的道路神。《礼记·曾子问》：“道而出。”注：“祖道也。”疏：“经言道而出，明诸侯将行，为祖祭道神而后出行。”孙希旦集释：“道，祭行道之神于国城之外也。”《左传·昭公七年》：“梦襄公祖。”注：“祖，祭道神。”疏：“祖与道为一，知道是祭道神也。”道是道路之神，祖也是道路之神。它们二者后来具有人格。《宋书·礼志》注引东汉崔实《四民月令》：“（嫘）祖，道神也。黄帝之妃嫘祖，好远游，死道路，故祀以为道神，以求道路之福。”黄帝之妃嫘祖，成为道路之神的人格形象，被祀为道神或祖神。[23]

2. 自然性的神

在老子《道德经》中，道也是有神性的。《老子·6章》：“谷神不死，是谓玄牝。”谷神即是道，它具有“永生”的神性。《老子·39章》：“神得一以灵”；“神无以灵，将恐歇。”一就是道，它具有“灵”的神性。但是道的神性没有人格化，不是上帝，道的神性就是自然性。《老子·51章》：“道之尊，德之贵，夫莫之命而常自然。”《老子·64章》：“辅万物之自然而不敢为。”到了汉代的道教，道由自然性的神，转变为人格性的神。老子就是道，老子就是神，道就是神。东汉《老子圣母碑》：“老子者，道也。”道教早期经典《老子想尔注》说，道“散形为气，聚形为太上老君”。道教经典《犹龙传》：“老子即老君也，乃大道之身，元炁之祖，天地之根也。”

16—18世纪，欧洲的布鲁诺、斯宾诺莎等哲学家为了摆脱基督教神学而宣传泛神论的观点，认为神就是自然界，神在万物之中，没有超自然的人格神主宰自然。布鲁诺说：“自然界是万物之神。”斯宾诺莎说：“上帝就是自然。”老子为了摆脱殷周宗教，也采取了泛神论的态度。他不否定天，但在道的面前，天失去了神性，天就是自然，“天法道，道法自然”。他不否定鬼神，但在道的面前，鬼神失去了神性，对人不起作用，“其鬼不神，其神不伤人”。泛神论的神对事物不直接加以主宰，道也是这样。《老子·34章》：“衣养万物而不为主”；“万物归焉而不为主。”英国科学家李约瑟先生引用了老子这几句话以后说：“这无疑是自然主义的泛神论。”[24]

泛神论认为自然即神，是自因，无自然之外的造物主。老子认为自然即道，道自生而不为他物所生，道之前没有上帝。泛神论的神不是人格神，而是自然性的神，神与自然同一。爱因斯坦不信仰上帝，但信仰自然性的神。他说：“我信仰斯宾诺莎的那个存在事物的有秩序的和谐中显示出来的上帝，而不信仰那个同人类的命运和行为有牵累的上帝。”[25]老子也是这样，他信仰在天之道、人之道的和谐中显示出来的自然性的神——道，而不信仰那个能主宰社会的天或上帝。

3. 神秘主义的力崇拜

泛神论在宗教实践中一般都导致神秘主义，主张通过宗教修行和神秘的直接体验达到梵与我、道与人的合而为一。在修行层面，道是一种神秘主义的活力、能量或生命力，人可以在修炼中体验它，拥有它，更多地获得它，最终多到与它合一的程度。老子、庄子常用气的概念表示这种神秘的活力、能量或生命力，气是道的一种形态。《老子·42章》：“万物负阴而抱阳，冲气以为和。”《庄子·知北游》：“通天下一气耳。”陈荣捷先生在英译本《老子》中，将气解释为精神与生命力。[26]美国物理学家卡普拉认为气是生命力与活力：“它在中国古代表示生命力或赋予宇宙以生机的活力。”[27]

神秘主义的力崇拜，古今中外都普遍存在。宗教人类学家认为，这种崇拜以南太平洋的美拉尼西亚人的玛纳崇拜最为典型。玛纳不是神，不具有人格，没有形体，它是一种神秘的力。这种神秘的力可以为人带来大祸或者大福，全看获取它的人怎样控制它，利用它。首领与巫师被认为掌握了更多的玛纳，所以具有超人的本领。瑞士心理学家容格曾指出，玛纳观念是一种“原始的能量理论”，萧兵、叶舒宪两先生认为中国古人的气就是这种原始的能量，就相当于玛纳。他们说：“中国古人所谓的气便是这种带着活性的精神能量，理解为泛生命力的一种形式是可以的。”[28]

道(或气)与玛纳的共性很突出，它们都没有神灵性，却都有神秘性。它们都有巨大的能量，内含着神秘的力。人通过修炼都可以获得它们，从而发生生命的奇迹。但是道与玛纳也有区别。玛纳可以支配各种具体的万事万物，但它似乎没有创生宇宙万物的能力。道不仅具有创生宇宙万物的能力，它还表现出无所不在、无所不能、超越时空、超越鬼神的特性。《庄子·大宗师》对道是这样描述的："夫道，有情有信，无为无形，可传而不可受，可得而不可见。自本自根，未有天地，自古以固存。神鬼神帝，生天生地，在太极之先而不为高，在六极之下而不为深，先天地生而不为久，长于上古而不为老。"

4. 道教修炼术

中国道教虽然是信仰神灵的宗教，但也保存着神秘主义的力崇拜。道(或气)被认为是一种神秘的活力或泛生命力，它弥漫于天地之间，也在人的体内主宰着生命与精神。谁能够通过修炼而极多地将它获取于体内，谁就可以长寿以至于永生。谁能够修炼到人与道(或气)合一的境界，谁就能够成为有神通而登天的神仙。道教的这种神秘主义修炼观可以追溯到老子。《老子·10章》："载营魄抱一，能无离乎？抟气致柔，能婴儿乎？"《老子·22章》："是以圣人抱一为天下式。"抱一或守一后成为道教修炼的重要方术。如《周易参同契》："抱一毋舍，可以长存。"《西升经》："丹书万卷，不如守一。"

道教的养气吐纳术，可以追溯到老子的"抟气致柔"与"玄牝之门"。《老子·6章》："玄牝之门，是谓天地根。绵绵若存，用之不勤。"《太平御览·方术部·养生》解释为"天地之门，以吐纳阴阳生死之气"，认为养气吐纳等方术可以让人得道(德)，获得神秘的力(气)，使人返老还童。所以老子常常赞美儿童，让人通过修炼回到儿童的状态。《老子·28章》："常德不离，复归于婴儿。"《老子·55章》："含德之厚，比于赤子。毒虫不螫，猛兽不据，攫鸟不搏。骨弱筋柔而握固，未知牝牡之合而朘作，精之至也。"

四、从文化学看，道是中华民族的最高文化精神

1. 道与民族精神

每个民族都有自己的最高文化精神，如印度人的梵文化精神、欧洲人的逻各斯精神、阿拉伯人的伊斯兰精神等等。最高文化精神是把整个民族维系在一起的哲学观念与价值体系，它决定了一个民族独特的思维方式、行为方式、文化心理、认同心理、性格特征、价值取向等等。中华民族的最高文化精神是什么呢？如果规定只能用一个字表示，那么从几万个字中挑选，唯一能够入选的只有一个

字：道。司马云杰先生说："中华民族几千年来的生活，从来没和这个宇宙本原和价值源头割断过联系。他们看问题，想问题，从来没有离开过大道的神圣观念。它不仅是中华民族的精神支柱，也是中华民族寄托精神和安顿生命的地方。"[29]道是最高范畴，其他文化与哲学的重要范畴都是从属于道的。例如：天道以及天道所属的天地、阴阳、五行、有无、理气、道器、动静、刚柔、常变、反复等，人道以及人道所属的道德、仁义、兼爱、善恶、义利、形神、天理与人欲、自然与人为、命与非命等，都是道的表现与运用。在中国文化与哲学史上，某些时期某些哲学家提出过另外一些最高范畴，但大多与道名异而实同。如魏晋玄学家王弼的最高概念是无，但无就是道。他说："道者，无之称也，无不通也，无不由也，况之曰道。寂然无体，不可为象。"[30]在宋明理学中，二程、朱熹的最高概念是理，但是他们提出的理，基本上就是道。如二程说："此理，天命也，顺而循之，则道也。"又说："散之在理，统之在道。"[31]朱熹说："理也者，形而上之道也。"[32]

中国几千年的文化与哲学，始终是围绕着道而发生、发展的。早在春秋战国时期，道已经成为诸子百家频繁使用的一个重要概念，围绕着道，形成了各种学派的道论。比较重要的有道家的道论、儒家的道论、《易传》的道论、兵家的道论、墨家的道论等。汉代以后，汉初的黄老学、魏晋时期的玄学、隋唐时期的重玄学、宋明理学、当代的新儒学、新道学，无不是围绕着道而演变着。道是中华民族的生命价值与意义的最高体现。中华民族追求的是一个有公道、重道德、存道义的理想社会，这个社会离不开一个道字。要实现这个理想，就要懂得"得道者多助，失道者寡助"以及"得道者得天下"的道理。

2. 道家为体，儒家为用

围绕着道(或天、理)范畴，儒家形成了一个比较完整的政治、社会、伦理、道德理论体系。《大学·1章》讲："大学之道，在明明德，在亲民，在止乎至善。"儒家对中华民族的文化精神的形成是有很大贡献的，但是它的不足之处是过分强调人伦之道，而人伦之道是道之用、道之功也。那么道之体、道之本是什么呢？道的本体是哲学和宇宙观。哲学与宇宙观的运用，就是政治、社会、伦理、道德理论。道家对中华民族的文化精神的重大贡献，是提供了系统的哲学与宇宙观。儒家批评道家的道"无"，其实道家关于无的学说正是儒家所缺乏的哲学抽象精神。老子、庄子批评儒家忽视道的本体而游乎仁义，是舍本逐末，抓到了儒家的要害之处。

在中华民族的文化精神的形成中，道家为体，儒家为用，这是当代新道家的看法。陈鼓应先生认为，文化对于一个民族精神的形成，其影响是巨大的。道家是中国哲学史的主干，并且在思想文化文学艺术诸领域中，道家的影响都胜过儒家。陈鼓应先生在引用了严复先生“自由为体，民主为用”的观点以后说：“在传统文化中，道家是自由度最广，民主性也以道、墨为最浓。”[33]胡孚琛先生说：“道家学术作为中华民族的根底，一直在学者的潜意识中起着举足轻重的作用。直到近世，道家又接引西方自由主义入中国，宣扬民主政治，形成思想解放的潮流。”[34]被誉为当代新道家的英国科学家李约瑟先生说：“中国人的特性中，很多吸引人的地方，都来自道家的传统。中国如果没有道家，就像大树没有根一样。”[35]“中国人的特性”，不就是中华民族的文化精神吗？而所谓大树的“根”，不就是中华民族的文化精神的本根、本体吗？

3. 道与逻各斯

许多学者都认为，道与古希腊人的逻各斯是比较接近的概念。但是，如果仅仅把道与逻各斯都理解成规律而认为它们有一致性，那就片面了。逻各斯与道的一致性在于，它像道一样，是一个民族的最高文化精神。在古希腊，特别是希腊化时期，不同的学派与思潮都把逻各斯融入自己的体系中，并作为最高概念。在赫拉克利特那里，逻各斯是世界的普遍规律。在柏拉图那里，逻各斯是理念与世界灵魂。在亚里士多德那里，是没有质料的形式。在斯多葛学派那里，逻各斯是命运与宇宙理性。在斐洛那里，逻各斯是神的理性。

在中国一世纪，道与神合一，道成为道教的最高信仰，当然道教也体现着中华民族的文化精神。在欧洲，逻各斯后来成为基督教的最高信仰，“上帝与逻各斯同在”，成为欧洲各民族的最高文化精神。大约也是公元一世纪，《约翰福音》和《约翰一书》都把逻各斯说成是与神同在、与神同一的道，而把耶稣圣子说成是“道成肉身”。奥古斯丁说逻各斯是超自然之光，斯各脱说逻各斯是作为存在的存在。到了近现代，逻各斯在笛卡儿那里是天赋观念，在莱布尼茨那里是单子，在斯宾诺莎那里是样式，在康德那里是自在之物，在黑格尔那里是绝对精神。当代法国哲学家德里达认为，整个西方思想与民族精神，都以逻各斯为中心概念。逻各斯是西方民族精神的最高概念，道是中华民族精神的最高概念，二者惊人的相似，可以说是“逻各斯与道同在”。

通过多学科的立体的透视，我们可以给道一个综合的表述。从哲学上看，道是宇宙的生生之元，是与本原比较接近的概念。从科学上看，道是宇宙大爆炸从无生有的创生过程，道与宇宙总能量是比较接近的概念。从宗教学上看，道是自然性的神，在修行的层面，道与气(神秘的活力或泛生命力)是比较接近的概念。从文化学上看，道是中华民族的最高文化精神，是与逻各斯比较接近的概念。

注释：

[1]任继愈：《老子今译》，古籍出版社1956年版，第74页。

[2]哲学研究编辑部编：《老子哲学讨论集》，中华书局 1959 年版，第 294 页。

[3]同上书，第 176 页。

[4]同上书，第 16 页。

[5]冯友兰：《中国哲学史》，中华书局 1961 年版，第 219 页。

[6]张松如：《老子校读》，吉林人民出版社 1981 年版，第 460 页。

[7]张起钧：《老子哲学·吴序》，台湾正中书局 1977 年版。

[8]任继愈：《中国哲学发展史》（先秦），人民出版社 1983 年版，第 264 页。

[9]董光璧：《当代新道家》，华夏出版社 1991 年版，第 102 页。

[10]李景强：《复原老子之道》，载《学术研究》，2003 年第 10 期。

[11][20]任法融：《道德经释义》，三秦出版社 1990 年版，第 2 页。

[12]董光璧：《当代新道家》，华夏出版社 1991 年版，第 87 页。

[13][17]（美）卡普拉：《物理学之道》，北京出版社 1999 年版，第 198 页。

[14]张端明：《〈道德经〉中的道、无与真空能》，载《华中科技大学首届老子道德经研讨会论文》，2004 年。

[15]（美）卡普拉：《物理学之道》，北京出版社 1999 年版，第 189 页。

[16]（日）小野泽精一等编：《气的思想》，上海人民出版社 1990 年版，第 5 ~7 页，

[18]转引王连法、黄长军主编：《简明应用哲学辞典》，中国广播电视出版社 1991 年版，第 125 页。

[19]胡孚琛：《道学通论》，社会科学文献出版社 1999 年版，第 62 页。

[21]陈霖生：《道德经的实用价值》，宏大印刷设计公司 1993 年版，第 92 页。

[22]吕大吉：《宗教学通论新编》，中国社会科学出版社 1998 年版，第 199 页。

[23]宫哲兵、周冶陶著：《嫘祖信仰与蚕神崇拜》，载《炎帝神农与民族精神》，东方红出版社 2002 年版，第 175 页。

[24]李约瑟：《中国古代科学思想史》，江西人民出版社 1990 年版，第 46 页。

[25]聂运伟：《爱因斯坦传》网上电子版。

[26][27][28]萧兵、叶舒宪：《老子的文化解读》，湖北人民出版社 1994 年版，第 871、887、925 页。

[29]司马云杰：《大道运行论》，陕西人民出版社 2003 年版，第 37 页。

[30]王弼：《论语释疑》。

[31]《二程集》，中华书局 1981 年版，第 11、690 页。

[32]朱熹:《答黄道夫》,《朱文公文集》卷58。
[33]陈鼓应:《老庄新论》,上海古籍出版社1992年版,第318页。
[34]胡孚琛:《道学通论》,社会科学文献出版社1999年版,第45页。
[35]李约瑟:《中国古代科学思想史》,江西人民出版社1990年版,第198页。

第三章　道与当代宇宙论

英国科学家李约瑟、日本科学家汤川秀树、美国科学家卡普拉等人，从各自的学科出发，不约而同地认为，中国古代道论与当代自然科学的一些理论有相似性。[1]受他们的启发，笔者认为道教的宇宙生成论与当代大爆炸宇宙论有相通之处。道教对“道”的描述与大爆炸宇宙论的“种子”很相似，都是恍惚的，超时空的，几乎不占体积的，能量极大的。“种子”大爆炸后，产生了宇宙天地、人类万物，这与“道生一，一生二，二生三，三生万物”是相似的。大爆炸宇宙论认为目前仍在膨胀的宇宙在将来会收缩、坍塌，这与《太平经》所预言的“天道比若循环，周者运行复反始”[2]是一致的。下面从宇宙的原始状态、宇宙的生成过程、天外智慧生物与神仙信仰、宇宙的归宿等方面对道教生成论与大爆炸宇宙论加以比较。

一、宇宙的原始状态

20 世纪 20 年代以前，天文学家一直认为宇宙就是银河系，而且静止不变。当代宇宙学认为，150 亿年前还没有宇宙，只有一个能量极大、质量极密、温度极高、体积极小的“初始奇点”，或称种子。这颗种子发生了大爆炸，一股高能热气冲出来，形成了宇宙空间，并持续地膨胀，使宇宙的空间越来越大。因为空间增大，使热气稀薄，从而温度下降。热气在变冷的过程中产生星云，星云处于混沌状态。星云凝聚，相继产生了星系、恒星、行星。现在科学家们观测到，恒星与星系都在离我们地球而远去，可见宇宙还在膨胀之中。但是当膨胀到顶以后，宇宙又会开始它的大挤压、大收缩的死亡过程，最后可能回到初始奇点——宇宙的种子。

科学家是怎么证明 150 亿年前大爆炸的呢？1916 年，爱因斯坦提出广义相对论。第二年，爱因斯坦将广义相对论运用于宇宙学，发现宇宙不可能是静止不变的，它要么是膨胀的，要么是收缩的。1927 年比利时天文学家乔治·勒梅特提出宇宙始于一个宇宙蛋的大爆炸，爆炸后空间膨胀，宇宙蛋的碎片形成星体。1929 年，天文学家哈勃发现绝大多数星系的光谱都表现红移，[3]而且红移量同星系的距离成正比。这意味着所有星系都在离地球而去，退行速度正比于同地球的距离。这一可靠的观测，证明宇宙确实处于普遍的膨胀之中。1940 年，伽莫夫提出，作为大爆炸遗留物，膨胀使温度不断降低，目前宇宙中应普遍存在着温度约5K的背景辐射。1989年，美国发射了宇宙背景探测卫星，证明宇宙中确实存在着温度约2.7K的背景辐射。由于这种辐射的峰值波长在1毫米附近，处于微波段，故又称微波背景辐射。

大爆炸宇宙论的最大特点，在于认为宇宙是在大爆炸中“无中生有”。老子说：“天下万物生于有，有生于无。”(《道德径·40章》)也认为宇宙是“无中生有”。对于宇宙的种子，老子有所猜测，强为之名，称为“道”。老子对宇宙初始的混沌、恍惚状态的描述，与大爆炸理论关于宇宙初始状态的描述惊人的相似。

“道之为物，惟恍惟惚。惚兮恍兮，其中有象。恍兮惚兮，其中有物。窈兮冥兮，其中有精。其精甚真，其中有信。”(《道德径·21章》)

“视之不见，名曰夷；听之不闻，名曰希；搏之不得，名曰微。此三者不可致诘，故混而为一。其上不皦，其下不昧，绳绳不可名，复归于无物。是谓无状之状，无物之象，是谓恍惚。迎之不见其首，随之不见其后。”(《道德径·14章》)

周敦颐《太极图说》把宇宙生化过程总结为“太极动而生阳，静而生阴”。动是爆炸与膨胀，是热气上升并且燃烧。静是温度下降，热气凝聚成物，星云凝聚成星球。按今天的理解，大爆炸时形成了阳气与阴气，阳气代表宇宙间积极趋动的力量，阴气代表宇宙间消极趋静的力量。种子(道)生长成宇宙，种子的生命力就是气，种子的基因密码就是阴阳。气与阴阳是道教哲学最基本的概念。《庄子·知北游》：“通天下一气耳。”《太平经》卷56说：“天下凡事，皆一阴一阳，乃能相生，乃能相养。”《素问·阴阳应象大论》说：“阴阳者，天地之道也，万物之纲纪，变化之父母，生杀之本始，神明之府也。”唐李荃《太白阴经》：“阴阳不为物所生，万物因阴阳而生之。”

二、宇宙的生成过程：天、地、人

大爆炸以后，距今大约50亿年的时候，太阳星云出现了。星云中的固体尘粒不断碰撞，相互结合，形成了太阳和九颗行星，包括地球在内。地球从内到外分为地核、地幔、地壳三个圈层。地壳的形成距今46亿年，它与大气层、水圈的出现共同为生命的产生创造了条件。

最近20多年的古生物学与地质学告诉我们，距今38亿年前，前生物的有机合成已经出现。距今35亿年前，有细胞结构的生命已在地球上存在。距今10亿年，蠕虫是地球上最高级的生命。距今2.3亿年，恐龙是地球的统治者。距今700万年前，非洲出现了猿人。距今250万年，猿人的脑容量明显增大。在距今50万年至3万4千年之间，现代人才出现。但是遗传学的基因专家说，人类没有漫长的进化史。根据线粒体夏娃假说与DNA分析，现代人的最早祖先是大约15万年前住在非洲的一个女人。[4]如果这个结论成立，人类的年龄只有宇宙年龄的10万分之一，只有地球年龄的3万分之一。

道教的最高信仰是道，道是创生者，由它而生成了宇宙天地、人类万物。被尊为道教教主的老子提出了一个宇宙生成模式，《老子·42章》说："道生一，一生二，二生三，三生万物。"东汉《太平经》将"道"理解为创生之元气，将一、二、三理解为天地人三才。《钞》戊部说："元气恍惚自然，共凝为一，名为天也。分而生阴而成地，名为二也。因为上天下地，阴阳相合施生人，名为三也。"[5]《老子》与《太平经》的宇宙生成论可以概括为：

道──→天──→地──→人──→物

北宋道学的开山鼻祖周敦颐绘太极图，并著《太极图说》一文。[6]太极图表现的是一个以"无极而太极"为起始的宇宙生成模式，经南宋道学集大成者朱熹加以肯定和发挥，成为程朱道学的理论基础，盛行于宋元明清四朝。太极图依古代的书写方式，是从上往下的竖式展开。根据现代书写方式，现改为从左向右的横式展开如下：

阳动　火　木　乾道成男

无极而太极○──→○──→土──→○──→○万物化生

阴静　水　金　坤道成女

太极图看起来很复杂，实际上是将道教的"道、天、地、人、物"具体化，功能化。无极而太极是道的属性，阴阳动静是天的属性，五行相生相克是地的属性，乾坤男女是人的属性，万物化生是物的属性。南宋哲学家陆九渊早就指出，太极图继承的是老子道家的传统，而不是孔子儒家的传统。

老子最早提出"无极"概念。《老子·28章》说："常德不忒，复归于无极。"《老子·40章》说："天下万物生于有，有生于无。"这就是说，"无极而太极"不是别的什么东西，就是道。太极图的宇宙生成模式可以概括为：道生阴阳、五行、男女，化生万物。

经学者考证，周敦颐的太极图取之于道教方士，受传于宋初道士陈抟。朱震《汉上易传》说："陈抟以太极图授种放，放授穆修，修授周子。"又经学者考证，陈抟有无极图，周敦颐受传后略有修改，更名为太极图。朱彝尊《经义考》说："无极图乃方士修炼之用术，……周子取而转易之为图，更名之曰太极图，仍不没'无极'之旨。"因此，依道教的传统，太极图实应称无极图，更合于历史的真相。

道教重视人类在宇宙中的地位。天地人相提并论，是道教的一贯思想。老子说："道大，天大，地大，人亦大。域中有四大，而人居其一焉。人法地，地法天，天法道，道法自然"(《道德经·25章》)。道教《太上老君开天经》认为，清气上升为天，浊气下降为地，中和之气为人：“上取天精，下取地精，中间和合以成一神，名曰人也。”[7]这里有三层含义：第一，认为人、天、地同生同质；第二，认为人的产生是天地精华的和合；第三，认为人是神。人是神，是道教信徒的理想，相信凡人通过修炼可以变为神仙，人与神合一。

三、天外智慧生物与神仙信仰

宇宙学的最新研究成果告诉我们，生命和智慧生物并不一定只在地球上出现。构成生命的基本元素，即碳、氢、氧、硫、磷、铁、镁等，早在大爆炸以后的宇宙初期就出现了。天体化学证明，宇宙空间和星体中有大量碳基化学过程产生的有机物，如甲醛，它的年龄比地球的年龄大2倍到3倍。科学家们通过射电发射，已在星系NGC253探测到了甲醛，因而从理论上说，宇宙中所有的星系都能够出现生命与生物。2001年美国国际光学工程科学会议上，研究人员报告在地球大气层发现大量非地球细菌。[8]诺贝尔奖获得者弗兰西斯·克里克认为，银河系在它还年轻时就出现了智慧生物，他们在包括地球在内的许多星球上播种了生命。[9]因此地球上的生命并不一定是白手起家的，而地球上的人类也不一定是从地球动物进化来的。

美国天文学家德雷克提出一个著名的“德雷克公式”：N = nP1 · P2 · P3 · P4 · L，用于计算银河系内有多少个能与我们通讯的文明。计算的结果是，银河系中可能有10000万个具有通讯文明的行星。[10]哲学家拉兹洛根据科学家的计算，估计银河系可能存在100亿个生物圈。为什么他们不到我们地球上来呢？因为太遥远。银河系直径为10万光年，假定其中有100万个文明世界，每个世界每年发射1万艘飞船，才可能有一艘飞船到达地球。

当代宇宙学还非常重视对天外智慧生物的寻找与联络。1928年，挪威科学家史托马在荷兰的实验室收到一组可能是地球外的无线电信号，每3秒钟一次，极有规律。1960年，美国科学家对太阳的近邻波江星座18号星、鲸鱼星座52号星以及600颗恒星进行探测，似接收到几个无法解释的异常信号。越来越多的科学家相信天外智慧生物的存在。

天外智慧生物生活在地球之外，多数宇宙学家认为他们的科学技术水平超过地球人。地球人看他们，会认为他们个个有神通。地球宇航员发现，宇宙中的时间比地球慢，所以与地球人相比，天外人是长寿的，甚至是长生不死的。从某种意义上讲，天外智慧生物就是神仙。

道教基本的信仰，是神仙信仰。神仙是修炼得道，超越尘世，神通变化，长生不死之人，又称神人、仙人、真人。这一信仰始于庄子，《庄子·天下》说：“不离于精，谓之神人。”神人的肌肤如冰雪一样洁白，容态像处女一样柔美，不食五谷，餐风饮露，腾云气，驾飞龙，游于四海。《庄子·大宗师》说：真人“不知悦生，不知恶死”，超然于物外，老子、关尹就是博大真人。道教信徒的理想，是通过坐忘、入静、吐纳、导引、服气、辟谷、房中、外丹、内丹等修炼方术，修真得道，使凡人转变为神仙。

道教认为，一切有形皆含道性，只要修炼，人人都可成为神仙。古代下乘修炼者，以身为玉炉，心为金鼎；中乘修炼者，以乾坤为鼎器；上乘修炼者，以天地为鼎炉；最上一乘以太极为炉，太虚为鼎；这是何等的气魄。按今日的理解，道创生的天地宇宙就是最大的炉，人创造的科学器物世界就是最大的鼎，经过无数年的修炼，人类也许能够演变为神仙。

四、宇宙的归宿

宇宙在膨胀时创生出天、地、人、物，宇宙在收缩的时候，一切又复归于种子，复归于道。这虽然是几十亿年后甚至更遥远的事情，但终究是有这一天的。在100亿至200亿年后，那时所有的恒星将走向死亡。太阳内核停止燃烧，快速坍缩，外层膨胀成为红巨星。水星化为蒸汽，金星大气消失，地球上的海洋沸腾。太阳在吞没地球之后，成为一颗由金刚石组成的白矮星。经过100亿年的冷却，白矮星会变成黑矮星。太阳是宇宙里中等大小的恒星，如果是太阳8倍以上的恒星，其结局将是简并紧缩而死的中子星与激烈爆炸而死的超新星。如果是质量更大的恒星，它们悲壮地死亡在自己的墓穴里——宇宙黑洞。

老子说：“有物混成，先天地生，寂兮寥兮，独立不改，周行而不殆，可以为天下母。吾不知其名，字之曰道，强为之名曰大。大曰逝，逝曰远，无曰反。”(《道德经·25章》)这是一个反复的过程，首先道在混沌中产生了天地人，其大无比。然后膨胀(逝)，膨胀无边(远)，最后收缩(反)，回到道的混沌之中。或许他预测到了宇宙的归宿。

老子又说：“致虚极，守静笃。万物并作，吾以观复。夫物芸芸，各复归其根。归根曰静，是曰复命。”(《道德经·16章》)这里不仅指出，道生万物芸芸，万物复归其根(道)；还指出，道动而万物并作，道静而万物归根。老子认为，宇宙万物从无而生，又复归于无物，他说：“绳绳不可名，复归于无物。是谓无状之状，无物之象，是谓恍惚。”(《道德经·14章》)道教继承了老子“反者道之动”(《道德经·40章》)的复道思想，认为宇宙是一胀一缩，一盈一虚，一申一屈，有无相生的生成过程。北宋道士张伯端说：“万物芸芸各返根，返根复命即常存。”[11]

在宇宙的末日，人类的命运将如何？人类创造的文化与科学的命运会如何？我们只能猜测。科学家们计算过，一个有智慧生命的星球，其文明程度已达到星际航行与通讯水平，那么在5千万至1亿年间，该文明就能够扩张到银河系，智慧生物会从一个恒星移民到另一个恒星。那个时候，人类也许能够借助超高度发展的科学，具有飞越时间与空间的能力。当地球死亡之前，他们早已飞到另一个安全的星球。当银河系死亡之前，他们早已飞到银河系之外另一个安全的星系。

但是，如果整个宇宙都坍缩死亡了，人类又能够飞到哪里去呢？哪里还有安全的地方呢？20世纪80年代以后兴起一种多宇宙论的学说，认为与我们宇宙同时还存在着其他的宇宙，只是我们永远无法感知而已。如果这样的话，也许人类可以跨越时空，穿过连接两个宇宙的隧道，进入另外一个宇宙，将我们这个宇宙的生命基因、智慧基因、文化基因，传递到另外一个宇宙。

五、大爆炸宇宙论与当代人文理论

一个时代的哲学与宗教学，深受那个时代自然科学的影响。中国的当代哲学正受到大爆炸宇宙论的挑战，例如我们的哲学一向认为宇宙是无限的，它在时间上和空间上都是无限的。但大爆炸宇宙论却得出这样的结论：宇宙起源于150亿年前的大爆炸，它有自己的开始、演化与终结。因此，宇宙在时间上是有限的，不是无限的。大爆炸之后的能量膨胀形成了空间，膨胀的范围就是宇宙的范围，至今膨胀还在进行，那么至今空间仍在变大。这就是说，空间也是有限的，不是无限的。在大爆炸宇宙论中，英国宇宙学家霍金提出宇宙自足理论，创立了"宇宙创生于无"的方案，他与他的合作者吴忠超科学计算了宇宙的最早时空是怎样从无生有的。[12]这种思维方式与中国古代哲学家老子"有生于无"的宇宙生成论不谋而合。

在西方，始基构成论长期在科学与哲学领域占主导地位。而在中国古代道家与道教理论中，道生成论占据着主导地位。随着科学与哲学在现当代的发展，中国古代的道生成论在西方越来越受到重视。获得诺贝尔奖的日本当代物理学家汤川秀树，在多年研究基本粒子以后，认为所有种类基本粒子由一种无形式未分化的东西所生成，这个东西是庄子的"混沌"，老子的"道"。[13]美国物理学家卡普拉认为，老子的道、气概念所表示的东西，不是构成物质的原子、中子，而是近似于现代物理学中的量子场。他在《物理学之道》一书中称，当代世界的危机是机械论构成论世界观导致的危机，而老子的道论有助于我们建立新的有机论生成论的世界观。[14]

老子的道是"有"也是"无"，两者同出而异名。量子场的基态与激发态，粒子与真空的关系，可以用老子道的有、无关系加以合理的解释：量子场是粒子与真空的统一，犹如道是有与无的统一；粒子(激发态)产生于真空(基态)，犹如有生于无。美国当代物理学家惠勒提倡质朴性原理，认为一切物理定律都是从无到有。他在1981年访问中国期间，为质朴性原理找到了东方的思想先驱，那就是老子的道与无的原理。

大爆炸宇宙论还提出了一个宗教学的问题，即大爆炸的宇宙种子有没有智慧与神性的问题。如果从道教的角度看，那就是道有没有智慧与神性的问题。种瓜得瓜，种豆得豆，牛生牛，马生马，这是每一个人的常识。优良的种子能长出优良的树苗，是因为种子内有优良的基因，这也是每一个人的常识。儿童有语言，会写字，有智慧，是因为生育他的人类有语言，会写字，有智慧，这是不言而喻的。同理，宇宙的种子在大爆炸后生长出了有智慧的人类，则说明种子内有类似于人类或高于人类智慧的基因。按道教的理解，天、地、人都是道创生的，因此，道在它的原始状态时已经有了人类与智慧的基因，甚至于有了神仙与超智慧的基因。它与宇宙种子一样，当然是有神性的。以上是神学家与有神论的观点。按无神论与进化论的观点，种子与道不可能有任何智慧与神性，它是自然的，物质的，从无机进化到有机，从生命进化到人类，从无意识进化到有意识。在大爆炸宇宙论领域，哲学家、神学家、科学家在这方面的争论是从来没有停止过的。

任何一种哲学或宗教理论体系，它首先要回答宇宙的本质与来源的问题。要回答这一问题，它必须要借鉴宇宙学的科学理论。大爆炸宇宙论在当代宇宙学中已占据越来越重要的地位，引起了基督教神学与西方当代哲学的重视。本文尝试将道教生成论与大爆炸宇宙论进行理论整合，提出了一些不很成熟的观点，供学术界与道教界在进一步探讨时参考。

注释：

[1]董光璧：《当代新道家》，华夏出版社1991年版，第12页。

[2]《新金兵法》，《太平经》卷65。

[3]我们可以用多色光谱测量宇宙光源的运动方向，面向观察者运动的光源谱线(与静止光源相比)，将向高频端即光谱蓝端移动，背向观测者运动的光源谱线将向低频端即光谱红端移动。因此，红移是星系或星体离我们远去的证明。

[4]理查德·利基：《人类的起源》，上海科学技术出版社1995年版，第74页。

[5][7][11]转引钟肇鹏主编：《道教小辞典》，上海辞书出版社2001年版，第73、82、85页。

[6]周敦颐的“太极图说”，载于《周子全书》。

[8]胡刃：《外星人揭秘》，新疆人民出版社2002年版，第225页。

[9](英)约翰·格里宾：《大宇宙百科全书》，海南出版社2001年版，第242页。

[10]E. 拉兹洛：《进化——广义综合理论》，社会科学文献出版社1998年

版，第 122 页。

[12]葛荣晋：《道家文化与现代文明》，中国人民大学出版社 1991 年版，第 241 页。

[13](日)汤川秀树著，周林东译：《创造力和直觉—— 一个物理学家对东西方的考察》，复旦大学出版社 1987 年版，第 49 ~ 50 页。

[14]转引葛荣晋：《道家文化与现代文明》，中国人民大学出版社 1991 年版，第 239 页。

第四章　道：祭道路神

道是中国古代文化最重要的概念之一，学者们大多从哲学与伦理的角度解释它的内涵。台湾严灵峰先生认为道是原子或基本粒子，杨荣国先生认为道是精神或绝对精神，苏联学者杨兴顺先生认为道是自然法则。有许多学者认为道具有两个以上的内涵，冯友兰先生认为是物质性的精气与万物总原理[1]；陈鼓应先生认为道有三种含义：实存者，规律与人生准则[2]；任继愈先生认为道有五种含义：混沌未分的原始状态，自然界的运动，最原始的材料，感官不能直接感知的存在，事物规律[3]；王中江先生认为中国早期典籍中的“道”有七个含义：路，言说，法则，方法，命令，正义或公正，通达[4]。

这类解释有代表性，直到现在还可以被大多数学者所认可。但笔者认为，这类解释都不够全面，它们忽略了“道”的一个重要含义：祭道路神。古代对道路神的祭祀，有称“道”的、有称“祖”的、有称“祖道”的、有称“軷”的、有称“行”的，它在先秦、两汉的史籍中比较多见。祭祀道路神的仪式，至今保存在民间习俗与道教科仪之中。对道路神的祭祀，还传入日本民俗，至今非常普遍，称为“道祖”神。值得注意的是，“道”、“祖”以及两字连用的“祖道”，是中国早期典籍中对道路神的称谓。

一、古代祭道路神：道、祖、祖道、軷

1. 道，祭行道之神

《礼记》是秦汉以前各种礼仪论著的选集，据传主要由西汉戴圣编纂，故又称《小戴礼记》。该书有东汉郑玄《礼记注》、唐孔颖达《礼记正义》、清孙希旦《礼记集解》等权威注解。《礼记·曾子问》：“道而出。”郑玄注：“祖，道也。”孔颖达疏：“经言道而出，明诸侯将行，为祖祭道神而后出行。”孙希旦集释：“道，祭行道之神于国城之外也。”“其礼，以菩刍棘柏为神主，对土为軷坛，厚二寸，广五尺，轮四尺。既祭，以车轹之，喻行道时无险难也。”

孔颖达解释说，古代诸侯出远门前，要先祭道神而后出行。孙希旦解释说，道，就是祭行道之神，地点一般在城市之外的郊区。非常难得的是，孙希旦还具体记录了古代祭道路神的仪式：以一种植物菩刍棘柏代表道路神，在菩刍棘柏对

面立神坛并堆一个不大的土堆，驾一辆车轧过土堆，这就是“道”祭。

《荀子·礼论》：“郊止乎天子，而社止于诸侯，道用士大夫。”荀子是战国末期的著名学者，他精通王室的礼仪。他说：只有君王才可以举办郊仪祭天，只有诸侯才能举办社仪祭地，士大夫以上都可以举办道仪，祭道路神。

2. 祖，祭道神，与道为一

《左传》，旧传由春秋时左丘明编撰，故又称《左氏春秋》。近人认为是战国初人根据各国史料编成，是中国古代的一部史学名著。《左传·昭公七年》：“梦襄公祖。”杜预注：“祖，祭道神。”孔颖达疏：“诗云：韩侯出祖，仲山甫出祖，是出行必为祖也。曾子问曰：诸侯适天子与诸侯相见，皆云道而出，是祖与道为一，知‘道’是祭道神也。”

杜预解释说，祖是祭道神。孔颖达解释说，祖与道一样，都是对道路神的祭祀。

《诗·大雅·烝民》：“仲山甫出祖。”郑玄笺：“祖者，将行犯軷之祭。”《说文解字》：“軷，出将有事于道，必先告其神，立坛四通，树茅以依神为軷，轹牲而行为范軷。”此处所言，祖即軷，軷即道，道祭的仪式与《礼记》所述大同小异，区别在于驾车要轧过一个作为牺牲的牲畜。

祖腊也是中国古代对道路神的一种祭仪。腊指岁终之腊月，腊祭之日称之腊日。在腊月腊日祭道路神“祖”的仪式称为祖腊，汉代比较流行。《后汉书》由南朝范晔所撰，是研究东汉历史的重要资料。《后汉书·献帝纪》：“皇帝逊位，魏王丕称天子”，“以天子车服郊祀天地、宗庙、祖腊，皆如汉制。”《后汉书·陈宠传》：“父子相与归乡里，闭门不出入，犹用汉家祖腊。”

3. 祖道，祖送，祖帐，祖饯

祖，原指祖宗，祖祭一般是指对祖先的崇拜仪式。后以祖为道路神，祖祭成为对道路神的祭祀。汉以前，对道路神有称祖的，也有称道的。到西汉时，对道路神的祭祀有时合称为“祖道”。《史记·滑稽列传》汉褚少孙补：“（东郭先生）出门前，行谢主人，故所以同官待诏者，等比祖道于都门外。”东郭先生出远门，临行前与众官人在都门外祭道路神“祖道”。《汉书·刘屈牦传》：“贰师将军李广利将兵出击匈奴，丞相为祖道，送至渭桥。”李广利将军率军出征前，丞相为他举办祭“祖道”神的仪式。

祖道为道路神，古代送人远行，往往在城外路边行祭祖道之仪，称祖送。唐初诗人杨炯《送并州旻上人诗序》：“麟阁良朋，祖送于青门之外。”祭祖道时在城外路边而设立一个帷帐，称祖帐。唐诗人王维《齐州送祖三》：“祖帐已伤离，荒城复愁人。”《聊斋志异·聂小倩》：“燕生设祖帐，情义殷渥。”祭祖道神时在城外设宴，称祖饯。《宋史·胡瑗传》："归老于家，诸生与朝士祖饯东门外。"祖饯又称饯行，饯行之俗，在今日社会还相当普遍。

4. 軷

《诗经》是中国最早的诗集，大约是周初至春秋中叶的作品，其中已记载了对道路神的祭祀。道路神称軷，祭祀仪式的重要内容是以车轮碾过牲口，取行道顺利、无危险之意。《诗经·大雅·生民》："取羝以軷。"毛传："羝羊，牡羊也。軷，道祭也。"牡羊即公羊，道祭就是对道路神的祭祀。郑玄笺曰："軷，道祭也。""至其时，取萧草与祭牲之脂，爇之于行神之位，馨香既闻，取羝羊之体以祭神。"郑玄解释说，軷，就是道祭，与祭道路神的仪式一样。

《周礼》大约是战国时代的作品，是周王室与战国时各国礼制的汇编。该书记载了軷祭之礼，后人注疏时又详细地叙述了軷祭之俗。《周礼·夏官·大驭》："大驭掌驭玉路以祀，及犯軷。"郑玄注："軷犯之者，封土为山象，以菩刍棘柏为神主。既祭之，以车轹之而去，喻无险难也。"孔颖达疏：封土者，軷祭时为軷坛厚三寸，广五尺，神主者，于三者之中用其一。《周礼·秋官·犬人》："凡祭祀共犬牲。"孔颖达疏："伏谓伏犬，以王车轹之者，此谓王将祭而出国軷道之祭时，即《大驭》所云者是也。"

軷祭在汉代与南朝仍有实行。《史记·五宗世家》有唐司马贞的《史记索引》："聘礼云'出祖释軷，祭酒脯'"。梁朝简文帝《和武帝宴》诗："軷祭逐前师。"

二、古人对五祀之一"行神"的祭祀

1. 行神就是道神

对古代道路神的称谓，除道、祖、祖道、軷以外，还有行。行是古代五祀中的一种，在古代典籍中有很多记载。道有行、行路的意思。《说文解字》："道，所行道也。"段玉裁注说："道者人所行，故亦谓之行。"《十三经》中以"道路"为句首的有四处：《礼记》："道路不通"，又"道路男子由右"，《周礼》："道路用旌节"，《左传》："道路无壅"。这四处的"道路"都可理解为"行路"。

现代哲学家与科学家也大多从运动的角度理解"道"。著名哲学家德里达先生在挑战"西方中心论"的论述时靠近了庄子与道家思想，提出了著名的"行走"观念。[5]著名哲学家海德格尔认为，人们只从空间的道路意义去理解道，这不准确。他主张从"开道"、"成道"的原初含义去理解道。[6]日本著名科学家汤川秀树对于道的理解是"道路"，但不是"到达"之路，而是"通过"之路。[7]

道有行之意，故道神"祖""道"也称行神。《史记·五宗世家第二十九》：

“荣行，祖于江陵北门。”唐司马贞《索隐》按：“祖者行神，行而祭之，故曰祖也。”从这段文字看，在汉代时，行与祖相同，都是道路神。当时的仪式，《索隐》：“出祖释軷，祭酒脯”。按：“今祭礼，以軷壤土为坛于道，则用黄羝或用狗，以其血衅左轮也。”祭行，祭祖，祭道的仪式基本是一致的。

2.《礼记》中的行神

五祀是古代周人祭祀礼仪中的五种神灵：户、灶、中霤、门、行。户为内室的单扇房门，灶指做饭之炉灶，中霤指室的中央，门是外室的门，行指行路。《礼记·曲礼下》：“天子祭天地，祭四方，祭山川，祭五祀，岁遍。诸侯方祀，祭山川，祭五祀，岁遍。大夫祭五祀。”祭祀有等级，大夫不能祭天地、山川，可以祭五祀。郑玄注：“五祀，户、灶、中霤、门、行也。”孔颖达疏：“祭五祀者，春祭户，夏祭灶，季夏祭中霤，秋祭门，冬祭行也。”行，指道路神。“冬祭行”就是在冬天祭祀道路神。

《礼记·月令》：“其祀行。”行是五祀之一。郑玄注：“行在庙门外之西，为軷，壤厚二寸，广五尺，轮四尺。北面设主于軷上，乃制肾及脾为俎，奠于主南。”祀行的目的，是求道路神的保佑，保证远出之人的安全。祀行的仪式与祭道的仪式相同。

3. 楚简中的行神

楚人对五祀之祭与周人基本上一致，称谓上略有区别。湖北省包山 2 号楚墓西室出土了 5 块木签牌，每块长 6 厘米、宽 1.8 厘米、厚 0.2 厘米。这 5 块牌上分别写着五个字：室、门、户、行、灶。据专家考证，这 5 块牌是墓主生前祭“五祀”神的神位。与周人的五祀相比，四位神相同，只是周人的“中霤”，楚人称为“室”。中霤也就是室神，所以周人的五祀与楚人的五祀基本相同。

对于五祀中的五种神灵，楚人祭行神最多，这反映在包山楚简的占祷记录中。如包山楚简第 233 简：“举祷行一白犬、酒食。”包山楚简第 219 简：“赛祷行一白犬”；包山楚简第 211 简：“举祷室、行一白犬、酒食。”包山楚简第 208 简：“赛于行一白犬、酒食。”[8] 从以上四种简文看，楚人祭行神的祭品主要用白犬与酒食。

4. 秦简中的行神

古人将占候卜筮者称之为“日者”。日者选择时日吉凶所依据的术数著作，称之为“日书”。睡虎地秦简《日书》中保存了大量的祭祀行神的资料。据台湾陈文豪先生整理，与行神崇拜有关的内容有：

“《行忌》章云：

行龙戊、己，行忌(一四二)。

凡行，祠常行道右，左□(一四三)。

《行祠》章云：

祠常行，甲辰、甲申、庚申、壬辰、壬申，吉。毋以丙、丁、戊、壬□(一四四)。

《行行祠》章云：

行祠，东行南(南行)，祠道左；西北行，祠道右。其谒(号)曰大常行，合三土皇，耐为四席。席鲸(餟)其后，亦席三鲸(餟)。其祝(一四五)曰：毋(无)王事，唯福是司，多投福(一四六)。”[9]

《行忌》、《行祠》及《行行祠》所提到被祭祀的行神，称为“常行”或“大常行”。“常行”“大常行”是出行前所祭之神，是日常生活中较常祭祀的对象，与“五祀”中的行神性质大略相同。《山海经·海内北经》：“有人曰大行伯，把戈。”有学者考证，《日书》的“大常行”与《山海经》的“大行伯”可能有关，如果此说成立，那么“大行伯”可能与行神有关。

5. 汉以后的行神

汉代的张道陵创立了道教。在道教中，道就是神，是产生天地万物的创造神，其化身为太上老君。汉代以后，由于道教的影响大，故而“道”较少作为道路神，而更多地作为产生天地万物的创造神，或者是太上老君。道路神多称为祖或行神，对祖或行神的祭祀比较多地见于史籍。《三国志·田畴传》：“虞自出祖而遗之。”刘虞亲自祭祀路神。《朱子语类》卷90礼7：“古者人有远行者，就路间祭所谓行神者。用牲为两断，车过其中，祭了却将吃，谓之饯礼。”宋代著名学者朱熹对祭行神的描述，与古人祭祖、祭道的仪式是一样的。

三、现代人对道路神的祭祀民俗

1. 祭路神的民族与民俗

古人出远门要祭祀路神，以求平安无险，此俗一直保留至现代。山东东部古齐国之地，亲朋远行时常有饯行之礼，祭祀路神，以示祝福与送行。内蒙的敖包，又称“封堆”，最早是大草原辨别道路和交界的标志。敖包始见于清代，后演变为民间祭祀山神、路神等活动的场所。西藏马帮有路神信仰，因为马帮离不开道路，故崇敬路神。其标志物是草鞋，凡草鞋穿烂不能乱扔，要带到宿营地火化。

路神原是主管行旅的神，叫做行神。后来，人们认为道路通向四面八方，处处有神灵，想象东、南、西、北、中五个方向都有路神，路神叫成了“五路神”。清代顾禄《清嘉录》云：“今之路头，是五祀中之行神。所谓五路，当是东西南北中耳。”行神称为路头，路头又称五路神，江苏一带民众信仰五路神，并有抢路头之俗。迎接路头，越早越好，最早接到的才是真神，特别灵验，因此叫“抢路头”。有的地方，在正月初四便开始“抢路头”了。

2. 五祀与嫘祖

古代道教融会了中国古代的民间宗教信仰体系，其神系包括昊天上帝、日月之神、社稷山川、五祀等等，而五祀中就包括了道路之神——行神。古代对道路神的祭祀资料，有不少保留在道教的典籍中。如《列子·说符》：“齐田氏祖于庭。”祖：祭名，即祭祀道路神，古人出行之前先祭道路神。直到今天，道教仍然有对五祀的祭祀仪式，尤其在正一道的祭祀活动中。在五祀中，以对灶神、门神、土神的祭祀最多，群众喜闻乐见，对行神即道路神的祭祀也在科仪之中。

道教典籍中有关道路神嫘祖的记载。《云笈七签》卷100《轩辕本纪》：“（黄）帝周游行时，元妃嫘祖死于道，帝祭之以为祖神。”祖神即为道路神，嫘祖初为道路神，后为蚕神。今天，在湖北宜昌与四川盐亭等地，仍保持着对嫘祖的祭祀。宜昌在1994年重建了嫘祖庙，2001年农历3月15日举行了公祭嫘祖的活动，宜昌市人民政府宣读了《祭嫘祖文》。活动中举办了嫘祖生平业绩展览，表演了大型歌舞《嫘祖颂》。盐亭县修建了八卦形的嫘祖陵与嫘祖文化旅游风景区，以此带动旅游经济的发展。

3. 道祖神

现代中国人对道路神的祭祀演化为饯行之俗，很少用古代的“道”、“祖”称谓了。我们看见道字，多联想到道德、道教。我们看见祖字，多联想到祖先、祖国。我们看见“道祖”，多联想到道教教祖太上老君。但是在今天的日本，还到处可以看见以道、祖联用的道路神，称为“道祖神”。在日本的山腰、村头、路边常可见到道祖神的神像。道祖神原为中国的行路神，后传入日本，多立于道路旁。据说道祖神可防恶魔瘟神进入村子，是村庄的守护神。此外，道祖神还时常祭祀在孩子们玩耍的地方，成了儿童守护神。道祖神的形象很特别，它是男女合体神。道祖神像往往由阴阳石刻成男女合体形象。中国古人常说：“一阴一阳之谓道”，日本的道祖神以它的神像表现了这一深刻的哲理。

日本的新年是每年的1月1日。而在1月15日这天，各地都会举行火祭，火祭祭祀的对象就是道祖神。这其中又以野泽温泉区大规模的道祖神祭最为有名，包括建造雄伟的社殿、华丽的灯笼、结合竞技与美的比赛、精致的木造道祖神等等。木造道祖神像由男的“八衢比古神”和女的“八衢比卖神”所组成。相传这两个神明因为长得都很丑，所以男的娶不到老婆，女的也嫁不出去，最后两神结合在一起却生出了个很吉祥的男孩。

一些学者认为，“道”在汉代以前是一个哲学概念，尤其在道家那里，是一个无神的概念，表示规律、法则、世界本原等意义。汉代以后，因道教神化老子，将“道”也神化为太上老君，使“道”从无神的概念变成有神的概念，从哲学的概念变成了宗教的概念。这一认识不够全面，早在先秦两汉的典籍中，“道”就具有一个长期被忽视的含义：祭祀道路神。这一祭祀称为道，或称祖，或称祖道，或称軷，或称行。古代士大夫、诸侯普遍地祭“五祀”，五祀中包括行神，行神就是道路神。汉代出现“道家”的称谓与“道教”的组织之后，“道”“祖”作为道路神的称谓在汉以后的典籍中就少了，而“行”作为道路神的称谓就越来越多了。

“礼失而求诸于野。”现代生活与道教科仪中仍然保留着对道路神的祭祀民俗，如山东人以饯行祭路神，蒙古人以敖包作祭路神场所，西藏人以草鞋象征路神，江苏人信仰五路神、抢路头。湖北宜昌与四川盐亭至今仍然祭嫘祖，嫘祖是古代的路神与蚕神。道教科仪中祭五祀，五祀之一为行神，即道路神。中国的道路神传入日本，成为男女合体的神像，祭道路神的民俗活动在日本很流行。有趣的是，日本的道路神称为“道祖”。在现代中国遗失的古代道路神称谓“道”、“祖”、“祖道”，居然以活化石的形态，生存于当代日本人的民俗信仰活动之中。

注释：

[1]冯友兰：《中国哲学史》，中华书局 1961 年版，第 219 页。

[2]陈鼓应：《老子注释及评介》，中华书局 1984 年版，第 2 页。

[3]任继愈：《中国哲学发展史》，人民出版社 1983 年版，第 246 页。

[4]王中江：《“道”的历程》，《原道》第 2 辑，团结出版社 1995 年版。

[5]刘鑫：《德里达与道家之间》，陈鼓应主编：《道家文化研究》第 8 辑，上海古籍出版社 1995 年版，第 382 页。

[6]张祥龙：《海德格理解的“道”》，陈鼓应主编：《道家文化研究》第 8 辑，上海古籍出版社 1995 年版，第 352 页。

[7]《汤川秀树著作集》第 4 卷，日本岩波书店 1985 年版，第 318－319 页。

[8]滕壬生：《楚系简帛文字编》，湖北教育出版社 1995 年版，第 168 页。

[9]陈文豪：《〈日书〉与战国秦汉社会(〈日书专题研究〉)》(初稿)，引自台湾《新发现中国古代文献》网站。

第二部分
唯道论与道家

第一章　当代道家

20世纪后期，当代新儒家在大陆与海外蓬勃发展的时候，许多人都问：当代道家为什么没有建立起来？中国古代文化是儒道互补，难道中国当代文化就不需要儒道互补了吗？我们的回答是，道家、道教的特点是不为人先，21世纪才是当代道家兴起的时候。

当代道家，是指那些认同《道德经》的理念，在今天仍然坚持道家的生活方式与人生信仰的人；对于知识分子来说，是指那些努力使传统道家在当代创造出新形态的人。当代道家已初步形成思潮，各行各业都出现了一批认同道家的人生信念与生活方式的人。当代道家的兴起，对于继承和发扬中国传统文化，创立中国当代的先进文化，建立和谐社会，都具有积极的意义。

一、当代道家的定义

道家思想，已引起世界各国政治家、思想家、科学家的兴趣。1980年，法国总统德斯坦在上海复旦大学演讲时引用了道家庄子与名家惠子观鱼时的精彩对话。1987年，美国总统里根发表的国情咨文，引用了老子《道德经》中"治大国若烹小鲜"的名言。1997年11月1日，江泽民主席在美国哈佛大学的讲演中说："春秋战国时期出现的百家争鸣局面和老子、孔子等诸子百家的学说，在世界思想史上有重要地位。"[1] 6年以后的2003年12月10日，温家宝总理也在美国哈佛大学做讲演。他说："中华民族的传统文化博大精深、源远流长。早在两千多年前，就产生了以孔孟为代表的儒家学说和以老庄为代表的道家学说。"[2]

英国化学家、科学史家李约瑟在信仰上皈依于"道"，自称"荣誉道家"，自号"十宿道人"。他曾这样高度地评价道家："中国人的特性中，很多最吸引人的地方，都来自道家的传统。中国如果没有道家，就像大树没有根一样。道家在中国文化中，至今还是生气勃勃的。"[3]李约瑟说得对，道家至今还是生气勃勃的，这生气勃勃的道家就是当代道家。

1. 董光璧先生提出科学界的当代新道家

中国科学院的董光璧先生写了《当代新道家》一书，提出英国李约瑟、美国卡普拉、日本汤川秀树等著名自然科学家是当代新道家的代表人物，他们创造了道家新的文化形态。董先生说："我用当代新道家指称以李约瑟为代表的这样一批学者，他们揭示出正在兴起的新科学观向道家思想复归的某些特征，并且倡导东西文化模式融合以建立一个科学文化和人文文化平衡的新的世界文化模式。"[4]

英国科学家李约瑟从1948年开始研究和写作《中国科学技术史》丛书，丛书约30册，目前已出版15册。他曾这样评价道家："许多科学史家发现，炼丹术起源于道家的巫术，探求长生不老药。"[5] 又说："说道家思想是宗教和诗人的，诚然不错；但是它至少也同样强烈地是方术的、科学的、民主的，并且在政治上是革命的。"[6]

美国科学家卡普拉的《物理学之道》一书，对道、气和现代物理学中的场作较细的概念比较，认为可以产生一切的道和气就像量子场。他说："在诸伟大传统中，据我看来，道家提供了最深刻并且最完善的生态智慧。"[7] 他认为，现代系统论的观点表现着向古代中国人思想复归的特征，体现着老子的伟大的生态智慧。

诺贝尔物理奖获得者、日本科学家汤川秀树认为，道家智慧可以帮助当代科学家产生重大成果。他在研究基本粒子时提出一种"空域"概念，也就是最小的不可再分的"空间量子"，他承认"空域概念正是老庄哲学对我的想法所发生的成形影响的一种表现"。[8]

董先生本人也尝试创建了一个当代道学的体系，主要内容是道实论、生成论、循环论、无为论。

2. 陈鼓应先生提出哲学界的当代新道家

台湾大学哲学系的陈鼓应教授提出著名的"中国哲学道家主干说"，共主编了二十辑《道家文化研究》。其中，《道家文化研究》第二十辑专门探讨了当代新道家的问题，认为严复、王国维、金岳霖、方东美、宗白华、蒙文通、汤用彤等是当代新道家。他认为，在活着的人中不宜提当代新道家。

陈先生他们的关注主要在哲学领域。不过他们也由哲学领域延伸到思想史、文化史的领域。其次，他们认为无论新儒家或新道家，都必须建立自己的理论体系，或者在思想观念上有突破、有创新的见解。以此为准，他们认为以下几位可以称为新道家：

严复是中学与西学结合的第一位杰出的创时代的思想家，他引进进化论和天赋人权的观念，同时试图在道家文化的土壤上嫁接新的民主思想的种子。他将庄子思想与天演联系；将老子"安"、"平"、"太"观念释为自由、平等、合群。他抨击君权而伸张民权，指出，"君主之利器，其为儒术乎？"在批评儒学成为官方利器的同时，一再指出老子涵盖着"民主"思想的倾向。他挖掘自由主义的传统资源，标示着道家思想和时代精神的结合。严复的努力为道家思想开辟了广阔的新天地，赋予道家思想新的时代意义。

如果说严复是政治思想领域里的新道家，王国维可说是文学领域中的新道家。在哲学领域中的新道家人物，首推金岳霖。金岳霖（1895—1984），其主要著作为《逻辑》、《知识论》、《论道》。《论道》在理论系统的建构，其开拓性和严密性远超过同时代其他的新道家和新儒家。

与金岳霖同时代的方东美（1899—1977），力斥当代新儒学的道统说，字里行间总是洋溢着庄学的生命情调和艺术情怀。曾和方东美同事的美学大师宗白华也当在新道家之列，还有汤用彤和蒙文通。蒙文通对南北道家分统和重玄理论的挖掘方面有着特殊的贡献；汤用彤则不仅是一位敏锐而有深邃思想性的哲学史家，他在魏晋玄学之本体论的建构上的重大突破，亦堪称当代新道家。

在这一时期还产生了一些影响更为广大的儒道兼容的哲学家，如冯友兰、熊十力，他们一向被视为新儒家的代表人物，但其哲学理论的内涵实际上主要是凭借道家来建构的。[9]

3. 胡孚琛先生提出的当代新道学与新道家学派

2001 年，胡孚琛先生发表了《21 世纪的新道学文化战略》一文。该文综合中西文化的精华，对古老的道家文化进行了综合创新与现代化诠释，以解决全世界共同面对的问题。这种全新的文化视角不仅同西方社会兴起的后现代主义思潮相呼应，而且要从悟道的广阔视野和最高境界去体认。人们终究会认识到，全人类的各种异质文化本来是从同一个原点起跑的，道学的生态文化是人类最初的文明，也必将是人类最后的文明。世界新文化的复兴在于新道学文化的创建，而只有新道学文化才能在不损害各民族异质文化多元并存的原则下找到人与自然和谐互动的交汇点，成为 21 世纪人类普世的新文化。全世界人民只有同归于道才能通行万世。

新道学文化是人类在 21 世纪唯一可行的文化战略，这既是时势之必须，也必将是历史的结论。新道学包括道家、道教、仙学等内容。近年来他写了《道学通论》等重要论著，书中提出当代新道家的代表人物。他呼吁“要创立有时代精神的新道学，并继承魏源、严复、吴虞乃至汤用彤、胡适、陈寅恪、王明、陈撄宁、金岳霖、方东美、宗白华、萧天石等人的道家传统，形成当代的新道家学派”。[10]

与陈鼓应先生的当代新道家名单相比，胡先生的论述有几个特点：①胡先生的“当代”概念更提前了，如魏源是 19 世纪的学者。②不限于哲学领域，如有历史学家陈寅恪。③有道教研究专家与道教界领袖，如王明与陈撄宁先生。

4. 笔者提出的当代道家

2004 年，笔者在武汉大学举办了海峡两岸当代道家研讨会，会后出版《当代道家与道教》一书[11]。笔者认为，当代道家是指那些认同《道德经》的理念，在今天仍然坚持道家的生活方式与人生信仰的人；对于知识分子来说，是那些努力使传统道家在当代创造出新形态的人。它的成员主要包括研究道的知识分子、信仰道的道教人士、认同道的企业人士以及喜爱道、欣赏道的社会各界人士等等。古代道家大部分是隐士，不成名不成家，他们代表着一种淡泊名利、远离权势、自然逍遥的人生信仰与生活方式。当代道家也是这样，只要你是有道之士，坚持道家的人生信仰与生活方式，即使你是工人、农民、普通道士与无名无家的知识分子，也堪称当代道家。

一个文化群体的名称可以代表一种宗旨与成就，也可以代表一种信念与努力方向。"新儒家"有一大批成名成家的学者，有几代人的传承，有引起世人关注的名著，可以说代表着一种宗旨与成就。"当代道家"代表着一种对古代道家继往开来的信念，以及在当代社会重显道家价值的努力方向。当代有一些科学家、管理家、学者、企业家、道教与道学界人士，他们认同道的理念，运用传统道家的智慧，在新的时代作出了巨大贡献。从某种意义上说，他们就是当代道家的代表人物。

笔者与董光璧、陈鼓应、胡孚琛的提法有一些区别：一是认为"当代道家"的提法比"当代新道家"更准确一些，不强调创新性，而注重时代性，这能够被更多的人接受；二是"当代"的时限，不包括清末民国，主要指当下的时代，当代道家的代表人物是活着的正在发生影响的人；三是当代道家的代表人物不限于科学界、哲学界、学术界，还包括道教界如张继禹，企业界施永青、薛永新等。

二、当代道家的思潮

笔者认为，当代道家已初步形成思潮。各行各界，都出现了一批认同道家的人生信念与生活方式的人，还有一些创立当代新道家、新道学的知识分子。上文已提到董光璧、陈鼓应、胡孚琛等人，下面是各行各业认同道家的人生信念与生活方式的代表人物。

1. 道教界

中国道教协会副会长张继禹道长将传统道教与现代生活相联系，提出了系统的"生活道教"理论；又将道法自然的思想与现代环境保护问题相联系，写出了《道法自然与环境保护》[12]一书，表现出道教在当今社会的济世功能。

2. 道学界

施舟人，1934 年出生于瑞典，祖籍荷兰。他通晓 8 种语言，是欧洲三大汉学家之一，历任法国高等研究院特级教授、荷兰国立莱顿大学中国历史学讲座教授、荷兰皇家科学院院士等职。自 1958 年起，他专事道教研究。1962 年，以法国远东学院的研究员身份，到台湾作关于道教的田野调查工作。施舟人以台南著名正一派道士曾赐、陈瑜和陈荣盛为师，研究台湾南部灵宝清微宗科仪、制度，历时 7 年。1970 年回法国时，他搜罗了许多台南世家道士祖传的科仪秘典以及民间流传的戏曲唱本。1970 年起，他任法国高等研究院教授。1973 年，他创立道教研究及资料中心。1975 年曾任欧洲研究中国协会的秘书长，并且主持了国际规模的《道藏索引和提要》的编制工作。参加这一系统审核《道藏》中各种典籍的作者、流派、年代和内容以及编制索引工作的专家有法国、意大利、丹麦、荷兰、瑞士、德国和美国的汉学家。1979 年，作为主持人之一，施舟人主持了在瑞士苏黎世召开的“第三次国际道教研究会议”。自 1981 年起，施舟人多次访问中国大陆，一次次调查研究大陆道教的历史和现状；1989 年，就任法兰西学院汉学研究所所长，不久就因研究工作繁忙而离任。大约在 20 世纪 90 年代初，他又应邀担任荷兰莱顿大学教授，奔忙于荷兰和法国之间。目前，施舟人担任福州大学世界文明研究中心暨西观藏书楼主任。

3. 企业界

中原地产是香港最大的房地产公司之一，其领袖施永青在管理上实行无为而治也是人人皆知的。施永青说：“无为而治”源自老子的哲学。“无为”，意即做老板的不懂就不要胡作妄为，要让前线的人做，因为他们才是掌握信息的人。中原地产之所以在今日能够独占鳌头，就是因“无为而治”而形成的两大特点：一是报酬与个人的贡献挂钩；二是给员工一个自主的空间，让他们有所发挥，一定情况下让他们自己做主。我们现在的社会是信息的社会，掌握信息的人就一定是接触市场的人，所以我下放权力，让下面的人多作一点决定。我只有选择这种“无为”的管理方式，下面的人才能有更多的发展空间。

中国民营最著名的企业之一、成都恩威集团董事长薛永新信仰道家思想。薛永新说：“恩威的发展，是‘无为而治’的结果！”“无为”思想和市场经济的有机结合，是恩威成功之宝。恩威公司从企业的宗旨到产品研制，从员工的思想教育到生产管理，无一不贯穿着“无为”精神。恩威人创造了一套独特的管理模式，把“清静无为”、“守中抱一”的道家思想运用于企业管理，使它和严密、复杂的现代企业运作巧妙结合，因此也可以称为“道家管理模式”。

北京潘石屹是全国最有实力的房地产商之一。他的管理理念是无为而治，他喜欢讲一个故事：从前，一个国王和大臣们去郊游，遇到一个放羊的小孩。国王便问放羊的小孩："你会管理国家吗?"小孩回答道："管理国家就同放羊一样，只要羊走到哪里，你跟到哪里就可以了。"国王惊问其故。小孩答道："因为羊走到的地方，肯定有水草。"这是一个无为而治的思想，其实"无为"与如今的"网络"极为相似，它是一种金字塔结构，只要链接正确，其他的事由各人自己去发挥，尽量让员工有一个相对宽松的工作环境。

山东青岛海尔公司总裁张瑞敏最喜欢的书是《老子》，他的管理理念也是无为而治。

4. 管理学界

美国明道大学前校长、华裔学者张绪通信仰道家理念。他早年留学日本，获医学博士，并创办《扬华》报。1960 年，他移居美国，并获法学、哲学博士学位；1976 年创立美国道学会、大道出版社；1989 年创立明道大学，后任校长；1988 年获里根总统特殊荣誉奖；曾在美、欧、日、中等国家和地区多所大学任教并从事研究工作。其代表作有《道学的管理要旨——人生的智慧与成功的大道》、《成功之道》、《生活之道》等。

大名鼎鼎的贝尔实验室诞生过十几个世界第一的发明，如第一部电话机。如果有人问，这个研究所取得如此成功的管理之道是什么？该所负责人陈煜耀博士就会指着他办公室墙上所挂的条幅说："靠这个"，条幅上写着四个字："无为而治"。他认为，最好的领导是让被领导者不感觉到你在领导他们，是让他们放手自主地做好工作。领导与被领导者的最佳关系，是自然、无为的关系。

5. 经济学界

美国研究中国经济的专家、卡托研究所副总裁邓正莱先生提出了市场道家论，曾发表论文"中国的前景：市场社会主义还是市场道家?"他认为，中国迈向自由、繁荣国家的指路明灯是"老子思想"，邓小平曾含蓄地承认老子的思想方法。中国可以通过信奉和拓展老子的思想而回到本国的自由传统。在《国富论》之前两千多年就成书的《道德经》中，老子教导圣人(统治者)说，无为而治的原则是实现先富起来和繁荣的最佳途径。

6. 教育界

中国工程院院士、武汉大学现任校长刘经南自称武汉大学的管理方法是无为而治。他说：我年轻时喜欢谈老子，做管理时喜欢无为而治。从浅层次上讲，无为而治就是按规律办事，少干涉主义，一把手要放权，发挥整个领导班子的积极性。从深层上讲，无为就是无我、无私，因为无我无私才能按规律办事，才能自觉约束与限制自己的权力，发挥中下层管理者和全体员工的积极性。在谈到道家思想的历史作用时，他认为儒家思想维持社会稳定，道家思想中的民主、自由思想激发了人民的创造力，在深层次上影响了中国民众的心理。无为而治的思想至今还广泛地存在于各个领域中，如管理、政治、个人修养等等。甚至在领导人的谈话中，在各个领域的实际操作中，常常可以看到无为而治的理念。当代道家是一个边缘学科，与道家、道教、宇宙学、粒子物理学都有一定关联。

7. 科学界

李政道是著名华裔美国科学家，曾获诺贝尔物理奖。他与美国科学家卡普拉的工作一样，用现代物理学的视野来研究道家之道。华中科技大学的物理学教授杨叔子、张端明认为道、无就是宇宙学中的真空场、暗能量。美国华裔科学家王文隆受量子场论的启发，提出了“道学场论”的理论。美国建筑学大师赖特(1869—1959)依据老子的“道法自然”的观念，创立了当代有机建筑学派。在其著名的有机建筑理论中曾引用过老子的话：“当其无，有室之用。”

福冈正信关于“自然农法”的构想与实践完全是自觉地以中国道家哲学为世界观指导的。在道家看来，不论是“道”的本身还是由“道”派生的宇宙万物，就其本性来说，都是“莫之命而常自然”的。所以，人类在自然面前应采取“以辅万物之自然而不敢为”的态度。福冈正信先生正是按照道家的这种“道法自然”的思想来建构“自然农法”的。“自然农法”是中国古代道家哲学在现代农业中的一次大胆的实验和成功的运用。

8. 哲学心理学界

在新著《西方人的道——道家思想的西方化》中，当代英国汉学家和哲学家克拉克把道家思想在西方的逐渐普及明确归结为思维方式上的三个变化：希望过上更好的生活，但要从传统宗教中教条式信念的束缚中解放出来；通过克服身心二元论而达到一种身心完整的生活；需要从更广的范围看待当代各种思想潮流。

李绍崑先生称美国马思乐、玻琳、沈娥等为当代的道家心理学家。美国管理学家约翰·海德就在他所著的《领导之道——新时代的领导战略》一书中引用了不少《老子》的警句名言。他十分推崇老子“清静无为”的思想，在书中还从管理学的角度对这种思想做出了全新的解释。

还有台湾萧天石先生撰写的《道海玄微》，台湾杨汝舟先生撰写的《新道家》，上海沈善增先生最近撰写的《还吾老了》、《还吾庄子》等书。

以上列举的仅是一些有影响的代表人物而已，其实，一个人只要在当代的社会条件下坚持道家的人生信念与生活方式，就是当代道家。

三、当代道家与当代新儒家比较

1. 他们的相同之处

(1)同属于中国传统文化复兴运动；

(2)都有解决世界棘手问题的远大抱负；

(3)都是先在海外形成，后进入国内。

2. 他们的不相同之处

(1)对古代文化的评价上。同属文化复兴运动，但在中国文化主干问题上，新儒家是儒家文化主干说，当代道家是道家文化主干说。

(2)对现实世界问题的态度上。解决世界棘手问题，如环境污染、宗教冲突与战争、道德水平下降，方法与手段不同。新儒家是内圣外王，注重政治与伦理；当代道家是道法自然，注重科学与管理，注重和谐自然社会的建立。

(3)在海外，组成人员不同。新儒家主要由哲学、伦理与儒教学者组成；当代道家主要由科学家、道教学者以及认同道的企业家、普通知识分子组成。新儒家的团体性强，当代道家个人主义明显。

(4)成就的方向不同。新儒家的成就主要在著书立论方面，注重师承与道统；当代道家的主要表现在对道的信仰与认同，以及生活方式上的淡薄、逍遥、自然，重视个人的修养。

(5)创新性与时代性。新儒家强调创新性，要有新的理论或文化形态；当代道家强调时代性，在当今仍坚持道家信念的人。

3. 梁启超先生的儒道比较

梁先生曾将中国古代以儒家为代表的北派，与以道家为代表的南派，列表显示它们的不同。[13]

北派儒家	南派道家	北派儒家	南派道家
崇实际	崇虚想	重经验	重创造
喜保守	喜破坏	贵人事	贵出世
主力行	主无为	明政法	明哲理
主勉强	明自然	重阶级	重平等
畏　天	任　天		
言排外	言无我		
贵自强	贵谦弱		

这些虽然是分析古代儒道之别的概念，但对于当代新儒家与当代道家的区别也还是大体合适的。

四、当代道家的兴起

道家与道教有五个特点，决定了它必定要在21世纪兴起，并对当代社会作出独特的贡献。①它与自然科学关系密切，古代科学家如葛洪、张衡、李时珍等大多是道家与道教人士。英国科学家李约瑟认为中国古代科学技术领先于世界，而道家、道教的贡献最大。②它与经济发展的关系密切，中国古代经济最发达的汉初、唐初，都是政府实行道家、道教无为而治的结果。新中国经济发展较好的时期，往往与政府实行少干涉主义（无为而治）经济政策有关。③它与民主自由的关系密切，道家、道教历史上一向提倡平等精神，追求社会民主与个人自由。近代提倡民主自由的改革派往往引用老子庄子的思想理论。④它与自然生态关系密切，道家、道教主张道法自然、物我合一，人类与自然保持和谐，保护生态环境。⑤它与人类自身的健康长寿与回归人性关系密切，道家与道教注重养生，长生，反对压抑人性，主张返璞归真。

中国当前的社会需要大力发展自然科学和生产力，发展经济，政府给企业与社会更多的自主权，实行少干涉主义。需要更多的政治民主与个人自由，需要解决严重的工业污染与生态危机，需要以人为本、人性解放、人的健康。在以上这些方面，传统道家与道教都提供了宝贵的理论智慧与实践经验，当代道家将在新的时代下创造出新的文化形态，为当代社会服务，为解决社会问题出力。

注释：

[1]江泽民在美国哈佛大学的讲演，载《人民日报》1997年11月1日。

[2]温家宝在美国哈佛大学的讲演，《把目光投向中国》，载《人民日报》2003年12月10日。

[3][5][6]李约瑟：《中国科学技术史》，江西人民出版社1990年版，第35～38页。

[4]董光璧：《当代新道家》，华夏出版社1991年版。

[7][8]转引董光璧：《当代新道家》，华夏出版社1991年版，第63～88页。

[9]陈鼓应主编：《道家文化研究》第二十辑，三联书店2003年版，第4～24页。

[10]胡孚琛、吕锡琛：《道学通论》，社会科学文献出版社1999年版，第107页。

[11]宫哲兵主编：《当代道家与道教》，湖北人民出版社 2005 年版。
[12]张继禹：《道法自然与环境保护》，华夏出版社 1995 年版。
[13]梁启超：《饮冰室全集》第 19 册。

第二章　道家的世界战略

2003年夏天，笔者驾车从武汉大学到达河南鹿邑县瞻仰伟人老子的故里，在太清宫遇到一位终南山的修道隐士，两人因投缘而谈话投机。隐士向笔者叙述老子的战略思想以及在春秋、秦汉乃至当代的运用，过去闻所未闻。受隐士启发，笔者两年来经常思索老子与道家的世界战略问题。

一、修道隐士叙述老子的道家战略

1. 春秋

司马迁《史记》记载：老子晚年离开了西周王都洛阳，西出函谷关，到达秦国，受到道人尹喜迎接、留宿、恳请，写下五千言《道德经》，后不知所终。隐士对笔者说：太上老君是中华民族的保护神，每当民族危难时就来到神州。老子是太上老君的道成肉身，发现秦国将来会一统天下，故而骑青牛，过函谷关，暗访秦国。在秦国，老子昼察国情、夜观星象，发现满天暴气。于是，他对尹喜说，秦国将来是最强大、最先进、最富裕的国家，200多年后会一统天下，但暴国暴君暴力，强暴天下，不能持久。

当有一天尹喜恳求他留下墨宝时，他说：我为普天下今日或明日的暴君们留下一篇劝诫书，不可强暴而治，只能柔弱而治，无为而治，道德而治。说罢提笔疾书，一挥而就五千言，题名《道德经》。

隐士对笔者说：你要真读懂了《道德经》，就会明白五千言不是哲学书，不是修养书，而是政治书、谋略书。200多年后，如果秦始皇能实行五千言的政治与谋略，秦国又何至于二世亡国呢？

2. 秦汉

老子写完《道德经》便离尹喜而去。到哪去了呢？有人说他跨越沙漠到印度“化胡”去了，有人说他到四川青羊宫修道去了，其实都不是。他回到了自己的故乡——沛，在沛隐居了10年。沛在那时地域很大，包括今亳州、鹿邑等地。孔子51岁尚未得道，于是“南之沛”向老子问礼论道。隐士说：老子归沛干什么？你知道吗？他在秘密准备200多年后的一场军事风暴，在沛地埋伏了一支反秦兴汉的军事力量。如果秦始皇不接受五千言，强暴天下，就要兴兵推翻他。

果然不出所料，秦始皇虽然一统天下，但他带给天下的不是和平与安定，却是残暴、酷刑、劳役与死亡。公元前209年，身为泗水亭长的沛人刘邦便带领萧何、曹参、张良、樊哙等一帮兄弟揭竿而起，奠定汉朝400年基业。刘邦与汉文帝、汉景帝，实行老子的无为而治，国富民强，汉族得以形成，中国得以兴盛。太上老君又显灵于沛人张道陵，让他创立道教，让反强暴的道统永远保护中华民族。

3. 当代

隐士说，当今的世界很像中国的秦国时代。美国好像秦国一样，是最先进最富强的国家，但它过于强暴。苏联东欧变色易帜后，美国本来的意图要打中国，比如轰炸中国驻南联盟大使馆，在南海侦察飞机与中国飞机相撞等，军事在升级。太上老君在危难时刻降世，自有巧妙地安排。拉登的“9·11”事件，使美国的强暴力量，全部转移，打阿富汗，打伊拉克，全球反恐，追捕拉登，中国安全了。美国打阿富汗，经过了联合国批准。但美国打伊拉克，未经联合国批准，其战争理由(大规模杀伤武器、与拉登“9·11”事件有联系)事后证明不能成立，故而是一种强暴行为，受到大多数国家与宗教界的反对。

中国一位著名气功师在美国很有影响，受到美国总统老布什的多次接见。隐士说，你知道吗？这位气功师是老子的弟子，他向美国总统传送《道德经》的信息，不要在世界范围里强暴，要谦让、无为、道德。老子曾在终南山向我显灵，让我寻找当今世界之“沛”在哪里？当今世界之“刘邦”是谁？如果美国总统不接受《道德经》的劝诫，老子将在世界之沛埋伏一支军事力量，若干年后会以实力抗衡美国的强暴。

这位神秘隐士的话，我觉得有一些道理，但并非全部有道理；有一些有根据，但并非都有根据。他的观点与结论，有不少神秘主义因素，我并不认可。但他启发了我思考一个问题，如果排除神秘主义因素，《道德经》对于当前的世界战略，有什么意义呢？

二、美国政府的世界自由战略

1. 布什输出自由的新干涉主义

美国总统布什在2005年1月20日的宣誓就职演说中，重弹新干涉主义理论：“寻求世界范围内的自由，结束每个角落的暴政。”美国要将自由送到全世界，伊拉克战争就是为了将自由送给伊拉克人民。布什说，全世界只要有人站起来为本身的自由奋斗，美国人将会与他们站在同一阵营。这次 17 分钟的就职讲演，布什总统一共使用了 49 次“自由”的概念。

自由是非常美好的理想与信仰，全世界人民都会热爱自由，尤其是在人民受奴役的专制国家中。但是以战争的形式强力输出自由，不考虑不同宗教与文化的背景，并伴随着轰炸、占领、生命死亡与社会秩序混乱，就不能不认为是一种强暴。这种以先发制人为特征的布什主义，不是多元文化相处的世界和平战略，而是以美国价值为标准的世界一体化的战略。实践证明，这种战略不可能给世界带来和平，而是带来更多的冲突与战争。

2. 自由好像出了负面的问题

人类从近代以来的文明与进步，是与追求自由、平等、民主、人权的奋斗分不开的。美国的强大与成功，是自由理想的榜样。但是人们发现，现代的自由好像出了负面问题，自由不仅是美国的优点，也成为美国的缺点。例如枪支的使用过于自由，发生多起枪杀总统与校园枪击事件。又如性文化过于自由，引发性病、性泛滥与性道德问题。还如宗教管理过于自由，从新兴宗教团体中出现多起杀害生命、诈骗钱财的邪教事件。特别是美国未经联合国授权，打着输出自由的旗帜，发动所谓的第二次十字军东征，这种在国际关系中的过分自由的干涉与动武，也使“自由”这一崇高的理念受到了污染与损伤。

3. 自由必须伴随自然和谐

当地球人类还没有获得现代意义上的自由权利时，人类通过法国大革命等一系列政治运动去争取，可歌可泣。但当今人类也不能盲目地崇拜自由，自由的权利有时需要限制，不能为了自己的自由而牺牲了他人的自由，自由必须伴随自然和谐。比如一个房间里只有一个人，不考虑外部环境，这个人可以自由地喊叫，高歌狂舞。但房间里又进来一个人，他也要自由地喊叫与高歌狂舞，就不行了，因为他的自由与前一个人的自由会发生冲突。

一种世界宗教，它有传教的自由，它要把自己的信仰传遍全球。另一个世界宗教，也有传教的自由，也要把它的信仰传遍全球。还有第三种、第四种全球传播的宗教。任何一种世界性的政治信仰，它有传播的自由，它们都要传遍全球。每一种占统治地位的经济理念，它都要开拓世界市场，要全球化，一体化。然而地球只有一个，而且越来越小，于是这些宗教、政治、经济的信仰与理念免不了发生冲突，甚至于发生战争。

两次世界大战，人类因经济利益不同而打仗。冷战以前，人类因政治信仰不同而打仗。

冷战以后，人类因宗教信仰不同而打仗。人类已认识到，争自由会发生冲突，自由必须限制。其实自然和谐的生活，是人类的共同需求，自由不能妨碍自然。某种意义上讲，自然相比自由具有更高的价值。中国道家的核心思想就是自然和谐，对于解决国际上自由、冲突与战争问题有一套独特的战略思维。

三、道家的世界和平战略

1. 老子反对战争与贫富不均

道家创始人老子，生活在一个充满冲突与战争的时代。春秋战国时期，诸侯混战，民不聊生。老子说："兵者不祥之器，非君子之器，不得已而用之，恬淡为上"（《道德经》第31章）。又说："以道佐人主者，不以兵强天下……善者果而已，不敢以取强。果而勿矜，果而勿伐，果而勿骄，果而不得已，果而勿强"（《道德经》第30章）。这就是说，战争是灾难与罪恶，带给人类的是不祥和，不要选择战争。万不得已打仗，打胜了也不可以骄傲，不可以逞强。美国军队占领伊拉克之后，虐待战俘，是一种典型的骄傲与逞强的行为，受到国际社会的普遍谴责。

战争具有严重的破坏性。老子说："师之所处，荆棘生焉。大军之后，必有凶年"（《道德经》第30章）。战争严重地破坏了农业生产，使得田园荒芜，长满荆棘；战争更杀戮了大量的无辜生命，民不聊生。战争的原因是什么呢？老子说："天之道，损有余而补不足；人之道则不然，损不足以奉有余。孰能有余以奉天下，唯有道者"（《道德经》第77章）。天道公义是富裕有余者补助贫穷不足者，而人类社会的现状是贫穷不足者的财富反被富裕有余者所占有，贫富不均是地球上冲突与战争的根源。"道者"就是道家，道家主张富者将多余财富奉献给穷者，达成富国与穷国、富人与穷人之间的自然和谐，这样才可以减少冲突与战争。

2. 老子崇尚自由、自然与不干涉

老子是中国自由思想的鼻祖，也是西方自由思想的先驱。与庄子个人精神性的自由相比，老子主要是政治性的自由与自治。老子政治思想的核心是自然无为，无为而治。老子批判了统治者的"有为"，有为即干涉太多："民之饥，以其上食税之多，是以饥；民之难治，以其上之有为，是以难治；民之轻死，以其上求生之厚，是以轻死"（《道德经》第75章）。老子推崇无为，胡适先生说无为即不干涉主义，不干涉主义指给社会、民众更多的自由。老子说："道常无为而无不为"（《道德经》第37章）。又说："我无为而民自化，我好静而民自正，我无事而民自富；我无欲而民自朴"（《道德经》第57章）。老子崇尚的自由是与不干涉

联系在一起的，另外也是与自然和谐联系在一起的。老子说："万物负阴而抱阳，冲气以为和"(《道德经》第42章)。自然与社会，都是阴阳平衡，自然和谐的。老子的政治理想是"小国寡民"，他这样描述：

"小国寡民，使有什伯之器而不用，使民重死而不远徙。虽有舟舆，无所乘之。虽有甲兵，无所陈之。使民复结绳而用之，美其服，安其居，乐其俗。邻国相望，鸡犬之声相闻，民至老死不相往来"(《道德经》第80章)。这是一种多么自由的生活啊，没有政府的干涉，没有军队与武器，也没有冲突与战争。

美国的世界自由战略，如果伴随着干涉别国的制度、宗教与文化，伴随着不和谐的冲突与战争，这种自由是不是真正的自由呢?

3. 道家的世界战略：自然和谐

老子的战略是反对强暴，主张谦让、居下、雌柔，达到国家之间的和谐自然关系。他认为大国与小国的关系应该是这样的："大国者下流，天下之交，天下之牝。牝常以静胜牡，以静为下。故下大国，则取大国。故或下以取，或下而取。大国不过欲兼畜人，小国不过欲入事人。夫两者各得其所欲，大者宜为下"(《道德经》第61章)。大国像江河的下游，让天下百川在这里交汇。大国像天下的雌性，雌性常以安静而胜过雄性，这是因为它居下而能以柔克刚。所以如果大国对小国谦让，就能取得小国的信任和依赖；如果小国对大国谦让，就能被大国所容纳……大国谦让不过是想兼并畜养小国，小国谦让不过是想要侍奉投靠大国。要使双方都可以满足自己的愿望，那么大国尤其应该采取谦让的态度。老子这一段精辟论述，难道不值得当今强国与弱国、大国与小国的领导人认真读几遍吗?

道家不赞成美国政府向世界输出自由的强暴战略，但也不支持终南山隐士寻找新的世界之"沛"与世界之"刘邦"的武力对抗战略。从当前国际战略看，世界之"刘邦"的首选人物可能是"9·11"事件发动者拉登、伊朗总统哈塔米等，世界之"沛"的首选地可能在阿富汗、伊拉克、伊朗一带。这个地区每天都在发生轰炸、死亡、人体炸弹、恐怖袭击。以仇报仇只会加剧人类中的仇恨，以暴制暴往往会使暴力升级。美国政府的自由加强暴加干涉，不是这个世界需要的。老子主张自由加自然加不干涉，这会使世界变得和谐与和平。

当一个男人与一个女人自愿结婚时，他们是来寻求自由吗？不是，单身更自由，结婚意味着丧失很多自由。他们是来寻求自然的，寻求两个人之间自然轻松、自然和谐的关系。美满的夫妻关系与温馨的家庭生活，使他们认识到，自然比自由更重要，更宝贵，更成熟。在世界大家庭中也是这样，不同的国家相聚相处，不仅仅是为了自由发言，自由行动，或输出自由。有时每个成员要牺牲一些自由，换来大家庭的自然与和谐。道家的世界战略，就是要输出自然与和谐，减少强暴，消灭强暴。

总之，道家的世界战略是和平战略。道家反对战争与贫富不均，崇尚自由、自然与不干涉。自由是非常美好的理想与信仰，但是，如果以战争的形式强力输出自由，不考虑不同宗教与文化的背景，并伴随着轰炸、占领、生命死亡与社会秩序混乱，就不能不认为是一种强暴。实践证明，这种强暴战略不可能给世界带来自由与和平，而是带来更多的冲突与战争。自然和谐的生活，是人类的共同需求，自由不能妨碍自然。某种意义上讲，自然相比自由具有更高的价值。中国道家的核心思想就是自然和谐，它对于解决国际上自由、冲突与战争问题有一套独特的战略思维。

第三章 《道德经》与当代治国之道

中国从古以来有三大盛世，一是汉初文景之治，二是唐初贞观之治，三是当今中华人民共和国和平崛起。2003 年，中国的谷物、肉类、棉花、水果、钢、煤、水泥、化肥、家用电器、手机、数字程控交换机等主要工农业产品产量居世界第一位；发电量、棉布、化纤等产量居世界第二位，纺织服装占世界贸易总额的13%，已连续多年居世界首位；国内生产总值1.4 万亿美元，世界排名第七。2005 年，根据世界银行的计算，中国国内生产总值已达2.2 万亿美元，居世界第四，仅次于美、日、德。2011 年，中国国内生产总值超过日本，成为世界第二大经济体，堪称世界级盛世。

汉初文景盛世与唐初贞观盛世的治国之道是什么呢？学术界公认，主要是老子《道德经》提倡的无为而治，与民休息，减免赋税，精兵简政，少干涉社会，少扰民劳民等。那么，当今盛世的治国之道是什么呢？当今国家领导人有没有运用老子《道德经》的管理智慧呢？笔者认为，从邓小平到胡锦涛，其治国之道中都含有《道德经》的管理智慧。

一、邓小平治国与“无为而治”的管理智慧

1. 邓小平有道家倾向

国内外的传记作家与邓小平研究者都认为，在以他为核心的领导时期，自觉或不自觉地运用了无为而治的道家管理智慧。

著名美国华裔学者杨炳章对邓小平研究多年，写过《小平大传》(1998 年英文版)，在国际上很流行。他说：“要从中国传统的社会历史文化来挖掘邓小平这个人物的特色。毛泽东是法家的，邓属于道家的，无为平淡的一个人。我们必须从文化背景上去了解他。”

何新是中国著名的学者，他认为邓小平治国用的是无为之道。他说：“邓小平具有非凡的政治意志力。他虽一生饱受挫折，但愈挫愈坚，刚毅过人。其政略，绵里藏针，善于以柔御刚。以无为之道巧妙驭国，而约以四项基本原则。坚持不搞运动，与民休息。为政作风宽大简易，多方实验，不拘一格，唯重实效。十年之间，使十一亿人，家给人足，基本解决温饱，部分地区，则臻于

小康。”[1]

无为而治是《道德经》的基本思想之一。《道德经》第10章：“爱民治国，能无为乎？”管理国家与人民，能做到少干涉社会吗？《道德经》第3章：“为无为，则无不治。”无为而治则无不治。

无为而治怎样理解？胡适先生解释得很好。他说，无为而治就是国家少干涉主义，即政府少干涉社会，让社会按自然规律发展。按今天的话说，就是“小政府，大社会”。

2. 无为而治的经济改革

邓小平的无为而治的经济改革，其主要特征表现为放权和少干涉主义。1980年左右，邓小平实行将土地使用权承包给农民家庭分散经营的政策。在承包制度下，政府少干涉农民的经营，不下达计划指令，发挥农民的积极性。与民休息，土地承包，家庭自主经营，是传统无为而治在当代农村运用的一种新模式。

邓小平又在广东省的深圳、珠海、汕头和福建省的厦门建立了四个经济特区。中央对特区放权，减少计划干涉，这就是政府无为而治，让市场经济活跃起来。

3. 无为而治的政治改革

汉以后，《道德经》无为而治的思想被发展成为“君无为而臣有为”、“上无为而下有为”的政治分权主义理论。这种理论的政治实践是限制君权，反对极权，表现出民主的倾向。

邓小平无为而治的政治改革，其主要特征是分权主义与取消终身制。邓小平主张实行党政分开、政企分开的改革。党委少干涉政府，政府的权力加大了；政府少干涉企业，企业的自主性增加了。

汉初与唐初的无为而治都实行了精兵简政。邓小平也如此，大力精减党政机构与人员，裁军100万，震动了全世界。

功成身退是道家一贯的政治哲学与人生哲学。老子《道德经》第9章：“功遂（成）身退，天之道也。”功成身退，在古代属于无为而治的一种政治谋略，在当代的运用可表现为国家领导人废除终身制，在政治上具有进步性。

邓小平主动退休，为中国共产党的政治接班创建了模式，竖立了榜样。邓小平之后，江泽民与胡锦涛的顺利交接班，与邓小平的政治主张是一致的。

武汉大学肖诗美教授在其著作《邓小平谋略》中评论说：“邓小平的这套方法，符合中国的传统智慧——无为而治。”[2]

二、邓小平治国与“不争”、“守拙”的管理智慧

1. 不搞争论

改革开放初期，意识形态被过分强化。改革经常被极左的意识形态问题所干扰。经济体制改革是不是复辟资本主义？舆论界常对此引发争论。为了推行改革，邓小平提倡不争论“姓社姓资”的问题。邓小平说：“不搞争论，是我的一个发明。不争论，是为了争取时间干。……不争论，大胆地试，大胆地闯。农村改革是如此，城市改革也应如此。”

邓小平的不争论主义，与老子道家的不争主义暗合，或许是邓小平受到《道德经》的影响。老子《道德经》第73章：“天之道，不争而善胜。”不争者反而善于取胜，这是普遍的规律。《道德经》第8章：“上善若水。水善利万物而不争。”最高的德行像水一样，水有益于万物而不与万物争利。

2. 为而不争

老子《道德经》第81章：“圣人之道，为而不争。以其不争，故天下莫能与之争。”圣人的法则呵，有作为而不争夺。虽然不争，但天下没有谁能与之争锋。

为而不争，多做少说，实事求是，实践检验，这是邓小平的治国之道，反映出了道家智慧。他的特点是多干实事，少说空话。1989年之后，经济改革一度停顿，甚至倒退，对于要不要实行社会主义市场经济争论很多。邓小平不顾88岁的高龄，于1992年春天亲自视察南方，发表了著名的南方谈话。南方谈话之后，“姓社姓资”的争论结束，社会主义市场经济进入了一个新的高潮。从那个时候开始的经济高速发展，直到现在还没有停止，创造了令世人瞩目的经济奇迹。

3. 善于守拙

20世纪90年代初期，针对西方国家联手对华制裁的严峻形势，邓小平提出了“冷静观察、稳住阵脚、沉着应付、韬光养晦、善于守拙、决不当头、有所作为”的28字外交方针，其核心内容是“韬光养晦、善于守拙，决不当头”。

“韬光养晦”，《道德经》第56章所言“和其光，同其尘”，即隐藏锋芒而以柔胜刚。“善于守拙”，《道德经》第45章所言“大巧若拙”，即大智慧者好像笨拙，但能以拙胜巧。“决不当头”，《道德经》第67章所言“不敢为天下先”，即遇事不可逞强出头。

这28字中的守拙方针，体现出邓小平一贯的绵里藏针、以柔克刚的作风，

其中蕴含着道家思想的浸润，是毋庸置疑的。依靠这一方针，中国政府不仅破解了“对华制裁”的种种困难，而且成功地加入了“世贸”组织，成为历年来吸引国际投资最多的国家，还通过外贸成为世界外汇储备量最多的国家。

三、胡锦涛治国与“三宝”、“知和曰常”的管理智慧

老子《道德经》第67章：“吾有三宝，持而保之：一曰慈，二曰俭，三曰不敢为天下先。”言下之意是，我有三种治国之宝，永远保持遵守！第一叫慈爱，第二叫俭朴，第三叫凡事不逞天下人之先，即谦下。

慈，俭，谦下，都是老子《道德经》的核心理念。慈就是爱民，胡锦涛以人为本的亲民政治符合慈的理念。俭就是节约，胡锦涛建设节约型社会与廉洁政府的国策符合俭的理念。不为天下先，就是谦柔以求后发制人，胡锦涛谦下柔性的外交风格符合不为天下先的理念。

1. 慈：亲民爱民，以人为本

胡锦涛主席倡导以人为本的亲民政治可以概括为：“权为民所用，情为民所系，利为民所谋”。有人称这是新三民主义理念。“情为民所系”体现凝聚民心民意，振兴中华，是新的“民族主义”；“权为民所用”，透过立法，制约权力，显现权力在民，是新的“民权主义”；“利为民所谋”，建立富强大国，谋求民生利益，是新的“民生主义”。

汉初唐初的无为而治，都在一定时期减免农民的赋税。以胡锦涛为总书记的党中央的亲民政治永久地取消了农民的一切国家农业税，汉初唐初的短暂休民政策是不能与之相比的。此外，还有一系列亲民措施，如给农民发放种粮补贴、建设新农村、公路村村通工程、电讯村村通工程，以及缩小城乡差别，在城市实行城市居民最低生活保障制度，扶持国企下岗职工再就业等。

2. 俭：建立节约型社会与廉洁政府

老子《道德经》第59章：“治人事天，莫如啬。”就是说，要管好人类的事和处理好自然界的事，没有比用节俭（啬）的原则更重要了。现代人已经开始认识到，发展经济的基础条件是节约与保护资源。如果资源耗尽，那就是经济的死亡。

胡锦涛主席曾经多次强调，节约资源是我国的一项基本国策。要节约土地、能源、淡水、矿产资源以建立一个节约型社会。

节俭是人之美德，也是政府廉洁的标志之一。建立一个节俭朴素的政府制度，也是反腐倡廉的目标之一。胡锦涛主席在西柏坡学习考察时曾引用明朝薛蠹

的话，告诫各级国家干部："节俭朴素，人之美德；奢侈华丽，人之大恶。"

什么是"奢侈华丽"？老子《道德经》第53章有很好的描绘与强烈的批判："服文采，带利剑，厌饮食，财货有余，是谓盗夸，非道也哉。"统治者追求华丽的衣服，佩戴着宝剑到处炫耀，美味佳肴早已吃厌，敛聚的金银财宝用不完，这些都是国之大贼，民之大盗，是毫无公道的表现啊。

胡锦涛主席提倡节约廉洁，与《道德经》第29章提倡的"去甚，去大，去奢"(不过分，不贪大，不奢侈)的精神是一致的。

3. 不敢为天下先：国际关系上谦柔低调

海外传媒普遍形容胡锦涛主席为"低调大师"，说他熟知中国道家的太极精髓，常用以柔克刚的外交手腕。老子也是低调尚柔的，《道德经》第69章曾引用兵法："吾不敢为主而为客，不敢进寸而退尺。"就是说，我不敢先进攻而宁可采取守势，不敢前进一寸而宁可后退一尺。

胡锦涛主席的谦下外交，看似不为天下先，实际上是以退为进，后发制人，其效果远胜于咄咄逼人的刚性外交。这正如老子《道德经》第36章所言："柔弱胜刚强"。中国当前的柔性外交成绩卓著，既与美国、欧盟建立了历史上最好的合作关系，又与东盟、拉美、非洲多国建立了良好的经贸互利关系。

胡锦涛主席在台海关系上实行无为而治，低调处理，少说多做，宣布了对台湾水果实行零关税等一系列亲民政策，签署了16项两岸互利共赢的合作协议。这对于两岸统一、遏制"台独"、缓和台海紧张局势，取得了很好的效果。

4. 和：建立和谐社会

中华文明历来注重社会和谐，强调团结互助，中国人早就提出了"和为贵"的思想，追求天人和谐、人际和谐、身心和谐，向往人人相亲、人人平等、天下为公的理想社会。2005年9月中旬，胡锦涛主席在联合国大会上的讲话，针对当时世界的严重冲突与战争，提出了"建立一个和谐世界"的主张。2006年10月，中共中央第16届6中全会《决定》又提出建设中国和谐社会的总体目标。这个目标，就是要建立一个民主法制、公平正义、诚信有爱、充满活力、安定有序、人与自然和谐相处的社会，实现物质和精神、民主和法制、公平和效率、活力和秩序的有机统一。

《决定》说："弘扬我国传统文化中有利于社会和谐的内容。"在中国传统文化中，《道德经》的核心思想就是不争与和谐。不争就是和，和就是和谐。老子《道德经》第42章："万物负阴而抱阳，冲气以为和。"这里的"和"是指阴阳之间的和谐。

《道德经》第1章讲"道可道，非常道"，常道是永恒的道。那么什么是"常道"呢？老子《道德经》第55章："知和曰常，知常曰明。"知道什么是和，就知道了常道，知道了常道，就是最聪明的智慧。

《道德经》以道为最高范畴，永恒之道为和谐，治国之道为和谐。由此可见，胡锦涛主席建立和谐社会的理论，与《道德经》的治国之道是一脉相承的。

《道德经》是中华民族的文化元典之一，虽产生于两千多年以前，但至今仍闪耀着智慧的光芒。据联合国教科文组织统计，被译成外国文字发行量最大的世界文化名著，除《圣经》以外就是《道德经》。400 年来，仅各种西文版的《道德经》，就有 250 多种。

当今，伴随中华民族的和平崛起，《道德经》在海内外的影响越来越大。著名科学家李约瑟(英)、卡普拉(美)、汤川秀树(日)、李政道(美)等，著名哲学家海德格尔(德)、德里达(法)、冯友兰等，著名企业家施永青(港)、张瑞敏、薛永新等，还有著名管理学家约翰·海德(美)、著名道学家施舟仁(瑞)、著名农学家福冈正信(日)、著名文学家托尔斯泰(俄)等，他们都受到《道德经》的巨大启发，从而激发了惊人的创造力。

1910 年，德国人尤利斯·噶尔在其著作《老子的书——来自最高生命的至善教诲》中说：

“也许是老子的那个时代没有人真正理解老子，
或许真正认识老子的时代至今还没有到来，
老子已不再是一个人，不再是一个名字了。
老子，他是推动未来的能动力量，
他比任何现代的，都更加具有现代意义，
他比任何生命，许多许多生命的，都更具有生命的活力。”

近一百年过去了，21 世纪刚刚开始，真正理解老子与《道德经》的时代已经到了。具有现代意义和能动力量的老子复活了，他比任何生命都更具有活力。

让所有中国人都读一读老子《道德经》吧，这对于继承和发扬中国传统文化，创立中国当代的先进文化，建设一个国内和谐、国际和谐的社会，保持盛世强国与经济高速发展，都具有非常积极的意义。

注释：

[1]何新：《论孙、毛、邓》，美国加州：《中华时报》，1991 年 1 月 25 日。

[2]肖诗美：《邓小平谋略》，中共党史出版社 2004 年版。

参考文献：

[1]任继愈．老子今译(修订本)．上海：上海古籍出版社，1985

[2]邓小平．邓小平文选(第 1－3 卷)．北京：人民出版社，1994

[3]杨炳章．小平大传．北京：时代国际出版有限公司，2004

第四章　老子的勤俭执政观

勤俭治政，是古往今来每一个明智的执政者都必须面对和实践的课题。我国历代学者志士贤达和卓越的政治活动家，都从各自不同的立场和角度围绕这一课题进行了广泛深入的研究和著述。先秦时期道家创始人老子著有《道德经》，其中有不少关于勤俭治政的精辟论述。老子以他的智慧和学识，科学地总结了以往的社会历史。对诸如执政者如何加强自身道德修养、如何正确认识身外的名利财富、如何恪尽职守利益人民等方面都作了精辟的论述，给后人留下了宝贵的历史经验。

一、执政者要节约与保护自然资源

老子在《道德经》第五十九章说："治人事天，莫如啬。"就是说：要管好人类的事和处理好自然界的事，没有比用"啬的原则"更好的了。"啬"字的意义是节约、爱惜、保护，他这句话是针对人类经济行为来说的。现代人已经深刻认识到，发展经济的一个最基本的条件是资源，第一是资源，第二是资源，第三还是资源。没有资源，经济就没有持续发展的可能。如果资源耗尽，也就是经济的死亡。节约和保护资源是国家民族维持发展生命力的根本所在。

老子说过"莫如啬"之后，接着说："夫唯啬，是谓早服。早服谓之重积德。"用今天的话来说，即为政者只要能以"啬的原则"来节省，珍惜资源，保护生态环境，就能很快恢复地球村的生机。能使社会早日恢复生机，对于为政者而言就是重重的积德了。

二、执政者要廉政，防止腐败

老子在《德道经》第二章中提出："万物作而弗始，生而弗有，为而弗恃志，成功而弗居。夫惟弗居，是以弗去。"他认为，一个真正负责任的、全心全意为民生着想的执政者，应乐于看到万物和百姓和谐生存发展却不辞辛劳；全心全意维护他们的生长而不去占有；竭诚为他们服务却不认为自己有所成就，即使功高盖天也不据为己有。正因他不居功、不占有，所以他的美德永远无法抹去。执政者没有自己的特殊私利，其奋斗宗旨是为人民服务。"生而弗有"是当今每一个执政者所应当追求或具有的崇高道德品格，执政者具有崇高道德品格则“是以弗去”——是执政者的地位能够保持下去的重要原因。

老子总结了从上古到春秋两千余年的社会变故、政权兴亡的根本原因后认为，腐败是亡国丧邦的根源，廉政是利民兴国的前提。他在《道德经》第九章中沉重地说：“金玉盈室，莫之能守。富贵而骄，自遗其咎。”但是，自古以来又有几个人可以守得住名利和财富呢？又有几个人不是因为荣华富贵而自我膨胀、骄傲自大，终于招致败亡的呢？

在《道德经》第五十三章中，老子列举了为政腐败的种种现象：“朝甚除，田甚芜，仓甚虚；服文采，带利剑，厌饮食，财货有余，是谓盗夸，非道也哉。”他一针见血地指出，大兴土木，朝廷虽台阶高高，但田园荒芜、国库空虚、民生凋零。文官追求华服，武将带剑炫耀，美味佳肴使口腹生厌，个人的财产拼命积累，这都是国之大贼、民之大盗，是无道的表现。

在《道德经》第十二章中，老子说：“五色令人目盲，五音令人耳聋，五味令人口爽；驰骋田猎，使人心发狂；难得之货，使人行妨。”他把形形色色的感官刺激对执政者的诱惑，及其产生的不良后果勾画得淋漓尽致。五光十色、迷人耳目的美景(物)使人视觉分辨不清；美妙音乐，靡靡入耳，使人意志软弱；精细的山珍海味使人食欲大开，变得更加贪得无厌；放马奔走追逐猎物，紧张刺激，导致人的心境狂躁不已；稀世珍宝，难得之货，因为一心想占有或守护，而使自己成为它的奴隶，战战兢兢，坐立不安了！可见名利财富对执政者意志的腐蚀作用有多大，岂不警乎！

三、执政者要克服奢华与浪费

老子在五千言的《德道经》中留下许多勤俭持政的“良方”。在十九章中，老子提出“见素抱朴，少私寡欲”，劝告执政者应当如没有染色的布一样，平素洁净，一尘不染，保持清明气节；如没有雕琢的原木一样朴质无华，纯朴天真，保持自然的本质。不变色不变质，以朴素为乐，去除自己的私心利欲，是抵御不良社会风气、抵制各种名利诱惑的釜底抽薪之法。在《道德经》第三十七章中老子指出：“不欲以静，天下将自正。”强调执政者尤其要正确对待人心人欲，不使贪欲泛起、杂念纷飞，不被物欲所拘役，用清静的心态对待名利，视名利如过眼烟云，以静制动，以清降浊，以正大光明的道德光芒驱散心头的阴私雾障，从而使他的执政达到清明的大治。

在《道德经》第四十六章，老子开出良方：“罪莫大于不知足，咎莫大于欲得，故知足之足，常足矣。”真正的富足是心灵的平和充实，是精神的恬淡快慰，是天下的百姓富足之后的心安理得。执政者时时知足常乐，做一个精神的富裕者，对物质财富不过分强求，不取俸禄之余的非分之得，见色不迷，见物不贪，见名不取，见利不图，那么“可欲”之罪、“不知足”之祸、“欲得”之咎自将消逝无形。

在《道德经》第四十四章中，老子的药方更能起到清秽理气、去邪补正的作用。“名与身孰亲，身与货孰多？得与亡孰病，是故，甚爱必大费，多藏必厚亡，知足不辱，知止不殆，可以长久。”在这里，老子不遗余力地再次强调廉与腐的不同结果，教人细细掂量，告诫执政者爱之越多则浪费现象越严重；藏污纳垢越多，离败亡越快。唯有知足、知止才可以不取其辱，才可以没有危害，才可以使肌体健康，执政长久。

在《道德经》第二十九章中，老子提出三个去：“是以圣人去甚、去大、去奢”。在第六十七章中，老子又提出三个宝：“吾有三宝：一曰慈，二曰俭，三曰不敢为天下先。”这个“三去”和“三宝”可以说是老子廉政观的核心思想。过分的贪欲使执政者心浮气躁，而不能专心致志地履行职能；奢侈的消费，严重脱离了人民群众，误导大众竞相去追求形式和外表，而忽略了内心简朴的修养；极端、极致的索取使执政者对民众失去仁爱。

综上所述，《道德经》蕴含的真理至今日仍不过时。作为炎黄子孙，弘扬传统文化的精粹，深入研究老子的廉政观，对于高举反腐倡廉大旗，加强和改善执政党的自身建设，密切党群关系，从而达到长治久安的目的，无疑具有深远的现实意义。

第五章　老子自然哲学与医疗养生

一、自然政治观与自然养生观

1. 老子最早提出“自然”概念

《道德经》第二十五章：“人法地，地法天，天法道，道法自然。”人类效法地球的法则，地球效法宇宙的法则，宇宙效法大道的法则，大道的法则是自然而然。自然的本义是：自是自己，然是如此，自然就是“自己如此”。老子的自然概念，是指维护事物本来的状态，不要去强制改变、扭曲、异化，同时也是指人的率性而为、自然而然，反对违背人性的干涉、强制。

这里的自然并不是大自然的意思，但若干年后，自然却成为代表大自然的名词，大自然内任何物体的变化都有外在的原因，只有大自然是“自己如此”的存在物。所以，后人用老子的自然概念表示大自然。

2. 自然政治观

《道德经》十七章：“太上，不知有之；其次，亲之誉之，其次，畏之；其次，侮之。……功成事遂，百姓皆谓：‘我自然’。”最好的领导人，无为而治型，百姓不知道他的存在。其次的领导人，好大喜功型，被百姓歌功颂德。再其次的，百姓怕他，是专制型的。再其次的，百姓骂他，软弱型的。无为而治的领导方式最好，单位里什么事都做得好，工资也高，百姓都认为是他们自己自然完成的。

老子反对官僚对百姓的强迫命令，主张领导人无为，如《道德经》五十一章“道之尊，德之贵，夫莫之命而常自然”。老子反对官僚对百姓的瞎指挥，主张领导人少说话，如《道德经》第二十三章“希言，自然”。

3. 自然养生观

老子主张身国同治，即治国与养生同道，适合于治国的道理必定适合于养生。老子是修道养生的典范，《史记》说他活了200岁，也有人说是120岁。前面治国的自然概念也可以从养生角度理解。如“太上，不知有之”，从养生的角度来说是最好的长寿者，一般都是默默无闻的人，别人不知道他的存在。如果是有权有名有钱的人，难免接受许多各类养生益寿的补品，难免不断举行寿诞，反而不得长寿。

还有一种解释：最好的长寿者，不知道何谓养生，何谓医疗哲学，他反而长寿。他长寿成功时肯定对别人说：我没有什么长寿的经验，一切都是自然而然的呀！

自然是事物的本来状态，那么事物的本来状态是什么呢？老子认为是静。《道德经》第十六章："致虚极，守静笃。万物并作，吾以观复。夫物芸芸，各复归其根。归根曰静，静曰复命。复命曰常，知常曰明。"

追求虚要达到极点，守住静，要完全确实。万物蓬勃生长，我因此看出回归之理。一切事物变化纷纭，各自返回其根源。返回根源叫做寂静，寂静叫做回归本来状态。回归本来状态叫做常理，了解常理叫做启明。

守静是老子养生的基本思想，它与目前流行的崇尚运动是不同的。著名武术家、浑圆功法创始人王安平的修炼思想是静，基本站桩的动作模仿龟。他说，运动员都不长寿，说明运动太多对健康不利。所有，宗教修炼都是主静，静坐，打坐，坐忘，打禅，禅静，祈祷等。

事物的本来状态是柔，老子主张守柔。老子老的时候张开口问学生，牙齿还在吗？学生答不在了。又问舌头还在吗？学生答还在。于是老子说：牙齿刚，舌头柔，牙掉舌还在，可见柔弱胜刚强。老子说，人活着身体是柔软的，人死了身体变得僵硬，可见柔软是活的象征，僵硬是死的象征。

若干年来，我们在医疗养生领域过分强调运动，是片面的，老年人的养生要以静为主，静坐是很好的养生；过分强调刚强，也是片面的。女子健美比赛，也要强壮肌肉发达，其实并不美。

二、自然哲学在医疗临床中的运用

1. 自然医学

老子的自然思想传入欧洲后，产生过重大影响。例如经济上的自由主义，有学者考证是受到老子无为而治思想的影响。欧洲回到自然的运动，受到老子自然思想的影响。自然医学、自然疗法也受到老子的影响。

自然医学是与现代医学（第一医学）、中医学（第二医学）并列的"第三医学"。因自然医学为非依赖药物疗法，不存在毒副作用，所以也称为绿色医学。自然医学是一门遵循大自然规律，致力于恢复人体自愈力的学科。

人类科技为我们带来无穷的幸福及财富，但科技也为我们带来了极大的危机。什么危机？最大的危机就是——环保危机，现代的水质中含有20万种以上有害人体的物质。过度治疗与泛用药品造成更多的疾病。美国医学界有这样的看法："治疗比疾病本身更糟糕。"日本医学界有学者指出："现代医学是一种造病的医学。"

自然医学由联合国世界卫生组织发起，并定每年10月22日为"传统医学日"；自然医学的作用机理并非针对某一病毒、细菌等病原体而设，而是强调激发人体自然抗病能力，从而达到治病的目的。

2. 自然疗法，不过度治疗与用药

自然疗法，即运用各种自然的手段来预防和治疗疾病。具体而言，自然疗法是应用与人类生活有直接关系的物质与方法，如食物、空气、水、阳光、体操、睡眠、休息，以及有益于健康的精神因素，如希望、信仰等来保持和恢复健康的一种科学艺术。

自然疗法是以人体健康为核心，重点强调维持身体健康和预防疾病；西医是以疾病为核心，重点放在当机体出现了疾病时，如何诊断和治疗。因此，两种体系在学术思想上和技术手段上迥然不同。

自然疗法的哲学指导思想是：深信机体的自愈能力，在其医疗过程中尽量避免使用任何削弱机体自愈能力的医疗手段，不能忽视机体的自愈能力，更不能用各种疗法取而代之。

因此，自然疗法的指导原则是教育患者采用健康的生活方式，增强机体的自愈能力，应用自然和无毒的疗法。具体治疗方法如下：

(1)营养疗法。营养疗法即让患者按一定的食谱进食或补充某些营养素，从而使饮食成为治疗的手段。营养疗法是自然疗法的基础，自然疗法医师在临床实践中首先采用这一疗法治疗患者。越来越多的研究证明，粗制食品和补充营养素完全可以达到保健和治疗疾病的目的。采用营养疗法可以有效地治疗痤疮、关节炎、哮喘、动脉粥样硬化、抑郁症、Ⅱ型糖尿病、湿疹、痛风、高血压、经前期紧张综合征以及溃疡性结肠炎等病症。

(2)植物药疗法。植物药疗法是应用植物作为药物防病治病，也称为草药疗法。植物药疗法日趋受到人们的重视。现代自然疗法医师在使用植物药治病时，不仅依据该植物在传统医学中的传统药性，而且还要掌握它的现代药理学作用及其作用机理。这样使得该疗法更加科学化、现代化。许多自然疗法医师所使用的已不是未加工的植物原生药材，而是使用的从植物中提取出来的有效成分。

(3)顺势疗法。顺势疗法是使用可以诱发健康人体产生某种疾病的药物来治疗患有该疾病的病人。这一疗法的基本原则是：大剂量的药物可以诱发疾病，但该药物在小剂量时，却可治疗该疾病。顺势疗法所使用的药物可以是植物药、矿

物药和化学品。流感疫苗应用的是这一原理。

(4)针灸疗法。针灸疗法源于中医，它通过针刺、灸、按摩、激光、电刺激等方式刺激机体的穴位，从而促进机体的“气”在经络中循环、流动。传统的中医针灸疗法在诊治疾病中尚须在阴阳、五行、针灸经络、辨证论治等中医理论指导下进行。

(5)水疗法。水疗法应用热水、冷水、蒸汽等各种形式的水来保健或防治疾病。水疗法中的具体方法有坐浴、灌洗、温泉浴、旋流温水浴、桑拿浴、淋浴、敷泥、足浴、热敷以及灌肠等。水疗法自古以来就是世界上许多民族传统医学中的治疗方法之一。

(6)物理疗法。物理疗法就是应用物理的方法来治疗疾病。它包括超声波疗法、透热法、电磁技术疗法、保健体操、按摩、关节活动法等。水疗法也属物理疗法范畴。

(7)生活方式的调整。对患者生活方式的调整是自然疗法中必不可缺少的组成部分。自然疗法必须具有一定的心理学知识，在问诊中能从患者语言、动作等表现中了解患者的心理状态和其他方面的异常问题，然后采取诸如催眠、心理暗示、咨询指导、家庭治疗等治疗技术，针对患者所存在的问题进行有的放矢的治疗。

(8)其他。根据自然疗法的指导原则，近来国外又相继发展了色彩疗法、水果疗法、森林疗法、园艺疗法、音乐疗法、“五分钟笑”疗法等。这些疗法均是采用对人体无任何毒副作用但又能防病治病的非药物疗法。

三、建立自然和谐的医患关系

1. 医患之间非经营性关系

若干年前，国家实行了一种错误的医疗改革，将医院等医疗系统交给市场。医院要依靠看病卖药维持费用与奖金，因此医生在给病人治病的过程中，不仅要考虑怎样治好病，又要考虑怎样创造经济效益。因此，过度治疗与泛用药物非常严重。不仅加重了病人的经济负担，而且滥用药品还会造成新的疾病。

2. 医患之间非单向服从关系

由于担心自己成为医院创收的工具，病人对医生非常不信任。医生完全不听取病人的意见，单方面的制订方案，片面地强调进医院要听医生的话，一定要信任医生。去年我在住院期间，多次要求医生听取尊重我的意见，没有任何效果。今年我父亲住院，要求医生听取病人的意见，得到的回答是要听医生的话。以后几天用药用针，自己完全不知道是什么药什么针。

3. 医患之间应建立自然和谐关系

在国外，住院之前医生与病人要共同商量治疗方案。我们要向西方发达国家学习这方面的经验，同时也要向我们的祖先学习自然哲学，人与人怎样和谐，人与环境怎样和谐。老子有三宝学说，见于《道德经》第六十七章：“吾有三宝，持而保之。一曰慈，二曰俭，三曰不敢为天下先。”慈是爱，医生对病人有爱心，像对亲人一样对病人。二曰俭，替病人省钱，不要乱开天价的药。很多人一场病就搞垮一个家庭，欠下永远还不清的债。三曰不敢为天下先，看病下药要慎重，搞错了就要病人的命。老子的三宝，如果运用得好，医生与病人之间就可以重新建立信任关系，就可以建立自然和谐的关系。

第三部分
唯道论与道教

第一章　老子与道教

老子认为，为学是求知识，为道是求智慧。真正的智慧是超理性、超逻辑的一种体验方式，只有通过为道的方法才能悟道。道最初是一个哲学概念，表示规律、法则，但它潜藏着一种被神化的内涵。一旦社会有了需要，它便可以转变为一种宗教的核心理念。老子是道家学派的创始人，后被道教尊为"太上老君"神。在道教中，老子为道的方法发展成为道教修行的方法，老子的《道德经》演绎成道教各类经书。

一、为学日益　为道日损

1. 致虚极，守静笃

在老子的时代，有两种治学的方法。一是为学，一是为道。《老子·48 章》说："为学日益，为道日损，损之又损，以至于无为。无为而无不为。"为学是孔子儒家的方法，这种方法就是不断地学习和积累仁义伦理的知识，知识一天比一天增加。为道是老子道家的方法，他们认为仁义伦理的知识与道的精神是背道而驰的，所以越学离真理越远。《老子·18 章》说："大道废，有仁义。慧智出，有大伪。"《老子·19 章》说："绝圣弃智，民利百倍，绝仁弃义，民复孝慈。"为道的方法要求不断减少仁义伦理的知识，减少到一定程度，才达到无为的境界。无为不是无所作为、消积颓废，而是顺应自然，不违反人的本性。实行无为而治的社会，统治者非常宽松，百姓非常朴素，哪里还需要仁义伦理这一套无聊的说教呢？实行无为就没有什么事不能办好的。

为道不仅仅是一种理论的方法，更是一种直觉的体认的方法。《老子·16 章》说："致虚极，守静笃。"什么叫"致虚极，守静笃"？使心灵空虚达到极点，让生活清静做到诚笃。致虚与守静是老子修道为道的根本方法。司马谈《论六家要旨》中谈到道家时说："其术以虚无为本"。司马迁在《太史公自序》中说："李耳无为自化，清静自正。"老子用致虚守静的为道方法，去体认天人合一的境界，去洞见事物的根本，这与通常的多闻多见和知识积累的为学方法形成鲜明的对比。

老子时代的为道者有什么特征呢？首先，为道者不是向外追求对"物"的认识，而是向内寻求一种"虚"、"静"的状态，并从对人道的体认过渡到对天道的体认。《老子·47章》说："不出户，知天下，不窥牖，见天道。其出弥远，其知弥少。是以圣人不行而知，不见而名，不为而成。"这就是对为道者的描述。其次，老子告诉我们，虚静不是绝对的，虚极而生，静极而动，是为道者更高一层的境界。《老子·15章》说："古之善为道者，微妙玄通，深不可识。……孰能浊以静之徐清，孰能安以动之徐生。"

在老子的时代，能够运用为道方法的人一定是极少的。所以，《老子》书中常有孤独之叹。《老子·20章》说："众人熙熙，如享太牢，如春登台。我独泊兮，其未兆，如婴儿之未孩。儡儡兮，若无所归！众人皆有余，而我独若遗。我愚人之心也哉，沌沌兮！俗人昭昭，我独昏昏。俗人察察，我独闷闷。"这段话的意思是：众人熙熙攘攘地求学求名求利，如同参加盛宴和春游登台一样。我独自淡泊，如湖水未兴波，如婴儿未发笑。我遗世而独立，在学问上无所归属。大家都学而有余，唯独我好像把一切都遗忘了。我的心好像很愚笨，一片混沌。世人看起来都聪明智慧，我好像独自昏昏无学。

2. 知者不言，无言之教

唐代大诗人白居易评老子有一首七绝诗：

言者不知知者默，此语吾闻于老君；
若道老君是知者，缘何自著五千文。

《老子·56章》说："知者不言，言者不知。"知者即为道者，言者即为学者。为道者沉默寡言，为学者喋喋不休。白居易这首诗是讽刺老子的：你说真正有智慧的人是沉默寡言的，那么你为什么还要写一本五千言的《道德经》呢？

白居易的讽刺是没有道理的。首先我们知道老子一生确是沉默寡言的，他没有像孔子那样到处游学、讲学、办学、招收弟子。《道德经》可能是老子晚年所作，他死后很久才流传于世。老子生前可能是隐者，不为人知，所以先秦史料上绝少有老子的言论、文章、生平的记载，以致司马迁在《史记》中为老子写传记时感到许多问题材料太少且不准确。这也证明老子是沉默寡言的人。

其次，道家与佛教禅宗一样，都有一个矛盾。《老子·41章》说"道隐无名"，《老子·32章》说"道常无名"，《老子·2章》说"行无言之教"。禅宗主张"不立文字，教外别传，直指人心，见性成佛"。道、禅一方面不能说、不能写；另一方面又要教又要传，这不是个矛盾吗？解决这个矛盾的办法，第一是少写少说，最重要最核心的才写才说；第二是要说明文字语言只是暂时的媒介和入门的手段，不可执著于文字语言。老子就是这样做的。他一生到晚年才写了唯一的一本《道德经》，对于他来说是不得不写了。在《道德经》中，除了述道之外，还多次告诫读者道是"无名"的，是不可言说的；只是借用语言文字"强为之容"，勉强去形容和说明它。假如老子不留下五千言，那么，我们今天就不知道历史上有老子其人其事其书了，甚至于历史上就没有道家这一源远流长的学派了。

3. 得意忘言，言不尽意

《老子》是为道者用为道的方法写的一本很独特的作品，所以后人解老必须具有有道者的境界，要运用为道的方法才能弄懂弄通。晋朝大诗人陶渊明作了一首诗：

采菊东篱下，悠然见南山。
山气日夕佳，飞鸟相与还。
此中有真意，欲辨已忘言。

诗人置身于菊花、南山、日夕、飞鸟之中，直觉到一种天人合一的真意。可是在心里想把这种真意形成概念时，却找不到任何语言。这种境界称为“得意忘言”。“得意”大体上是得道的意思，道家认为语言只是得意的媒介。一旦得意，语言则多余而不必要了。

魏晋人爱说“书不尽言，言不尽意”，文字不能完全表达语言，而语言不能完全表达意义。这个观点对我们解老很有启发。《老子》一书不同于《论语》。《论语》用明晰的概念，用逻辑的理论表达自己的见解，这些见解是明确的。《老子》一书中有些概念不明晰，有些概念被老子重新运用，含义不同于一般概念。《老子》一书不重逻辑，见解好像混沌而不明晰，原因是什么？因为老子借用文字和语言不能完全表达道。我们读《老子》书，既要借助于文字与语言，又不要过分执著于文字与语言，而是要把文字与语言作媒介，以道者的境界去直觉老子的“真意”。这种对于真意的把握，古人有一种说法，叫做“神交古人”。好像我们的灵魂回到两千多年前，与老子的灵魂沟通、交流，而终于明白了老子的道究竟是怎样的一个东西。什么叫神交？就是不通过感官感觉，也不通过理论思维，在半睡半醒中，或在凝神静默的时候，忽然领悟到老子的一种情绪、一种境界。这既不是感性思维，也不是理性思维，不需要概念，也不需要逻辑，大概属于“直觉”那样一种能力吧！

4. 为道解老，道法自然

今人解老也有两种方法。一种是大多数学者的为学的方法。这种方法的表现之一，是考证章句。《老子》一书的版本较多。各种版本的章句不同，有的道经在前，德经在后；有的德经在前，道经在后。这就有许多人去反复考证。同样一句话，有的这样断句，有的那样断句，如第一章“无，名天地之始”；有人断句为“无名，天地之始”。孰是孰非，这耗尽了不知多少人的脑汁。同样一个字，有的这样解释，有的那样解释，长期争论不休。如第一章“玄之又玄”的“玄”字，有三种解释：第一种是从哲学角度解释，玄是玄妙，是道的体用；第二种是从修行的角度解释，玄代表道士手里的连环圈，表示环之无端；第三种是从自然科学的角度解释，玄是细胞或微生物。

不同版本，字的使用也往往不同。第一章："道可道，非常道"，许多版本把"常道"写成"恒道"。又"无，名天地之始"，许多版本把"天地"写成"万物"。谁对谁错？

为道的方法与为学的方法不同。言不尽意，所以文字与语言并不特别重要，并不需要把每个字、每句话、每一章都考证得清清楚楚。关键是要把握大义、洞见根本，得到言外之意、言外之道。

为学方法的另一种形式，是从逻辑的角度解老。有的学者认为《老子》第一章是"一篇逻辑导言"，老子的"无名论""形成了自然逻辑的名辩学说"（汪奠基《中国逻辑思想史》第157页）。有的学者提出："在辩证逻辑方面，《老子》第一个提出否定原理"（冯契《中国古代哲学的逻辑发展》第一册第371页）。

老子自认为道是无法用概念（名）表述清楚的，也就是说道具有非逻辑性，超逻辑性。故老子论道，多用"若"、"或"、"像"等字，表示言不尽意，言不尽道。若完全用为学的方法、逻辑的角度去解老，把老子说不清楚的思想，按今人的思路，搞出一个完完整整、清清楚楚的逻辑系统或哲学体系，显然是有很大问题的。

为学方法还有一种表现形式，就是用现代的理论去解老。道是物质还是精神？老子哲学是唯物论还是唯心论，这些问题在中国几乎争论了一个世纪。特别是近50年来，这一类争论几乎成为一些人解老的关键。这些争论不能帮助我们弄清楚"道"，反而更迷惑了。为道的方法很直接，很干脆，很痛快。"道就是道"，这就使我们一下子明白道是什么了。其中有三种含义：第一，道就是道，道路的道；第二，道是代表抽象的法则、法规；第三，道是指宇宙的初始状态。

"道就是道"还有更深层的含义，涉及方法问题。我们研究古人的思想，是什么就是什么，有时感觉、直觉可以起作用。如果过多地注意字句章节，过多地注意后人的注解考证，过多地注意今人的理论争论，那反而会舍近求远、舍真求假，或者钻故纸堆、钻牛角尖，导致一片痴茫、一片糊涂。

在今天，为道思想的现实意义是独立思考问题。学习到的一切知识，到一定时候都要重新自我审查一遍。知识的背后有智慧，表象的背后有意志。五十而知天命，就是从为学进入到为道的阶段。

二、通往神灵之道

1. 道与上帝的比较

道是超感觉超经验的，又是超文字超语言的，这种超理性的存在虽然在老子那里是无神的，但它迟早是通往神灵之道。我们如果将道与基督教的上帝作一比较，就会发现上帝与道都代表宇宙间的最高原则。上帝是一，在上帝之中不包含任何差别，上帝没有任何规定性。上帝创造了万物，是万物的本原。道也是一，是无限的、永恒的，是万物的本原和赖以存在的根据。老子《道德经》说："道生一，一生二，二生三，三生万物。"上帝与道都是看不见、摸不着，感觉不到的神秘存在。它创造万物，就是通过万物来展现自身。

在基督教中，许多神学家认为上帝是不可言说的。当我们说上帝是什么时，如全知、全能、造物主等，是用经验世界的概念去表述超经验的神的存在。这可能会歪曲上帝的实质，限制上帝的无限。因此，我们只能用否定性的概念去表述，如上帝不是有限的，上帝不可认识，不可言说等，以保证上帝的纯洁性、超越性、和无限性。人类只能在无知的黑暗中去体验上帝，在神秘的无知中与上帝结合。老子对道的表述也是否定性的，多用"无"、"不"去说"道"。例如："道隐无名"，"视之不见，听之不闻，博之不得"，"吾不知其名，字之曰道"。

道也是无法认识的。前面已谈到为学与为道的差别，为学是求知识，为道是超理性、超逻辑，是一种体验的方式，只有通过为道的方法才能悟道。

通过以上比较，我们可以发现，老子的道与基督教的上帝是极其接近的概念。道是非人格化、非神的上帝，而上帝是人格化的、神圣化的道。由此可见，道最初是一个哲学概念，表示规律、法则，但它潜藏着一种被神化的内涵。一旦社会有了需要，它可以转变为一种宗教的核心支柱。例如在道教中，老子为道的方法发展成为道教修行的方法。同样，上帝也潜藏着规律、法则的内涵，当社会需要时，它可以被泛化，从而形成泛神论或自然神宗教，在本质上又是无神的。例如斯宾诺莎说："上帝就是自然"，而伏尔泰则认为：自然规律支配一切。

2. 神仙家对老子的神化

老子是人而不是神。《史记》记载：老子是楚国苦县人，今安徽省亳县人，姓李名耳字伯阳，谥曰聃，周守藏室之史（国家图书馆长）。又记载，孔子年轻时曾向长者老子请教如何为人，老子很不客气地教训孔子说，你太骄傲（骄气），太贪心（多欲），太好色（态色、淫志）；真正有知识的人"若虚"、"若愚"——外表好像什么都不懂，笨笨的。孔子听了以后佩服得五体投地，他说："鸟吾知其能飞，鱼事知其能游，兽吾知其能走。……至于龙，吾不知其风云而上天。吾今日见老子，其犹龙邪?"鸟、鱼、兽，我过去都知道，就是不知道龙。今天我见到老子，原来他就是龙啊！这个故事也可能是真的，也可能是道家为了抬高老子贬低孔子而编的。司马迁有道家倾向，所以保存了这个故事。

虽然不是神，但有些神秘。《史记》说："盖老子百有六十余岁，或言二百余岁，以其修道而养寿也。"活到200岁左右，在今天还算是奇迹，是通过修道而长寿的。后来的道教，就是学习老子的修道方法而求长寿，求不死，求成仙。求仙是神仙家的追求，神仙家始于战国，盛于两汉，其信念是相信仙人、仙境、仙药、仙方的存在与可求。老子由人而神，是神仙家向道家哲学流派靠拢，吸取老庄学说中的一些神秘主义思想因素，做宗教性比附、解释与引申，逐步渗透，逐步融合。

本来活跃于燕齐滨海一带的方仙道，有术而乏理论。他们曾经吸取先秦驺衍的阴阳五行说，可是仍未能提供构造神仙学的基本理论依据，同时其人其说亦远不如"老子"声誉之高。正是由于神仙家逐渐依附，在有些人的心目中，《老子》便也慢慢腾起了神秘的烟雾。据史书记载，首先敲道家之门的方仙之士便是"河上丈人"。《史记·乐毅列传》："乐臣公学《黄帝》《老子》，其本师号曰河上丈人。"后人称之为"河上公"。汉代方仙士依据河上公之遗教，造作了《老子章句》(旧题"西汉河上公作"，今人有考证为东汉作品)。认为"虚极"与"恍惚"之"道"产生元气(即"一")，元气生万物，倡导"怀道抱一守五神"的修养方法，相信"人能守一使不离身则长存"，"人能养神则不死"，从而宣传"用道治国则国安民昌，治身则寿命延长"，把《老子》变成了治国修身和修养成仙的经典。以后，求神仙的方士们便从《老子章句》得到启发和依据，更为援引、附会、演绎以自文其教。

3. 道教尊老子为太上老君

神化"老子"，尊号"太上老君"，其来有自。"太上"，本至高无上之意，出自古典，例如：《老子》云"太上，下知有之；其次，亲之誉之"；《左传》"太上有立德，其次有立功"；《礼记》"太上贵德，其次务施报"。"立德"、"贵德"正是老子的风范，"太上"正适合老子的清高，因此创立道教的张道陵将"太上"这一桂冠奉戴在"老君"头上。从三张之五斗米道起，道教均奉老子为教主，尊称"太上老君"，一般简称"老君"。例如：魏晋行世《黄庭外景经》云"老君闲居作七言，解说身形及诸神"；东晋葛洪《抱朴子·地真篇》云"老君曰：惚兮恍兮，其中有象；恍兮惚兮，其中有物"；《抱朴子·杂应篇》云"但谛念老君真形，老君真形见，则起再拜也。老君真形者，思之，姓李名聃，字伯阳，身长九尺，黄色，鸟喙，隆鼻，秀眉长五寸，耳长七寸，额有三理上下彻，足有八卦，以神龟为床，金楼玉堂，白银为阶，五色云为衣，重叠之冠，锋铤之剑，从黄童百二十人，左有十二青龙，右有二十六白虎，前有二十四朱雀，后有七十二玄武，前道十二穷奇，后有三十六辟邪，雷电在上，晃晃昱昱，此事出于仙经中也。见老君则年命延长，心如日月，无事不知也"。这里的"老君"高居金楼玉堂，护卫簇拥，猛兽环立，雷电其上，日月经天，何等威风显赫，哪里还似当年虚怀若谷、持雌、柔弱的皓首老人呢？

三、《老子》与道教经典

1.《老子》在中国哲学史上的重要地位

《老子》也称《道德经》，老子所写，或者是老子的学生整理老子学说而写。其年代或春秋末，或战国前期，距今已两千多年。从古到今，为5000字《老子》注释的书汗牛充栋，其字数恐怕已有50亿或500亿了。在中国文化史上，《论语》地位高于《老子》。但在中国哲学史上，《老子》高于《论语》，是中国哲学家史的开端。黑格尔说孔子不是哲学家，但他认为老子有丰富的辩证法思想。《老子》从哲学著作变成宗教经典，有一个过程。

战国末至西汉，《老子》显扬，声誉日高，此书作者老聃，自然如水涨船高，名声日渐显荣；同时也由于《老子》哲理深邃，使人感觉深奥莫测，因而隐君子老聃被蒙上了神秘的烟雾。战国末年，韩非已撰有《解老》、《喻老》篇。西汉司马迁在《史记·老庄申韩列传》云："(孔子)谓弟子曰：'吾今日见老子，其犹龙邪?'"又云："老子，隐君子也"。20世纪70年代在长沙马王堆发现西汉帛书老子，掀起老子热。90年代在湖北荆门发现战国竹简老子，又掀起老子热。

2.《老子》在中国道教史上的重要地位

在东汉出现的《太平经》、《老子想尔注》与早期道教关系最为密切。汉顺帝时《太平青领书》(即《太平经》)，已尊老子为至高天神，并吸取《老子》中的内容作为太平道神学理论的组成部分。此时张道陵在巴蜀一带开创五斗米道。其后张角广布太平道，遂有黄巾起义。《老子想尔注》为东汉末张道陵或张鲁所作，托"老子"之言，而演五斗米道。

至唐代，道教得到统治者的扶植，唐太宗宣布李聃为唐室李氏族祖，并推崇《老子》。据《广弘明集》卷二十五《叙太宗皇帝令道士在僧前诏表》云："大道之兴，启于邃古，源出无名之始，事高有形之外，迈两仪而运行，包万物而亭育，故能经邦致治，反朴还淳。"唐高宗仪夙三年(678年)诏令自今以后，《道德经》为上经，贡举人必须兼通。唐玄宗开元二十一年(公元733年)令士庶家藏《老子》一本，每年贡举人量减《尚书》、《论语》两条策，加《老子》策；开元二十九年崇玄学，置生徒令习《老子》、《庄子》、《文中子》、《庚桑子》；老子已被尊为"玄元皇帝"，天宝元年(公元742年)号庄子为南华真人、文子为通玄真人、列子为冲虚真人、庚桑子为洞虚真人，天宝十三年颁御注《老子》并义疏于天下。唐玄宗还曾亲受道教法箓，成了道士皇帝。由于道教成了皇族宗教，《老子》已成了圣典，故而道家《老子》，被道教尊为《道德真经》了。

迄今，道教积累经书逾万卷，其中重要经书，不是托言太上老君“降授”，便是引老君“道德”之言，而演说神仙之道。笼统地说，道教所宣扬之义理，无一不与《老子》在形式上及内在思想上有着或多或少的关系。为具体说明实际情况，这里便有必要将道教经典与《老子》加以对照比较。为节省篇幅，这里只能择其经书之要者，而且是仅就要经之要点来加以探究，看看道教是如何利用《老子》来演绎其教义的？从中可以管窥《老子》对社会宗教意识影响之广泛与深刻。

道教的根本信仰为老子的“道”和“德”。教徒所说的修炼，概括起来说就是“修道养德”。所谓“修道养德”，就是敬祀“太上老君”，体“老君”自然之道而行；行善事，积功德，以得神佑，得道成神仙。

3.《老子》与道教重要经典对照

就道教依据《老子》而演说教义的要经，下面举例对照。

(1)《太平经》。此书流行于汉代，是道教最原始的经典之一。传为东汉末方术之士于吉得神书170卷，其弟子宫崇献给顺帝。实则非一时一人之作。此经神化老子，宣传精、气、神合一的成仙思想和天、地、人三者合一的广嗣兴国的统治术。

《道德经》第二章：“圣人处无为之事，行不言之教，万物作焉而不辞。”《太平经》卷十八至三十四中则说：“天地不语而长存，其治独神，神灵不语而长仙，皆以内明而外暗，故为万道之端。”

老子自然、无为的思想在道教中便发展成了长存、长仙的思想。

《道德经》第十六章：“归根曰静，静曰复命。”《太平经》卷七十三至八十五中则说：“求道之法静为根，积精不止神之门；五德和合见魂魄，心神已明大道陈。先知安危察四邻，群神大来集若云，若是不息长寿君。”

老子主张清静，以静为本，到道教中就成为求道之重要法门，以守静而修炼到积精，五德和合，心神已明，长寿等。

(2)《参同契》。全名《周易参同契》，东汉魏伯阳著，托易而论炼丹，参同周易、黄老、炉火三家之理而合归于一。此书以炼内丹为主，被奉为道教“丹经王”。

《道德经》第十章：“载营魄抱一，能无离乎?”《参同契》则说：“抱一毋舍，可以长存。”“一”是指元气，“抱一”是指一个人元气充满。在《老子》中是哲学思想，在道教中是修炼方法。

《道德经》第二十五章：“人法地，地法天，天法道，道法自然。”《参同契》则说：“引内养性，黄老自然。”道法自然，是说道为最高原则，它自然而然。道教修炼时要引内气、修心性，要像道一样自然而然。

(3)《悟真篇》。《悟真篇》是北宋张伯端著，与《参同契》一样，是道教内丹主要著作之一，认为人自身有长生药，不需向外求。此书依据《老子》思想而发展出修炼方法。以下只是几例而已。

《道德经》第三章："虚其心，空其腹。"第九章："金玉满堂，莫之能守。"《悟真篇》则说："虚心实腹义俱深，只为虚心要识心，不若炼铅先实腹，且教守取满堂金。"

《道德经》第一章："此两者同出而异名，同谓之玄，玄之又玄，众妙之门。"《悟真篇》则说："异名同出少人知，两者玄玄是要机，保命全形明损益，紫金丹药最神奇。"《道德经》第六章："谷神不死，是谓玄牝。玄牝之门，是谓天地根。"《悟真篇》则说："玄牝之门世罕知，休将口鼻枉施为，饶君吐纳经千载，怎得金乌搦兔儿。"

总之，道教是中国土生土长的宗教，由东汉顺帝年间张陵（尊称张道陵）创立。它以"道"为最高信仰，故名"道教"。它奉老子为教祖，尊称太上老君。老子的道是超感觉超经验超文字超语言的，这种超理性的存在在后世成为通往神灵之道。老子的道与基督教的上帝是极其接近的概念。道是非人格化、非神的上帝，而上帝是人格化的、神圣化的道。由此可见，道最初是一个哲学概念，表示规律、法则，但它潜藏着一种被神化的内涵。一旦社会有了需要，就可以转变为一种宗教的核心支柱。例如：道教认为"道"乃宇宙万化之本源，宇宙万物皆由"道"化生。道教把对神仙的向往和道的信仰融为一体，相信人通过修炼可以与神仙一样逍遥无待，长生久视，使生命与"道"合一，永恒长存，从而构成了道教完美的信仰体系与修炼方法。修炼的诀要在于保性命之真，即性命双修，修性即修造自已的品德，修命即修炼自已的生命。汉代以后，老子为道的方法发展成为道教修行的方法。老子的《道德经》演绎成道教各类经书，如《太平经》、《参同契》、《悟真篇》等。

注释：

[1]汪奠基：《中国逻辑思想史》，中国社会科学出版社1983年版。

[2]陈鼓应：《老庄新探》，上海古籍出版社1992年版。

第二章　当代道教的主神结构

谈到道教，许多人会说道教是“多神教”。的确，在清代与民国时期，道教衰微，所信仰的神灵杂而多端，道教的主神不明确、不统一，民间流行的是各式各样的多神崇拜。但是，在中国汉唐宋明历史时期，在新中国成立以来的当代，道教是有主神的，有学者认为道教应属于“单拜主神教”，尽管不是很典型。[1]

问题是，由于受时代、地域、宗教等因素的影响，道教在某时是某单一主神，在另一时期是另一主神。积累到当代，道教的主神就不止一个，如三清、玉皇、太上、道等等，都被视为最高神灵。一个宗教如果有几个主神，那么这个宗教应该是“多拜主神教”，几个主神之间的结构体系需要说明，否则容易产生混乱。道教的几位主神之间，结构体系基本上还没有建立起来，因此，其神灵信仰的体系还不够明确，也不够统一。

基督教在历史上也曾面临几个主神，如圣父耶和华、圣子耶稣、圣灵。三位主神的关系不明确时，也曾造成混乱。当三位一体的学说奠定了三位主神的结构体系之后，基督教的信仰体系就变得明确与统一。明确与统一的信仰，使基督教的发展更快。

如果把“三清”作为一个整体来看待，当代道教四个主神的结构应该是：道——太上——三清——玉皇。这个结构与道教主神在历史上的演变过程是一致的，其过程是：周崇道，汉以后崇太上，南北朝以后崇三清，宋以后崇玉皇。逻辑结构与历史过程基本吻合，这符合逻辑与历史一致的原理。

逻辑结构不是静止的，不是直线的，而是螺旋式的。历史过程也是以否定之否定的规律螺旋发展的，在更高的层次上回归，每一次回归就又站在了一个新的起点上。21世纪以来，以2007年国际《道德经》论坛为标志，中国道教特别推崇道德经之道，这是对周朝老子之道的螺旋式回归，也是站在了新起点，准备迎接一个新的道教鼎盛时代。

一、道教主神：三清、玉皇、太上、道

大多宗教都有主神。如天主教的主神为上帝耶和华，伊斯兰教的主神为真主安拉，佛教的主神为释迦牟尼等。按照这种宗教学的思路，一个刚接触道教的人会很自然地问：道教的主神是谁？对于这样一个最基本的问题，却很难回答清

楚，因为道教的主神不止一个，而是多个，多个主神之间的关系不够明确。

中国大多数道观供奉的神灵数量都很多。其中地位最高，最受尊崇的是三清。三清是三位尊神，名列第一的是元始天尊，神位居中；名列第二的是灵宝天尊，神位居左；名列第三的是道德天尊，神位居右。中国大多数的道教徒认为，道教的主神是三清。

福建、广东、台湾等地区以及新加坡等东南亚国家的道教徒，大多认为玉皇大帝是道教的主神。在这些地区与国家的道观中，祭祀的主神是玉皇大帝，对于三清、太上老君，则比较陌生或认为是不太重要的神灵。当代中国大多民众认为，道教的主神是玉皇大帝，这可能是受到《西游记》等小说与影视节目的影响。

历代道教的教义都称老子(也称太上老君)是道教的教主，这也是当代道教徒的普遍认识。一般来说，一个宗教的教主就是这个宗教的主神，故而老子或太上老君是道教的主神。从古以来，中国统治者大多提倡三教合一。三教者，儒、释、道也。在三教合一的各种论著中，都视孔子是儒教的教主，释迦牟尼是佛教的教主，老子是道教的教主。在历代三教合一的画像与雕塑中，老子从来就是道教的教主。

在供奉的众多神灵中，有一些道观最突出的主神是太上老君，没有三清的神位或三清的神位不重要。例如武汉的长春观，主殿是太清宫，供奉的是太上老君，观内没有供奉三清的宫殿；香港的蓬瀛仙馆主殿供奉的主神是太上老君。

道教还有一个公认的最高信仰——道。道教以“道”作为自身宗教的命名，反映了“道”在道教中的主神性与唯一性。道教认为，宇宙间万事万物皆由道生，万神万灵也由道生。道具有神性，但它是无人格的神性，区别于道教的其他任何神灵。道可以化为有人格的神灵，如太上老君；也可化为有肉身的人，如老子。

二、道教主神的结构无序状态

如果三清、玉皇大帝、太上老君、道都是主神，那么谁是主神中的主神呢？次要主神与主要主神是什么关系呢？不明确四位主神之间的结构关系，它们在道教徒的信仰结构中就会出现矛盾，在道教教义中就会呈现无序状态。

例如，笔者曾在某道观里问一个年轻道长：“请问道教的主神是谁？”回答是“三清，即元始天尊、灵宝天尊、道德天尊。”笔者接着问：“可是道教的教主是老子，老子是不是主神？”“也是。”“老子与三清是什么关系？”“我们道教常说，老子一气化三清。”

中国的道观大多以三清大殿为主殿，殿中供奉着三位尊神，这就是道教神谱中的主神“三清”。玉清元始天尊，居中；上清灵宝天尊，居左；太清道德天尊，居右。这反映了三清之间的神位排序，元始天尊第一，灵宝天尊第二，道德天尊第三。

笔者又问："这么说老子的神位比三清更高啊!""是啊，……也不是。""为什么又不是?""因为三清中的第三位是道德天尊，也就是老子，可见老子并不在三清之上，而是在三清之中。"笔者接着问："老子在三清中排第三位，这是否说明老子不是主神，三清中的元始天尊才是主神?""不是，老子是教主，这是无须怀疑的。"很显然，这位年轻道长对于老子(太上)的神位高于三清，还是三清的神位高于老子(太上)，讲不清楚。

在新加坡，道教徒历来以玉皇大帝为主神，几乎没有听说过三清，而太上老君却是一个不太重要的神灵。20世纪80年代，一位学习过大陆道教教义的道长回到新加坡，创立了新加坡道教协会，宣传三清是道教的主神。他的宣传效果不大，大多数新加坡的道教徒仍然以玉皇大帝为主神。

笔者采访他时，他说："我对他们是这样宣传的，玉皇大帝好比是总经理，三清好比是三个大股东，组成了董事会。董事会比总经理大，总经理要服从董事会的决定。所以三清神比玉皇大帝要大，玉皇大帝要服从三清神。""这样的宣传有没有效果?"他说效果不大，绝大多数道教徒还是以玉皇大帝为主神。有的人这样对他说："你说的三清神，好像是美国的议会。玉皇大帝呢，好像是美国的总统。美国总统的权力比议会大，玉皇大帝的权力比三清神大。"

道的特点是无形象，无人格，看不见，摸不着，不容易被普通民众与一般道士作为主神来信奉，他们也更难弄清"道"与其他主神的关系。在社会基层与民间的道教活动中，有术而无道，信神不信道的情况比较普遍。道教无道，则成为占卜之教或鬼神之教了。

中国古代一些高道也看到了道教神灵杂而多端的状况，探讨了神灵的结构体系，绘制了神谱。其中影响最大的是南朝高道陶弘景绘制的真灵位业图，直到今天还被视为道教神谱的权威。他的贡献是确立了三清的主神地位，有近700个神灵被编入7个神阶。其不足之处也很严重，一是没有"道"的地位，有神无道；二是严重贬低太上老君的地位，在三清之下，属于第四神阶[2]；三是时代局限，没有玉皇大帝的地位。为了反映道教的发展，我们应该探讨当代道教神灵的结构体系，绘制新神谱。

三、道教主神的结构体系初探

导致道教主神结构的无序状态，是因为三清、玉皇大帝、太上老君、道四者之间缺乏结构体系。笔者对这一问题思索了很多年，现提出下面的结构体系表：

道——太上老君——三清——玉皇大帝……杂而多端的神灵崇拜

为什么将道放在最高位呢？因为在道教经典与道教教义中都公认"道"是道

教的最高信仰。现任中国道教协会会长任法融说："《道德经》是道教的基本经典，'道'是道教的基本信仰。"[3] 著名道教学者陈耀庭教授说："在道教神学中间，宇宙之中的'道'才是最高的主宰，天地是道产生的、主宰的。人和万物也是'道'产生的、主宰的。而冥冥之中的'神'和'鬼'也是由'道'产生的、主宰的。不管是最高的神，或者是最低的神，都是'道'的衍生，道的体现，也都是由'道'化生出来的。"[4]

道与太上老君的关系，道的神位更高。为什么呢？因为道是本体，化为太上老君，化为老子。汉代《老子想尔注》说："一者道也，……一散形为炁，聚形为太上老君。"[5] 东汉《老子圣母碑》称："老子者，道也。"[6] 道成肉身，是基督教《圣经》中的话，意为上帝化为肉身的耶稣来到人间。它本来是道教用语，意为无形之"道"化为肉身的老子来到人间传道。

太上老君与三清的关系，太上老君的神位更高一些。为什么呢？因为道教中历来有"老子一气化三清"的说法。汉代最尊之神为太上老君，晋代最尊之神为元始天尊，南北朝出现太上道君置于诸神之上。隋唐时出现老子一气化三清之说，将道教三大主神统一起来。老子（太上老君）神位高于三清，三清为元始天尊、灵宝天尊（太上道君）、道德天尊。老子在一气化三清的时候，给自己一个化身——道德天尊。

玉皇大帝的神位极高。道教认为玉皇为众神之王，在道教神阶中地位极高，神权最大。道经中称其居住天宫，主宰宇宙，总管三界（天上、地下、空间）、四生（胎生、卵生、湿生、化生）、六道（天、人、魔、地狱、畜生、饿鬼）的一切阴阳祸福。

在道教神谱中，玉皇大帝的神位低于三清。三清是最早的创造神，玉皇大帝是最高的管理神，是神界总管。玉皇大帝之下是四御，四御协助管理天上地下。四御是后土、紫微北极、南极长生、勾陈四大帝。[7]

关于玉皇大帝的来历，《玉皇经》记载：净德国王夫人梦见太上道君（三清之一的灵宝天尊）将一婴儿赐予她，梦醒后即有身孕，一年后生下太子。太子经过亿万劫修炼，成为玉皇大帝。所以在道教界有一种说法，玉皇大帝是三清的化身，其神位低于三清。

如果仔细分析的话，四位道教主神还有两个层次。三清、玉皇、太上为一个层次，可以说是天上的层次，太极的层次；道是更高的层次，是天外的层次，无极的层次。天上太极是人格神层次，天外无极是非人格神层次。

三清、玉皇、太上等一切神都是"道"化生的，但"道"不是任何其他神或物化生的。从这个意义上讲，道教是"单拜主神教"，这个单拜的主神就是"道"。如果绘制一个宝塔形的神谱，宝塔最顶端的至上神则非"道"莫属。

四、逻辑与历史的一致

道教信仰的逻辑与历史是一致的，也就是说，信仰的逻辑结构与历史过程是一致的。逻辑与历史一致的原理是黑格尔最先提出的。他编写了一部《逻辑学》，又编了一本《哲学史讲演录》，认为哲学逻辑与哲学历史是一致的。比如，他的哲学体系提出绝对精神的概念，绝对精神的结构是逻辑、自然、精神三个层次；绝对精神发展的三个历史过程，即纯粹逻辑、自然界、人类精神三个阶段，与绝对精神的结构层次是吻合的。

黑格尔说："我认为哲学体系在历史中的次序同观念的逻辑规定推演中的次序是一样的。我认为，如果从出现在哲学史中的各个体系的基本概念身上清除掉属于其外在形式、属于其局部应用范围等的东西，那末就会得出观念自身在其逻辑概念中的规定的不同阶段。反之，我们如果掌握了逻辑的进程，我们亦可从它里面的各个主要环节得到历史现象的进程。"[8] 马克思、恩格斯、列宁都在哲学史研究中运用过黑格尔的逻辑与历史一致的原理。

从自然科学上看，我们也可以看到结构与过程的一致性。比如，我们可以根据树干横截面的年轮结构推算这棵树的年龄、成长的过程。地质学家可以钻探一个岩心，根据岩心的结构判断地质演变的历史过程。生物学认为，一个胎儿的胚胎发育过程，是人类进化史的缩影。心理学认为，一个儿童的智力发育史，是人类精神发展史的缩影。儿童学习站立，学习语言，学习使用工具，学习抽象思维，人类进化不是也经历了这些阶段吗？

道教主神信仰的逻辑结构与历史的发展过程是一致的吗？回答是肯定的。其逻辑结构：最高的主神是道，其次是太上老君，第三是三清，第四是玉皇大帝，玉皇大帝以下是杂而多端的神灵崇拜。

其历史过程：

汉代以前是道教的准备阶段，老子是道祖。他提出了"道"的信仰，道家所信仰"道"后来成为道教的最高信仰。

汉代是道教的成立阶段，主神是太上老君，五斗米道就是以老上老君为主神。

晋代至隋唐是道教的发展阶段，主神是三清信仰。

宋元明是道教的兴盛阶段，主神是玉皇大帝。

清代民国是道教的衰落阶段，出现多神崇拜。

道教主神的历史过程依次示之：

道（汉代以前）——太上老君（汉以后）——三清（晋以后）——玉皇大帝（宋以后）……杂而多端的神灵（清代与民国）

这个历史过程与逻辑结构“道——太上老君——三清——玉皇大帝……杂而多端的神灵崇拜”是基本一致的。

五、螺旋上升的回归

在逻辑与历史一致的进程中，运动并不是单线的，也不是循环的，而是螺旋式上升的。黑格尔绝对精神的逻辑结构有三个层次，即逻辑、自然、精神。绝对精神的历史发展有三个阶段，即纯粹逻辑、自然界、人类精神。逻辑与历史一致，其中人类精神就是对纯粹逻辑的否定之否定，表现为螺旋式上升的运动。人类精神可以认为是对纯粹逻辑的回归，同时也是新的螺旋式上升运动的起点。

道教神灵信仰的历史是：汉代以前是对主神道的信仰，汉代是对主神太上老君的信仰，两晋南北朝开始了主神三清的信仰，宋代开始了主神玉皇大帝的信仰，清代民国道教落入民间并实行杂而多端的神灵崇拜。

从21世纪开始，道教产生了新的思潮，那就是对老子的推崇，对《道德经》的重视，推崇对道的信仰。2007年召开的国际《道德经》论坛，是几百年来规模最大的一次关于《道德经》的研讨会。笔者参加这次研讨会时，听到道教界内部的一种观点：在中国道教历史上，什么时候回归于《道德经》，什么时候道教就得到大发展。研讨会上，笔者听到很多也很深刻的一个概念：回归。

全国人大常委会副委员长许嘉璐在国际《道德经》论坛西安会场上的发言，引用了《道德经》的话：“万物并作，吾以观复。夫物芸芸，各复归其根。归根曰静，静曰复命，复命曰常，知常曰明。”他说：“或许现在人类开始进入了‘归根’‘复命’的阶段。”[9]

国际《道德经》论坛会后，中华宗教交流协会会长叶小文发表文章说：“重视《道德经》，看似一次对经典的回归，其实在酝酿一个时代的进步。……道，蕴涵着古今的连接，东西的对话，活力与和谐。我们继承历史，面向未来，立足中国，面向世界；不会食古不化、抱残守缺。对传统文化的继承，是为着创新和超越。”[10]

对《道德经》与道的回归是如何发生的呢？有没有规律可循呢？改革开放以来道教的发展，在某种程度上可以视为整个中国道教历史的缩影。“文化大革命”中，道教基本上停止了任何活动。20世纪80年代前期，影视界拍摄播出的《西游记》等，扩大了道教以及道教主神玉皇大帝的影响。80年代后期与90年代前期出现的大建宫观热，突出了“三清”，因为三清在宫观的神像谱系中是主神。90年代兴起老子热，大陆、台湾、香港道教道学界多次召开老子研讨会，突出了道教对主神太上老君（老子）的崇拜。

世纪之交，《道德经》的道学热潮持续升温，“道”作为道教的根本信仰得到升华。玉皇大帝——三清——太上老君——道，我们可以隐隐约约地感觉到从玉皇向道的回归。道既是螺旋式上升运动的复归，又是新起点。《道德经·第40章》：“反者，道之动。”反，就是返回，回归。《道德经·第42章》：“道生一，一生二，二生三，三生万物。”生，就是产生、创生。

中国在唐代是世界是强盛的国家之一，道教在唐代进入鼎盛时期。经过一千多年的曲折与兴衰，当代的中国又重新成为世界最强盛的国家之一，这是国道对盛唐的回归。道教经过了两千年的曲折兴衰，如今回归于“道”，创生于“道”，站在了螺旋式上升运动的新起点，准备迎接一个新的鼎盛时代的到来。

总之，如果把“三清”作为一个整体来看待，那么，当代道教四个主神的结构是：道——太上——三清——玉皇。这个结构与道教主神在历史上的演变过程是一致的，这个历史过程是：周崇道，汉以后崇太上，南北朝以后崇三清，宋以后崇玉皇。逻辑结构与历史过程基本吻合，这符合逻辑与历史一致的原理。以2007年国际《道德经》论坛为标志，中国道教特别推崇《道德经》之道，这是对周朝老子之道的螺旋式回归，也是站在了新起点，准备迎接一个新的道教鼎盛时代。

注释：

[1]任继愈先生认为：“单一主神教(单拜主神教)，指具有固定主神的多神教。缪勒认为是多神教向一神教演化过程中的一种过渡形式。……道教也是如此。道教且还具有某些特殊情况：除在基本的天阶体系的顶端居有固定的单一主神玉皇外，在基本体系之外又另有太上老君和元始天尊这样的至尊神。”参见任继愈主编：《宗教辞典》，上海辞书出版社1981年版，第702页。还有一种特殊情况：道教中“三清”为三个尊神，我们有时将它视为一个神。

[2]在真灵位业图中，神仙分为七个层次，每一层设一个中位。第一中位，元始天尊。第二中位，上清大道君。第三中位，太极金阙帝君。第四中位，太清太上老君。太上老君屈居于第四中位。以后“三清”神系流变发展，至唐代成为定说。《道藏·太平部·三洞珠囊》卷七引《老君圣迹》，提出元始天尊、太上大道君(灵宝天尊)、太上老君(道德天尊)“三清”神系，后成为道教的最高主神。

[3]任法融：《道德经释义》，三秦出版社2003年版，第6页。

[4]陈耀庭：《道和神》，载《中国道教》2003年第6期。

[5]《老子想尔注校证》，上海古籍出版社1991年版，第12页。

[6]《全后汉文》卷32，载《全汉文》第11册，又《太平御览》第一引。

[7]关于玉皇大帝与四御的关系，一说玉皇为四御之一，一说玉皇统领四御。笔者根据中国道教协会网的观点，选用后者。

[8]黑格尔：《哲学史讲演录》，商务印书馆1959年版，第34页。

[9]许嘉璐副委员长在国际《道德经》论坛上的发言，新华网2007年4月24日。

[10]叶小文：《回归与超越》，载《人民日报》海外版，2007年5月18日。

第三章　道与上帝

在中国古代儒、释、道三种文化传统中，道教的文化传统与基督教的文化精神有比较多的相容性[1]。上帝是基督教的神，道是道教的神，二者有着惊人的相似性，也有着深刻的相异性。

一、基督教与道教的相似性

1. 同时产生

公元前6世纪，在印度与中国，同时出现了两个圣人——释迦牟尼与孔丘。他们后来分别成为佛教与儒教的教主。这两位教主出生的时间仅相差14年，去世的时间仅相差6年[2]。600年后的1世纪，在巴勒斯坦与中国，又同时产生了两个宗教——基督教与道教。基督教产生于1世纪二三十年代至六七十年代，而道教创始人张道陵生于34年，修道始于1世纪中后期，这两个宗教几乎是同时出现于地球之上。基督教的耶稣与道教的张道陵是同时代的人，耶稣是上帝派到世间的救世主，张道陵是太上老君派来救世治世的真人。耶稣一生传教，其传教的重要方法之一是治病驱鬼；张道陵也一生传教，而在传教的同时也治病驱鬼。耶稣死而复活，在橄榄山升天；张道陵也死后复生，白日冲天而去。

2. 300年后

基督教产生300年以后，出现了一个划时代的大神学家奥古斯丁(354—430年)，为基督教奠定了神学理论的基础。基督教刚产生时，信徒主要是贫苦人民与奴隶，缺乏系统的理论。二三世纪有产阶级的加入，使基督教逐渐转变成为统治阶级服务的宗教。奥古斯丁在这个转变期为基督教创立了新的系统的理论，使基督教从产生阶段进入新的阶段。道教产生约300年后，也出现了一个划时代的道教大思想家葛洪(283—343或363年)[3]道教刚产生时，信众主要是平民百姓，交五斗米即可入道，故称“五斗米道”。3世纪左右，士大夫纷纷加入道教，如王羲之家族“世事张氏五斗米道”。在这个转变时期，葛洪创立了系统化的神仙信仰理论，为上层士族道教奠定了理论基础。葛洪之前，是早期道教的民间五斗米道、太平道阶段；他之后是上层化道教的上清派、灵宝派等阶段，故称葛洪是划时代的人物。

3. 宗教改革

奥古斯丁以禁性欲理论闻名，但在奥古斯丁死后约1000年，基督宗教改革，分化出“新教”(主要包括路德教、加尔文教与英国国教)。改革的内容包括圣经的普及、救恩论的修正，因此对于中世纪修道主义有不同看法，认为全民皆祭司，圣人是活在社会中的而并非关在修道院里面的。改革后的新教对奥古斯丁的禁欲主义做了重要修改，性不再代表原罪，生殖不是性的唯一目的，教士可以结婚生子。葛洪以非禁欲主义的性修炼理论著称，但在葛洪死后800年，道教中产生了一个“全真道”。全真道由王重阳在山东创立，是后期道教中最大的道派之一，元代以来与正一派一起延续至今。全真道改革了从三张、二葛以来的非禁欲主义的性伦理观，主张戒色禁欲，视家庭为牢笼，视夫妻性交为“偷盗精髓”、“追魂取命”，实行出家制。

二、基督教与道教的相异性

1. 世界宗教区别于民族宗教

基督教是一种跨国界、跨民族的世界性宗教，基督教的上帝被视为世界的主宰，认为上帝所救赎的不是某个民族，而是全体人类。因此，基督教的礼仪规诫对不同民族具有广泛的适应性。道教在历史上曾传入日本等亚洲国家，近几十年来在欧美也建立了少数宫观与组织，但它仍然属于民族宗教。道教是中华民族固有的传统宗教，在中国封建社会，道儒佛是对中国文化影响最大的三种宗教。道教信仰的核心是古代道家所崇尚的道，其众多的神灵具有鲜明的民族文化特征。

2. 一神教区别于多神教

基督教是一神教，是只有一个神存在并对之崇拜的宗教。《马可福音》记载，当一个犹太人问耶稣什么是最大的戒命时，耶稣回答他说“第一要紧的就是说：以色列啊，你要听！主我们的神是独一的主。你要尽心、尽性、尽意、尽力爱主你的神”。道教是多神教，比较高位的神有太上老君、三清(元始天尊、灵宝天尊、道德天尊)；比较低位的神灵成百上千。但是，道教并非典型的多神教，因为道教的全部神灵均由“道”所生。道成肉身或者肉身成道。

3. 道成肉身区别于肉身成道

基督教的基本教义之一是道成肉身，即圣子在未降世成人之前与耶和华上帝同体，称之为道。后来道以肉身的形式降世成人，就是耶稣。耶稣降世的使命是为人类的原罪救赎，他被钉死在十字架上作为替罪的赎价，使人类的灵魂得救。基督教认为，人是上帝按自己的形象创造的，因此人是独特的，他可以与上帝交通。但人不能成为神，肉身不能成道。道教中道似乎可成肉身，道曾化身为老子。东汉《老子圣母碑》称："老子者，道也。"道教与基督教的区别是，肉身可以成道，人可以成神仙。道教相信，只要坚持扬善除恶的道德修行，加之以外丹内丹等方术修炼，人就可以肉身成仙飞升而去。

三、基督教上帝与道的相似性

1. 神性

上帝是基督教最高的神，它具有超自然的力量。上帝不依赖自身之外的任何实在而自主存在。任何东西都不能创生它或毁灭它，它具有绝对的本体论上的独立性。道是道教信仰的最高神，它产生了天地、鬼神、人类与万物，但没有任何东西能够产生它。上帝作为神是"一"，是无限，是永恒，它看不见、摸不着，感觉不到，但它却有至高无上的权力与至大无比的力量。道作为神也一样，它是"一"，是无限与永恒，它无形无象而又威力巨大，鬼神在它面前都失去了力量。

2. 创造性

上帝创造了天地万物，也创造了人类。这种创造是"从虚无创造"，是从无到有的创造。上帝创造了一切，但上帝自己却不是任何东西可创造的，所以《旧约》中记载上帝说："我的名字叫自有者，永远如此称呼。"道也是天、地、人以及一切存在物的创造者，道创造天地万物也是从无到有的。《道德经·第40章》："天下万物生于有，有生于无。"道本身不是产生出来的，而是自然的，"道法自然"。道的自然与上帝的自有具有很相似的特征。

3. 不可言说性

在基督教中，许多神学家认为上帝是不可言说的。所谓上帝是全知、全能、造物主等，是用经验世界的概念去表述超经验的神的存在，可能会歪曲上帝的实质，限制上帝的无限。因此往往用否定性的概念去表述，如上帝不是有限的，上帝不可认识、不可言说等，以保证上帝的纯洁性、超越性和无限性。当然，人与上帝并非不可相交，通过启示，人可以认识上帝。

道也是不可言说的，老子对道多是否定性的表述，往往用"无"、"不"去形容"道"，如"道隐无名"、"视之不见，听之不闻，博之不得"、"吾不知其名，字之曰道"等。人与道并非不可逾越，修炼可以使人得道。

4. 道路

《新约》记载上帝说："我是道路、真理、生命。"为什么上帝说自己是道路呢？基督教认为，人类是迷途的羔羊，而上帝帮人类在迷途中找到真理，并指引道路。道路，也是人通往神之路。在道教中，道的本义是道路，《说文解字》："道，所行道也。"春秋时成为道路神。《礼记·曾子问》："道而出。"孙希旦先生集释："道，祭行道之神于国城之外也。"道教的修炼理论认为，道是人通往神仙之路，人道合一，就是神仙的境界。

四、基督教上帝与道的相异性

1. 目的性区别于自然性

上帝具有目的性，最终目的是为了让它所创造的人能分享它生命的丰富，它能给人以启示。启示是上帝为了让人类认识真理而主动采取的神圣行动。作为启示性宗教，基督教在上帝传达给人类的圣言以及人类对圣言的接受中体现了它的目的性。从这个意义上说，上帝主动向人类走来，它给人类带来了道路、真理与生命。它派圣子耶稣来到人间，为人类的救赎走上了十字架。

道教的道没有目的性，因此被称为自然。《道德经·第25章》："人法地，地法天，天法道，道法自然。"道就是自然而然的状态，不强加人为的意志，没有明确的目的性。《道德经·第5章》："天地不仁，以万物为刍狗；圣人不仁，以百姓为刍狗。"天地无所谓仁义，让万物自生自灭；圣人无所谓仁义，让百姓自然而然地生活。道对人类万物没有目的，也不需要人类万物为实现道的目的而殉道，这反而使人类万物获得最佳状态。

2. 上帝造人区别于道生人

上帝说："我们要照着我们的形象，按着我们的样式造人"，耶和华神用地上的尘土造人，将生气吹在他鼻孔里，他就成了有灵的活人。尽管基督教认为人类与上帝有着生命的关联，但是上帝不是人类的祖先或父母，上帝也没有让某种东西生育人类，而是用尘土创造了人。

道创造世界是生成论模式。《道德经·第42章》："道生一，一生二，二生三，三生万物。"《太平经·乙部》："天之使道生人也。"人禀天地精气而生，在中国古人看来，道与天地可视为某种意义上的父母。

3. 临在性区别于无为性

在旧约圣经中，上帝对以色列人充满爱，并将他们从埃及的苦难中救出来，这是一个临在的上帝。在新约圣经中，上帝临在于全人类，它并非是一个高高在上的纯粹超越者。上帝是一个主动与人立约的神，立约使人与神结盟。结盟以后，“我是你们的上帝，你们是我的子民”。当人背约、对上帝不敬、不遵守十戒的时候，上帝会给人以严厉惩罚，让人感到畏惧。

道与上帝不同，它在创造了万物与人类以后，就不再管理和约束它的创造物，而是任其自由发展，称之为无为。《道德经·第57章》：“我无为而民自化，我无事而民自富。”《道德经·第48章》：“无为而无不为。”无为并不是一事不做，一事无成，而是少干涉，让事物自主自然地发展出最好的结果。

4. 人格神区别于非人格神

道这个神是非人格的，因此英国的李约瑟称道的信仰是泛神论。而上帝是在历史上向人类讲话的启示者，是曾经与人类签约的至上神，上帝无疑是人格神。这也是基督教上帝与道的一个区别。

总之，基督教与道教的相似性表现在，二者几乎同时产生于1世纪中期；300年后各自出现了一个划时代的人物：奥古斯丁与葛洪。又过了800—1000年，它们都发生了宗教改革：基督教出现了新教，道教出现了全真道。基督教与道教的相异性表现在，基督教是世界宗教，道教是民族宗教；基督教是一神教，信仰人格神上帝，而道教是多神教，对道的信仰是泛神论；基督教是经历过道成肉身的宗教，而道教是追求肉身成道的宗教。

基督教上帝与道的相似性表现在，它们都是最高的神，都无形无象却又力量无比；它们都创造了万物与人类，这种创造都是从无生有；它们都是不可言说的，往往用否定性的概念来表述；它们都是道路，人通往神的道路。基督教上帝与道的相异性表现在，上帝具有目的性，而道是自然的；上帝用尘土造人，道生成人；创造了万物与人类之后，上帝具有临在性，而道具有无为性，让事物自主自然地发展。基督教上帝是人格神，道是非人格神。

注释：

[1]秦家懿、孔汉思在《中国宗教与基督教》(第133页)一书中曾指出，道教与基督教在不少地方十分接近。如它们都有一个至高无上的神，都有一个宇宙论和宇宙运行与和谐的理论。

[2]释迦牟尼生于公元前565年，卒于公元前485年。孔子生于公元前551年，卒于公元前479年。

[3]葛洪的卒年，学术界有两说，一为343年，一为363年。

第四章　唯道的宗教观

20世纪的世界大舞台，在“9·11”飞机撞击美国世贸大厦的血腥中谢幕。进入21世纪，宗教冲突与宗教战争的血火到处蔓延，不断升级。恐怖袭击频繁发生在美国、英国、俄罗斯、印度、印度尼西亚以及中东等国家，无数无辜的人倒在血泊之中。怎样理解这场世纪初的全球战乱？怎样化解宗教冲突与宗教战争？

很多研究人员发现，中国从古到今没有发生过大的宗教战争，那么，它有什么经验能提供给充满战乱的世界借鉴呢？佛教作为一种外来宗教，在汉代传入中国后，能够与中国本土的儒、道两教和平共存，交流融合，三教合一，在历经两千多年从未发生过宗教战争。国际上伊斯兰教与基督教的战争几乎从未停止过，但在唐代传入中国后，却能够与中国原有的儒、道、释三教和平共存，交流融合，近代以来又有五教合一，历经一千多年没有发生过宗教战争。

中国各宗教融合共存之路，是道。道是中华民族的最高文化精神，三教合一，合一的基础是道；五教合一，合一的基础是道。这里的“合一”，并非几个宗教合而为一，而是指几个宗教和谐共存，多元对话。中国各宗教，都服从于中华民族的最高文化精神。因为道才没有大的宗教战争，因为道才有和平、共存与发展。中国的宗教对话，是围绕着道而对话。中国的宗教多元主义，其多元一体的共性是道。中国宗教的道论，是提供给世界各国的可借鉴的和平之道。

一、三教合一之路：道

1. 儒、释、道三教的融合

(1)三教融合的禅宗、理学、全真道。中国传统文化的主流是儒、释、道，即所谓三教。三教的分立、冲突、融和，构成了中国两千多年文化史的主要内容。隋唐两宋，三教鼎立的局面达到高潮，三教以辩论形式的对话也空前频繁。隋唐诸朝多次举行三教辩论大会，表面上呈现了三家之间的争论，实际上却为三教的思想交流提供了机会。中唐以后，皇帝在生日的那一天照例举行三教对话会，三教大师交流思想，促进了三教合一。从唐代开始风行中国佛教界的禅宗，是一个典型的儒、释、道三教融合的佛教派别。宋代程朱理学，是三教融合的儒家派别。元代道教的全真教，是三教融合的道教派别。

(2)三圣合体图。明代成化帝所绘《一团和气图》，乍看如同一人，实为三者，被称为三圣合体图。根据《御制图赞》可推测，图中笑面弥勒应为佛教“惠远法师”，左侧穿道冠者应为道教“陆修静”，右侧饰儒巾者则为儒教“陶渊明”，三人各为佛、道、儒三教代表。

河南省嵩山佛教少林寺的千佛殿西侧是具有道教色彩的地藏殿，殿内南北两面供十大阎罗王神位；后壁绘制儒教色彩的二十四孝画图；钟楼前有嘉靖四十四年(1565年)郑王之子朱载堉所立的《混元三教九流图赞》碑，刻有《混元三教九流图》，图面是释迦、孔子、老子三圣合体像。图赞中写道：“三教一体，九流一源；百家一理，万法一门。”这体现了三教合流、和睦相处的思想宗旨。

(3)三教合一的寺观。三教合一的思想还反映在许多寺庙中。山西省有一座悬空寺，建于北魏，已有一千多年的历史。悬空寺建有禅房、佛堂、三佛殿、太乙殿、关帝庙、钟楼、鼓楼、纯阳宫、三官殿、观音殿、雷音殿、三圣殿等大小殿阁。全寺最有特色的是最高层的三教殿。三教是指佛、道、儒三教。三教教祖释迦牟尼、老子、孔子同在此殿受供奉，体现了三教合一的思想，形成了一处信仰自由、和平共存的人间天堂。

甘肃省崆峒山的道教三教洞是窑洞式建筑，内奉太上老君、释迦牟尼和孔夫子，是儒、佛、道三教合一的表现。

2. 道教的唯道是从

(1)三教皆名曰道。在中国三教合一的理论与实践中，儒、道、佛三教都曾探讨三教合一的“一”是什么？什么是三教的共同精神？三教许多代表人物认为三教的共同精神是“道”，有些人甚至还提出：“三教唯道”。

道教祖师老子创立了“唯道是从”的唯道论，张道陵创立道教继承了唯道论。明确提出三教合一、唯一唯道的是明初高道张三丰。他在《正教篇》一文中说：

“奚无三教？惟一惟道。一何以分？分何以三？盖自有孔、老、牟尼，乃至有孔、老、牟尼，虽至有孔、老、牟尼，仍非有孔、老、牟尼。孔固儒也，老固道也，牟尼固释也，然有所分，故究无所分，故以无所分，故必有所合，故不孔亦不老，不老亦不牟尼，牟尼、孔、老，皆名曰道。孔之绝四，老之抱一，牟尼之空五，皆修己也；孔之仁民，老之济世，牟尼之救苦，皆利人也：修己利人，其趋一也。”

这段话的意思是：三教有分别，但修己是一样的，利人是一致的，故三教“皆名曰道”。难道有三教的分别吗？它们唯一唯道啊！

(2)唯道是从，唯道是务。以道教中，对信奉道教教义的修习道术的专职道教徒称为道士。道经说：“身心顺理，唯道是从，从道为事，故称道士。”也有道经称，道士是“唯道是务”者。唯道是从，是说一切事唯独服从道，唯独听从道。

唯道是务，是说一切工作唯独为了道，一切任务唯独围绕道。早期道经《黄帝阴符经》："明道善修，法道传承，唯道为法，功成天地。"道教的一切修炼之法，所传承的无非是唯道为法。

(3)唯道来集，唯道为法。道教静坐修炼时唯道为法。司马承祯《坐忘论·得道》说："空心谷神，唯道来集。"道教内丹修炼唯道为法。赵宜真《原阳子法语》卷上《还丹金液歌并叙》对内外丹法作了比较与说明，认为"唯道集虚，本无二致"。元陈致虚《上阳子金丹大要》(上)说："运有否终，唯道长久!"

3. 佛教的佛道与唯道

(1)佛道。佛教刚传入中国时被称为佛道，其含义是佛为道之一类，另一含义是佛道即佛教的义理，当时认为道是佛教的最高智慧。太虚法师《佛道品第八》说："佛道，梵语佛陀菩提。菩提，古翻为道。"正因为如此，佛经中"道"的概念非常之多。

(2)笃论唯道，岂关多诵。南朝陈后主陈叔宝曾经想用"策经"的方式来沙汰(清除)一批僧人，此举遭到了天台宗祖师智颤的反对。他说："调达日诵万言，不免地狱；槃特诵一行偈，获罗汉果。笃论唯道，岂关多诵?"[1]智颤的意思，修佛的关键是笃信唯道，而不是诵经万言。

(3)三教同归于治。佛教与儒教曾有过激烈的斗争。如唐朝时，韩愈著《原道》、《原性》攻击佛教；宗密则依据佛教的立场，著《原人论》加以激情抗辩。宗密本人从佛教的立场提倡三教合一。他在《原人论》中说："孔老释迦皆是至圣，随时应物，设教殊涂，……惩恶劝善，同归于治，则三教皆可遵行。"[2]

元代刘谧著《三教平心论》，从佛教角度论述三教各有合理之处，应该互相补充。他说：儒家"可以安国家而立社稷。可以扶世而致太平。功成身老，名在青史"。道家"可以尸解可以飞升，可以役鬼神而召风雨。可以赞造化而玄功，寿量无穷快乐自在"。佛教"是为一切种智，是天中之天，是为无上法王"。又说："以佛治心，以道治身，以儒治世。"还说："儒疗皮肤，道疗血脉，佛疗骨髓。"[3]

(4)唯道可以忘世。憨山德清是明末四大高僧之一，他特别强调的是"三界唯心，万法唯识"，这是佛教的核心思想。除唯心、唯识之外，历代有许多佛教高僧也讲"唯道"，如"唯道是务"、"唯道为师"等。憨山德清有一句名言传诵至今，即"不知春秋不能涉世，不知老庄不能忘世，不参禅不能出世"。后人又把这句话总结为："唯儒可以入世，唯佛可以出世，唯道可以忘世。"

知讷是韩国高丽时期的著名高僧。金君绥为其所撰《佛日普照国师碑铭》说，他早年的特点是"学无常师，唯道是从"。

4. 儒教的三教“统谓之曰道”

(1)早期儒家之道。儒家创始人孔子对道是高度推崇的,《论语》中的道字出现100多次。“朝闻道，夕可死也”，“吾道一以贯之”，都是孔子留下的名言。

在中国三教合一的思潮中，儒家占据重要的地位。历代主张三教合一的儒家很多，儒家关于三教合一的言论也很多，儒家三教合一的“一”，也就是三教的共同精神。

(2)程朱理学之道。宋明理学家继承和发展了道家之“道”。老子“道生万物”的思维模式被宋明理学家用来说明世界的本原，并构筑了他们的理论体系。强调“道”(理)的至高无上，是宋明理学的特点。早期儒家以天为最高，重伦理观而轻宇宙观。二程提出“天理”概念，引入道家的宇宙观。于是，宋明理学与道家有了共性，这个共性就是理，理也就是道。二程说：“天有是理，圣人循而行之，所谓道也。”[4] 又说：“又问天道如何，曰：只是理，理便是天道也。”[5] 从这一角度来说，道家为宋明理学输入了灵魂，理学之所以被称为道学，正是反映了其与道家这种理论上的渊源关系。

(3)现代儒家之道。现代儒家学者段正元(1864—1940)，一生时逢“全盘西化”、反孔批儒的时代。他力挽狂澜，复兴孔子儒学，于民国元年在成都创办人伦道德研究会，于民国五年在北京创办了道德学社。道德学社的宗旨是“阐扬孔子大道，实行人道贞义，提倡世界大同，希望天下太平”。道德学社对传播儒学形成了相当影响。段正元在《大成礼拜杂志》(之三)说：“以道治天下者。道家也。以德治天下者。释氏也。以礼治天下者。儒也。道、德、礼、三者一也。”又详细说明：“礼制者、儒家之天下也。儒家之天下者。道之以德。齐之以礼。礼制进化。是谓德制。德制者。释氏之世界也。释氏之世界。道之以道。齐之以德。德制归化。是谓道制。道制者。道家、之天下也。道家之天下。齐之以道。归于道。合于道。化于道。一于道也。三者。统谓之曰道。”

段正元在分析综合了三教之后，最终认为三教“统谓之曰道”。

5. 三教合一的宗教组织

(1)三一教。明代已经有了合三教为一体的实际宗教形态存在，如晚明的林兆恩创立了三教合一的宗教团体“三一教”。林兆恩“立庙塑三教之像：释迦牟尼居中，老子居左，以吾夫子为儒童菩萨塑西像，而处其末座。缙绅名家亦安然信之奉之”。[6]

三一教始行于福建省莆田仙游二县。莆田县除广业区外，差不多较大的乡村都有一座三教堂。仙游几乎全县都是奉三一教的，每乡必有一祠，无论家中遇到什么事，都要请三教先生解疑。清末三教还传入台湾省，目前台湾称三一教为

“夏教”。1956 年在台北中山北路创设三一教总堂(养兴堂)，并且成立“三一教兴圣委员会”。

19 世纪末 20 世纪初，三一教通过移民传播到东南亚。现在马来西亚和新加坡各地都建有许多三一教堂，它们不叫庙、寺而是称为堂、祠、洞、书院等。三一教传至南洋各地后，又逐渐遍及海外及欧美各地，其影响日益增大。

较完善的三一教祠堂都供奉着孔子、老子、释迦牟尼，而三一教主林兆恩每座祠堂都有奉祀，通常身边还有明代武当山道士张三丰和莆田道士卓晚春。同此可以看出，三一教中道教的成分比佛教、儒教的成分更占主导地位。

(2)理教。当代有一些公开提倡三教合一的宗教组织，如台湾的新兴宗教理教、轩辕教等。理教为明末杨泽所创立，迄今已有近 400 年的历史，至今在台湾为合法宗教。该教宗旨以儒家思想为中心，兼采佛道两家之精华，综三家之学为一理，集千圣之传以立教。理教教义是：尊儒家之理——以伦理忠孝为本。奉佛家之法——以慈悲喜舍为怀。修道家之行——以清静无为为主。

理教认为，儒释道三家的共同宗旨是“理”。理是宋明理学的最高范畴，理是什么？就是道。程颢说：“理则谓之道。”[7]朱熹说：“阴阳迭运者气也，其理则道也。”[8]

(3)轩辕教。台湾轩辕教也主张三教合一，三教的道统以道为最高。轩辕教的教义综合儒道墨三家学说，以道为至高无上的上帝，奉中华民族始祖轩辕黄帝为教主，继承轩辕黄帝道统，重建中国固有宗教，启发中国新机运，铸成新中华魂，促进人类达到大同盛世。

(4)民间宗教与信仰。儒、道、释三家都主张三教合一，故而在中国封建社会后期也形成一股民间潮流。例如，明代很盛的民间关帝信仰，其经书《三界伏魔关圣帝君忠孝忠义真经》称关羽君临三界，“掌儒释道教之权，管天地人才之柄”。

明清时代民间流行的小说体现了三教唯道的思潮。《封神榜》：“但观三教，惟道至尊。……但谈三教，惟道独尊。”纣王听言大悦：“朕聆先生此言，不觉精神爽快。”《西游记·第七十八回》：“三教之中无上品，古来惟道独称尊！”满朝官员都喝彩道：“好个惟道独称尊！”

二、五教合一之路：道

明代以后，基督教与伊斯兰教在中国的影响越来越大，三教变成了五教。杜维明先生说：传统三教，所谓儒家、佛教、道教，这范围必须扩大，从明朝开始要增加伊斯兰教和基督教，称为五教。中国历来有三教合一的传统，清末民国初，中国人又提出了五教合一的理论。南怀瑾先生说：“所以我们的宗教信仰，能叫出五教合一的口号，而且这种风气目前已经传到美国去了。现在纽约已经有教堂，仿照我们中国人的办法，耶稣、孔子、释迦牟尼、老子、穆罕默德，都请上坐，泡好茶了。”[9]

1. 五教唯道的一贯道

中国信仰五教合一的最重要的宗教团体是一贯道。一贯道创立于清末同光年间的王觉一。1930年，山东济宁人张光璧(字奎生，道号天然)接掌“道盘”后，在华北、东北、华东、华中得到迅速发展。张天然本来跟随道士路一中学道，路一中去世后，改而跟陈师姑学道，之后，就自称“奉天承运”建立了“天道教”。1985年，该教取得台湾“政府”的许可，成为合法的宗教。目前它已在30多个国家和地区落脚，道徒超过100万人，主要是华人华侨，也有少量外国血统人士入道。一贯道唯道唯大，至高无上，这反映在该教的神明、经典、修炼、道统等方面。

(1)神明。耶稣基督、释迦牟尼、穆罕默德、孔子、老子五教教主，都是一贯道的教主，都是一贯道信仰的高位神。其中基督教、伊斯兰教是一神教，而佛教、道教、儒教是多神教。三种多神教所信仰的众多神灵，如儒教中的孟子、子思，道教中的玉皇、西王母，佛教中国的弥勒佛、观音菩萨，三教共奉的关公，都是一贯道的神。

但是一贯道的至上神是无极老母。无极老母就是道的最高化身，是道的人格化。按一贯道的看法，道生五神，好像无极老母生下五个儿子，即儒道佛基回的教主，他们各自创立了大的宗教系统。

(2)经典。一贯道基本上没有自己的经典，以五教经典为经典。下面是他们的主要经典：

儒教：“四书五经”；

道教：《道德经》、《清净经》、《庄子》、《列子》；

佛教：《金刚经》、《坛经》；

基督教：“新旧约圣经”；

回教：《可兰经》。

还有三类可视为一贯道的经典：

第一类是无字真经，无字真经是指由明师口传心授，是不立文字的。例如，张光璧口传的“无太佛弥勒”五字，是新道徒入道时密授之“五字真言”；

第二类是鸾书，是在行宗教仪式时神灵附体之后写出来的文字作品；

第三类是历代祖师的作品，如十五祖王觉一的《中庸解》、《历年易经》，十七祖路中一的《初学须知》、《弥勒救苦真经》，十八祖张天然的《性理题释》、《暂订佛规》等。

(3)修炼。他们认为道就是全部修炼的基础，道通为一，道到后来形成五教，五教都是在阐扬一的道理，一就是道。

儒教：存心养性、执中贯一；

道教：修身炼性、抱元守一；

佛教：明心见性、万法归一；

基督教：洗心移性、默祷亲一；

回教：坚心定性、清真返一。

(4)道统。道在一贯道信仰中是至高无上的，道成肉身，化为人间的圣人，圣人代代相传，于是就有了道统。一贯道的道统有三个系列，都是道的化身。

第一组是东方十八代：道降中国，圣人御世，就是东方十八代，包括盘古、有巢、燧人、伏羲、神农、黄帝、帝舜、大禹、成康、文、武、周公、老子、孔子、曾子、孟子等。

第二组是西方二十八代：道转印度，佛教接衍。公元前600年释迦牟尼出生，从释迦牟尼到牟克加叶到阿南，一直到最后菩提达摩总共二十八代。

第三祖正传十八代祖：老水还潮，回到东方，释终儒起。达摩→慧可→僧璨→道信→弘忍→惠能→白马→罗蔚群→黄德辉→吴紫祥→何了苦→袁退安→徐杨→姚鹤天→王觉一→刘清虚→路中一→张天然等东方后十八代祖师。

综观一贯道的神明、经典、修炼、道统，这是一个典型的五教合一的宗教，它的最高信仰对象是道与无极老母，正如道教的最高信仰对象是道与太上老君一样。一贯道的教名，来源于孔子的话“吾道一以贯之”。也来源于老子，一贯道相信无字真经，明师口传心授，即源于老子《道德经》的第一章第一句“道可道，非常道。名可名，非常名”。

2. 以五教道为宗的德教

(1)创教与发展。德教起源于中国广东潮汕地区，流传于东南亚华人之中，是一种新兴的民间宗教。自20世纪30年代德教初创到现在，经政府合法注册的德教会组织在新、马、泰三国已有约200个，“德友”数以万计，成为凝聚华人、振兴道德、倡办慈善福利事业、交流信息、合作互助、增进友谊的重要宗教组织。

(2)道为宗，道为崇。德教是一个宣扬五教合一、道德教化的民间宗教，其教义精神是“道为宗”、“德为崇”，或者说“道为体，德为用”。因此，“道”与“德”是德教立教之本。这个教义与《道德经》的精神完全一致，故有人说德教是五教合一，道教为主。

德教倡立“十章八则”作为德友修身养性、为人处世的准则。所谓“十章”，即孝、悌、忠、信、礼、义、廉、耻、仁、智；所谓“八则”，即不欺、不伪、不贪、不妄、不骄、不怠、不怨、不恶。

(3)五教同宗。德教主张五教同宗，诸善归一。认为道教的根本教义是崇德，佛教的根本教义是慈悲，儒教的核心是忠恕，基督教的基本精神是博爱，伊斯兰教的宗旨是慈恕。这些都是世界各民族传统道德的精华。德教敬奉五教，是希望发扬五教的美德精华，启发人类的良知，在实际生活中奉行。同时，德教认为，凡属世界上的正信宗教，皆以利人济物、修心济世为宗旨，因此，应当求同存异，融合各教，统归一德，到达“德教一家亲”和大同世界的理想境界。

(4)信仰神灵。德教会以“阁”为基本单位。德教的神灵世界称为“德德社”，是德教所信奉的众多仙尊的总称。德教主张“五教同宗”、“诸教归一德”，所以他们所信奉的仙尊很多，包括儒教、佛教、道教、基督教、伊斯兰教及民间信仰中的各路神灵。其中重要的有玉皇大天尊、关圣帝君、五教教主、张道陵祖师、张三丰祖师以及柳春芳、杨筠松、张玄同、吴梦吾四位掌教师尊，还有道济佛尊(即济公活佛)、八仙之一的吕纯阳祖师等。

3. 五教合一的宗教、团体与道院

(1)世界红卍会与济南道院。世界红卍字会中华总会成立于1922年，会员主要是军阀、官绅、商人等，宗旨是办理救济及各项慈善事业。以道教为主，信奉能超越各宗教的道，道的人格化即所谓“老祖”。因主张儒、道、佛、伊斯兰、天主教五教合一，并从事慈善活动，势力得到迅速发展。后相继在全国各省、市、县设立分支机构317处，建道院436处，在香港、朝鲜、新加坡、日本、南洋等地建分支机构与道院200余处。南怀瑾说：“现在还新兴了‘五教同源’，如红卍字会等类团体，把孔子、老子、释迦牟尼、耶稣、穆罕默德五位教主都请在上面排排坐。中华民族是喜欢平等的，认为每个教主都好，所以五位一起供奉。”[10]

在济南上新街南端，有一组气势宏大的仿古建筑群，它就是刚刚被确定为第六批全国重点文物保护单位的万字会旧址——济南道院。济南道院1921年由山东滨州人杜秉宾等创建，因是世界红卍会始创地，故被奉为该会的总部和母院。

(2)五教合一的青岛道院。现青岛市博物馆原是世界红卍字会青岛分会会址所在地。该会主张耶稣、儒、释、道、回教五教合一。要建造这样的会所，体现其五教的宗旨，就建筑艺术而言，难度系数非常之大，必须具有非凡的想象力和创造力。不过，中国著名的土木工程建筑学家刘铨法做到了。他以诗人的想象，大胆创新，终于设计出这个代表五种文化的作品：黄瓦红墙，共有三进院落，分别为罗马式建筑、中国传统风格建筑和阿拉伯式建筑。建成之后，称为道院，一是说明以道为宗，二是反映道的和谐精神。这组具有浓郁五教文化风格的宏伟建筑群，在欧陆建筑风格为主的旧青岛是绝无仅有的。

(3)重道统、尽人道、修天道的天帝教。20世纪80年代以来，台湾涌现了许多民间新兴宗教，有些已经获得当局的批准。这些新兴宗教中，许多是提倡五教合一的，除一贯道之外，还有天帝教等。天帝教的基本教义是重道统，尽人道，修天道。

天帝教遵奉道统，教主为立教始祖天帝。该教在人间不设教主，由天帝遴选传人，授命为首席使者，驻在地球教化人类。天帝教信徒要先尽人道，正心修身，齐家报国；再修天道，积功累德，救世渡人。该教融会世界五大宗教圣哲立教教人的精华，以忠、恕、礼、和等20字作为教徒做人处事的准则。

(4)普世教会合一运动。五教合一的运动不限于中国大陆，也不限于台湾地区与东南亚，西方也有类似的各宗教融合运动。比如"普世教会合一运动"，该运动以建立多教合一的组织为宗旨。他们的最终目的是要建立一个"世界大教会"，任何"教会"不论信仰如何，皆可加入这大教会，其中包括基督教中大多数的宗派，希腊东正教，俄国东正教和罗马天主教。还有些人认为，所有宗教都是教人为善，人无论信哪一种宗教都能得救，都能上天堂，所以兴起"五教合一运动"，五教包括基督教、儒教、道教、回教和佛教等。

三、宗教对话与多元主义之路：道

在当代中国与世界宗教领域中，不同宗教的对话越来越受到重视。宗教多元主义理论，是当代中国与世界宗教学的热门话题。寻找各宗教的共同普世精神，是当代许多宗教学家的研究课题。在这三个方面的探讨中，我们很频繁地接触到道的概念，道的精神。

1. 宗教对话之道

(1)典范转移。科学史家孔恩断定近代西方的科学革命发展出一个"典范转移"，从牛顿的古典物理学到相对论与量子论是科学的典范转移；再到更广大的宗教、文化的领域，神学家孔汉思断定，今日世界由基督教为主宰的情况正转变成为多元文明主宰，是正在进行的一场宗教典范转移。

孔汉思是天主教的神父。他敢于挑战教皇的权威，认为即使在信仰的范围之内，教皇也未必一定不会犯错，甚至被逐出教会。而他绝不因此畏缩，照旧我行我素，在联合国宣扬"没有宗教之间的和平就没有世界和平"的信念，并于1993年邀请世界宗教领袖聚会对话，起草了《世界伦理宣言》，赢得了世界伦理之父的称号。

(2)道德金律。1993年，在芝加哥举行的世界宗教领袖对话会议上，从各个宗教传统对自己的批评反省出发，他们找到了建构全球伦理宣言的基石。《宣言》指出，在每一个宗教传统都可以找到同一个原理的不同表达：

“经历数千年，在人类许多宗教与伦理传统之中都可以找到下列原理，并不断维持下去，即‘己所不欲，勿施于人。’或者用积极方式来表达：‘己之所欲，施之于人。’这应该是贯通于生活的所有领域——家庭与社区、种族、国家与宗教的不可取消的、无条件的规范。”

这条世界道德金律，竟是中国孔子在《论语》中说的一句话。我们仔细分析这句话，可以归结为“道”。《论语·卫灵公》：“子贡问曰：‘有一言可以终身行之者乎?’子曰：‘其恕乎！己所不欲，勿施于人。’”在这里，“己所不欲，勿施于人”可以归结为“恕”，而“恕”是孔子“道”的一个方面。

《论语·里仁》有一篇是孔子与曾参及其门人的对话：“子曰：‘参乎，吾道一以贯之。’曾子曰：‘唯。’子出，门人问曰：‘何谓也?’曾子曰：‘夫子之道，忠恕而已矣。’”由此可知，孔子之道的核心是“忠”、“恕”二字共同包括的内容。《论语·雍也》篇谈到“忠”，是“己欲立而立人，己欲达而达人”。你希望成就的事，也同样去成就他人。“恕”是“己所不欲，勿施于人”。你不喜欢做的事，也不要让他人去做。这两段话的意思是一样的，就是道。

孔汉思指出，共通于各种宗教精神传统的并不是对于上帝的信仰，而是对于Humanum(Humanity，人道)的关注。而道本来的意思就是说话，交谈，对话。《道德经》第一章：“道可道，非常道”，第二个“道”就是说话、对话的意思。我们可以说，世界道德金律如果用一个字表达，就是“道”。如果用8个字表达，就是“己所不欲，勿施于人”。

(3)基、儒、道之间的对话。中国的宗教对话越来越多，主要是在基督教、佛教、道教、儒教之间进行。关于儒教与基督教的对话，最近几年出版了不少的专著与论文集，也召开了多次的研讨会。

道教与基督教的对话会议，也不只召开一次。其中，2004年在四川大学召开的基督教与道教伦理比较会议，笔者有幸参加了这次对话。作为基督教一方的主要是香港中国神学研究院的余达心牧师与加拿大主张文化更新的某教授，作为道教方面主要是四川青城山道教界与四川大学道教学研究界。笔者向会议提交的论文是《奥古斯丁与葛洪的性伦理观比较》，后发表在《哲学研究》2005年第九期。

2. 宗教多元主义之道

(1)杜维明的多元主义。宗教多元主义的重要代表人物是美国华裔新儒家大师杜维明教授。他说：宗教内部对于宗教之外的学说常常主要有三种态度，一种是“排外主义”，任何一门宗教中都有原教旨主义倾向，认为只有本教才是唯一的真理代表者。另一种是“接纳主义”，这种态度有时会建成一个“等级式”的价值谱系，其中自身原有的价值系统居于最高或核心地位，而其他人类宗教处于辅助地位。佛教中有过这种态度，即以佛教思想为中心，试图把人类所有价值全部包容到它的系统中去。现代新儒家学者唐君毅先生建立了一个体系，即"生命存在与心灵九境"学说。他把儒家定位于最高层次的学问(第九境)，称之为"天德流行境"，佛教次之(第八境)，基督教又次之(第七境)。

杜维明还讲到第三种，即"多元主义"态度。他说多元主义主张面对其他宗教、主动积极地与之对话，并在对话中进行自我反思和自我发展。只有这样，才能真正有利于一门宗教自身的发展。杜先生强调，儒家与其他宗教，包括佛教、基督教、伊斯兰教，均可以相互融合。不同宗教之间的融合不是坏事，在融合过程中人们会进行新的创造，从而对宗教的发展有利。

以儒家与基督教的融合为例：目前在西方有不少学者在进行儒学与基督教的对话工作。秦家懿早年是个基督教修女，但她同时研究儒家，她与瑞士学者孔汉思进行了儒家与基督教的对话。波士顿大学的白诗朗教授是基督教神学家，同时开设儒学课程，宣称自己是儒家基督徒。

儒家与佛教的对话：台湾太虚法师的人间佛教、佛光山的圣严法师以及慈济功德会等佛教组织在台湾的发展融入了儒家的精神。

儒家与伊斯兰教的对话：自 17 世纪时起，中国就出现过"回儒"，例如刘智，他在伊斯兰教与儒家融合方面作出了杰出的贡献。

杜维明在马来西亚曾代表儒家参加过一场儒家与伊斯兰教之间的对话。他在新加坡进行过一场 13 位儒家与 13 位基督教神学家之间的对话。

(2)约翰·希克的多元主义。宗教多元主义的著名代表人物是当代英国神学家约翰·希克。希克也和孔汉思一样，忧心世界被宗教的冲突与战争所毁灭，根源是各种宗教的"绝对主义"。他指出，就基督宗教来看，宗教对话大致有三种不同的模式：

(1)排他主义；(2)包容主义；(3)多元主义。

排他主义坚持只有基督宗教才能够把握终极真理，不信耶稣基督，人类就不能得救。包容主义主张，其他宗教可以把握部分真理，有隐含的信仰也可得救。多元主义则认为，各宗教有不同的方式把握终极，也有不同的救赎途径。

早年的希克是保守的基督徒，具有强烈的福音派倾向，属于基要派类型的基督徒。以后他又走向全球神学，最后走向宗教多元论，成为一个普世神学家。

1977 年在英国的最大事件之一是希克主编的《上帝道成肉身的神话》一书出版。该书一出版立即在全国范围内引起哗然，批评、谩骂甚至威胁之声不断，而该书本身却一版再版。1999 年中国出版了希克的著作《信仰的彩虹——与宗教多元主义批评者的对话》引起了轰动。它的主要内容是：

人们是否可以同时信仰多种宗教？如犹太教、基督教、伊斯兰教、佛教等。

世界各大宗教能否进行真诚的、富有成效的平等对话？基督教或世界上任何一种宗教是否具有独特优越性？世界各大宗教皆为人类对同一终极实在的回应，由于人类自身的特点、环境的不同、文化的差异，对实在的回应差别甚大，但它们都是同等有效的，都是人类生存的自我中心向实在中心转变的挽救性语境。

3. 寻找各宗教共同的普世精神：道

（1）基督、上帝、超越者。希克对宗教多元主义的巨大贡献，是破除了耶稣中心论或基督中心论。那么他认为中心是什么呢？什么是各宗教共同的普世精神呢？希克起初认为是上帝，他用上帝中心论取代基督中心论。1973 年他说："信仰世界的模式要求从基督教中心或者耶稣中心转向上帝中心。于是人们看到了，世界各大宗教作为人类对唯一的神圣实在的不同回应，体现了在不同历史和文化环境中形成的不同知觉。"[11]

但是，佛教、道教等东方宗教不可能接受上帝中心论，希克意识到上帝中心论仍然没有摆脱西方文化中心论的影响。所以，1989 年在《宗教的解释——人类对超越者的回应》一书中，希克没有使用"上帝"作为各种宗教共同的普世精神，而使用了"超越者"、"实在者"、"真正的实在者"这样的概念。

他用这些概念表达人类所有宗教的终极本原，人类也许对这个终极本原没有完全的认识，但他认为必须设定这样一个终极本原。假如各种宗教没有共同精神，即终极本原，它们会各说各话，各走各路，宗教对话就没有基础，宗教多元主义就会只有多元而没有一体。宗教只会走向冲突与战争，不会走向和平与融合。

（2）超越者、道。2006 年 2 月 22 日，中国学者王志成在英国拜访了 84 岁的约翰·希克。目前希克仍然是一个基督教长老会牧师，属于加尔文宗。但他的思想可能远不是一般加尔文宗的基督徒所能理解和接受的。最近，希克已经完成了他的书。在这本书中，他没有用"上帝"一词。这是非常让人吃惊的。作为一个基督教神学家，为什么不用上帝一词？他说，这个词已经被滥用了，而且在终极意义上他反对亚伯拉罕传统的人格神之观念，那是不对的。在终极意义上，没有语言可以谈之，所有所谈都是我们的语言建构。他用的替换词是：超越者。这个超越者先于上帝，先于可以说的道。超越者相当于上帝的上帝，不可言说的道。

《道德经·第一章》："道可道，非常道。"可以说的道，就不是常道，常道是不可言说的道。这一句是《道德经》的开门宗旨，是唯道论的理论基础。王志成在与希克的交谈中，或直接说了或意会到了道的精神境界，这是道家与基督教的一次心灵对话。

希克的神学体系是多元一体。多元主义是承认世界上有不同的宗教与神，比如基督教与上帝、伊斯兰教与真主、佛教与释迦等。"一体"是这些宗教与神的背后的一个普世的东西，希克称之为超越者，而王志成理解为“不可道之道”。按王志成的翻译，超越者就是道，或许这是王志成与希克先生共同的理解。[12]

(3)《圣经》：道就是上帝。五教合一的理论，近现代有不少组织与个人都提出过。最近有人在网上提出比较系统的论述“五教合一说”，论证五教应当合一。其主要观点是：五大宗教对于戒律、因果规律、天命观、世界大同、天下一家等方面的认识都是一致的。区别只是在于文字表述的不同和具体称呼的不同。五大宗教能够合而为一，成为天下一家、世界大同的宗教，成为爱的宗教。五教合一的基础是爱，因为五教都崇尚爱。

笔者认为，五教合一的重要基础是道，五教都视道为至高无上。在基督教中，道就是上帝。《圣经·约翰福音》的首句，中国基督教协会译为：“太初有道，道与神同在，道就是神。这道太初与神同在。万物是藉着他造的；凡被造的，没有一样不是藉着他造的。”说明道与神同格，万物可以说是神创造的，也可以说是道生成的。

圣经公会对这一句话是这样译的，“宇宙被造以前，道已经存在；道是上帝”。更明确地称：道就是上帝。著名的翻译家吴经熊先生将圣经翻译成《新经全集》，对这句话他是这样翻译的，“太初有道，与天主偕。道即天主，自始与偕”。他也明确地称：道就是天主。吴经熊在附注中说：“道，中国旧译为物尔朋，属拉丁之音译也。后译为圣言，兹译为道。道，源于老子《道德经》。然老子虽以道先天地而生，为万物之母，道之神性则未言也。若望之道，乃天主第二圣子，为圣父之显身，与圣父圣神同为天主圣三，一体不分。”[13]一方面说明道概念来源于老子，另一方面又说明基督教之道与老子之道有区别。

《圣经·约翰福音》称上帝派他的儿子耶稣到人间是“道成肉身”，给人间带来了真理。中国基督教协会对这段话的翻译是：“道成了肉身，住在我们中间，充充满满地有恩典，有真理。”道成肉身本来是中国古代的用语，意即形而上的道转化为人的形体来到人间。对于道教来说，是指太上老君神转化为老子的肉身来到人间，教化人民。从这段话的翻译中，可以看出中国人对于《圣经》的理解，是重道的：一是道与上帝同格，二是上帝派耶稣到人间，太上老君化为老子(道成肉身)到人间，是可比的。因此，在翻译的过程中，已发生了基督教与中国传统三教文化的交流融合。

(4)《古兰经》与回儒之道。《古兰经》中的“道”字非常多。据笔者统计，仅第二章《黄牛》，道字就出现155次。其中“主道”10次，“正道”17次，“叛道”3次，“信道”35次，“不信道”30次，其他的“道”60次。例如，“信道者，为主道而战”；“我在经典中为世人阐明正道”；“凡扶助真主的大道者，真主必定扶助他”。这些“道”、“主道”、“大道”，指的是真主、《古兰经》或伊斯兰教的最高精神。

伊斯兰教于唐代(651年)传入中国，在一千多年的传承中形成了汉学派。汉学派的主要特征之一是“以儒诠经”，经指古兰经。汉学派实行伊、儒融合，被社会上称之为“回儒”。这里的儒不仅仅指儒家，乃泛指中国以儒、道为代表的中国传统文化。回儒常探讨伊斯兰教的道、教、法三者的关系。道是指天道，也是真主之道，指真宰的本然以及真宰本然造化的宇宙的规律。教指真主的教化，引导世人遵循伊斯兰教的生活道路与伦理纲常。法指伊斯兰教的具体礼法、典制、纪律。伊斯兰教的汉学派一般主张先有道，后有教，再有法，道、教、法不能分割。

清代著名穆斯林学者刘智主张以道为本。他对道的描述显然受老子《道德经》的影响。《道德经·25章》有对道的广大并超越天地的描述：“有物混成，先天地生。寂兮寥兮。”刘智对道也是这样描述的：“是道也，至广至大，无所不包，无物不贯，天地归其范围。”[14]《道德经·39章》对道的描述：“天得一以清，地得一以宁。”刘智对道的描述：“天之所以清，地之所以宁，……皆道之所弥纶也。”[15]老子认为道为本，人不可须臾离之。刘智说：“人之一生，以道为本。道者，不可离，修之乃为教。”[16]

关于道、教、法三者关系，刘智说：“道非教不明，教非法不立。”[17]伊斯兰教是穆罕默德以道为宗创立的，他说：“圣人因道立教。”[18]教将圣贤分为九等，但从道的角度看是一致的。他说：“人区九品，道宗一脉。”[19]

以上说明，中国回族学者在将伊斯兰教与中国儒道文化相融合的过程中，认为道是至高无上的，坚守着“道宗一脉”的观念。

4. 道的民族性诠释与普世性诠释

(1)道是中华民族三教理念的最高范畴。每个民族都有自己的最高文化精神，如印度人的梵文化精神、欧洲人的逻各斯精神、阿拉伯人的伊斯兰精神等等。最高文化精神是把整个民族维系在一起的哲学观念与价值体系，它决定了一个民族独特的思维方式、行为方式、文化心理、认同心理、性格特征、价值取向等等。中华民族的最高文化精神是什么呢？如果只用一个字表示，那么从几万个字中挑选，唯一能够入选的只有一个字：道。

道是中华民族三教文化精神的最高范畴，其他文化与哲学的重要范畴都是从属于道的。如天道以及天道所属的天地、阴阳、五行、有无、理气、道器、动静、刚柔、常变、反复等，人道以及人道所属的道德、仁义、兼爱、善恶、义利、形神、天理与人欲、自然与人为、命与非命等，都是道的表现与运用。在中国文化与哲学史上，某些时期某些哲学家提出过另外一些最高范畴，但大多与道名异而实同，如魏晋玄学家王弼的最高概念是无，但无就是道。他说：“道者，无之称也，无不通也，无不由也，况之曰道。寂然无体，不可为象。”[20]在宋明理学中，二程、朱熹的最高概念是理，但是他们提出的理，基本上就是道。如二程说："此理，天命也，顺而循之，则道也。"又说："散之在理，统之在道。"[21]朱熹说："理也者，形而上之道也。"[22]

(2)道是中国文化与哲学的核心。中国几千年的文化与哲学，始终是围绕着道的核心而发生、发展的。早在春秋战国时期，道已经成为诸子百家频繁使用的一个重要概念，围绕着道，形成了各种学派的道论。比较重要的有道家的道论、儒家的道论、《易传》的道论、兵家的道论、墨家的道论等。汉代以后，汉初的黄老学、魏晋时期的玄学、隋唐时期的重玄学、宋明理学、当代的新儒学与新道学，无不是围绕着道在演变着。道是中华民族的生命价值与意义的最高体现。中华民族追求的是一个有公道、重道德、存道义的理想社会，这个社会离不开一个道字。要实现这个理想，就要懂得"得道者多助，失道者寡助"和"得道者得天下"的道理。

(3)道的普世性。在宗教融合的理论探讨中，在寻找各宗教的共同精神时，我们特别需要发现那些具有普世性的信仰。道无疑是中华民族三教文化的最高精神，但是有一个现象还不被许多人认识：道正在成为具有普世性的信仰。近年来，有一些学者认为，各宗教的共同精神，可以表述为中华民族的最高范畴"道"。

提倡新道学的胡孚琛认为"道"有普世性，他认为道可以作为各宗教的终极信仰，可以成为科学、哲学与宗教的交汇点。他说："道在本体论上的无限超越性又可作为宗教的终极信仰，使之成为理性的科学、哲学与非理性的宗教的交汇点，这在人类文明的发展中具有无与伦比的意义。……可以断言，道的学说体现了人类文明的最高智慧，是中华民族最伟大的文化资源，也必将成为世界文明相互交融的凝聚点。道学既为中国文化之根基，又为嫁接外来文化之砧木，还是世界各种异质文化的交汇点。道的学说使道学文化具有最高的超越性和最大的包容性。这种最大的包容性，使道学不仅包容进中国诸子百家思想的精华，而且还可以融会进东西方异质文化中的优秀思想。这种最高超越性，使道学在任何时代都是一种超前意识，道学的智慧不仅能反观人类乃至宇宙创生之初的过去，而且能预见和创造人类乃至整个宇宙的未来。道学文化将科学精神与人文精神重新融会为一体，打通科学、哲学、宗教、文学艺术、社会伦理之间的壁垒，填平各门自然科学和人文学科之间的鸿沟，将人类认识世界的所有知识变成一门'大成智慧学'，向最高的'道'复归。[23]"

总之，中国古代的三教合一、近现代的五教合一、当代的宗教对话与多元主义都有道的理念贯穿其中。道是中华民族三教的最高文化精神，是中国儒、释、道信仰背后更深层次的信仰基础，是中国儒、释、道、基、伊五教和谐共存与多元对话的理论基础。为了化解世界的宗教冲突与战争，我们需要探讨世界各民族的最高文化精神是什么？人类各种宗教信仰背后的更深层次的终极信仰是什么？有人提出是上帝，有人提出是超越者，有人提出是道，有的在宗教领袖会议上提出了道德金律——“己所不欲，勿施于人”。目前虽然还没有统一的结论，但道的文化无疑可以促进各宗教的和谐共存与多元对话。

注释：

[1]灌顶：《智者大师别传》，《大正藏》第50册。

[2]宗密：《原人论》，载《大正藏》第45册，第707页。

[3]刘谧：《三教平心论》卷上，《大正藏》第45册，第781页。

[4]《二程遗书》卷21下。

[5]《二程遗书》卷22上。

[6]陆世仪：《思辨录辑要》卷三十一。

[7]《二程遗书》卷1

[8]朱熹：《周易本义·系辞上》

[9][10]南怀瑾：《论语别裁》，复旦大学出版社2002年版。

[11]转引自段德智：《宗教概论》，人民出版社2005年版，第395页。

[12]王志成：《异国纪事》（三十五），2006年。

[13]吴经熊：《新经全集》，香港，1949年。

[14][15][16][17][18][19]转引自金宜久：《中国伊斯兰探秘》，东方出版社1999年版，第216~219页。

[20]王弼：《论语释疑》。

[21]《二程集》，中华书局1981年版，第11、690页。

[22]朱熹：《答黄道夫》，载《朱文公文集》卷58。

[23]胡孚琛、吕锡琛：《道学通论》（增订版），社会科学文献出版社2004年版，第730~731页。

第五章　葛洪与奥古斯丁的性伦理观比较

中国东晋的道士葛洪与古罗马的神父奥古斯丁，在生活时代、信仰过程、理论贡献、历史地位等许多方面表现出很大的相同与相似性，但是，他们的性伦理观却截然不同甚至相反。奥古斯丁的性伦理观是禁欲主义，包括性罪论、独身论、唯生殖目的论等内容。葛洪的性伦理观是非禁欲主义，其具体内容有性自然论、婚姻自然论、性养生、性修炼论等。他们的性伦理观截然不同甚至相反的原因，笔者从世界性伦理史的一般发展规律、各自所继承的宗教传统和各自的人生经历三个方面加以分析。

一、葛洪与奥古斯丁的可比性基础

公元前6世纪，在印度与中国同时出现了两个圣人：释迦牟尼与孔丘。他们后来分别成为佛教与儒教的教主。600年后的1世纪，在巴勒斯坦与中国又同时产生了两个宗教：基督教与道教。基督教产生于1世纪二三十年代至六七十年代，而道教创始人张道陵生于公元34年，修道始于公元1世纪中后期，这两个宗教几乎是同时出现于地球之上。

基督教产生300年以后，出现了一个划时代的大神学家奥古斯丁(354—430年)，为基督教奠定了神学理论的基础。基督教刚产生时，信徒主要是贫苦人们与奴隶，缺乏系统的理论。到了二三世纪，有产阶级的加入使基督教逐渐转变成为统治阶级服务的宗教。奥古斯丁在这个转变期为基督教创立了新的系统的理论，使基督教从产生阶段进入到教父学阶段。

道教产生约300年后，也出现了一个划时代的道教大思想家葛洪(283—343或363年)。道教刚产生时，信众主要是平民百姓，交五斗米即可入道，又称“五斗米道”。公元3世纪左右，士大夫纷纷加入道教，如王羲之家族“世事张氏五斗米道”。在这个转变时期，葛洪创立了系统化的神仙信仰理论，为上层士族道教奠定了理论基础。葛洪之前，是早期道教的民间五斗米道、太平道阶段；他之后是上层化道教的上清派、灵宝派等阶段，故称葛洪是划时代的人物。

奥古斯丁经历了由摩尼教到基督教的信仰转变。摩尼教是由波斯人摩尼所创立的，是东方异教与基督教的混合物，认为世界是由善恶两神所创造的。奥古斯丁青年时加入该教，而在中年时经历了一番艰苦的思想斗争之后才皈依基督教。

在那之后，他对摩尼教的理论与信仰进行了系统的批判。

与奥古斯丁相似，葛洪经历了由学儒到学道的转变。从葛洪的《自序》中可知，葛洪从16岁开始读《论语》、《孝经》、《诗经》、《易经》等儒家经典，勤奋的学习使他成为有一定知名度的儒者。《晋书·列传42》："洪少好学，家贫，躬自伐薪以贸纸笔，夜辄写书诵习，遂以儒学知名。"后受郑隐的影响，他转而学道。郑隐是葛洪从祖父葛玄的弟子，也是少年为儒生，成年后改宗道教。不过与奥古斯丁不同，葛洪归道之后并未对儒学大加讨伐，而是赞成道本儒末，道儒互补。

奥古斯丁与葛洪都有各自的伦理学说，性伦理观是他们伦理学说的组成部分，性伦理观在各自理论体系中的地位是大体相同的。奥古斯丁的理论中占第一位的是关于上帝的信仰，第二位的是禁欲主义以及有关修炼的方法，他的性伦理观属于禁欲主义的内容。在葛洪的理论中，占第一位的是神仙信仰，内容是"神仙实有，可学而得"；占第二位的是修炼成仙的方法，如服金丹、房中术等。他的性伦理观与房中术的关系比较密切。

奥古斯丁一生著述众多，对后世产生深远影响。他的释教与护教的著作共有93种、232部。其代表作有《忏悔录》、《独语录》、《论自由意志》、《论三位一体》、《论本性与恩典》、《上帝之城》等。他的基督教伦理学说与禁欲主义理论在欧洲中世纪长期占据统治地位，对路德、加尔文的宗教改革曾产生影响，也对笛卡尔、斯宾诺莎、康德等著名哲学家有不可低估的影响。

葛洪不仅是道士，还是炼丹家、医学家。他的道教著作有《抱朴子》内外篇70卷、《神仙传》10卷。他的医学著作有《肘后要(备)急方》，天文学著作有《浑天论》，在潮汐研究方面有《潮说》。目前正、续《道藏》收有他的13种著作。葛洪对后世影响深远，他去世不久，地位则可与三张(张陵、张衡、张鲁)相提并论。南朝时，社会上对道教信徒称为"张、葛之徒"，对道学传授称为"祖述三张，弘衍二葛(葛玄、葛洪)"。

在奥古斯丁死后大约1000年，基督宗教中分化出"新教"(主要包括路德教、加尔文教与英国国教)。新教对奥古斯丁的禁欲主义做了重要修改，性不再代表原罪，生殖不是性的唯一目的，教士可以结婚生子。葛洪死后800年，道教中产生了一个"全真道"。全真道由王重阳在山东创立，是后期道教中最大的道派之一，元代以来与正一派一起延续至今。全真道修改了从三张、二葛以来的非禁欲主义的性伦理观，主张戒色禁欲，视家庭为牢笼，视夫妻性交为"偷盗精髓"、"追魂取命"，实行出家制。

通过以上的比较我们发现，奥古斯丁与葛洪各自所信仰的宗教几乎是同时产生的，他们都生活在各自宗教产生后的300年左右，都处于各自宗教发生重大转变的时期，都使各自宗的教理论系统化，堪称划时代的人物。他们都经历了思想的激烈斗争与信仰的转变，然后才成为各自宗教的精神领袖。他们的性伦理观在各自的宗教理论体系中占有大致相同的地位。他们都有丰富的学识与著作，对后世发生了深远的影响。他们各自的性伦理观甚至在他们死后近千年后仍有相同的命运：从禁欲主义的基督教中分化出一个强大的非禁欲主义的“新教”，从非禁欲主义的道教中产生出一个强大的禁欲主义的“全真道”。

所以，尽管奥古斯丁与葛洪地域相隔遥远，民族文化殊异，信仰的宗教不同，但他们两人的性伦理观却具有可比性基础，可以作为研讨对象。

二、奥古斯丁的性伦理观——禁欲主义

奥古斯丁是早期基督教禁欲主义理论的完成者，他的性伦理观是禁欲主义理论的重要部分，包括三个主要观点：性罪论，独身论，唯生殖目的论。

1. 性罪论

奥古斯丁将基督教的原罪观点与禁欲主义结合起来，建立了一个“符合逻辑”的人类历史：上帝创造了第一个男人亚当，又用亚当的肋骨创造了一个女人——夏娃。两人生活在伊甸园中，赤身裸体，无忧无虑，长生不死。但后来邪恶的蛇引诱了夏娃，夏娃又引诱亚当，背叛上帝，偷吃禁果。他们有了性别意识，以裸为耻，用无花果叶子遮挡阴部。他们就这样犯下了原罪，上帝将他们放逐到地球上，惩罚男人终生劳累，惩罚女人受生育之苦。人类区别于动物是有性耻，用树叶遮挡阴部，性耻证明人类有原罪，感到羞耻。

亚当与夏娃的原罪传给了子孙后代，人类全体都有原罪。它表现在性的方面：生殖器有独立性、反常性，不受人的意志支配；性交追求的目的不是生殖而是快乐；性交的快乐使人堕落，一次比一次更堕落。原罪论包含着对女性的歧视：男性是第一性，女性是第二性。时间上男先女后；空间上男人是整体，女人是部分；关系上女性是男性的派生物；犯罪次序上女人在先；犯罪原因上男人被女人引诱。

奥古斯丁甚至提出，性是人类一切罪恶与苦难之源。他说，如果亚当不因夏娃而性冲动，人类就不会背叛上帝而犯原罪，就不会在地球上受苦难。亚当与夏娃本可以不性交，而用一种无性的方法繁殖。但人类既然已犯下原罪，只好世世代代赎罪，尽量压抑性欲，避免性交。也许有一天，上帝认为人类已苦难受够、罪已赎完时，会指引人类去天国。在天国中，人没有丝毫性欲，也不性交，赤身裸体但没有羞耻感，又回到亚当、夏娃的伊甸园状态。

2. 独身论

既然性就是罪，那么人类应该选择无性欲无性交的生活，即独身不婚。早期

教父们是不鼓励结婚的，认为婚姻是“下贱的状态”、“淫欲的手段”、“人类弱点的延续”，认为“独身者在天堂中的地位，远远高于在即使最美满的婚姻中没有婚外性交的人”。[1]奥古斯丁认为性交动作是“令人嫌恶的”，婚姻起因于女人对男人的引诱，“我不知道还有什么事物比女人的拥抱和肉体的结合更能使男人的心堕落。而没有这些，男人则不会娶妻子”。[2]

奥古斯丁与早期教父们一直鼓励独身不婚，贬低婚姻性交。比如有些教会规定，只有未婚基督徒才能受到洗礼，有些教会认为婚姻会降低祷告的效果，有些教会鼓吹为上帝保守贞洁。早期教父们宣扬“用童贞的斧头砍伐婚姻的森林”，又提出贞洁过失比死亡更糟糕。在这种性伦理中，独身是最高尚的、最正常的、最神圣的；结婚是软弱的结果、庸俗的结果，是不正常的。理论最终付诸实践，公元386年，奥古斯丁32岁时，罗马教皇发布命令：教士禁止结婚；已担任副祭司以上的教士已婚者，禁止与妻子性交。奥古斯丁的性罪论与独身论，对教皇这一命令的发布起了论证与宣传的作用。

3. 唯生殖目的论

独身论有一个理论缺陷，如果所有人类都独身不婚，都不性交，那么人类怎么繁衍后代呢？所以，奥古斯丁与早期教父们认为结婚是可以饶恕的轻罪，也不反对一般基督徒与民众结婚生子。他们说，上帝为了惩罚人类，规定人类必须通过罪恶的性交才能繁殖后代，所以人类中的大多数不得不走罪恶的结婚生子之路。为了救赎自己，人类在婚后性交时不能有激情，不能追求快感，而只能以生殖为目的。

奥古斯丁认为，性交是在黑暗中进行的，即使婚姻内性交也是隐秘的，这就证明它有罪，因为凡正当之事都希望光明正大地进行。他说：“肉欲的满足需要黑暗与隐秘——不仅非法的性交有这样的需要，在世俗的城市生活中受到法律保护的夫妇之间的勾当也有这样的需要。即使不存在惩罚的危险，这类被允许的(性的)快乐仍倾向于逃避公众的眼睛。”他认为一切不以生殖为目的的性交(包括性交时避孕)都是可耻的、罪恶的色欲满足。他举例说，妇女在绝经期后不能生育，应停止性交。如果不停止，就是追求性快感而不是为了怀孕生子，这是一个不可饶恕的重罪。由于是妻子的肉体引诱男人性交，因此一个男人应该珍爱妻子的灵魂而憎恨妻子的肉体。

三、葛洪的性伦理观——非禁欲主义

葛洪的性伦理观与奥古斯丁几乎相反，包括性自然论、婚姻自然论、性养生、修炼论等，属于非禁欲主义。

1. 性自然论

早期道教认为，性是人类的一种自然要求，不可以不性交。汉代《素女经》中记载：黄帝问："今欲长不交接，为之奈何?"素女回答说："不可。天地有开合，阴阳有施化，人法阴阳随四时。今欲不交接，神气不宣布，阴阳闭隔，何以自补?"葛洪认为，性是伴随着人的怀孕而开始的，是人的自然本能。他说："夫有欲之性萌于受气之初，厚己之情著于成形之日。"[3]对于人的这种性本能，要顺其自然，不可以不性交，否则阴阳二气不通，会生病伤身。他说："人不可以阴阳不交，坐致疾患。若欲纵情恣欲，不能节宣，则伐年命。"又说："人复不可都绝阴阳，阴阳不交，则坐致壅阏之病，致幽闭怨旷，多病而不寿也。任情肆意，又损年命。"[4]"绝阴阳"指完全不性交，"壅阏之病"指气滞之疾，"幽闭怨旷"指幽居不婚的人多因抑郁而生病、短寿。

性实践与性伦理观密切相关，早期基督教与奥古斯丁的性罪论导致禁欲主义，早期道教与葛洪的性自然论通向非禁欲主义。早期道教认为人的性交频率为："素女法：人年二十者，四日一泄；年三十者，八日一泄；年四十者，十六日一泄；年五十者，二十一日一泄；年六十者即毕闭精，勿复更泄也，若体独壮者，一月一泄。"这一频率在今天看来也还是适度的。早期基督教的性罪论，在实践上导致性禁欲。公元275年，一位信奉基督教的罗马皇后宣称，为了生殖，夫妻在两三年中性交一次就足够了。早期基督教甚至宣布遗精者是有罪的，若梦遗要立即起床，罚背诵7遍祷文，早晨再背诵30遍；清醒状态下故意遗精，罚斋戒20天。

2. 婚姻自然论

既然性是人的自然本能，那么人通过婚姻来满足人的这一本能，也是自然的、必须的。在《抱朴子·外篇》中，葛洪对婚姻之伦理做了许多论述。他认为，人类最初没有婚姻，"裸以为饰，不用衣裳，逢女为偶，不假行媒"。[5]后圣人制礼，以别男女，"在礼，男女无行媒不相见，不杂坐，不通问，不同衣物，不得亲授……妇人送迎不出门，行必拥蔽其面，道路男由左，女由右，此圣人重别杜渐之明制也"。[6]葛洪将儒家伦理引入道教，认为夫妇之道是人伦的基本。他说："人纲始于夫妇，判合拟乎二仪，是故大婚之礼，古人所重。将合二姓之好，以承祖宗之基。"[7]

早期道教不提倡独身，信徒大都结婚，过性生活。道教创始人张道陵就结婚生子，其天师之位代代相传，直至现代。葛洪也有妻室，名为鲍姑，后世道教典籍中描写葛洪夫妻双双修成神仙。道教典籍中的各类神仙大多恋爱结婚，双修而果。与早期道教不同，早期基督教虽然不反对民众结婚，但限制夫妻间的性生活。475 年，教会禁止新婚第一夜性交。7 世纪时，教会规定一年中有 273 天因宗教节日而禁止夫妻性交。事实证明，欧洲中世纪许多人身心缺乏健康，有些来源于严重的性压抑。

奥古斯丁与早期基督教的禁欲主义导致当时的夫妻性生活单调又反常，性交时妻子要穿又长又厚的内衣，只在两腿间的内衣上开一个小洞，让丈夫可以插入射精，此时她要怀着对主的感恩之情。性交体位只允许男上位，女性在性交中是被动的、压抑的，是有损身心健康的。早期道教与葛洪的房中采补术，一定程度上限制了男性的性快感，因为它要求男性“交而不泄”，这样就达不到性高潮。而采补术要求女性达到性高潮后男人才有采补效果，客观上使女性在性交中得到比较高的性满足，对她们的身心健康有利。

葛洪写有《神仙传》一书共十卷，书中叙述了不少女神仙的故事。其中第七卷大部分是描写女神仙的，如太玄女、西河少女、程伟妻、麻姑、樊夫人、东陵圣母等。这不仅反映了葛洪个人对女性的尊重，更表明了女性在道教活动中占有比较重要的地位。与葛洪同时代的一个女性魏华存（252—334），虽为人妻，但一生修道，极有成就，后被尊为上清派第一代宗师，世称南岳夫人。在其他任何一种宗教中，女性占有这样重要的地位是很少见的。葛洪及早期道教对女性的尊重，与奥古斯丁及早期基督教对女性的贬低和中世纪基督教对所谓“女巫”的迫害形成鲜明的对比。

3. 性养生、修炼论

当代西方学者认为，性伦理学的基本问题是关于性行为的基本目的。他们总结出四种观点，即生殖、生殖与性爱、性爱、快乐。[8]奥古斯丁的性伦理观是唯生殖目的论，他反对以性快乐为目的。葛洪对这一问题的回答超越以上四种观点，可以称之为性养生、修炼论，道教称之为房中术。这种性伦理观在西方是极其罕见的，表现出中国古代性伦理的民族特色。

早期道教的性养生与性修炼并不排斥性交的快乐，相反，认为美满、快乐的性交是性养生与性修炼的前提。《素女经》说：“交接之道，固有形状。男以致气，女以除病。心意娱乐，不知道者，则侵以衰。欲知其道，在安心和志，精神统归，不寒不饥，定身正意。……女既欢喜，男则不衰。”这里的“交接之道”指性交的方法，即房中术。“心意娱乐”、“女既欢喜”，强调性生活时要有愉快的心情，要有性交的快感，才能达到“女以除病”、“男则不衰”的养生去病的效果。葛洪继承了早期道教的以性欢乐为前提的房中术，故朱越利先生称：“我们从彭祖道和葛洪房中术中都看到了欢乐房中术的影子。”

性行为的目的，当然首先是生殖，也不否认有快乐，但葛洪最感兴趣的不是这些，而是它的养生、修炼价值。养生的价值表现为可以补脑、美容、除病、长寿等。葛洪说："善其术者则能却走马以补脑，还阴丹于朱肠，采玉液于金池，引三五于华梁，令人老有美色，终其所禀之天年。"[9] 又说："服阴丹以补脑，采玉液于长谷者，不服药物，亦不失三百岁矣。"[10]

房中术的修炼价值在于它是修仙的一种重要方法。葛洪说："欲求神仙，至要者在于宝精、行炁，服一大药便足，亦不用多也。"[11] 当时有人认为单靠房中术即可"致神仙"、"移灾解罪"、"转祸为福"、"商贾百倍"。葛洪指出这些人夸大了房中术的作用，比较客观地评价了房中术的作用："夫阴阳之术，高可以治小疾，次可以免虚耗而已。"[12]

两晋时期，房中术有十余家，近百种修炼方法。在十多种流派中，葛洪最重视彭祖一派："彭祖之法，最其要者。其他经多烦劳难行，而其为益不必如其书，人少有能为之者。"在十余家的近百种法术中，葛洪最重视还精补脑术。他说："房中之法十余家，或以补救伤损，或以攻治众病，或以采阴益阳，或以增年延寿，其大要在于还精补脑之一事耳。"还精补脑术，要求男性在与女性性交时要延长交接时间以采阴，要不射精，让精沿脊柱上行至脑，以达到补脑的效果。

葛洪重视口诀，认为不懂口诀的房中术修炼会造成严重自伤："若不得口诀之术，万无一人为之而不以此自伤煞者也。"比如还精补脑术，必须配合口诀，否则不受益反受损。葛洪从可靠处获得炼还精补脑术的两首口诀，葛洪做了一些保密处理后公布出来。口诀多为隐语，如有一首口诀描述两座山："求生之道，当知二山。"一为"太元之山"，象征男人的下身；一为"长谷之山"，隐喻女人的下身。男人边念口诀，边与女人性交，并且交而不泄。这样，就能收到"有道之士，登之不衰，采服黄精，以致天飞"的效果。

四、两种相反的性伦理观之成因

葛洪与奥古斯丁在生活时代、理论贡献、信仰过程、历史地位等许多方面表现出相同与相似性，然而通过以上的比较，我们惊奇地发现，他们两人的性伦理观从总体上看是近乎相反的。是什么原因导致了这两种近乎相反的性伦理观出现呢？这是一个非常复杂、难度很大的问题，笔者尝试从三个方面略加分析。

1. 从世界性伦理史的一般发展规律看

禁欲与非禁欲，是性伦理的重要内容。世界从古代进入中世纪，性伦理的总体走向是由非禁欲主义进入禁欲主义。禁欲主义的性伦理，最初是由中世纪的宗教实现的。潘绥铭先生说："在性的社会历史上，这一历史时期的突出表现是，以基督教、伊斯兰教、佛教为代表的宗教式禁欲主义开始在欧亚大陆上占上风。

同时，制欲或节欲的儒教，有纵欲成分的道教和印度教也在发展。”[13] 刘达临先生说：“佛教、基督教和伊斯兰教，这是世界三大宗教，而且越来越转向了性禁欲主义倾向，影响越来越大。性方面的非禁欲倾向，主要保存在一些较为原始和落后的宗教中，它们势力日衰。如道教和印度教中的某些享乐派。”

古希腊罗马时期，欧洲性伦理的主导是快乐主义。这种理论与实践本来并不违背人的本性，主流是健康的。但是到了罗马帝国的后期，它在一定程度上演变为纵欲、淫乱与无道德，动摇了社会安定的基础。西方一些学者认为，罗马因纵欲而灭亡，而基督教兴盛于罗马后期的一个原因，是以禁欲主义代替了纵欲主义。基督教曾经成为罗马帝国的国教，中世纪的政教合一制度使它成为整个欧洲社会的主宰。所以，它推行的禁欲主义不仅对基督徒，而且对全社会都产生了类似于法律的作用。不管后世对奥古斯丁的评判如何，他当时的禁欲主义理论也顺应了世界性伦理史的一般发展规律，这符合罗马帝国后期社会对性伦理的迫切需要，所以他的禁欲主义理论在漫长的中世纪长期占据主流与统治的地位。

在中国，与罗马帝国后期相对应的是两晋时期，这个时期禁欲主义逐渐成为了主流。佛教在这个时期得到了极大的发展，它对性欲的否定，它的出家制度，都表现出典型的禁欲主义特征。儒教在这一时期受到玄学的冲击，不如汉代的地位，但仍然在社会很有影响。儒教特别重视家族、血缘、传宗接代，故不可能完全否定与生育相关的性活动与婚姻制度。但它的性伦理严重压制性欲，带有唯生殖目的论的倾向，违背人的本性，属于准禁欲主义。

道教在这个时期得到了发展，但不是社会的主流文化。葛洪的性自然论、婚姻自然论、性养生与性修炼论属于非禁欲主义，对世界性伦理史的一般发展规律来说是一种特殊现象。它是对禁欲主义的主流文化的补充，这种补充对当时社会是必要的。不过，这种性伦理观主要对道教信徒发生影响，对儒教、佛教信徒以及世俗社会则影响不是太大。

总之，奥古斯丁的性伦理观符合一般发展规律，属于主流文化，在社会上占统治地位；葛洪的性伦理观可归于普遍规律之外的特殊现象，属于非主流文化，在社会上不占统治地位。这种显著的区别，使二者的性伦理观有着很不相同甚至于完全相反的内容。

2. 从他们各自所继承的宗教传统看

葛洪与奥古斯丁的生活时代距各自宗教的诞生都是大约 300 年的时间。在这大约 300 年的时间里，早期基督教与早期道教的性伦理观是非常不同的。早期基督教已有性罪、独身、反对性快乐的观点，只是理论上不系统而已。生活于 1 世纪的圣保罗最早提出“性就是罪”观点，他坚信肉体为恶，性就是恶，信主就必须禁欲。《新约》的一些作者们也有相同的观点。《罗马书》说：人的肉体“已经卖给罪了”。《加拉太书》论证圣灵与肉体情欲是水火不相容的：“你们当顺着圣灵而行，就不放纵肉体的情欲了。因为情欲和圣灵相争，圣灵和情欲相争，这两个是彼此相敌。”

早期教父奥利金(约185—254年)走得更远，一般的禁欲不够，独身也不够，必须根绝性欲。他自我阉割，这一自虐行为使他的名声传遍罗马帝国。早期教父哲罗姆以苦修而著名，鼓吹严格的斋戒与肉体折磨。他在沙漠中苦修时出现裸体舞女的幻觉，经历了夺魂式的性欲折磨，最终上帝驱散裸女之幻，将他救出了苦海。他推崇处女之美与婚姻之苦，描写女人婚后的失落、繁重的家务、受虐的恐惧，使她们害怕出嫁。早期教父德尔图良以雄辩家著名，他公开谈论妇女：女人是“邪恶之门”，“最先抛弃神的法律的人”，女人要对原罪承担主要的责任，对上帝之子的死负有责任。

与早期基督教的禁欲主义相反，早期道教的性观念是非禁欲主义的。道教创始人张道陵是东汉人，曾用房中术为民众治病，也向信徒传授用房中术进行修炼的方法。据甄鸾在《笑道论》中叙述自己的亲身经历：学习房中术之前要戒斋三日，然后举行神秘的仪式，“入私房诣师立功德，阴阳并进，日夜六时”。仪式之后，“教臣《黄书》合气之法，三五七九，男女交接之道。四目四鼻，两口两舌，两手两心，正对阴阳，法二十四气之数行道”。[14]

三国时期，房中术被王公贵族所接受，开始带有纵欲的倾向。史载：曹操向甘始、左慈学房中术，一夜曾与70女性交。葛洪是魏晋时代头脑非常清醒的道士，他认为这种纵欲倾向不但无益于修仙，而且会使人重病或速死。他说：“御女多多益善，如不知其道而用之，一两人足以速死耳。”[15] 尽管如此，葛洪基本上继承了早期道教的非禁欲主义和房中修炼术，正如奥古斯丁基本上继承了早期基督教的禁欲主义一样。

3. 从他们各自的人生经历看

一个人的性伦理观念，除了受时代、社会、传统的影响之外，更直接地受这个人的人生经历特别是情感生活的影响。奥古斯丁生于阿尔及利亚，父亲是异教徒，母亲是基督徒。16岁，他在迦太基上学时染上了寻花问柳、无事生非、搞恶作剧的不良生活习气。他曾与一迦太基女子未婚同居，生有一子，名叫亚丢大士。而在此期间，他又与其他的女人有染。他曾经想摆脱这种生活，但肉欲却难以抗拒，所以那时他对自己说“上帝啊，给我贞节吧！但现在还不”。他一直没有结婚，中年以后皈依了基督教，担任过波希主教，写了一本回忆录式的《忏悔录》。

在他的个人经历中，感觉到性就是罪。这影响到他的性伦理观，认为人类的性行为都是犯罪。他与迦太基女子的同居生活看来缺乏幸福，充满痛苦，所以他的性伦理观有否定婚姻价值的倾向。违背社会道德的性生活让他感到自责与悔恨，而肉体的迷恋使他不能自拔，这样的经历导致他仇视肉体。为了惩罚自己年轻时的淫乱行为，他过独身隐修的生活，才获得了心灵的平静。这种经历使他愿意否定性的快乐价值，从而论证性行为的唯一目的是生殖。

葛洪出生于江南著名士族家族，世代为官。其祖父与父亲仕途显赫，均好儒学。其父早死，家道中落。他从16岁开始学习儒家经典，后又跟随郑隐学习仙道与金丹术。从他20岁始，社会动荡，葛洪或从军或从政，时间都短，疲于奔命。29岁时，他适遇南海太守鲍靓，颇受赏识，鲍靓将女儿鲍姑许配给葛洪。29岁以后，他大部分时间过着隐居、修道、著书的生活。

葛洪的神仙信仰一生都非常坚定，他的修仙实践有一个特点，即对他的性伦理观发生了影响。在修炼神仙的过程中，他非常重视伦理道德对于修仙的作用。他说："欲求仙者，要当以忠孝和顺仁信为本。若德行不修，而但务方术，皆不得长生也。"[16]在这方面，他与儒家的伦理观念是一致的，重视夫妇之道，将家庭视为社会的基础，因此与奥古斯丁不同，葛洪的性伦理观不可能赞成独身，也不可能否定婚姻与家庭的价值。

与奥古斯丁相比，葛洪的情感生活是相对单纯的。他有正常的婚姻、家庭、性生活，从多种历史文献的记载看，他没有娶二房和纳妾。他写过一些房中术的著作，相信房中术对于修仙是有益的。按今天的理解，房中术是一门探讨性交技巧的学问，而葛洪更看重房中术的养生与修炼价值。一个性修炼者怎么可能有性罪的观念呢？怎么可能有性禁欲主义思想呢？

总之，奥古斯丁的性罪论、独身论、反对性快乐的唯生殖目的论，与他年轻时的有负罪感的感情经历有关，与他中年以后的独身隐修、放弃性行为的宗教生活有关。而葛洪的性自然论、婚姻自然论、性养生、修炼论，一定程度上是因为他有正常的婚姻、家庭、性生活的经历，也是因为他有道教房中术的理论与实践。

注释：

[1]格里尔：《性与命运》，第80页。

[2]卡莫迪：《妇女与世界宗教》，四川人民出版社1955年版，第133页。

[3]《抱朴子·外篇·诘鲍》。

[4]《抱朴子·内篇·释滞》。

[5]《抱朴子·外篇·诘鲍》。

[6]《抱朴子·外篇·疾谬》。

[7]《抱朴子·外篇·弭讼》。

[8]王伟、高玉兰：《性伦理学》，人民出版社1992年版，第47页。

[9]《抱朴子·内篇·微旨》。
[10]《抱朴子·内篇·极言》。
[11]《抱朴子·内篇·释滞》。
[12]《抱朴子·内篇·微旨》。
[13]潘绥铭:《神秘的圣火》，河南人民出版社 1988 年版，第 250 页。
[14]《广弘明集》卷九。
[15]《抱朴子·内篇·微旨》。
[16]《抱朴子·内篇·对俗》，引《玉钤经中篇》。

第四部分

唯道论与唯物论、唯心论

第一章　质疑中国古代唯心主义

中国古代哲学有没有唯心主义？是不是贯穿着唯物主义与唯心主义的斗争？中国古代哲学是否以思维与存在，即精神与物质的关系问题为哲学的基本问题？这些是中国哲学史研究方法论的核心问题。几十年来，不断有人提出这些问题要加以探讨，但都没有深入。进入21世纪的今天，随着我国政治、经济领域的改革不断深化，哲学社会科学理论界的开放不断扩大，笔者认为有必要对以上几个问题进行新的探讨。

一、哲学基本问题以及两个派别的划分不是绝对的

长期以来，国内理论界形成了一种绝对化的观念，认为只要有哲学，不论哪个时代，哪个民族，都必然存在哲学基本问题和两个派别。按照这种观点，思维与存在的关系问题以及围绕它而划分的唯心主义和唯物主义的派别，在哲学领域是无时不在、无处不在的。但是，实际上，恩格斯关于哲学基本问题和两个派别的论述不是绝对的，而是相对的；不是无条件的，而是有条件的。恩格斯说："全部哲学特别是近代哲学的重大的基本问题，是思维与存在的关系问题。……但是这个问题，只是在欧洲人从基督教中世纪的长期冬眠中觉醒以后，才被十分清楚地提了出来，才获得了它的完全的意义。"[1]这段话包含了时代局限和地域局限。

时代局限是什么呢？是中世纪以后的"近代"。只是在近代，哲学的基本问题才被十分清楚地提出来，才获得了它的完全意义。在古代和中世纪，思维与存在的关系问题还不是十分清楚，而一般与个别的关系问题是当时更重要更基本的问题。古希腊哲学家苏格拉底推翻了自己学生提出的各种各样具体的道德，而得出了道德的定义，提出了一般的道德。柏拉图将道德问题推广到任何问题，不管什么东西，都有它的"一般"，这个一般叫做"理念"。认为永恒不变的理念世界是真实的，而变化无常的现实世界是不真实的。亚里士多德虽然是柏拉图的学生，但是他却敢于批判老师的理念论，他认为一般只能存在于个别之中。他说："我们不能同意这样的说法，似乎除了个别的房屋之外，还有什么一般的房屋。"[2]中世纪经院哲学中唯名论与唯实论的斗争，也是围绕着"一般"（共相）和"个别"（具体事物）的关系而开展的。一般是个别事物之外的真实存在呢？还是

仅仅是个别事物的名称？唯实论者认为，一般是真实存在并先于个别事物；唯名论者认为，一般只是名称，且后于个别事物的。唯名论与唯实论的斗争，不能等同于近代唯物主义与唯心主义的斗争。

恩格斯这段话的地域局限是什么呢？是产生基督教文明的“欧洲”。所谓“全部哲学”，实际上是指从古希腊开始的欧洲的全部哲学，肯定是不包括中国古代哲学的。因为从恩格斯全部的著作与书信看，他一生并没有研究过中国古代哲学。中国古代哲学有没有思维与存在的关系呢？有没有唯心主义与唯物主义的派别呢？我们不能根据恩格斯的观点去推论，而只能通过独立的研究才能下结论。

二、中国古代哲学的基本问题不是思维与存在的关系问题

欧洲自笛卡尔提出“我思故我在”的观点始，思维与存在的关系问题才被比较清楚地提出来。在其后的发展中，尤其是德国古典哲学中，思维与存在的关系问题才获得了完全的意义。中国古代与欧洲古代一样，思维与存在的关系问题还不是最基本的问题。那么，最基本的问题是什么呢？恐怕要首推天人关系问题。汉代司马迁说他一生追求的就是“究天人之际，通古今之变”。[3] 宋代邵雍说：“学不际天人，不足以谓之学。”[4] 直到近现代，许多大学者如熊十力、钱穆等，到晚年都致力于探讨天人关系问题，寻求天人合一的境界。如唐君毅说：“天人合一是中国哲学上的中心观念。”[5] 张岱年说：“中国哲学有一根本观念，即天人合一。”[6] 那么，天人关系到底是怎样的哲学问题呢？天人合一又该怎样理解呢？天人关系问题是不是思维与存在即精神与物质的关系呢？

让我们从概念来分析。天是什么？天最早是指天空，如《诗经·大雅》说“倬彼云汉，为章于天”。天的哲学含义是表示整个自然、宇宙的最高范畴，如郭象在《庄子注·齐物论》中所说“天者，万物之总名也”。天与其他范畴结合，又形成了多种含义，如老子的天道（客观规律）、墨子的天志（天有意志）、孔子的天命（天的命令）、宋明理学家的天理（自然的法则），这些我们暂且不作分析。单独使用的天的概念，特别是与人相对的天的概念，一般是指自然。但是，这个自然不是纯物质的自然，它同时含有命定、主宰的意思。例如，孔子所说的天（“天何言哉”“天生德于予”）既是自然之天，又是主宰之天。还有，在中国古代哲学中，天这一概念所表达的那个“自然”，并不是与“精神”相对的“自然”，而是与“人”相对的自然。人是什么？荀子认为人与动物的区别是“人能群”，这是指人的社会性。告子说：“食色性也”，也是指人的自然性。人既有社会性，又有自然性。中国古代哲学认为，人是由形体与精神组成的。先秦《管子·内业》说：“凡人之生也，天出其精，地出其形，合此以为人。”这里的精即精神，它来

源于精气。形神关系的问题是中国哲学史上长期争论和探讨的问题之一。在各家各派的哲学著作中，我们从未看到将人这一概念等同于精神概念，人概念总是比精神概念高一层次，精神是人所包含的一个方面。通过以上概念的分析，我们知道，“天”虽是表示整个自然(宇宙)的最高概念，但这个“自然”不是与精神、思维相对的物质、存在。“人”是表示人类(社会)最一般的概念，但它不是与物质、存在相对的精神、思维。由此可见，天人关系问题不是思维与存在、精神与物质的关系问题，而是人类(社会)与自然(宇宙)的关系问题。人类从自然界中异化出来以后，自身要生存要延续。它首先要了解外部世界是什么，怎么样？也要认识人类自己是什么，怎么样？还要处理好自身与外部自然界的关系，怎样对待它？这些就是产生天人关系问题的根源。人类与自然的关系问题到今天并没有解答完毕，将来也不会完全解决。因此，天人关系问题将始终是人生哲学、自然哲学的极其重要的问题。需要说明的是，人类与自然的关系问题，只是天人关系问题中最基本、最重要的问题，但并不是全部的问题，天人关系问题还包括天道、人道、天理与人欲、身、心、性、情等许多问题。这里就不一一探究了。

三、中国古代哲学没有唯心主义

中国古代哲学的基本问题不是思维与存在即精神与物质关系问题，因此，以回答基本问题的不同方式来划分的唯心主义和唯物主义派别就不可能存在。可是，我们理论界的有些同志把哲学基本问题绝对化，认为不论欧洲还是中国，不论近代还是古代，必定存在着精神与物质的关系这个基本问题，必定存在着唯物主义与唯心主义的斗争。他们虽然知道天人关系问题并不是精神与物质的关系问题，却拐了一个弯，认为天人关系问题是思维与存在关系问题的一种表现形式；然后再拐一个弯，认为中国古代唯物主义与唯心主义的斗争是围绕着天是否是有人格有意志的神的问题展开的。当时，主张天是有人格的上帝，它创造和支配整个自然界和人类社会的，属于唯心主义阵营；反对人格的上帝，主张天道自然无为，按照自然界本身的原则上说明自然界的，属于唯物主认阵营。但是，恩格斯早就说过，唯心主义和唯物主义是哲学本体论领域的两个具有特定含义的用语，它们不可能在别的意义上被使用，也就是说不能“拐了弯”它们使用到本体论之外的领域。

恩格斯说：“什么是本原的，是精神，还是自然界？……凡是断定精神对自然界说是本原的，从而归根到底以某种方式承认创世说的人……，组成唯心主义阵营。凡是认为自然界是本原的，则属于唯物主义的各种学派。除此以外，唯心主义和唯物主义这两个用语本来没有任何别的意思。它们在这里也不能在别的意义上被使用，下面我们就可以看到，如果给它们加上别的意义，就会造成怎样的混乱。”[7]施达克认为费尔巴哈是唯心主义者，原因是“他相信人类的进步”。恩格斯对于施达克泛用“唯心主义”这个用语给了有力的批判。他说：“认为人类(至少现在是)总的来说是沿着进步方向运动的这种信念，是同唯物主义和唯心主义的对立绝对不相干的。”[8]世界本原问题是思维与存在的关系问题的第一个方面，恩格斯认为唯心主义与唯物主义只是就哲学基本问题第一个方面而言的，它们一般说来不能在第二个方面即认识论、可知论或不可知论的领域去使用。恩格斯在《反杜林论》中对杜林的认识论进行了系统的批判，但他并没有称杜林的认识论是唯心主义认识论，也没有在认识论领域划分出唯心主义认识论和唯物主义认识论两个阵营。在《费论》中批判休谟和康德的不可知论时，恩格斯没有称他们是唯心主义不可知论，相反，还指出德国新康德主义和英国不可知论者在本体论领域中暗中接受唯物主义[9]。除《反杜林论》、《费论》外，恩格斯一生写了大量的哲学著作，其著作中使用的唯心主义概念，总是运用在本体论意义上。这反映了他具有极好的理论修养和天才的哲学头脑。

我们理论界有些同志忘记了恩格斯的这些观点，把唯心主义、唯物主义这两个用语泛化了，造成了中国哲学史研究领域的理论混乱。拿孔子来说，他主要是伦理学家和教育家，并没有对世界本原问题发表意见，我们没有必要一定说他是唯物主义哲学家，或者是唯心主义哲学家。可是，对于泛化了的体系来说，却可以根据他对天的看法断定他的哲学派别。孔子对天的看法是复杂的，既有主宰、命定的一面，又有天空、自然的一面，于是对孔子到底是唯物主义还是唯心主义者就争论不休了。再拿老子来说，老子所谓的天就是自然之天，没有意志和人格。按泛化的标准，可以认为老子是唯物主义哲学家了吧！不！在这里标准又变了，因为在老子那里，天不是最高范畴，道才是最高范畴。老子说：“人法地，地法天，天法道，道法自然。”[10]道是精神还是物质(气)？长期争论不休，老子究竟是唯物主义者还是唯心主义者也长期争论不休。其实，中国古代哲学并没有与欧洲相同的物质或精神的范畴以及二者的对立。再看墨子，墨子所谓的天是意志之天、人格之天。按泛化的标准，应该说是唯心主义哲学家吧！不！说他是唯物主义者的居多。其原因是，他的认识论、三表法被认为是唯物主义的。三个哲学家，用三种不同的标准去研究、评价，肯定会出现理论上的混乱。先秦时期，以孔子为代表的儒家，以老子为代表的道家，以墨子为代表的墨家，是当时影响最大的三个学派。他们之间的学术争论，是围绕着天人之际、古今之变的问题展开的，并不是唯物主义与唯心主义的斗争。汉代到清代，中国知识分子分为儒、道、释三派，他们探讨了天人关系、理气关系、心性关系等问题。这些学派也不能简单归结为唯物主义的或唯心主义的。但是，几十年来，许多学者自觉地模仿苏联学者的模式，把中国哲学史写成一部唯物主义与唯心主义的斗争史，给每个中国古代哲学家都要戴上唯物主义或者唯心主义的帽子。这不是尊重历史、尊重科学态度。这也不是实事求是，从实际出发的方法。

四、中国人与欧洲人的传统思维方式不同

列宁说："原始的唯心主义认为：一般(概念、观念)是单个的存在物。这看来是野蛮的、骇人听闻的(确切些说：幼稚)、荒谬的。"[11] 为什么欧洲人曾经长期陷入这种幼稚、荒谬的体系中不能自拔，而中国人为什么能避免这种幼稚、荒谬呢？这只能从不同的传统思维方式中找到答案。

欧洲人的传统思维方式是显著地区分主观与客观，我与非我。欧洲人重视对自然知识的追求，强调人的理性。用理性去把握周围的世界，就形成主观的观念。欧洲人强调人与自然的对立，人对自然的征服，这样就构成了主观和客观的对立。主观就是我们的思想、感情和意志，也就是精神。客观就是非我，我之外的存在物、自然、宇宙，也就是物质。有了精神与物质的对立，就有了下面的问题：是精神第一性，还是物质第一性？精神先于物质，还是物质先于精神？对这些问题的回答不同，就成为哲学上的两个派别——唯心主义和唯物主义。中国人的传统思维方式是不显著地区分主观与客观，我与非我。重视对道德的修行，超过对自然知识的追求。中国人普遍信奉天人合一的思想。孟子说："尽其心者，知其性也，知其性，则知天矣。"[12] 他认为人通过心、性与天相通。庄子说："天地与我并生，而万物与我为一。"[13] 他认为人与天地万物同类。宋明理学家几乎没有不讲天人合一的。这种观点不能将宇宙对象化、外在化，不能形成"我"与"非我"的对立。天人合一的思想，主张天不是人征服改造的对象，而是与人息息相通；人是从天(自然)而来的，人的生存在很大程度上依赖着天，人应该与天保持协调和谐与一致。天人合一还包含着人对自然规律的适应与遵循(天道与人道合一)，人对理想的追求与实现("大人"者与天地合其德)，人的旷达逍遥与遵守礼教的统一(自然与名教合一)等多方面的思想。这些思想有一个共同点，就是反对将主观与客观对立起来并决然分开。在中国人的观念中，物质与精神是统一的，不是对立的。例如：气既产生了形体，也产生了精神；心既是指思维器官，又是指知觉、精神。这就是中国古代哲学中没有唯心主义的原因之一。冯友兰先生早在20世纪30年代就注意到这一点。他说："中国哲学迄未显著将个人与宇宙分而为二也。西洋近代史中，最重要的事，即是我之自觉。我已自觉以后，世界既中分二：我与非我，我是主观的，我以外之客观世界，皆非我也。"[14] 又说："我看见面前的桌子，它是真实的还是虚幻的，它是仅仅在我心中的一个观念还是占有客观的空间，中国哲学家们从来没有认真考虑。这样的知识论问题在中国哲学(除开佛学，它来自印度)里是找不到的，因为知识论问题的提出，只有在强调区分主观和客观的时候。"[15] 这段话一是说明中国哲学除佛

学之外没有唯心主义，二是分析了中国哲学没有唯心主义的原因。

中国哲学认为，人是懂礼义的动物，反映了中国人对道德伦理的重视。欧洲哲学家认为，人是有语言的动物，可见欧洲人对语言、概念的重视。从柏拉图到黑格尔，欧洲唯心主义的特征是将语言、概念客观化、实在化，认为具体事物是变动不居的，而具体事物的概念是更真实、更实在的。中国哲学一向轻视语言和概念。孔子说："书不尽言，言不尽意。"[16]老子说："道常无名。"在魏晋玄学的言意之辩中，大多数哲学家主张"得意而忘言"。中国哲学强调的是语言、概念的实用、实效和功能性，认为语言、概念是"悟道"的工具、媒介，而不是实体性的存在。这样的思维方式，不可能产生欧洲柏拉图、黑格尔那样的唯心主义哲学家。

五、孟子、王阳明不是主观唯心主义哲学家

一般认为，西方唯心主义哲学有两种基本形式，一是主观唯心主义，认为个人的精神是世界的本原，世界上一切事物只存在于人心灵之中，或是个人心灵的产物。欧洲主观唯心主义的代表人物是英国的贝克莱。他的名言是："存在就是被感知。"中国的孟子和王阳明一直被许多学者认为是主观唯心主义的代表人物。孟子的名言是："万物皆备于我。"王阳明的名言是："心外无理，心外无事。""天下无心外之物。"这些学者把"物"理解为西方的"物质"范畴：既然万物皆在我心中，我心之外没有万物，这岂不是与贝克莱的典型主观唯心主义观点吗？

在中国古代哲学中，"物"这一概念主要不是指自然物，而是指"事"。朱熹说："物犹事也。"又说"天下之事，皆谓之物。"[17]王阳明解释"格物"这个概念时说："我解'格'作'正'字义，'物'作'事'之义。"[18]人的活动为'事'，事有多种多样。古人以为伦理道德就是最大的事，所以"物"这一概念常常指伦理道德之事。孟子说："有人于此，其待我以横逆，则君子必自反曰：我必不仁也，必也无礼，此物奚宜至哉？"[18]这是将有人强暴无礼于自己的道德之事称"物"。王阳明说："意之所在，必有其物，物即事也。如意用于事亲，即事亲为一物。"[20]这里事亲的道德之事被称为"物"。

现在我们再来看孟子与王阳明的那两句名言，它们都不是本体论的命题，而是讲的伦理道德问题。孟子说："万物皆备于我矣。反身而诚，乐莫大焉。"[21]这里的"万物"是指仁义礼智等许许多多的道德，它们已具备在我的本性之中，我通过反省体认而获得了最高的德行，没有比这更快乐的事了。这个问题与唯心主义风马牛不相及。王阳明说："虚灵不昧，众理具，万事出。心外无理，心外无事。"[22]这里所说的心外无理、心外无事与心外无物都是一个意思，理、事、物都是指道德伦理。王阳明认为，人的心(虚灵)本来就具备了许许多多的道德

伦理，到心之外去找道德伦理不是一无所获吗？这个命题不能说明王阳明是主观唯心主义哲学家。

六、朱熹不是客观唯心主义哲学家

西方唯心主义哲学的另一种形式是客观唯心主义，认为客观精神先于物质世界并独立于物质世界而存在。德国哲学家黑格尔是客观唯心主义的代表人物，他认为绝对观念先于自然界而存在，绝对观念发展到了一定阶段异化为自然界。客观唯心主义的特征，是把人的概念和意识绝对化看做脱离并先于物质世界而独立存在东西。目前，学术界将朱熹看做中国客观唯心主义的代表人物，理论根据是他主张“理在气先”。笔者不能同意这种观点，因为理气关系并不是精神与物质的关系问题，怎么能用这个问题去判断哲学家是唯物主义或唯心主义呢？

在朱熹那里，表达精神的概念是“神”、“精神”、“知觉”、“心思”等等，它们是由气、形体产生的。朱熹说：“人生初间，是先有气，既成形，是魂在先。形既生矣，神发知矣。既有形，后方有精神知觉。”[23]气与形体在先，精神知觉在后，这如何是唯心主义呢？气是朱熹哲学中的重要范畴。他说：“天地之间，一气而已。”[24]“天地之间无非气。”[25]这与张载的气论有什么区别呢？气与欧洲的“物质”概念是不同的。欧洲的物质概念是对立于精神概念而提出的，而中国的气概念是将物质精神都包括进来了。气分为阴阳二气。阴气产生了物质、形体，阳气产生了知觉、精神。朱熹说：“形既生矣，形体阴(气)之为也；神发知矣，神知阳(气)之为也。”[26]中国人这种独特的思维方式，不能用欧洲的唯物主义、唯心主义范畴去概括。理也是朱熹哲学中重要的范畴，它是客观的规律、原理、原则、法则的意思。如果要在欧洲哲学史上寻找最接近的范畴，肯定不是精神，而是古希腊哲学中所说的“形式”(Foum)。前面说到的“气”，接近于古希腊哲学中所说到的“材质”(Motter)，不过它既是物质的材质，也是精神的材质。理气关系问题接近于形式与材质的关系问题。一个椅子，要有它的原理，这就是形式；又要有木头，这就是材质。原理和木头的关系，就是理气关系的一个例证。关于理气关系，朱熹的基本思想是理气互相依赖，不可分离：“天下未有无理之气，亦未有无气之理。”[27]“气与理本相依。”[28]“理未尝离乎气”[29]，“既有理，便有气；既有气，则理又在乎气之中。”[30]再举椅子为例，它的形式与材质的确是融化一体，不可分离的。朱熹特别强调理气不分先后：“理与气本无先后之可言。”[31]在世界如何产生的问题上，一学生问：“太极动而生阳，静而生阴，见得理先而气后。”他明确表示不同意理先气后，回答说：“二者有则皆有”[32]，理气是同时产生的。又说：“自太极至万物化生，只是一个道理包括，非是先有此而后有彼”[33]。那么，朱熹又是在什么情况下说理在气先呢？是在理气无时间先后的大前提下，从逻辑推理的角度上说的，只是逻辑上理在先、气在后。朱熹说："理与先本无后可言，但推上去时，却如理在先，气在后相似。"[34]这怎么理解呢？我们常常说：先发明了飞机原理，然后才制造出了飞机；不能说先制造了飞机，然后发明了飞机原理。这就是逻辑上的形式在先，理在先。但实际上，对任何一架飞机来说，形式和材质是不可分的，理和气是不可分的，是没有先后可言的。上面朱熹说得很清楚："如理在先，气在后相似。"理先气后并不是真的，只是"比如"，只是"相似"而已。朱熹理气关系的本意就是这样的。不管他的这个看法对不对，都不能说他是唯物主义者或唯心主义者。当代著名英国学者李约瑟认为，以朱熹为代表的宋代理学思想"十分密切地接近辩证唯物主义或进化唯物主义的世界观"。[35]这种评价也未必合适。因为恩格斯告诉我们：唯物主义和唯心主义只能根据哲学家对思维与存在的关系问题，尤其是对世界本原的看法来确定，在其他任何意义上去使用这两个用语，只会造成理论上的混乱。

我们以恩格斯关于哲学基本问题论述为指导思想，以恩格斯关于唯物主义和唯心主义这两个用语的定义为衡量标准，对中国古代哲学有没有唯心主义这一问题进行了探讨。这一探讨从两个方面进行，一方面从中国思维方式的特殊性入手，从总体上分析中国古代是否有可能产生唯心主义；另一方面从理论界比较公认的几个古代唯心主义哲学家从个案上分析这些哲学体系是不是严格意义上的唯心主义。最后的结论是：中国古代哲学的基本问题不是思维与存在的关系问题，中国古代哲学没有唯心主义体系。

注释：

[1][7][8][9]　恩格斯：《路德维希·费尔巴哈和德国古典哲学的终结》第14、15、23、17页。

[2]汪子嵩：《欧洲哲学史简编》，人民出版社1972年版，第20页。

[3]《汉书·司马迁传》。

[4]《皇极经世·观物外篇》。

[5]唐君毅：《如何了解中国哲学史上天人合一之根本观念》，载《中苏文化》，1937年。

[6]张岱年：《中国哲学大纲》，中国社会科学出版社1982年版，第6页。

[10]《老子·第二十五章》。

[11]列宁：《哲学笔记》，第421页。

[12]《孟子·尽心》上。

[13]《庄子·齐物论》。

[14]冯友兰：《中国哲学史》上册，第10页。

[15]冯友兰：《中国哲学简史》第32页。

[16]《易传·系辞》。

[17]《朱子语类》卷十五。

[18][20][22]　王阳明《传习录》。

[19]《孟子·离娄》下。

[20]《孟子·尽心》下。

[23][25]　《朱子语类》卷三。

[24]《易学启蒙》卷一，《朱子遗书工刻》。

[26][30][32][33]　《朱子语类》卷九十四。

[27][29][31][34]　《朱子语类》卷一。

[28]《朱子语类》卷五十九。

[35]李约瑟：《中国科学技术史·科学思想史》，科学出版社1990年版，第485页。

第二章　质疑中国古代唯物主义

唯物主义这一概念，是在近代伴随着西方自然科学进入中国的。由于中国人对西方自然科学成就的钦佩，所以对唯物主义思想也毫不怀疑地接受下来了。近现代有一些学者在中国古代哲学中寻找唯物主义哲学家及其思想体系，但是，他们只找到了个别的哲学家和片断的命题。20 世纪 50 年代以后，受苏联日丹诺夫定义的影响，哲学界研究出一个贯穿古今的中国唯物主义传统，并且在每个历史时代、每个哲学问题上都找到了唯物主义与唯心主义的斗争。按这个模式已出版了无数的著作和教科书，似乎已经体系化，但实际上基础很不牢固。这个体系的基础是由历史上具体的哲学家组成的。这些具体的哲学家是唯物主义还是唯心主义，虽经 50 年的探讨，却几乎没有一个哲学家可以肯定下来，对孔子、老子、墨子、孟子、庄子、王充、张载、朱熹等都长期有争论。其中老子的争论最激烈，几次高潮，至今不衰。像荀子、张载这样比较公认的唯物主义哲学家，像孟子、朱熹、王阳明这样比较公认的唯心主义哲学家，也不时有人写文章提出相反的看法。出现这种状况的原因，是中国学者的哲学功力太低吗？肯定不是。如果不是，那么我们就要反省这个问题的前提是否成立。换句话说，在我们构建中国古代唯物主义传统及其与唯心主义斗争的体系之前，应该首先反省一个前提，即中国古代哲学有没有唯物主义。

一、中国古代哲学不具有唯物主义的基本前提

在日常生活和生产活动中，人们会感觉到自己和周围的事物是真实存在着的。这种朴素的、从常识出发的认识，并不等于唯物主义。19 世纪，施达克评价费尔巴哈是唯心主义者，原因是费尔巴哈“对理想目的的追求”和“相信人类的进步”。恩格斯认为追求理想不等于唯心主义。他嘲笑施达克说：“如果一个人只是由于他追求理想的意图并承认理想的力量对他的影响，就成了唯心主义者，那么任何一个发育稍稍正常的人都是天生的唯心主义者，这样怎么还会有唯物主义者呢？”[1] 同样的道理，承认自己和周围的事物是真实存在的，这也不等于唯物主义。否则，任何一个发育稍稍正常的人都是天生的唯物主义者，这样怎么还会有唯心主义者呢？哲学意义上的唯物主义应该有三个基本前提。第一，唯物主义是回答思维与存在的关系问题而形成的一种哲学派别。这一哲学派别认为世界

的本原是物质，而不是精神。恩格斯认为，离开了世界的本原问题，唯物主义这个用语就毫无意义了。因此，回答思维与存在的关系问题，是唯物主义的第一个基本前提。第二，唯物主义是与唯心主义相比较而存在、相斗争而发展的，它们是一对矛盾。作为一对矛盾，它们既互相对立，又互相依存。一方不存在，而另一方就失去了存在的前提，这是矛盾双方依存性（也叫同一性）的基本内容。比如说，没有唯物主义，也就无所谓唯心主义，反之亦然。从这个意义上讲，唯心主义的存在是唯物主义的第二个基本前提。第三，唯物主义与主客二分的思维方式有密切的关系。甚至可以说唯物主义是主客二分思维方式的一个产物。外部世界是客观的，是客体，我们意识是主观的，是主体。客观、客体是相对于主观、主体而言的，反之亦然。没有主客二分的思维方式，则"物质""实在""客观存在""唯物主义"这些概念都失去了意义。因此，主客二分的思维方式，是唯物主义的第三个基本前提。

笔者在《中国古代哲学有没有唯心主义》[2]一文中论述了下列观点。第一，思维与存在的关系问题，即哲学基本问题不是绝对的，而是相对的；不是无条件的，而是有条件的。它像其他任何问题一样，有时代局限性和地域局限性。中国古代哲学的基本问题不是思维与存在的关系问题，而是以天人关系等哲学范畴表达的人与自然的关系问题。这就是说，中国古代哲学不具有唯物主义的第一个基本前提。第二，欧洲唯心主义的重要特征是将语言、概念客观化、实在化，而中国古代哲学强调的是语言、概念的实用、实效和功能性，认为语言、概念是悟道的工具、媒介，而不是实体性的存在。这样的思维方式很难产生像欧洲柏拉图、黑格尔那样的唯心主义哲学家。从个案上讲，孟子、朱熹、王阳明等也不是唯心主义哲学家。这就是说，中国古代哲学不具有唯物主义的第二个前提。第三，中国古代哲学没有明显地将宇宙对象化、外在化，反对将主客二元对立起来，并主张自然不是人征服的对象而是与人息息相通的；提倡天人合一，物我合一，人与自然保持和谐一致。这就是说，中国古代哲学不具有唯物主义的第三基本前提[3]。

中国古代哲学本来不具有唯物主义的基本前提，可是近现代以来的哲学界却一直有人在构建古代唯物主义传统，于是不可避免地出现了理论上的混乱。试看以下几例。冯友兰先生20世纪30年代著《中国哲学史》，一方面认为"中国哲学迄今未显著的将个人与宇宙分而为二也"，"故亦未显著的将我与非我分开"。[4]另一方面，他却在一部分哲学家中划分唯物唯心。例如认为孟子、王阳明是唯心主义，荀子、列子是唯物主义。他划分唯心与唯物的标准非常奇怪，认为"硬心"的哲学家有唯物论倾向，"软心"的哲学家有唯心论倾向。这是受了实用主义哲学家詹姆士的影响[5]。20世纪60年代至80年代，冯友兰著《中国哲学史新编》，与20世纪30年代的《中国哲学史》大异。他按照日丹诺夫定义，在每个历史时代选定几个唯物主义代表人物，与该时代的几个唯心主义代表人物进行“战斗”。任继愈先生20世纪50年代著《老子今译》，20世纪60年代主编《中国哲学史》，都认为老子是唯物主义；20世纪70年代，他著《老子新译》、《中国哲学史简编》，又认为老子是唯心主义；20世纪80年代主编的《中国哲学发展史》(先秦)则认为“老子哲学究竟是唯物主义的，还是唯心主义的？按照这种打破沙锅问到底的方式去追问，是不会真正有结果的”。[6] 30年而三大变，最后的看法是比较正确的。可惜的是，他对老子的认识没有上升到方法论的高度。除老子以外，他继续在先秦诸子中划分唯物唯心。其中庄子他一向认为是唯心主义，而《中国哲学发展史》(先秦)又一大变，认为庄子是唯物主义。张岱年先生于1956年写《中国唯物主义思想简史》，认为老子、庄子、郭象、周敦颐都是唯物主义者；1981年再版时，他又认为这四个哲学家都是唯心主义者；[7] 20世纪90年代写《中国唯物论史》，则认为老子提出自然观念，为唯物论开拓道路，还认为庄子以气为本的学说也是唯物主义的，等等。[8] 这样频繁的变化，说明了什么呢？一个人用望远镜观察远方的山水，如果山水在镜中的映象很模糊、不清楚、经常变化，这个人一定会反省自己的望远镜是不是出了问题。同样的道理，我们用唯物唯心的望远镜去观察中国古代哲学这个对象，如果对象在镜中的映象很模糊[9]、不清楚[10]、经常变化，我们是不是就应该反省唯物唯心这个望远镜呢？

按照中国古代哲学的现行体系，唯物主义是从早期阴阳学说、五行学说开始的，它的完成形态是气一元论学说。下面我们对这三个学说进行反省。

二、早期阴阳学说不是唯物主义

任继愈先生说：“《易经》从复杂的自然现象和社会现象中抽象出阴(——)阳(——)两个基本范畴”。又说：“《易经》中包含的一些辩证法观点和朴素的唯物主义思想。”[11] 这些说法不能完全成立，因为《易经》中根本没有阴阳范畴，《易传》中才出现阴阳范畴。《易经》被后人穿上了各式各样的盛装。清代《四库全书总目提要》说：“易道广大，无所不包，旁及天文、地理、乐律、兵法、韵学、算术……”近代以后，则认为《易经》包含辩证法和唯物主义思想。现代又有许多人认为《易经》包含着现代自然科学的原理。剥去这些盛装，读一读《易经》原著，就会发现它的真实面目乃是一本占筮之书。殷周之际的宫廷巫师用占卦卜筮的方法推算天意命运，以决定当时的政治、军事大事以及天时气象、吉凶祸福、帝王活动等等。《易经》是占筮活动的总结，全书中没有一句涉及世界本原问题，没有唯物主义思想。

阴阳概念形成大约是西周初期，它最早的出处不是《易经》，而是《诗经》。《诗经·大雅·公刘》说：“笃公刘，既溥既长，既景既冈，相其阴阳，观其流泉。”公刘带领周人迁徙，时常要观察日影，以定南北方向。阴阳在这里没有哲学信义，只是代表方位。阳代表山的南面水的北面，阴代表山的北面水的南面。后来阴阳概念与气概念结合，于是有阴气、阳气的概念。阴阳之气的概念大约形成于西周末期，最早出处是《国语·周语上》。其记载虢文公引用古代太史的一段话：“自今至于吉日，阳气俱蒸，土膏其动。弗震弗渝，脉其满眚，谷乃不殖。”这段话的意思是，立春前后阳气上升，要及时耕作使土地松动，让阳气宣发。否则，土地会气结脉满，长不了谷子。这段话包含着农业科学思想的萌芽，但却没有达到哲学世界观的高度。

比虢文公稍晚的伯阳父，用阴阳二气解释地震现象。《国语·周语上》记载，周幽王二年时发生地震，伯阳父说：“周将亡矣！夫天地之气，不失其序。若过其序，民乱之也。阳伏而不能出，阴迫而不能蒸，于是有地震。”这段话的意思是，周朝就要灭亡了！天地之间的各种气，都按一定的秩序运行，如果失去秩序，是人将它搞乱了。阳气在下积聚，阴气在上压迫它不能蒸升，于是发生地震。任继愈先生认为这是唯物主义观点。[12]笔者认为不能成立。第一，唯物主义也好，唯心主义也好，必然是对世界整体发表意见，才称得上是世界观，是哲学。这里只是就某一种具体的自然现象作出解释，不可以说是唯物主义。第二，唯物主义是对世界整体的本原问题发表意见，如古希腊哲学家提出的始基、元素说。这里的阴阳二气只是土地发生震动的原因，而不是构成土地、世界的始基、元素。第三，唯物主义首先在于确立自然物质是客观的，是独立于人和人类精神之外的。而这里说人可以搞乱天地之气的秩序，“民乱之也”。又说：“山崩川竭，亡之征也，川竭，山必崩。若国亡，不过十年，数之纪也。夫天之所弃，不过其纪。”这就是说，天让周朝灭亡，以地震作为征兆警告统治者。显然，这里不是唯物主义思想。

春秋战国时期，有百家争鸣，许多学派都将阴阳概念吸引到自己的哲学体系之中。在这些哲学体系之中，阴阳一般不是本原或本体，而是本原、本体与万物的中间环节。《老子·42章》说：“道生一，一生二，二生三，三生万物。万物负阴而抱阳，冲气以为和。”这里阴阳是道与万物的中间环节。周秦之际的《吕氏春秋·大乐》说：“万物所出，造于太一，化于阴阳。”《礼运》说：“本于太一，分而为天地，转而为阴阳，变而为四时。”这两处，阴阳都是太一与四时万物的中间环节。在《易传·系辞》中，阴阳是太极与万物的中间环节。阴阳的这种地位一直延续到汉宋明清。这里仅举出汉代的几个例子。在《淮南子》中，阴阳是太一与万物的中间环节。在《黄老帛书》中，阴阳是一(道之别名)与万物的中间环节。在扬雄那里，阴阳是玄与万物的中间环节。在班固那里，阴阳是太极与万物的中间环节。在王充那里，阴阳是天地与万物的中间环节。作为中间环节的阴阳二气，在中国古代哲学的各种体系中，没有担当本原角色。因此，早期阴阳学说不是唯物主义。

三、早期五行学说不是唯物主义

五行作为一个名词概念，最早见于《尚书·甘誓》。《甘誓》记载，夏启征伐有扈氏时，宣布他犯了“威侮五行，怠弃三正”的大罪。这个五行是什么内容？学术界未取得一致意见，但有一点可以肯定，这个被三个威侮的五行不具有哲学意义。《尚书·洪范》明确地把水、火、木、金、土概括起来称为五行。《洪范》记载，殷代遗臣箕子对周开王说：古代君王鲧治理灌水，采用堵塞的办法，不合水的属性，治水失败。舜帝大怒，将鲧流放，至死不赦。鲧的儿子禹继续治水，他顺水之属性，采用疏通的办法，治水成功。舜帝奖励他，赐给他洪范九畴。洪范九畴就是九条大法则的意思。其中第一条大法则是五行：“一、五行：一曰水，二曰火，三曰木，四曰金，五曰土。水曰润下，火曰炎上，木曰典直，金曰从革，土爰稼穑。润下作咸，炎上作苦，曲直作酸，从革作辛，稼穑作甘。”许多学者说这段话包含朴素唯物主义思想。[13]这恐怕是拔高了古人的思想。唐孔颖达以过段话作《疏》曰：“此章所演，文有三重：第一言其名次，第二言其体性，第三言其气味。合五者性异而味别，各为人所用。”这个解释很平实，尤其将五行理解为“……百姓之所兴作也；土者，万物之所资生也；是为人用。”这里的五行也是为人所用的五种东西。《洪范》认为这些为人所用的东西不是自然存在的，是上帝赐给人类的，这些思想不是唯物主义。

五行常被称为五材。如《左传·襄公二十七年》说：“天生五材，民并用之，废一不可。”《左传·昭公十一年》说：“譬之如天，其有五材，而将用之，力尽而敝之。”五材是被人们经常使用的五种材料，即水、火、木、金、土。许多学者说五材是构成世界万物的元素，[14]笔者认为不妥。第一，哲学上的元素说，是认为由最小微粒和结构最单一的自然物质构成了最大的由万物组成的自然世界。五材并不是元素。第二，树林虽然是自然，但是它们有生命，是有机物。有机物不可能是构成无机物的材料，所以树林不可能是元素。第三，土地虽然是自然物，但不是最小微粒的形式，而且看起来内部结构很复杂。亚里士多德曾提出，因为地的粒子太粗，没有谁曾举出地为唯一元素。黑格尔也评论说，土看来很像是许多个别元素的集合体。第四，水、火、木、金、土是人类创建人造世界的五种材料。例如建筑房屋，铸造器械，春种秋收，哪样生产活动离得开这五种材料呢？所以，五材是与实践活动密切相关的一个概念，而不是表示结构、元素的概念。

《国语·郑语》记载了史伯的一段话：“先王以土与金、木、水、火杂，以成百物。”许多人误以为“百物”就是自然世界，由五种元素构成了自然世界，这不是朴素唯物主义思想吗？[15]这种看法不能成立。因为第一，上面已有分析，水、火、木、金、土不是五种元素。第二，即使是元素，这些元素不是自然地构成世界，而是先王按自己的意志将五材混合做成百物。第三，做成的百物显然不是自然世界，而是实践活动的产物。三国时期的韦昭注释说："成百九，谓若铸冶烹调之属。"从以上分析可以说明，这段经常被学者们引用的朴素唯物主义史料，其真实面貌并不是朴素唯物主义。

从春秋战国到秦汉，五行学说越来越流行，并渗透到越来越多的领域。春秋时的占星家已大谈五行的相胜，并已推及人事，预言吉凶。如《左传·昭公三十一年》记载史墨说："火胜金，故弗克。"《左传·哀公九年》又记载史墨说："水胜火，伐姜则可。"墨子、孙子有五行无常胜说。《管子》中的《四时》《五行》已有五行相生说。邹衍创造出一个"五德终始"的体系，预言王朝的变迁。秦始皇、汉高祖对这个体系深信不疑，登基后就实行"改正朔、易服色"。可见邹衍的五行学在秦汉影响之大。邹衍之后，五行学说与阴阳学说已完成合流，并在合流的基础上形成了两个大体系。一是董仲舒的《春秋繁露》，争得儒家的独尊地位，直到今天，还有新儒家在活跃着。另一个是《黄帝内经》，它奠定的中医基础理论，至今还有科学价值。

这个时期的五行学说包含着朴素的系统论思想的萌芽，表现为一种"强五"观念，即把一切自然现象和社会现象都归入到数字五的系统图式结构中，如五方、五臣、五材、五色、五味、五声、五星、五神、五事、五德、五常、五岳、五脏等等。五行常常被用来说明几种事物之间或几种因素之间相互联系、朴素制约的关系，这在中医理论中表现得特别明显。但是，这个时期的五行学说不能说是唯物主义思想，理由如下：第一，这个时期的五行学说没有回答世界本原问题。五行与阴阳一样往往是本原与万物的中间环节。第二，这个时期的五行不是指五种物质元素，而是从属性、功能角度理解的五种关系或五种力量。英国李约瑟先生说："五行是永远在流变着的循环运动之中的五种强大力量，而不是消极不动的基本物质。"[16]这是很深刻的见解。

四、气一元论不是唯物主义

一种很流行的看法，认为中国古代唯物主义的基本理论形态是"气一元论"。这里所谓气一元论，是指世界的本原只有一个，那就是气，气就是物质。张岱年先生在20世纪三四十年代认为，中国古代唯物论的形态是唯气论[17]，20世纪80年代又进一步提出气一元论的概念。[18]气一元论从先秦一直发展到清代，主要代表人物是《管子·内业》的作者、庄子、张载和王夫之等。

笔者认为，气的学说的确是中国古代哲学的基本形态之一，但历史上并不存在气一元论。从气的内部关系看，它既有物质的一面，又有精神的一面。从气的外部关系看，凡讲气是万物的本原的哲学家，同时也讲道、理、诚、信是万物的本原。这是由中国思维方式所决定的，故很少出现例外。

《管子·内业》说："凡物之精，比则为生。下生为五谷，上为列星；流于天地之间，谓之鬼神；藏于胸中，谓之圣人；是故名气。"许多人引文到此为止，读起来好像是气一元论。笔者愿继续引文："是故气也，不可止以力，而可安以德；不可呼以声，而可迎以意。敬守勿失，是谓成德。德成而智出，万物毕得。"在这一段话中，只有"下生五谷，上为列星"是气的物质性的一面，而"藏于胸中，谓之圣人"，以及继续引文中的"可安以德"、"可迎以意"、"成德"、"智出"，都是精神性的一面。可见从气的内部关系看，气并非物质一元，从气的外部关系看，《管子·内业》认为道也是万物的本原。值得注意的是，《内业》只有第一小段是谈气，后面却以十倍以上的篇幅谈道。如说："凡道无根无茎，无叶无荣，万物以生，万物以成，命之曰道。"又说道是"冥冥乎不见其形，淫淫乎与我俱生。不见其形，不闻其声，而序其成，谓之道"。这个道处于混沌状态，无形无声。但万物之所以生，之所以成，之所以有秩序，都来源于道。既然道和气都是万物的根本，故不可以说《管子·内业》的思想是气一元论。

《庄子·知北游》说："人之生，气之聚也；聚则为生，散则为死……故曰通天下一气耳。"这个"通天下一气"是不是只有物质的一面呢？恐怕不是。庄子的意思，气聚而有人之形体，还是气聚而有人之生命？恐怕主要是指后者。那么，气散而后形体消亡，还是气散而后生命和精神消亡？恐怕主要是后者。人刚死不久，气已散，形体还在，但生命和精神已没有了，可见气与生命、精神的关系更密切。凡读过《知北游》的人都知道，这篇文章的中心思想不是探讨气，而是探讨道。文中描写孔子问道于老聃。老聃回答说："夫昭昭生于冥冥，有论生于无形，精神生于道，形体生于精，而万物以形相生。"《大宗师》中对道是这样描述的："夫道有情，有信，无为，无形，可传而不可受，可得而不可见；自本自根，未有天地，自古以固存；神鬼，神帝，生天，生地；在太极之先而不为高，在六极之下而不为深，生天地而不为久，长于上古而不为老。"庄子认为道是万物的本根，这与老子的思想一脉相承。以上说明，庄子虽然说过"通天下一气"的话，但并非气一元论，因为道也是元。庄子的气是不是元，也有值得怀疑的地方。《至乐》说："察其始而本无生，非徒无生也本无形，非徒无形也而本无气。杂乎芒芴之间，变而有气，气变而有形，形变而有生。"这里说世界初始时本无气，后来在芒芴(混沌)之中产生了气，故气不是本原。

庄子在《知北游》中提出了"太虚"的概念，后来在宋代张载那里成为一个重要范畴。庄子的太虚是指无限的宇宙空间，张载则认为这个无限的宇宙空间充满着气。《正蒙·太和》说："太虚不能无气，气不能不聚而为万物，万物不能不散而为太虚。"[19] 似乎是个气一元论的体系。但是不管《正蒙》的首篇《太和》也好，末篇《乾称》也好，都是从论气开始，然后论性。气是铺垫和基础，性才是中心和根本。《乾称》说："凡可状，皆有也；凡有，皆象也；凡象，皆气也。"说到这里，好像气是万有万象之本。但往下看："气之性本虚而神，则神与性乃气所固有；此鬼神所以体物而不遗也。"前面"有"、"象"是气的物质性一面，这里的"性"、"神"是气的精神性的一面。再往下看："至诚，天性也；不息，天命也。……有无虚实通为一物者，性也。性通于无，气其一物尔。"[20]这段话明显将性作为世界(有无虚实)之本，而气是在性之下的一个东西。什么叫"无"？王夫之注释为"性通于无"。什么叫"气其一物尔"？王夫之是这样注释的："气亦受之于天，而神为之御，理主宰气。"气与天、性、理相比是从属关系。这种气的学说怎么能说是气一元论呢？很流行的说法，认为王夫之全面继承和发展了张载的气一元论，是中国古代气一元论的集大成者。但我们仅从王夫之对《正蒙·乾称》的注释就可以看出，他和张载都不是气一元论者。对王夫之气的学说，本文限于篇幅，不做详细讨论。[21]

从《管子·内业》，庄子到张载，他们关于气的学说并不是气一元论。气的内部关系有物质性的一面，又有精神的一面。气的外部关系往往与道、理、诚、性共同成为万物的本原；或者道、理、诚、性是万物的本原，而气只是次一级的本原；或者气是本原的中间环节。这种气的学说不是唯物主义思想。

五、中国古代哲学不具有唯物主义的主要特征

在马克思、恩格斯的辩证唯物主义出现之前，欧洲传统唯物主义有以下主要特征：第一，从主客二分的思维方式出发，认为世界是不依赖于人的意思的客观存在，如英国的霍布斯认为世界就是物体，物体是不依赖于我们思想的东西。荷兰的斯宾诺莎认为世界是统一于质料的实体。亚里士多德指出，在他之前的一些哲学家，只注意事物的物质质料，而忘记了形式。法国伽桑狄指出，实体只有被当做广延的、有形状的、有颜色的东西时，才能被理解。狄德罗认为实体就是物质。费尔巴哈认为实体就是自然。第二，从重分析、重结构的思维方式出发，认为世界是由基本物质如原子所构成的。古希腊德谟克利特认为，原子是一种最小的、不可见、不可分的物质微粒，一切物体都是由原子组合构成的。18 世纪法国的霍尔巴赫认为，物体是由"那些感觉不到的分子"构成的。19 世纪，以科学实验为基础的分子原子理论终于形成并问世。

中国古代哲学与欧洲传统唯物主义大致同时，但由于民族、地域、文化等方面的不同，不具备欧洲传统唯物主义的以上两个特征。具体说明如下：

第一，从天人合一的思维方式出发，中国古代哲学的研究对象不是以物为中心的世界，而是以人为中心的世界。欧洲的物质、万物是与精神、意识相对的，

是纯粹的客观自在体。物质、万物是欧洲最高层次的哲学范畴之一。中国古代的物、万物是与道、理相对的。道、理不是人的精神，而是形而下的东西，所以物、万物在中国古代不是最重要的哲学范畴。在这种理论框架中，道德、伦理等精神现象也可以称之为物、万物，如孟子、王阳明那里所见到的。总之，中国哲人的世界不是客观存在的世界，而是人化的世界，是与人的实践、意识密切相关的世界。因此，中国古代哲学不具有唯物主义的第一个特征。

第二，中国古代哲学从重关系、重功能的思维方式出发，认为气不是有形有质的实体，而是能引起事物运动变化的内部力量，也可称为能量。笔者在《〈左传〉、〈国语〉朴素辩证法思想范畴资料注评》中指出："晚周时期，气已是很重要的哲学概念，但它一般来说不表示一种构成宇宙万物的始基，而是表示宇宙万物运动变化的原因。例如，《左传》、《国语》中有'天气''土气'等说法，我们分别考察之。医和说：'天有六气，降生五味，发生为色，徵为五声，淫生六疾。六气曰阴阳风雨晦明也，分为四时，序为五节'(《左传昭公元年》)。这里，天之六气是五味、五色、五声、六疾、四时、五节等发生的原因，但绝不是构成它们的始基。虢文公说：'阳瘅愤盈，土气震发，……土乃脉发'(《国语·周语》)。这里，土气上升是土地发生运动变化的原因，但土气显然不是构成土地的基本元素。叔向说：'单子其将死乎……无守气矣'(《昭公十一年》)。嬖叔说：'味以行气，气以实志，志以定言，言以出令'(《昭公九年》)。就是说，气是人能够生存、思维、说话的原因。上述材料说明，至迟在春秋时代，气还不是一个实体范畴。"[22]

气既然是事物运动变化的原因，那么可以将它理解为力，或者是能量。西方对中国的"气"这一概念翻译往往就是这样理解的："在德国，重点是生命力；在法国，重点是能量；在英美，重点是内在力。"[23]而在日本，"气的思想概念，作为全体而言，可以视为是组成人和自然的生命、物质运动的能量。"[24]李泽厚先生认为中国哲人的理性属实践理性范畴，这种理性重功能不重实体。他说："中国古代哲学范畴(阴阳、五行、气、道、神、理、心)，无论是唯物还是唯心论，其特点大都是功能性的概念，而非实体性的概念。中国哲学重视的是事物的性质、功能、作用和关系，而不是事物构成的元素和实体。对物质世界的实体的兴趣远逊于事物对人间生活关系的兴趣。中国的金、木、水、火、土五行不同于希腊、印度的地、水、火、风四元素，前者更着眼于其生活功能，所以有金。"[25]以上说明中国古代哲学不具有唯物主义的第二个特征。

第三，从重综合、重生成的思维方式出发，中国古代哲学没有形成原子的学说，而完成了气的学说。按欧洲的分析方式，任何有形物体都是有内部结构的，都是可以分解的。分解到最小的微粒即为原子，世界是原子构成的。中国古代哲学家认为世界不是组合的、构成的，而是生成的、生育的。从老子、《易传》到周敦颐、朱熹，都在探讨世界之“母”，万物是如何生成的，生成的模式如何。构成论要求寻找空间位置最小的东西，而生成论要求寻找空间位置最大、时间上最早的东西，这个东西就是气。气是世界原始的状态，故最早；气布满整个虚空，故最大。气无形，与有形的原子不同。气具有运动力、能量，与被动、惰性的原子不同。气在运动中生成万物、赋予万物以生命力；而原子静态地组合万物，万物机械地运动。在欧洲传统唯物主义理论体系中，原子几乎等同于物质，尤其在自然科学发现分子、原子以后。后来当原子也可以分解时，许多自然科学家和哲学家惊呼物质消失了，[26]就是一个证明。从这个意义上讲，中国的气不同于原子，也就是不同于物质。气不具有原子的特征，也就不具有唯物主义的特征，这在辩证唯物主义出现之前是不言而喻的。有的学者认为气是物质，他们受到了列宁物质定义的影响。列宁说：“物质是标志客观实在的哲学范畴。”又说：“物质的唯一特性就是：它是客观实在。”[27]这些学者按列宁的定义，认为气是物质；但他们必须也相应地承认，气的学说不是朴素唯物主义的形态。中国古代难道就有辩证唯物主义形态吗？反之，他们如果坚持气的学说是朴素的，或传统的唯物主义形态，那么，相应地也就不能使用列宁的物质定义去解释气，不能将气等同于物质。在这两难选择中，我们只能选择后者，只能承认中国古代哲学不具有传统唯物主义的第三个特征。

总之，从学说和人物的角度来看，中国早期的阴阳学说、五行学说以及影响深远的气的学说，不是唯物主义。《管子·内业》的作者、庄子、张载等也不是唯物主义哲学家。从唯物主义的理论基础和历史形态的角度看，中国古代哲学不具有一般唯物主义的基本前提，也不具备传统唯物主义的主要特征。因此，笔者认为中国古代哲学没有唯物主义。需要说明的是，阴阳学说、五行学说、气的学说，虽然不是唯物主义，却不可以说它们不是哲学。它们的哲学思想如何认识，如何评价，笔者将另文专述。

六、恢复中国古代哲学的本来面目

中国古代哲学没有唯心主义，也没有唯物主义，这本来是很简单、很明显的事实。但是，为什么却有两三代人去构建所谓唯物主义与唯心主义斗争史体系呢？笔者认为主要是教条主义在起作用。教条主义者们把恩格斯关于哲学基本问题的论述，以及列宁关于哲学党性原则的论述，生搬硬套在中国古代哲学领域，完全不考虑中国古代哲学的特殊性，也不考虑中华民族思维方式的民族性。他们把生动活泼的中国古代哲学，写成了仅仅是对恩格斯、列宁几句话的注释和论证体系。

克服教条主义，恢复中国古代哲学的本来面目，几十年来一直有人在做这方面的艰苦工作。特别值得注意的是，20 世纪 80 年代以来海内外出现了一个对中国古代哲学进行反省的思潮。1980 年，笔者在《光明日报》撰文，认为“孔子并没有对世界本原是物质还是精神发表什么意见，他既不是唯物主义哲学家，也不是唯心主义哲学家，而是伦理哲学家。老子除了研究伦理问题之外，还研究道。道是物质还是精神？多年来争论不休。我认为是物质，也不是精神。道是什么呢？道就是道。掌握了它的规定性就能把握它，何必要往欧洲传入的两个概念上套？”[28]1981 年，庞朴先生在一次学术讨论会上发言说：“我把哲学上区分唯物唯心称为‘二分法’，并说这种二分法是形而上学，我主张实行‘三分法’。……假如说，天是义理之天或意志之天，这种说法当然是不对的，但不对不等于肯定地、唯心主义地回答了思维与存在的关系。同样，那种认为世界产生于金、木、水、火、土的，是否就是唯物主义地回答了思维与存在的关系问题呢？我看它也没有提出并回答这一问题。……考察中国哲学史，大概到了宋明理学阶段，才十分明确地提出了思维和存在的关系问题。而在此之前，尚在认识的发展过程中。”[29]苏联一些汉学家认为中国古代哲学没有唯心主义，也没有唯物主义。1984 年，A. H. 阔博杰夫在《中国传统哲学方法论》一文中指出：中国古代没有唯心主义，也就没有唯物主义。他说：“我们提自然主义，不提唯物主义。因为后者与唯心主义相对应，在这一相互关系之外‘唯物主义’失去科学含义。”[30]一位汉学家认为王阳明的世界观是唯物主义的，A. H. 阔博杰夫针对他的论文说：“这一学说更恰当些应定性为自然主义。”[31]中国古代没有唯物主义。只有自然主义和唯实主义，这种看法在当代西方汉学家中也比较流行。如美国华裔学者陈荣捷将荀子、王充、张载等人的哲学称为自然主义或唯实主义。[32]

1986 年，在贵州召开的全国马克思主义哲学史讨论会上，与会者围绕着哲学基本问题的性质展开了讨论。一种观点认为，哲学基本问题“把哲学分为两大阵营，禁锢了人们的头脑，束缚了哲学的发展，把哲学研究简单化，以致后来发展到对哲学的研究采取贴标签的方法”。[33]另一种观点认为，是后人“把恩格斯的观点简单化、庸俗化，扩大和混淆了哲学基本问题的含义，造成了一系列不良影响。这种错误不能算在恩格斯头上。实际上，任何哲学的基本问题在不同的时代和哲学中，都各有其不同的表现”。[34]1988 年至 1991 年，我国哲学界在关于实践唯物主义问题的争论中形成了超越论和反超越论两种对立的观点。其中，超越论者提出了超越唯物主义和唯心主义的对立问题。他们说：“唯物论和唯心论只是哲学发展一定阶段上形成的对立派别，它们并不代表哲学论争的永恒本质，唯物唯心的分野也不意味决定一切观点的认识路线，因而我也不能把这种对立同真理与谬误的对立等同起来，认为它们是不可超越的。”[35]以上争论，虽然不是直接针对中国古代哲学的，但它提出的问题对中国古代哲学的反省有较大的影响。拙著《晚周辩证法史研究》于 1988 年出版。该书认为中国古代哲学没有着重探讨“存在是什么？是物质还是精神”的问题。这也就是说，中国古代哲学没有唯物论和唯心论。该书说：“欧洲哲学史是从承认万物自身的统一性开始的，所以它最早也最高的哲学范畴是‘存在’。中国哲学史是从承认变化中有不变的法则开始的，所以它最早也最高的哲学范畴是‘易’。这一区别决定了中国古代哲学没有着重探讨‘存在是什么？是物质还是精神’的问题。对古代中国人来说，万物的存在是不言而喻的，因此也就没有引起他们的理论兴趣。”[36] 1995 年，台湾的李杜先生发表《现代中国的唯心论与唯物论》一文，认为“中国传统哲学没有唯心论亦没有唯物论，而只有近似之说。从名词上说是如此，从理论内涵上说亦然。……中国先秦时期儒家的孔子、孟子、荀子，没有所说的唯心论或唯物论的说法，道家的老子、庄子亦没有如此的说法，……宋明理学亦不是唯心论或唯物论。冯友兰曾分宋明理学为‘理学’与‘心学’两大派。他的分法是否接受可有不同的意见。但即使依他的分法去说，他所说的‘心学’亦不即是唯心论，所说的‘理学’亦非唯物论”。[37]

笔者预感到，被唯物唯心模式统治了半个多世纪的中国古代哲学领地，即将发生一场变革。这场变革之后，中国古代哲学不再是欧洲古代哲学的简单翻版，也不再是对领袖人物几句话的注释和论证，而会展现出本民族最优秀、最丰富、最独特的哲学智慧，将它贡献给 21 世纪的全人类。

注释：

[1]《马克思恩格斯选集》第四卷，人民出版社 1972 年版，第 228 页。

[2]该文发表在《新华文摘》1996 年第 5 期。

[3]以上观点在《中国古代哲学有没有唯心主义》一文中有详细论证，故本文论述简略。

[4]冯友兰《中国哲学史》，中华书局 1961 年版，第 10～11 页。

[5]同上书，第 352 页。

[6]任继愈：《中国哲学发展史》（先秦），人民出版社 1983 年版，第 260 页。

[7]张岱年：《中国唯物主义思想简史》修订本序言，中国青年出版社 1981 年版。

[8]张岱年：《中国古典哲学的唯物论传统——中国唯物论史》，载《甘肃社会科学》，1993 年第 5 期。

[9]许多学者认为中国哲学史的一个特点是模糊性，但他们没有反省是不是“望远镜”有问题。

[10]许多学者认为中国哲学史的逻辑范畴不清楚，哲学家是唯物或唯心难搞清楚。是研究对象不清楚，还是研究方法不对路，值得反省。

[11][12]任继愈：《中国哲学史》第一册，人民出版社 1966 年版，第 25、

1721 页。

[13]冯友兰:《中国哲学史新编》修订本，人民出版社 1980 年版，第 70 页。

[14]郭沫若:《十批判书》，第 117 页。侯外庐:《中国思想通史》第一卷，人民出版社 1957 年版，第 125 页。

[15]艾思奇:《辩证唯物主义历史唯物主义》，人民出版社 1961 年版，第 8 页。

[16]李约瑟:《中国科学技术史·科学思想史》，科学出版社 1990 年版，第 267 页。

[17]张岱年:《中国哲学大纲》，中国社会科学出版社 1982 年版，第 40～41 页。

[18]张岱年:《中国哲学发微》，山西人民出版社 1981 年版，第 391 页；又《中国古代哲学家评传》第三卷上册，齐鲁书社 1981 年版，第 118 页。

[19][20]王夫之:《张子正蒙注》，中华书局 1975 年版，第 329 页。

[21]对王夫之不做详细分析的另一个原因，是王夫之属古代哲学家还是启蒙时代哲学家，学术界有争论。如侯外庐、萧箑父等先生认为王夫之是早期启蒙思想家。

[22][36]宫哲兵:《晚周辩证法史研究》，上海古籍出版社 1988 年版，第 53～54 页。

[23]转引小野泽精一等编:《气的思想》原序，上海人民出版社 1990 年版，第 7 页。

[24]同上书，第 5 页。

[25]李泽厚:《中国古代思想史论》，人民出版社 1986 年版，第 32～33 页。

[26][27]参见《列宁选集》第二卷，第 128、263、266 页。

[28]宫哲兵:《要注意中外哲学史的特殊性》，载《光明日报》1980 年 10 月 1 日。

[29]《本刊第二次夏季学术讨论会发言选登》，载《中国哲学史研究》1982 年第 1 期。

[30]A. H. 阔博杰夫:《中国传统哲学方法论》，载《亚非人民》(莫斯科) 1984 年第 4 期。

[31]A. H. 阔博杰夫:《王阳明学说与中国经典哲学》，载《中国传统意识形态史》(莫斯科)，1984 年。

[32]詹应济编译:《中国哲学资料》第 9 卷，普林斯顿出版社 1963 年版，第 115、495 页，

[33]转引《关于中国哲学史研究的方法论问题》，《哲学译丝》1993 年第 5 期。

[34][35]转引杨正江:《哲学体系重要问题研究》,上海远东出版社1993年版,第154、163页。

[37]李杜:《现代中国的唯物论》,《中国哲学的回顾与展望》下册,台湾辅仁大学出版社1995年版。

第三章　质疑中国古代先验论

20 世纪 80 年代以来出版的中国哲学史、中国认识论史等类书籍，“先验论”是一个使用极其广泛的概念。例如，1983—1985 年上海人民出版社出版了冯契先生的《中国古代哲学的逻辑发展》(三册)一书，书中认为属于先验论的哲学家或具有先验论思想的人物就有孔子(91 页)、老子(126 页)、扬雄(427 页)，董仲舒和王弼(500 页)、二程(765、803 页)、朱熹(844、852 页)、陆九渊(857 页)、王守仁(884 页)等；1989 年河南人民出版社出版了姜国柱先生的《中国认识论史》一书，书中认为属于先验论哲学家或具有先验论思想的人物有孔子(285 页)、孟子(287 页)、董仲舒(295 页)、王安石(305 页)、张载(307 页)、二程(308 页)、朱熹(310 页)等；1984 年中国人民大学出版社出版了夏甄陶先生的《中国认识论思想史稿》(上卷)，也认为孔子“生而知之”的说法“是一种先验主义的知识来源论”(26 页)，孟子“建构了他的先验主义的认识论体系”(81 页)等等。

笔者不同意上面这些说法，认为认识论作为一门独立学科是近代以后产生的，作为认识论的重要流派之一的先验论，在中国古代是没有的。不能把先验论与唯心主义认识论等同起来，因为先验论只是唯心主义一种特殊的说法。孔子、孟子以及继承孔子、孟子思想的宋明理学家，都不属于先验论哲学家。

一、认识论(包括先验论)是近代才有的

谈到认识，必须要有认识者和认识对象。认识者就是认识主体，认识对象就是客体。更加准确地说，主体是指进行着认识和实践活动的意识的人，具有自觉的能动性、自我意识机能和社会性等基本特征；客体是相对于主体而言的，它是主体认识和活动的对象。对于主体和客体关系的认识，是有一个过程的。古代哲学是以客体作为主要研究对象的。在那个时候，人们还没有把主客体的关系及其规律作为哲学研究的对象，而偏重于探讨客体的规定性以及如何去确定这种规定性。例如，古希腊哲学家们认为，在自然世纪的多样性中存在着统一性。他们在某种特殊的东西中去寻找这个统一。关于自然世界的元素，有的人认为是水，有的人认为是火，有的人认为是空气，等等。再例如，中世纪的唯名论与唯实论之争，仍然是把客体作为主要研究对象的。客体是什么呢？是特殊的、个别的事

物，还是同一类事物的共相、一般呢？长期的争论使人们认识到，认识对象是个别的事物，而认识的过程是以“一般”去概括、抽象个别的事物。最重要的问题是人头脑中如何获得“一般”？这个“一般”是否符合“个别”？对这些问题的思考，促使人们从研究客体转向了研究主体，欧洲哲学史由此进入了第二阶段。这个阶段是近代才开始的，认识论才成为哲学研究的主要方面。在古代，认识论的萌芽就已经存在，但是它混在包罗万象的哲学整体之中。到了近代，人们将认识主体作为主要研究对象，详细地、系统地分析了认识者的认识能力、认识方法、认识来源和过程、认识标准等等，终于使认识论从大哲学体系中分化出来，成为一个独立的学科分支。

对认识主体的初期研究，是围绕着认识来源问题而展开的。有的哲学家认为，认识是通过主体的感觉经验才获得的，没有感觉经验就不会有任何认识，这些哲学家组成了经验论派别。另一些哲学家认为，正确的认识来源于主体的理性，理性知识比感觉经验更可靠，这些哲学家组成了唯理论派别。这两个派别的辩论从 17 世纪持续到 19 世纪，从英国、法国发展到德国、荷兰等国家。从今天来看，这两个派别各有其贡献，也各有其片面性。但正是二者的激烈辩论，把对认识主体的研究推向了高潮。从这个意义上说，没有经验论和唯理论，就没有近代认识论的诞生。经验论与唯理论的对立持续了几代人，谁也不能战胜对方，这就为第三者的出现创造了条件。康德创立的先验论哲学，目的就是为了综合经验论和唯理论。康德提出认识有两个来源，一是“自在之物”刺激感官而获得的经验材料，二是先天的主观形式。认识就是用主体先天所具有的认识形式，去整理“自在之物”这个客体所刺激起来的感性表象。他既然提出认识的两个来源，就把思维与存在的关系问题比较清楚地提了出来。思维与存在的关系问题，不仅仅是本体论的基本问题，也是认识论的基本问题，它是在欧洲近代才被清楚地提出来，才获得了它的完全意义，所以认识论也是近代才有的。其标志是一大批认识论专著问世。经验论创始人培根写出《新工具论》(1620 年)，这是他一生研究认识和科学方法论的结晶。唯理论创始人笛卡尔出版了《形而上学的沉思》(1641 年)，随后，遭到培根的继承者霍布斯和加桑狄的驳难。经验论发展到洛克可谓集大成，他出版了《人类理智论》(1690 年)，阐明了认识的过程，规定了认识的界限，把认识和信仰区别开来。德国唯理论的卓越代表莱布尼兹写出《人类理智新论》(1750 年写成，1765 年出版)，从书名就可以看出是针对洛克的。把经验论推到极端的是贝克莱和休谟。前者出版《人类知识原理》(1710 年)，后者出版《人类理解研究》(1749 年)。康德是近代认识论的集大成者，写有《纯粹理性批判》(1781 年)等认识论巨著。这些著作标志着认识论已成为哲学领域中一门独立的学科。从以上论述可以看出，在近代前不可能产生先验论的哲学体系。

二、先验论是唯心主义的一种特殊说法

先验论作为欧洲近代认识论的一个派别，是与康德的名字分不开的。在1781年出版的《纯粹理性批判》中，康德将自己的哲学体系称为先验的唯心主义。康德创立先验论，是为了克服经验论与唯理论的对立。他一方面批评经验论，企图把概念、范畴归结为感觉；另一方面又批评唯理论，抽掉感觉经验概念、范畴。它们二者都有正确的方面，又都有片面的论述。康德企图克服二者各自的片面性，从而达到一种结合。康德先验论的特点是所谓“先天的认识形式”。他认为认识有两个因素，其一是经验材料，其二是先于经验的主观认识形式，如空间和时间及范畴。他认为，人要形成普遍、必然的知识，就必须用先验的认识形式去整理综合经验材料。

但先验论不是专指康德个人的哲学体系，而是代表近代认识论的一个派别。“先验”这一词语16世纪开始被人使用。但是从康德开始，它在哲学领域才广泛流行，并且形成了一个认识论派别。莱布尼兹在康德之前提出了调和经验论和唯理论的任务，他认为人的理智有一些天赋的内在原则，它们依靠经验所提供的机缘而形成知识。因此，莱布尼兹是唯理论者，且被人认为具有某些先验论的色彩。康德晚年，谢林出版了自己的著作《先验唯心主义论体系》。他像康德一样，称自己的哲学体系为先验唯心主义。谢林之后，德国出现一个影响很大的哲学流派——新康德主义。这个流派继承了康德先验论的基本思想，即认为先天的认识形式是构成知识的前提条件。

有些人认为柏拉图和笛卡尔也是先验论者。柏拉图的“理念说”是最早的关于“天赋观念”的理论，这个理论由笛卡尔系统化而得以完成。所谓天赋观念，即不通过经验而先天具有的观念。这种思想是否与先验论的思想一致呢？只能说有相近似的地方，不能说一致。苏联学术界认为：“在康德那里，先天知识不同于天赋观念的是，它所涉及的只是认识的形式，而不是认识的内容。”[1]康德使用“先验”一词，并不是表示一种超越一切经验的东西。他说：“先验这个词并不意味着超越一切经验什么东西而是指虽然先于经验的，然而却仅仅是为了使经验知识成为可能的东西说的。”[2]这里，他指明了自己与柏拉图、笛卡尔的区别。有些人把“先验论”这一概念泛化，认为先验论就是唯心主义认识论的实质，就是唯心主义认识论的路线。从欧洲古希腊、中国的先秦到近现代，始终贯穿着唯心主义先验论与唯物主义反映论的斗争。这种提法，是将一个特定时代的具体形态的唯心主义派别与一般形态的唯心主义路线混为一谈。列宁曾指出康德的先验论是唯心主义的一个特殊说法，而不是唯心主义路线。他说：“问题不在于重复康德的先验学说，因为这一点所决定的不是哲学上的唯心主义路线，而是这条路

线的一个特殊说法。”[3]

三、中国古代没有先验论

先验论是对经验论和唯理论的综合。中国古代有没有经验论和唯理论呢？没有。因为中国古代不具有产生经验论和唯理论的自然科学基础。英国的培根之所以能够成为欧洲近代经验论的创始人，是因为他在自然科学领域首创了实验归纳法。他在《新工具》一书中提出了科学方法论的两大基本原则，即实验定性原则与归纳推理原则。近代自然科学与古代自然哲学的区别，就在于实验方法的确立，而实验方法和归纳推理都是建立在感性经验的基础上的。培根从科学方法论进入认识论，认为人的一切知识都是从感觉经验开始。他说：“人们若非发狂，一切自然的知识都应当求之于感官。”[4]法国笛卡尔是近代唯理论的创始人，同时也是杰出的自然科学家。在数学方面，他创立了解析几何；在物理学上，他发现了运动守恒定律。他的认识论是建立在数学演绎的基础上。笛卡尔将数学方法运用到哲学领域，认为只有利用理性直观以寻求“清楚明白”的原理并进行演绎推理，才能建立可靠的认识论基础。由中国古代自然科学的水平所决定，没有出现实验归纳和数学演绎等科学方法论，因此就没有产生经验论和唯理论及综合二者而形成的先验论。

先验论的一个重要思想是，认为我们在认识客体对象之前，必须批判地审查主体的认识能力，确定其认识的界限。这就是说，先验论与欧洲其他认识论一样，都建立在主客对立的基础上。中国古代学者的思维方式与欧洲不同，主张天人合一，反对将主客对立起来，在天人关系中，人是最重要的。人是万物的主宰，能够与天地“参”，能够“为天地立心”。这是一种以人为中心的人本主义思想，它主要是价值论的意义，而不是认识论的意义。中国古代哲学的核心，是关于人的存在、人的本性、人的价值、人生的意义等问题，而不是关于自然界的存在以及如何认识自然界的问题。中国古人认为，自然界并不是作为认识的对象而存在，而是贯通于人的内部存在，在人的心灵中就内含着自然界的普遍原则，人不必对自然界进行客观化、概念化的分析。既然自然界的存在和意义就内含在人的心理结构之中，既然人是自然之道的真正体现者和实现者，那么，对人自身的了解，就是了解了自然界的存在、意义和法则。正是这种思维方式，使中国古代没有产生以主客对立为基础的认识论。

梁漱溟先生曾把中西哲学的区别概括为“理智”与“理性”的不同。西方的“理智”型指认知理性或思辨理性，中国的“理性”是指道德理性或实践理性。这种划分有一定的道理。欧洲认知理性重视求知，强调对象性、客观性、普遍性、必然性。古希腊哲学家对哲学的定义即“爱智”，他们追求真理、重视概念。例如，苏格拉底寻找真理，这种真理具有抽象的普遍性、客观的精确性和概念的清楚性。这一传统发展到近代，形成了经验论和唯理论。二者共同的特点是不以求知为手段，肯定求知而为目的，并发展出“知识就是力量”和以科学技术为中心的观念。中国的道德理性强调非对象性、非客观性、内在性和意向性。它不以求知为目的，而以求知作手段，求知的目的是为了求道。老子说：“为学日益，为道日损。”[5]这里为学就是求知，为道就是求道。孔子以重学著称，但他更重视道。他说：“朝闻道，夕死可矣。”[6]道不是苏格拉底寻找的真理，而是人生践履的最高原则。老子的最高原则是“自然”（道法自然），孔子的最高原则是“仁”、“德”。这些都是人生哲学和伦理哲学的范畴。中国古代哲学始终以“为道”及求“德性之知”为目的，“为学”求知只是手段，并且是次要手段。主要的手段是道德修养与践履躬行，也就是知与行。

四、孔子、孟子和宋明理学家不是先验论哲学家

有相当多的学者认为孔子、孟子是先验论的代表。[7]孔子说：“生而知之者，上也；学而知之者，次也；困而学之，又其次也；困而不学，民斯为下矣。”[8]孔子既然承认世上有“生而知之”的人，那岂不是先验论者？但是研究孔子的大多数学者都知道，孔子并没有说过谁是“生而知之”的人，包括他最崇拜的文王、周公也不例外。孔子一生都提倡“学而知之”。他说：“君子学以致其道”，“博学而笃志”，“学而不厌”等等。孔子还明确说过自己不是“生而知之者”，而是“学而知之者”。他说：“我非生而知之者，好古敏以求之者也。”[9]笔者认为，孔子提出世上有“生而知之者”，仅仅是为了树立一个理想的境界。比如说人的道德品质，我们今天可以从公私关系的角度分为四等：大公无私者上也，公而忘私者次也，公私兼顾者又其次也，自私自利者斯为下矣。大公无私者就像生而知之者一样，从理想境界上说是有的，但是在现实生活中绝对无私的人是找不到的。有些人是从现实、求真的角度去苛求孔子，并把他理想的求善的言论绝对化，错误地认为孔子是先验论者。

退一步说，如果孔子真的是从现实的角度、求真的角度认为有“生而知之者”，难道这可以概括为先验论吗？生而知之只能说接近于天赋的观念，可是先验论与天赋观念是有差别的。先验论在本体与现象之间划下了一条鸿沟，孔子有本体与现象对立的观念吗？先验论是对经验论与唯理论的总结，孔子以前有经验论和唯理论吗？

孟子说：“人之所以不学而能者，其良能也；所不虑而知者，其良知也。孩提之童，无不知爱其亲者，及其长，无不知敬其兄也。亲亲，仁也；敬长，义也。”[10]良能良知是人先天固有的道德品质，如仁和义。除了仁和义以外，礼、

智也是人心所固有的。孟子说:“恻隐之心，仁也；羞恶之心，义也；恭敬之心，礼也；是非之心，智也。仁义礼智，非由外铄我也，我固有之也。”[11]依据这种说法，难道孟子就是先验论者吗？先验论是认识论的一种理论，它探讨的是客观性知识的来源问题，然而孟子关于良知、良能、仁义礼智的学说，完全是回答道德伦理的起源问题，这怎么能跟先验论挂钩呢？孩子一生下来爱不爱他的母亲？人的本性是善还是恶？这些不是认识论问题。价值与事实混同，是中国哲学史研究领域长期存在的一个问题。一旦分清价值与事实命题，分清道德修养论与认识论，就会得出结论，孟子不是先验论者。

宋明理学家们大多数继承了孟子的“良知良能”说。程颢认为，人先天具备良知良能，“良能良知，皆无所由；乃出于天，不系于人。”[12]所以认识不必向外，只需向内：“学者不必远求，所取诸身，只明人理，敬而已矣”。[13]朱熹说：“孩提之童，知爱其亲，及其长也，知敬其兄，以至饥则知求食，渴则求饮，是莫不有知之也。”[14]朱熹这里所说的“知”与二程的“良知良能”一样，不是自然知识、客观知识，而是伦理道德的知识和本能。这种观念不属于先验论的范畴。宋明理学家讲良知良能最多的是王守仁。他的“致良知”学说把孟子以来的良知良能发挥到极端，并认为：“至良知之外无学矣。”[15]为了彻底贯彻“良知”的思想，他还提出了“知行合一”的学说。他说：“我今说个知行合一，正要人晓得一念发动处便即是行了。”[16]王守仁的哲学不是先验论，因为致良知、知行合一等不是认识论的命题。李泽厚说：“人们常把王阳明山中花随心生灭的著名论点当做巴克莱来批判。其实，在王阳明知行全一说中，认识论已不占什么地位，在某种意义上甚至可以说已经取消了认识论问题。所谓‘致良知’并非知，乃伦理感也。”[17]李泽厚先生的这一评价似乎可以推而广之，在以道德理性为特征的中国古代哲学中，认识论问题已不占什么地位，在某种意义上甚至可以说已经取消了认识论问题。在这种思维方式或影响下，就很难产生先验论。

“文化大革命”以后出版的中国哲学史著作有一个特点，就是批判先验论的内容大大增多了。例如，杨荣国主编的《简明中国哲学史》就虚构了一个从古到今的所谓唯物主义反映论与唯心主义先验论的斗争史体系。“早在春秋战国时期，在认识论上也展开了朴素唯物论的反映论对唯心论的先验论的激烈战斗”；“明清之际的王夫之、黄宗羲、颜元……从阐明和发挥朴素唯物主义的反映论中，反对唯心论的先验论”。在社会主义时期，还有人“大肆贩卖唯心论的先验论”。因此，我们要“从坚持唯物论的反映论中，反对和批判形形色色的唯心论的先验论”。[18]“文化大革命”中，曾在全国范围内公开批判先验论。一些极左的领导人为了达到借古喻今、影射现实的政治目的，有意将先验论这一概念泛化使用，使它与“唯心主义认识论”等同，拼凑了贯穿古今的先验论与反映论的两军对战史。遗憾的是，那个时代泛化使用的“先验论”概念，至今还在我们许多学者的论著中出现。而那个时代的公式化、标签化的方法，在目前中国哲学史研究领域还有一定的市场。如果不清除“文化大革命”在理论界的流毒，哲学、哲学史、认识论史的研究就不可能有大的发展。

注释：

[1]康斯坦丁诺夫：《苏联哲学百科全书》第一卷“先天”词条，上海译文出版社1984年版。

[2]转引谭鑫回等：《西方哲学辞典》，山东人民出版社1991年版，第520页。

[3]《列宁选集》第2卷，人民出版社1960年版，第162页。

[4]培根：《新工具》，商务印书馆1934年版，第22页。

[5]《老子》，第48章。

[6]《论语·里仁》。

[7]任继愈主编：《中国哲学史》第4册，人民出版社1979年版，第118~119页；冯契著《中国古代哲学的逻辑发展》上册，上海人民出版社1983年版，第91、171页。

[8]《论语》季氏篇。

[9]《论语》述而篇。

[10]《孟子》尽心篇。

[11]《孟子》告子篇。

[12][13]《河南程氏遗书》第2(上)。

[14]《朱子语类》卷15。

[15]《王文成公全书》卷8《书魏师孟卷》。

[16]《王文成公全书·传习录》下。

[17]李泽厚：《中国古代思想史论》，人民出版社1986年版，第250页。

[18]杨荣国：《简明中国哲学史》序言，人民出版社1973年版。

第四章 质疑中国古代反映论

反映论是唯物主义认识论的基本理论。这种理论认为，人类的感觉、概念和全部认识过程，都是客观世界的反映。反映有两种形态，即机械唯物主义的反映论和辩证唯物主义的反映论。中国20世纪三四十年代的学者，大多认为中国古代没有认识论或认识论不发达，如冯友兰和金岳霖先生就持这种看法。[1]在他们的中国哲学史著作中，认识论一般不占重要地位，更不可能谈到反映论的问题。20世纪50年代，侯外庐先生最早在中国哲学史领域开展系统的认识论研究[2]，以区别唯物主义认识论与唯心主义认识论；20世纪60年代的学者又进一步区分反映论、先验论、经验论、唯理论等认识论派别。20世纪80年代以后的中国哲学史界普遍认为荀子和王夫之具有唯物主义反映论的思想，这几乎成为定论[3]。笔者认为反映论是近代以后才有的，中国古代不可能有机械唯物主义的反映论，更不可能有辩证唯物主义的反映论。荀子和王夫之都不是反映论哲学家。

一、反映论是近代才有的，中国古代没有反映论

尽管古希腊哲学家留基波、德谟克利特、伊壁鸠鲁猜测到人的认识好像是镜子式的反映一样[4]，已具有反映论的萌芽，但是他们的见解主要依赖于观察，其表述形式粗糙而不成体系。作为认识论的一种理论形态，机械唯物主义的反映论是与近代经验论共生共长的。经验论需要具体说明感性经验是如何发生的，并要描述其过程，实验自然科学的出现为这种具体的说明提供了科学基础。由于力学、光学、生理学的进步，英国经验论者霍布斯提出了机械论的反映理论。他说："感觉是一种影像，由感觉器官向外的反映及努力所造成，为继续存在或多或少一段时间的对象的一种向内的努力所引起。"[5]但是，他把外部事物与感官的反映关系，看做机械压力的作用力与反作用力的关系，表现出近代机械论的时代特征。法国经验论哲学家拉美特利通过人体解剖得出结论：每根神经都发源于大脑皮质，感觉中枢在大脑里，大脑是思维的器官。他认为，认识就跟幻灯机的原理一样，脑海里好像有个幕布，眼睛像个反射镜，外部事物的影像通过眼睛反射到大脑的幕布上。法国唯物主义哲学家狄德罗发展了拉美特利的反映论思想，他认为大脑、感觉器官、神经组成一个完整的反映系统。狄德罗根据近代自然科学提供的知识，认为人的反映能力起源于物质和生物的感受性。他说无机物有"迟钝的

感受性”，有机物有“活跃的感受性”，而人类具有的“明显的感觉只和物质的高级形式（有机物质）有关系”。[6]以上说明，没有近代实验自然科学，就不可能产生严格意义上的反映论。黑格尔对“反映”概念的看法也证明了这一点。黑格尔说：“反映或反思，这个词本来是用来讲光的，当光线直线式射出，碰到一个镜面上时，又从这个镜面上反射回来，便叫做反映。”[7]这里黑格尔明显受到自然科学的影响，注意到关于光的折射这一物理学光学原理与认识领域中反映概念的联系。

机械唯物主义反映论通过费尔巴哈这一中间环节而发展到马克思主义的反映论，这是反映论的一种新形态——辩证唯物主义的反映论，辩证唯物主义的认识论是能动的、革命的反映论。这说明，反映论的两种形态都产生于近代以后的欧洲，实验自然科学的发展是它产生的基本条件。中国古代只有观察式的自然科学，没有实验自然科学，因此，不可能产生机械唯物主义、辩证唯物主义，以及与这两种哲学形态紧密联系的反映论哲学。

反映论的理论前提是主体与客体的对立。古希腊哲学时期有主客二分的萌芽，但没有明确的主客区分和对立。黑格尔说：“关于主体和客体的对立的问题，在柏拉图时期也还没有提出。”[8]主客明确的区分和对立，始于近代笛卡尔。笛卡尔建立了主体性原则，从主体出发达到客体，认识客体。这一哲学原则成为欧洲近代哲学的起点和特点。从主客对立的思维发展出了反映论哲学，反映就是主客之间的一种关系。主体反映客体，在头脑中形成关于客体的概念，客体则被主体所反映，成为主体概念中的内容。

中国古代思维方式主张天人合一，反对将主客对立起来。在天人关系中，认为人是主要的。人是事物的主宰，能够与天地“参”，能够“为天地立心”。这是一种以人为中心的人本主义思想，它主要具有的是价值论的意义，而不是认识论的意义。中国古代哲学的核心是关于人的存在、人的本性、人的价值、人生意义等问题，而不是关于自然界的存在以及如何认识自然界的问题。中国古人认为，自然界并不是作为认识的对象而存在，而是贯通于人的内部存在，在人的心灵中就内含着自然界的普遍原则。人不必对自然界进行客观化、概念化的分析。既然自然界的存在和意义就内含在人的心理结构中，既然人是自然之道的体现者和实现者，那么，对人自身的认识，就是认识了自然界的存在、意义和法则。这样一来，认识成为自我认识或内向认识。孟子把认识看成是“求放心”和“反身而诚”的过程，就是典型的内向认识。这种内向认识不关心外在被反映者，因此，很难发展出反映论哲学。

二、荀子不是反映论哲学家

一般认为荀子是先秦唯物主义反映论的代表人物。与此相关联，也认为荀子已有明确的主客对立的思想。如冯友兰先生说："荀子把天人之分提高到哲学的高度。它把天和人的界限严格地划分开来，这就把自然与社会、物质和精神、客观和主观的界限，严格地划分开来"。[9]这样理解荀子天人之分的思想是不够准确的。今人从唯物、唯心的角度出发，认为荀子与孔孟正相反对。但按传统的说法，荀子是儒家，就是说继承了孔子的思想。孔孟思想的核心是天人合一。孟子说："诚者，天之道也，思诚者，人之道也。"[10]荀子说："君子养心莫善于诚，至诚则无他事矣。……诚心行义则理，则理明，明则能变矣，变化代兴，谓之天德。"[11]这种由心而诚、由诚而天的说法，就包含着天人合一的思想。李泽厚先生说："荀子虽然提出'天人之分'，却又仍然有着'天人合一'的思想，只是这种思想不像孟子那样充满了神秘意志或目的主宰等内容罢了。中国'天人合一'思想根源于历史悠久的农业生产。这使得即使强调'天人之分'的荀子，也在根本上不能脱出这个基础。"[12]这就是说，荀子并没有主客对立的思想，他的天人之分的思想也不是与天人合一的思想完全对立的。笔者认为，荀子天人之分的思想是对天人合一思想的补充。"天人之分"不是天人相分。分不是区分、分开的意思，而是分际的意思，意为适当的界限。荀子以前的儒家人物虽然有天人合一的思想，但是他们对于什么是"天"，什么是"人"，没有明确的定义，没有说明天和人各自的分际和界限。提倡"正名"，讲究逻辑的荀子就来补充做这个工作。荀子和孟子可以说是殊途同归，都是归于内向思维。孟子的天不是自然，而是伦理的最高体现。孟子"知天"，就是要认识伦理。天之道理与人之伦理是相通的，所以知天就要通过知人来实现，知人就要向内认识自身的性和心。荀子认为天是自然，不是伦理。他主张"不求知天"就是不要去认识外在于人的自然，而要向内追求自身的伦理——诚。"知天"与"不求知天"表面是对立的，实际上是互相补充的，观点是一致的。"天人之分"的目的是搞清楚自然是什么，它的范围是什么。搞清楚以后，就可以知道，人不需要认识的是什么，不需要认识的范围是什么。

荀子说："列星随旋，日月递照，四时代御，阴阳大化，风雨博施，万物各得其和以生，各得其养以成。不见其事而见其功，夫是之谓神。皆知其所以成，莫知其无形，夫是之谓天。"许多学者误认为这是唯物主义自然观，其实这正是荀子让我们不去认识的对象和它的范围。这段话紧接着的一句是对上面的总结："唯圣人不求知天"。[13]这就是说，列星、日月、四时、阴阳、雨风、万物，以及它们的运动、大化、生成、功能，都是不必要去认识的。另外，荀子在说了"故明于天人之分，则可谓至人矣"之后，又说对于自然界的职能(天职)，"虽深，其人不加虑焉；虽大，不加能焉；虽精，不加察焉，夫是之谓不与天争职"。[14]也是主张不去认识自然。那么，要认识的是什么呢？荀子说得很明白："无用之辩，不急之察，弃而不治。若夫君臣之义，父子之亲，夫妇之别，则日而不舍也。”[15]要认识的是道德理性的对象——人伦，不必认识的是认识理性的对象——自然。

所谓荀子是反映论者，所列举的典型命题多是这样一句话：“凡以知，人之性也；可以知，物之理也。”[16]如果孤立地看这句话，的确是一种对客观外物的认识。但从紧接着的后文看，从前后文对照看，荀子对这段话所包含的思想是批判的，而不是赞成的。他说：“以可以知人之性，求可以知物之理，而无所凝止之，则没世穷年不能遍也。其所以贯理焉，虽亿万已不足以浃万物之变，与愚者若一。学，老身长子，而与愚者若一，犹不知错，夫是之谓妄人。”[17]这句话是说，人有认识的能力，事物可以被人认识，但是，人对事物的认识是永无止境的。这样无休止地认识下去，就跟愚者、妄人一样。对物之理认识越多，就越愚蠢、越虚妄。那么，真正的知识是什么呢？后文说得明白：“圣也者，尽伦者也；王也者，尽制也者。两尽者，足以为天下极矣。”[18]这个结论与孔孟是一致的，即向内认识，反身而诚，将伦理和礼制作为认识的对象。这显然不是反映论的思路。

三、王夫之不是反映论哲学家

王夫之生活在17世纪，是明代与清代交替的时期。这个时期，英国资产阶级革命开始，进入了近代社会。实验自然科学的发展，推动哲学进入了一个新的阶段，即机械唯物主义阶段，形成了反映论思想。中国的17世纪虽然出现了资本主义生产的因素，但却没有发生工业革命和自然科学猛进。在哲学领域，虽然有早期启蒙思想的萌芽，但哲学的基本问题、基本范畴并没有发生重大变化。作为这个时期的哲学家王夫之，他没有形成机械论、反映论的哲学体系。

按今天唯物、唯心的划分方法，王夫之作为最杰出的唯物主义哲学家，是与孔孟程朱等唯心主义哲学家对立的，是对孔孟程朱思想持批判态度的。但是，按中国传统的学派划分，王夫之属于儒家，自然要继承和发展孔孟程朱的思想，否则他就不是儒家。笔者认为，还是中国传统的学派划分比较准确一些。对于孟子的“良知良能说”和“万物皆备于我”的观点，王夫之是完全肯定并加以论证的。他说：“不学而能，必有良能。不虑而知，必有良知，喜怒哀乐之未发，必有大本，剑精存理，翕气存敬，庶几遇之。”[19]又说：“孟子曰万物皆备于我矣，则物之所自格者，即吾德之本明也。以尽吾心皆备之物，而天下之是非得失，无不待我以为权衡，此孔子所谓‘可与权’者。”[20]二程认为良知良能出于天，又区分“道心”与“人心”，认为“道心”即是天理。这些思想，王夫之是赞成并加以发挥的。他说：“程子谓良知良能出于天，则信然也。”[21]又说“道心”是超耳目感觉的，“即耳目而不丧其体，离耳目非固有其体。”[22]对于朱熹“心包万理”的天赋观念，王夫之倍加赞赏并反复论证。他说："万事万物之理，无非吾心之固有。"[23]王夫之既然承认先天的良知良能，承认超耳目感觉的"道心"，承认心中所固有的"天理"，怎么可能是唯物主义认识论呢？又怎么可能是反映论呢？

有的学者根据王夫之"致知在格物"的观点认为他是唯物主义认识论，认为"格物"大致相当于认识的感性阶段，"致知"大致相当于认识的理性阶段，王夫之区分了感性认识与理性认识，他的认识论包含有辩证法因素。[24]笔者不同意这种看法。王夫之说"即物以穷理"，"无物则无理"。[25]如果这就是承认知识来源于外界事物的话，那么，这种观点与前面他自己所说知识是先天的、天赋的、人心固有的观点是不是自相矛盾呢？笔者认为并不矛盾，因为这二者在王夫之的思想中并不是平起平坐、等量齐观的。它们表现为内外、体用关系。具体来说，良知良能、道心、天理是内在的、本体的，而格物致知是外观的、作用的，主从关系非常分明。王夫之说："存养以尽性，学思以穷理。"[26]存养尽性是内求，求的是天理；学思穷理是外观，观的是物理。他说"内求于吾身，外尽乎物理"；"外观于事物，内尽其修能"。[27]内求德性之知与外以耳目之知分得很清楚。那么，内与外是什么关系呢？是体用关系。他说："天下之物皆用也，吾心之理其体也。尽心以循之，则体立而用自无穷。"[28]体是根本，用是表现。在表象层次上，王夫之同意认识来源于外界事物；在根本层次上，王夫之认为知识是先天的、天赋的，是人心固有的。对王夫之认识论的评价，当然要寻根究底，舍本求末。这样来看，王夫之显然不是反映论哲学家。

认为王夫之具有反映论思想，一般引用的是这样两段话。其一是关于"知觉发生"的一段话，其二是关于"能"、"所"关系的一段话。下面分别考察。"形也，神也，物也，三相遇而知觉乃发"，这段话引于《张子正蒙注·太和篇》。有的学者认为："形是指感觉器官，神是指心理活动，物是指客观对象。"[29]笔者认为，这里的"物"不是客观对象、自然物，而是孟子"万物皆备于我"的那个"物"，即"事"。这段话前面有一句话："人之有性，涵之于心而感物以通。"[30]这里的"物"也是"事"，意思是，人有仁义道德之本性，内含于心中，遇到某些事就无师自通地呈现出来。这正是对孟子良知良能思想的继承，不是反映论思想。此外，在反映论中，知觉是主体反映客体的产物，主体与客体之间的关系是类似于摄影、照镜、复制那么一种关系。在王夫之的相遇说中，知觉乃是几个要素相遇而组合而成的产物，这显然不是反映论的思路。

形神物相遇这段话后面紧接着的一段话是这样说的，"故由性生知，以知知性"。[31]这就是说，知识的来源，认识的对象，都是人内在的心性。这与孟子内向认识是同个思路。后面又有一段话是解释天、道、心、性的，"顺而言之，则唯天有道，以道生性，性发知道；逆而推之，则以心尽性，以性合道，以道事天。唯其理本一原，故人心即天；而尽心知性，则存顺没宁"。[32]这段话是对孟子尽心知性知天的天人合一思想的具体发挥。后面接着说："圣学所以天人合一，而非异端之所可溷也。"[33]总之，王夫之关于"知觉发生"的一段话，如果结合前后文看，绝不是以主客二分为基础的反映论，而是儒家从孟子以来的尽心知性知天的天人合一论。

王夫之的"能"、"所"关系是这样说的，"体俟用，则因所以发能；用，用乎体，则能必符其所"。[34]任继愈先生的解释是："能"是主观认识能力，"所"是客观认识对象；"因所以发能"是说由于客观对象而引发主观认识，"能体符其所"是说主观认识必须符合客观对象。这些都说明，王夫之是唯物主义反映论。笔者的理解有不同之处。王夫之上面这段话很明确地说明"所"、"能"关系是体用关系。所是体，能是用，所是根本的，能是所的作用和表现。这显然不是客观对象与认识能力的关系。难道可以说，认识能力是客观对象的作用和表现吗？关于"能"、"所"之间的作用关系，下面这一段话说得也很明白，"夫能所之异其名，释氏著之，实非释氏昉之也。其所谓能者即用也，所谓所者即体也，汉儒已言者也"。[35]既然能与所是体用关系，就不可能同时又是反映与被反映的关系。笔者认为，能带有一定的主观性，所带有一定的客观性。但所不是客观物体，而是指的天理、道心。这些东西在程朱理学家们看来也是客观性的，而人心、耳目心思、格物致知则是天理、道心的作用和表现。王夫之说："所著于人伦物理之中，能取诸耳目心思之间。"[36]其意思是很明确的，"所"属于人伦物理的范畴，而不是客观外物。请注意，这里的"物理"不是自然物的规律，而是做事的道理。按儒家的理解，人做事的道理就是道德伦理。"所"既然不是客观外物，又怎么谈得上反映论呢？

四、反映论有待深入探讨

关于"反映"范畴及其对它的准确理解，这是国际上不同流派的哲学家争论颇大的一个问题。在前苏联、前南斯拉夫等社会主义国家中，以及英国、奥地利、德国、日本等资本主义国家中，都有过对反映论的专门讨论或不同程度的反响。我国哲学界虽然翻译出版了国际上有关反映论的几本论著，但始终没有组织过专门的讨论，这在一定程度上说明中国对反映论问题的研究还不够深入。中国古代哲学有没有反映论，是否贯穿着唯物主义反映论与唯心主义先验论的斗争，这些都是有待深入探讨的问题。

"文化大革命"中出版的中国哲学史著作有一个特点，就是反映论与先验论斗争的内容大大增多了。例如，在杨荣国主编的《简明中国哲学史》序言中，他虚构了一个从古到今的反映论与先验论的斗争史体系，认为早在春秋战国时期"在认识论上也展开了朴素唯物论的反映论，对唯心论的先验论的激烈战斗，并从战斗中提出了‘制天命而用之’——这一光辉的‘人定胜天’的思想”。[37]在社会主义革命和建设时期，仍然要“提高路线斗争的觉悟，从坚持唯物论的反映论中，反对和批判形形色色的唯心论的先验论”[38]等等。这种认识论的对战模式在“文化大革命”后曾相当流行。这种贯穿古今、两军对战的模式，是受政治运动影响而形成的。“四人帮”为了达到借古喻今、影射现实的政治目的，有意识地滥将先验论与反映论的斗争从先秦一直照搬到当今社会，并组织批判当今的先验论代表人物。遗憾的是，那个时代泛化使用的反映论、先验论概念，至今还被我们许多学者、教科书所使用。所以，本文在对中国古代反映论提出质疑的同时，还呼吁清除“文化大革命”极左路线对中国哲学史领域的不良影响。

注释：

[1]见冯友兰：《中国哲学简史》，北京大学出版社 1985 年版，第 32 页；金岳霖：《中国哲学》，《哲学研究》，1985 年第 9 期。

[2]侯外庐：《中国思想通史》，人民出版社 1956 年版。

[3]冯契：《中国古代哲学的逻辑发展》，上海人民出版社 1983 年版，上册，第 292 页；下册，第 961 页。

[4]叶秀山：《前苏格拉底研究》，三联书店 1982 年版，第 257 页。

[5]《十六—十八世纪西欧各国哲学》，商务印书馆 1975 年版，第 91 页。

[6]《狄德罗哲学选集》，三联书店 1956 年版，第 119、95 页。

[7]黑格尔：《小逻辑》，第 242 页。

[8]黑格尔：《哲学史演讲录》第 4 卷，商务印书馆 1981 年版，第 7 页。

[9]冯友兰：《中国哲学史新编》第 2 卷，人民出版社 1984 年版，第 369 页。

[10]《孟子·离娄》。

[11]《荀子·不苟》。

[12]李泽厚：《中国古代思想史论》，人民出版社 1986 年版，第 117～118 页。

[13][14][15]《荀子·天论》。

[16][17][18]《荀子·解蔽》。

[19]王夫之：《思向录内篇》。

[20][21][22]王夫之：《读四书大全说》卷十。

[23]王夫之：《四书训义》卷八。

[24][29]任继愈：《中国哲学史》第 4 卷，人民出版社 1979 年版，第 59、53 页。

[25]王夫之：《礼记章句》卷四十二。

[26]王夫之：《张子正蒙注》卷三。

[27]王夫之:《四书讲义》卷一。
[28]王夫之:《张子正蒙注》卷四。
[30][31][32][33]王夫之:《张子正蒙注·太和篇》。
[34][35][36]王夫之:《尚书引义·召诰无逸》。
[37][38]杨荣国:《简明中国哲学史》序言，人民出版社 1973 年版。

第五部分
唯道论与中国哲学史

第一章　中国哲学史体系的泛化及其成因

许多人都有一种感觉，读中国哲学史的书与读欧洲哲学史的书相比，哲学味道没那么浓。笔者认为其原因是，目前中国哲学史的体系泛化了，哲学混淆在非哲学的杂质中，所以味道不浓了。哲学从其本质上说应该是纯化的形态，正如亚里士多德所说，哲学关心的不是事物的细节，而是事物的全部；不是事物表面的现象，而是事物精确的原因。哲学不以功利为目的，而以智慧为目的。马克思明确地说："任何真正的哲学都是自己时代精神的精华。"[1]纯化的哲学有一定的"度"，过于纯化可能会脱离实际，可能会除了哲学家自己以外谁也不懂。过于泛化则失去了它的抽象品格，甚至失去了哲学之成为哲学的质的规定性。中国哲学史这门学科经历了一个世纪的发展，成绩是巨大的。但是，站在21世纪初回顾，也可以发现一些问题。笔者认为，体系过于泛化，以至于不能与中国思想史相区别，是比较重要的问题之一。

一、哲学起点的泛化

民国初年的学术界认为，中国哲学史的起点是尧舜时代。冯友兰先生于1915年考入北京大学哲学系的时候，中国哲学史这门课要讲2年，每周4小时。一位教授从尧舜讲起，第一学期末才讲到周公哲学，离孔子尚有500多年。1917年，从美国留学归来的胡适先生发动了一场革命。他把尧、舜、周文王、周武王、周公等人物一刀砍断，直接从春秋末期的老子讲起，开创了中国哲学史的老子起点说。当时的北京大学学生接受不了这种"一刀砍断"的做法，几乎引起抗议的风潮。而当时的开明学者支持胡适先生，例如北京大学的校长蔡元培先生。1918年，蔡先生为胡适《中国哲学史大纲》(卷上)写序称赞：胡适敢于"截断众流，从老子、孔子讲起。这是何等手段!"[2]当时还有一位青年哲学家称赞胡适的改革，他就是后来鼎鼎大名的冯友兰先生。20世纪30年代，冯先生出版《中国哲学史》也以春秋末期为起点，但他认为《老子》是战国人所作，故中国的第一个哲学家是孔子。关于这一点，胡适与冯友兰在20世纪三四十年代有过考证上的争辩。50年代以后，胡适认为冯友兰的观点不是立于考证，而是立于他尊孔尊儒的宗教信仰。他说："在这个诚心的宗教信仰里，孔子之前当然不应该有个老子。"[3]

20 世纪 60 年代的中国哲学史体系认为，中国哲学开始于春秋时代。这个时期的哲学家有管子(或《管子》书)、范蠡、史墨、晏婴等。如任继愈先生认为，以上这些人物和他们的哲学代表朴素唯物主义的元素论阶段，老子的哲学属于朴素唯物主义的元气论阶段。[4] 又如冯友兰在这个时期也造成春秋时期范蠡、计然、晏婴、子产等人的哲学观点[5]。20 世纪 70 年代以后，是殷周起点说占统治地位时期。如杨荣国先生在《简明中国哲学史》上，把殷周哲学隐约分为三个阶段，一是殷商初期奴隶主创造了"一种有神论的唯心主义世界观"；二是殷周之际已有"朴素唯物主义的五行说"；三是本周末期史伯"用五种物质元素来解释万物的起源"，这是"唯物主义的自然观"。[6] 冯契先生也隐约把哲学的发生分为三个阶段。一是"中国古代哲学思想的原始社会已开始萌芽"；二是殷周之际翻开了"中国哲学史的第一页——原始的阴阳说与五行说"；三是"原始的阴阳说与五行说在西周时期又有发展"，出现了"更为鲜明的朴素唯物主义的观点"。[7] 20 世纪 80 年代以后，有原始社会起点说。例如李德永先生认为："原始五行思想产生于伟大的治水斗争。"这大致是原始社会末期鲧和禹的时代。他说"原始五行是文明来临时期……谱写出来的一篇关于水火金木五种元素的朴素哲学篇章"，是"唯物主义发展大道上的一个最早的起点"。又说："如果借用《洪范》的公式，能否在中国哲学史的篇章中写上'初一曰五行'？"[8]

从以上的回顾可以看出，关于中国哲学史的起点问题，民国以来可分为五派。第一派是民国初年的尧舜起点说；第二派是春秋末期起点说，流行于 20 世纪 20 年代到 40 年代；第三派是春秋起点说，流行于 20 世纪 50 年代到 60 年代；第四派是殷周起点说，流行于 20 世纪 70 年代以后；第五派是原始社会起点说，流行于 20 世纪 80 年代以后。历史的回顾使我们看到一个规律：世纪末的观点非常接近世纪初的观点，而中间经历了一次激烈的改革和逐渐的回落。20 世纪 10 年代到 20 年代，是激烈的变革期，起点从尧舜时代一下子拉到老孔时代，缩短的时间大约是 1600 年。从 20 世纪 50 年代到 90 年代，起点从春秋到殷周到原始社会时期，逐渐回落到世纪初的起跑线上。

这种回落是前进还是倒退呢？我认为前进的地方是有的，但主要是倒退，造成了中国哲学史体系的严重泛化。对于原始社会，我们只能根据神话传说去猜测当时的情况，根本没有信史可言。原始社会还没有文字，怎么会有哲学呢？可能会有口头文学的萌芽、宗教信仰的萌芽，但是还不可能有哲学的萌芽。"文化大革命"中曾辩论过"奴隶有没有哲学"这个问题，我们还记忆犹新。难道现在又要去辩论猿人有没有哲学？石器时代的原始人有没有哲学？恩格斯说："只有奴隶才使农业和工业之间的更大规模的分工成为可能，从而为古代文化的繁荣，即为希腊文化创造了条件。没有奴隶制，就没有希腊国家，就没有希腊的艺术和科学……"[9] 当然更不可能有哲学这种"更高的即更远离物质经济基础的意识形态"[10]。殷周之际的《易经》只是占卜算卦的文字记录，没有哲学思想，任继愈先生对这一点做了很权威的论证。[11]春秋时期的管仲、范蠡、史墨、晏婴等人中绝大多数是政治家。他们虽然说了一些有哲理的话，但没有论证，没有系统，说他们是哲学家就犯了拔高古人的错误。

战国前无私家著作，这早已是学术界的定论。《老子》、《论语》、《墨子》并不是老子、孔子、墨子所写，而是他们的弟子和学派传人写的，只是冠以他们的名字而已。若将这三本书视为战国时期的史料看待，其中也包括了一部分老子、孔子、墨子的思想，这是可靠和稳妥的，大家都能接受。若将它们作为春秋时期的史料看待，则学界看法分歧，学者争论颇多，很难取得一致意见。从内容上看，《论语》、《墨子》是讲政治和道德的，哲学成分很少，有人道之论而少天道之论。《老子》兼论天道、人道，是中国的第一部哲学著作，有一个比较完整的哲学体系，应作为中国哲学史的起点。《老子》以前，战国以前，谈哲学的萌芽尚可，若谈哲学家、唯物主义和唯心主义的斗争、哲学发展的阶段，则大多属于泛化之论。

二、研究范围的泛化

任何一门学科都有自己特定的范围，超出这个范围去大做文章，就显得体系不严密，就是泛化。顾名思义，中国哲学史是中国哲学的发展史，非哲学的东西不在其研究范围之内。但复杂的是，哲学有广义和狭义之分。古希腊亚里士多德区分了广义和狭义的哲学。广义的哲学包括数学、物理和形而上学，狭义的哲学仅指形而上学，他称之为"最高智慧"、"第一哲学"。[12]在他的形而上学体系中，以本体论、认识论、逻辑学为主要内容。近代笛卡儿也区分了广义哲学与狭义哲学。狭义的哲学是"根"，包括形而上学和逻辑学。广义的哲学除了"根"以外，还有"干"，包括物理学和数学；有"枝"，包括伦理学、医学、机械学。[13]近现代西方编写的欧洲哲学史，一般都是狭义哲学的历史，其范围包括本体论、认识论、逻辑学三部分。一般来说，中国哲学史也应该是狭义哲学的历史。宗教能划入中国哲学史的研究范围吗？显然不能。欧洲近代哲学是在反对宗教的斗争中发展起来的。霍布斯曾明确地说："哲学排除神学"。[14]欧洲中世纪只有一种意识形态，即宗教和神学，"它把古代文明、古代哲学、政治和法律一扫而光"。[15]恩格斯认为，古希腊哲学在中世纪处于冬眠状态，而15世纪的文艺复兴时代才重新觉醒。因此，中世纪的基督教在欧洲哲学史上不占重要地位。但是，在目前的中国哲学史体系中，佛教却占有非常重要的地位，特别是南北朝隋唐时期的哲学史，基本上属于佛教哲学史。这不能不说是严重的泛化。张岱年先生在20世纪30年代是反对这种泛化的。他在《中国哲学大纲》中说："本书所谓中国哲学，乃是指'中国系的一般哲学'。因是专指中国系的，所以中国佛学的思想，不在本书的范围之内。因是专指一般哲学，所以中国的美术哲学、历史哲学，本书也都不论及。"[16]佛学基本上不进中国哲学史，笔者是赞成的。可能有人会提出异议：宗教也有哲学，为什么不属于哲学史的范围呢？笔者认为，一般哲学与宗教哲学有本质的不同，一般哲学以理性为基础，它是自己的主人；宗教哲学以信仰为基础，它是神学的婢女。宗教哲学是神学的分支，而不是哲学的分支。它属于宗教史的内容，而不是哲学史的内容。恩格斯说得很清楚，"中世纪把意识形态的其他一切形式——哲学、政治、法学，都合并到神学中，使它们成为神学中的科目"。[17]

有的学者认为，宗教神学就是唯心主义哲学，所以属于哲学史研究的范围。这种看法不能成立。唯心主义和宗教神学都承认有超物质的主宰者，但前者的主宰是精神，后者的主宰是人格神。前者探讨的是思维与存在的关系，后者宣讲的是神与人的关系。历史上有许多唯心主义哲学家不信神，如休谟、费希特、尼采等，这也说明唯心主义与宗教神学不能画等号。中国哲学史中包括大量的佛教、道教等内容，一方面说明中国哲学史体系的泛化，另一方面也说明中国的宗教学还没有成为一门独立的学科。与上述问题紧密相关的一个问题，是无神论与唯物主义的关系。有人认为无神论就是唯物主义，中国无神论史是中国哲学史的一个组成部分。的确，在现行中国哲学史体系中，包括了大量的无神论者的无神论思想。但是这样做并不合适，因为中国无神论史应该有自己独立的研究对象和范围。中国无神论史主要研究中国无神论思想在同有神论斗争中产生、发展和演变的规律。它的研究范围是对灵魂、鬼神思想的批判，对佛、道等宗教的批判，对各种封建迷信的批判等等。[18]中国哲学史的研究对象和范围显然不是上面这些。

相当多的中国哲学史著作把古代宗教与哲学混为一谈。例如《中国哲学发展史》是近年来一部很权威的关于中国哲学史的著作，该书作者认为，从先秦到隋唐，哲学斗争是围绕着"上帝"、"天命"、"佛教"等问题展开的。[19]该书作者似乎认为，隋唐以前的哲学中心问题是"上帝"、"天命"、"灵魂不死"、"因果报应"等问题，哲学派别是无神论与有神论。无神论即唯物论，有神论即唯心论。这是一种宗教与哲学相混同的认识，它必然导致中国哲学史体系的泛化。

三、背景分析的泛化

哲学史研究的基本方法是逻辑分析的方法，这个方法可以使我们发现历史上哲学思想发展的规律。列宁说："从逻辑的一般概念和范畴的发展与运用的观点出发的思想史——这才是需要的东西。"[20]哲学史研究的另外一种方法是背景分析的方法，即研究不同时代政治社会生活对哲学的影响和制约。

写中国哲学史，要把这两种方法结合起来，要有主有次，相得益彰。但是，20世纪60年代以后的中国哲学史体系，关于政治和社会背景的论述往往过多，分析哲学家的阶级立场和历史功过的论述屡见不鲜，以至于这些论述之和几乎占到全书一半的内容，造成严重的泛化。下面将冯友兰先生20世纪30年代的《中国哲学史》与20世纪80年代的《中国哲学史新编》（以下简称《新编》）做比较，就可明显地看出，前者是相对精化的，后者是严重泛化的；前者是中国“哲学”的历史，后者写成了“政治社会环境影响哲学”的历史。

《中国哲学史》的一个突出特点，是运用逻辑方法分析中国哲学的范畴，将许多过去认为模糊不清、歧义迭出的概念、命题，给予澄清。并且总是结合范畴分析来说明哲学家的哲学体系。例如，先秦名家的观点一向被认为难懂，认为“离坚白”、“合同异”都是诡辩，公孙龙和惠施的演说被混为一谈。冯友兰从逻辑分析入手，将公孙龙哲学思想的核心范畴——“指”，界定为共相，并进一步区分了公孙龙“离坚白”和惠施“合同异”这两个派别。冯先生运用逻辑的方法判断中国哲学史始于孔子，书中孔子以前的内容十分简略，在《孔子》之前只写一章《中国哲学史》，不到一万字，内容归在《鬼神》、《术数》、《天》、《一部分较开明之思想》、《人的发现》五个标题之下。这一章从标题到内容大体说明了哲学胚胎的萌生过程。《新编》运用的主要是背景分析的方法，第一册一共九章，在《孔子》之前已有三章，五万多字，写的全部是政治社会大背景。大标题如《齐晋两国的改革及齐桓、晋文的霸业》，小标题如《管仲在齐国相地衰征的历史意义》、《管仲对于分封制的改革》等等，无异于政治史或一般历史著作。《孔子》以后有六章，每章第一节都是写时代背景的。《新编》共有七册（大陆出版了前六册），每册绪论部分是写阶级斗争和生产斗争的。第一册绪论的全部内容是对“初税亩”的考证。根据对“初税亩”的考证结果，断言春秋战国是中国社会由奴隶制向封建制的转化时期。且不说这一结论是否成立，重要的是科学有分工，科学越发展分工越细。“初税亩”本是历史学专家研究的课题，社会形态转化问题也主要是由历史学专家去研究和下结论。一个哲学家在其哲学著作的绪论中不谈哲学，大谈历史，岂不是离题太远吗？

可能有人会问，若不知道春秋战国时期的社会形态，哲学史家又怎么去写孔子的阶级立场呢？又怎么知道孔子思想是代表哪个阶级的利益呢？这就涉及哲学史研究中的阶级分析方法问题。在阶级社会中，每个哲学家都有一定的阶级立场，在建立自己的哲学体系的时期也会受到自己阶级立场的影响，也会受到所处时代阶级关系、阶级斗争的影响。因此，哲学史研究中应当运用阶级分析的方法。但是，哲学史显然是哲学思想的历史而不是哲学家生平的历史。某一哲学家有思想材料而无生平材料，仍然有研究价值；某一哲学家有生平材料而无任何思想材料，则没有研究价值。由此可见，逻辑分析的方法是指导哲学史研究的基本方法。以孔子为例，弄清楚孔子的哲学思想是什么是第一位的，对其进行阶级分析是第二位的。如果历史学家还没有对春秋战国时期的社会形态作出肯定的结论，那么哲学史家也大可不必对孔子的阶级立场去下肯定的结论。

在运用阶级分析的方法时，《新编》有时表现出简单化、公式化的倾向，好像介绍一个哲学家的哲学思想并不是目的，目的是通过其哲学思想来分析他是代表进步阶级还是代表反动阶级。例如，道家早期人物华子，《吕氏春秋》保留其"全生为上，亏生次之，死次之，迫生为下"等片断材料。《新编》仅根据片断材料就分析说："从阶级斗争的情况看，这就是说，宁可死也不愿向新兴地主阶级屈服，不接受地主阶级给予他们的耻辱。这是没落奴隶主以死为反抗的思想。"[21] 对于道家从杨朱到庄子的发展，《新编》是这样分析的："道家哲学是没落奴隶主阶级意识的集中表现。'为我'的思想贯穿于道家各派之中，这不是偶然的。没落奴隶主阶级失掉了原有的'天堂'，所留下的只是自己的身体和生命，于是他们就认为自己的身体和生命是人生最重要的东西。他们说，富贵功名之类，本来都是身外之物，就是给我，我也是不要的。由于他们没落了，追求物质享受的欲望得不到满足，因此又提出'寡欲'、'节欲'……从阶级斗争的观点看，道家的这种态度，也是没落奴隶主阶级及其知识分子对于新兴地主阶级的消极反抗，这也是斗争的一种方式。"[22] 哲学是一种抽象思维，是哲学家对于宇宙、社会、思维的最普遍规律的逻辑概括。一般来说，哲学不会是某阶级意识的直接表现，而往往是间接地、曲折地、或多或少地反映着某阶级的意识。用一个阶级的失败，只剩下身体和生命，来解释"全生"、"贵己"的哲学；用一个阶级物质欲望得不到满足，来解释道家"寡欲"、"节欲"的观点；用一个阶级的没落、绝望来解释道家视功名为身外之物的品格。总之，将"全生"、"贵己"、"寡欲"、"节欲"等道家哲理统统看成是一个阶级对另一个阶级的反抗和斗争，是比较牵强附会的。这些比较牵强附会的内容在《新编》中占了很大篇幅，表现出《新编》体系的泛化。但过于偏重政治社会背景的分析，阶级分析的简单化、公式化，过多地评论哲学家的历史功过，这些泛化现象不是孤立出现的，在与《新编》大体同时出版的多部哲学史著作中都不同程度地存在着这样的问题。究其原因，这不能由冯友兰等哲学家负责。20 世纪 50 年代以后，哲学领域里始终存在着极左路线。若对极左路线追根溯源，又不能不重视苏联理论界在 20 世纪 50 年代到 60 年代对中国理论界的影响。

四、泛化的原因

20 世纪 70 年代以前，中国哲学史体系泛化的理论根源是"日丹诺夫定义"。20 世纪 30 年代，苏联教授亚历山大洛夫写了一本《西欧哲学史》，书中没有以唯物主义与唯心主义的斗争为主线，没有运用阶级分析方法并自觉地站在唯物主义和进步阶级的立场上。20 世纪 40 年代，苏联召开《西欧哲学史》座谈会，当时任苏共中央书记处书记的日丹诺夫在大会发言，提出著名的日丹诺夫定义。这个定义的核心有两条：①哲学史就是唯物主义与唯心主义斗争史；②哲学史是阶级斗争史的反映，唯物主义一般代表着进步阶级，唯心主义一般代表着反动阶级。20 世纪 50 年代，敦尼克等学者出版的《哲学史》贯彻了日丹诺夫精神。例如在第一章里说："唯物主义与唯心主义之间的斗争是古希腊哲学发展的基本内容。"又说："古希腊的哲学反映了奴隶主与奴隶之间尖锐的阶级斗争。"[23] 日丹诺夫定义传入中国后，一度受到中国学者的抵制。例如，任继愈先生对这个定义提出了批评。但是最后还是极左势力关锋等人占据了上风，并开展了所谓"反对哲学史方法论上的修正主义"的斗争。在这场斗争之后，中国哲学史界全盘接受了日丹诺夫定义，并模仿敦尼克等人的方法整理中国哲学史史料。这个时期出版的中国哲学史著作，泛用唯物主义和唯心主义这两顶"帽子"，泛用阶级分析的方法。在这种体系中，介绍古代哲学家的哲学思想并不重要，也不在书中占很大篇幅。重要的是根据他们的哲学思想来判定他们是属于唯物主义阵营，还是属于唯心主义阵营。若戴上唯物主义哲学家的"帽子"，则给予肯定评价；若戴上唯心主义哲学家的"帽子"，则给予严厉的批判。这种戴"帽子"和评判功过的论述，往往在哲学史书中占了比较大的篇幅，而更多的篇幅是分析哲学家思想与阶级斗争的关系。例如，某哲学家是什么阶级立场，某哲学派别是代表哪个阶级的利益，某哲学派别之争怎样反映了阶级斗争等。老子代表没落奴隶主阶级吗？孔子代表新兴地主阶级吗？老子和孔子的时代是不是中国由奴隶制向封建制过渡的时代？这些问题当时成为中国哲学史界争论的中心问题之一。这些非哲学的论述似乎比对哲学本身的论述更为重要。

早在恩格斯时代，就有人对唯物主义和唯心主义这两个概念泛化使用。恩格斯曾经批评费尔巴哈说："他还把唯物主义同它的一种肤浅的、庸俗的形式混为一谈，18 世纪的唯物主义现在就以这种形式继续存在于自然科学家和医生的头脑中，并且被毕希纳、福格特和摩莱肖特在五十年代拿着到处叫卖。"[24] 不仅"唯物主义"被泛化使用，"唯心主义"也被泛化使用。例如，施达克认为费尔巴哈是"唯心主义"者，理由是他对理想目标的追求。恩格斯评论说："认为人类(至少在现在)总的说来是沿着进步方向运动的这种信念，是同唯物主义和唯心主义的对立绝对不相干的。"[25] 中国古代哲学与欧洲古代哲学的思维方式相去甚远，与欧洲近代哲学的差异更大，把欧洲近代流行的唯物主义、唯心主义两个概念当作"帽子"生搬硬套在中国古代哲学家的头上，而且每个人都要戴上一顶，绝无例外，这正是恩格斯晚年批评的"贴标签"方法。他说："对德国的许多青年作家来说，'唯物主义的'这个词只是一个套语，他们把这个套语当作标签贴到各种事物上去，再不作进一步的研究”。[26]恩格斯晚年还批评了那种把“历史唯物主义”泛化成“经济决定论”、“阶级斗争决定论”的庸俗化倾向，而指出哲学等社会意识形态具有相对独立性，并且在特定条件下对社会存在具有反作用。这就是说，在中国哲学史领域里，简单化、公式化地运用阶级分析方法，实际上背离了马克思、恩格斯的精神实质。

从20世纪70年代末开始，哲学史界普遍批评日丹诺夫定义。起初的批评比较温和，认为日丹诺夫定义没有讲唯物主义与唯心主义的同一性，没有正确评价唯心主义的历史地位，没有肯定辩证法与形而上学的对立在哲学史里的地位等。不久就有人提出要抛弃日丹诺夫定义，代之以列宁定义，例如钱广华先生。所谓列宁定义，是列宁《哲学笔记》中的一段话。“哲学史，……简略地说，就是整个认识的历史。”[27]中国哲学史界几乎没有争论地接受了列宁定义。之所以通行无阻，原因是人们感到一种新的思路。如果从认识史的角度看待哲学史，就可以把各种哲学体系看做人类认识发展史上的不同环节，唯物主义和唯心主义都是这样认识的环节。人类对世界的认识是多方面的，这样，将展现出更广泛的研究领域。哲学史不再被当做各个阶级的世界观的陈列馆，而成为近似于一串圆圈的认识发展的螺旋结构。这些新的思路随着列宁定义一起被肯定下来，而旧的定义也没有被抛弃。20世纪80年代以后，中国哲学史领域实际上是接受了一个经过一定修改的日丹诺夫定义加上所谓列宁定义的混合定义：哲学史是认识史，哲学史是唯物主义与唯心主义的斗争史。[28]

笔者认为，所谓列宁定义也存在着严重的问题，它的出现使中国哲学史体系更加泛化了。关于列宁定义中所说的“整个认识的历史”，列宁认为包括“各门科学的历史、儿童智力发展的历史、动物智力发展的历史，语言的历史，注意＋心理学＋感觉器官的生理学，这些就是那些应当构成认识论和辩证法的知识领域”。[29]哲学史如果包括上面这些具体的学科内容，不是又回到了古希腊时代吗？那时的哲学以包罗万象为重要特征。当时，以钱广华先生为代表的一些学者根据所谓列宁定义，主张建立一个包括各门科学史在内的大哲学史体系。这显然是一个泛化的体系。

受所谓列宁定义的影响，中国哲学史的研究对象和史料筛选都走向泛化。这个时期出版的一套大型著作，指导思想就是所谓列宁定义。导言说：“中国哲学史是中国民族的认识史。”[30]这本书具有很高的学术水平，但存在严重的泛化。原始社会有没有哲学？按照马克思主义经典作家的哲学定义，回答应该是没有哲学。但是按照所谓列宁定义，哲学等同于认识，原始社会的人类不可能没有认识，于是原始社会也就有哲学。这套书的第一卷（先秦卷）第一章的标题是《中国原始社会思维的发展和世界观的早期形态》；第二卷（秦汉卷）共十五章，其中有七章明显地不属于哲学史范围。书中所介绍的政治思想、宗法思想、史学观、自然科学，难道都是中国哲学史的研究对象吗？当然，它们都可以算是人的认识，但这些内容属于中国认识史的研究范围。如果把哲学史简单地等同于认识史，则这些内容都可以被塞进大哲学史的体系中。由此可见，所谓列宁定义，给哲学史界带来了理论上的混乱。以所谓列宁定义代替日丹诺夫定义，还导致另一种泛化。日丹诺夫定义的批评者认为，生产斗争和自然科学也对哲学有巨大的影响和制约，所以，20 世纪 70 年代以前的中国哲学史体系，其背景分析的内容是阶级斗争；70 年代以后的体系，其背景分析中阶级斗争的内容没有减少，又增加了生产斗争和自然科学的内容。更有甚者，由于所谓列宁定义中的“认识史”包括“各门科学的历史”，所以有的学者又把自然科学当做哲学史的内容来写，而不仅仅属于背景分析内容。泛化的结果，是中国哲学史的书越写越厚，而哲学的内容越来越少，哲学的界限越来越模糊。

所谓列宁定义所造成的理论混乱，不应该由列宁本人负责。因为我们现在知道，列宁并没有给哲学史下定义。前面曾多次引用的那段所谓列宁定义的话，即哲学史就是整个认识史，并不准确，存在着辨识的错误。那段话引自《列宁全集》俄文第四版，苏联学者及编辑者辨识列宁哲学笔记的手稿时有错误，所以中文翻译时就不准确。根据《列宁全集》俄文第五版，我们知道所谓列宁定义的那段话是这样说的，“哲学的历史，各门科学的历史、儿童智力发展的历史……简单地说，就是整个认识历史，这些就是认识论和辩证法应当从中形成的知识领域。”[31]根据新的版本，所谓列宁定义根本不成其为定义。哲学史、各门科学史、儿童智力发展史……它们之间的关系是并列的，都是“整个认识史”的组成部分，而认识论和辩证法是对整个认识史的概括，那段话的大意就是如此[32]。遗憾的是，这个所谓的列宁定义在目前哲学史界仍占主导地位，它造成体系泛化等一系列理论上的混乱，至今没有得到广大学者的普遍认识。

中国哲学史体系的泛化，其原因是多方面的。除以上论述外，还可以提到 20 世纪 80 年代以后兴起的文化研究热。有的学者把哲学等同于文化，把中国哲学史写成了中国文化史。又如当前西方后现代哲学的发展趋势也是哲学的泛化，这也影响到国内的哲学界。这些就不评述了。

当前，我国哲学界的一个重要任务，是将马克思主义哲学中国化、民族化。为了完成这个新世纪的任务，我们必须弄清两个问题：①马克思主义哲学的特质是什么？②中国哲学的特质是什么？只有弄清各自的特质，才能更好地结合它们。这就必须对中国哲学进行精确和正确的概括和分析，剔除目前中国哲学史体系中的泛化成分。笔者期待着一个比较纯化的中国哲学史新体系在 21 世纪问世。

注释：

[1]《马克思恩格斯全集》，第一卷，第 121 页。

[2][3]《胡适学术文集·中国哲学史》上册，中华书局1991年版，第2～8页。

[4]任继愈：《中国哲学史》第一册，人民出版社1966年版，第34页。

[5]冯友兰：《中国哲学史新编》第一册，人民出版社1962年版，第79～86页。

[6]杨荣国：《简明中国哲学史》，人民出版社1973年版，第1～10页。

[7]冯契：《中国古代哲学的逻辑发展》上册，上海人民出版社1983年版，第63、65、69～70页。

[8]李德永：《五行探源》，《中国哲学》第四辑，三联书店1980年版。

[9]《马克思恩格斯选集》第3卷，人民出版社1972年版，第220页。

[10][17][24][25][26]《马克思恩格斯选集》第4卷，人民出版社1972年版，第224、249、251、475页。

[11][28][29][30]任继愈主编《中国哲学发展史》先秦卷，人民出版社1983年版，第5、9、582页。

[12][14]《西方哲学原著选读》上卷，第122～124、385～386页。

[13]笛卡尔：《哲学原理》序言，商务印书馆1960年版。

[15]《马克思恩格斯全集》第7卷，第400～402页。

[16]张岱年：《中国哲学大纲》，中国社会科学出版社1982年版，第3页。

[18]牟钟鉴：《中国无神论学术讨论会讨论的主要问题》，载《哲学研究》，1979年第2期。

[19]任继愈：《中国哲学史》第一册，人民出版社1966年版，第14、42、214页；第二册，第13、156页；第三册，第11～12页。

[20][27]冯友兰：《中国哲学史新编》第一册，人民出版社1982年版，第246、251页。

[23]敦尼克等：《哲学史》欧洲哲学史部分上册，三联书店1972年版，第2～3页。

[31]列宁：《哲学笔记》中文第二版，人民出版社1993年版，第302页。此书根据《列宁全集》俄文第5版第29卷编译出版。

[32]最早发现对所谓列宁定义辨识有误的，是周克寒(即王荫庭)先生。周克寒著：《关于哲学史的"列宁定义"问题》，载陈修斋、肖箑父主编的《哲学史方法论研究》，武汉大学出版社1984年版。

第二章　质疑中国古代经验论与唯理论

经验论和唯理论是欧洲近代的两个认识论派别，它们之间进行过激烈的辩论。中国古代有没有经验论和唯理论的斗争呢？20 世纪 30 年代有人提出过这样的问题。当时多数学者认为中国古代认识论不发达，冯友兰和金岳霖先生持这种看法。20 世纪 50 年代以后，侯外庐等先生编写《中国思想通史》(六卷)，最早对中国历史上每个哲学家都进行了认识论的分析和定性。所谓定性，就是给每个哲学家的认识论下个结论：或者是唯物主义认识论，或者是唯心主义认识论。20 世纪 60 年代的学者在这个思路上又大进一步，在中国古代哲学家中划分经验论和唯理论派别，还探讨了两派之间的斗争和综合。如“认为老子是唯物主义的唯理论代表，墨子是唯物主义的经验论，荀子是综合了经验论和唯理论”。[1] 最近出版的几本中国认识论史的专著，也在中国古代哲学家中划分经验论与唯理论，如认为墨子、王充等是经验论，孔子、孟子、张载等是唯理论。笔者不同意侯外庐先生的这种思路，因为认识论成为独立学科是近代产生的，而经验论和唯理论是实验自然科学的产物。中国古代没有经验论和唯理论，墨子不是经验论，老子、孔子、张载不是唯理论。

一、经验论和唯理论是近代实验自然科学的产物

欧洲近代经验论和唯理论深受自然科学的实验简化方法的影响。自然现象具有错综复杂的关系，是多种因素制约的。在科学实验中，我们往往是抽出一组关系并且限定几个因素来进行研究，所以用于实验的装置必须采取一些措施，在控制某些条件下进行。如在探讨气体的性质时，必须使一定质量的气体密封在窗口内，使温度、压力、容积这三个因素之一(如温度)保持一定，并改变其他两种因素来研究它们的关系。这种做法被称为实验简化的方法。这种方法的优点是显而易见的，它有明确的目的，是有计划有步骤进行的，是人为控制或模拟自然现象来进行操作的，人们发现在实验中更容易认识自然事物的性质和规律。但是，这种方法也有缺点，正如马克思、恩格斯所指出的，它造成一种形而上学的思维方式，形成一种孤立地、静止地探讨问题的方法。用这种方法进行哲学思考的时候，允许研究者把复杂的哲学问题简化，从错综复杂的关系中抽取一两个因素进行探讨。

以认识的来源问题为例。人们是如何获得知识的呢？任何一个人凭常识就会回答：是通过教育和读书学习而获得的知识。古代的知识、未来的知识、宏观宇宙和微观世界的知识，都是读书学习得来的间接知识。这是人类获得知识的主要来源。也有一些知识是直接通过自己的感官和思维而获得的，比如周围的树木、房屋和汽车等等。但是，关于这些知识也只有少量的属于直接知识，其中包括大量的间接知识。比如树木的基因结构，房屋的原子形态，汽车的机械原理，这些知识靠看靠想是得不到的，必须经过学习才能获得。欧洲近代在研究认识论的初期，借助实验简化的方法，简化了认识的来源问题，是在完全排除了教育和学习作用的条件下去研究认识的来源问题。认识的来源问题变成了个体认识如何发生的问题，人们只能在经验和理性两者之中选择，认为经验是认识来源的哲学家组成经验论派别，认为理性是正确认识来源的哲学家组成唯理论派别。中国古代哲学家没有受到实验简化方法的影响，他们是在一个更加广泛的范围里探讨认识的来源问题。在知识的来源问题上，他们最重视学。《论语》以“学而时习之”开始。孔子探讨的学与思、学与行、学与道、学与闻等一系列问题是贯穿古今的。对于感性认识和理性认识，中国古人称之为“声闻之知”。欧洲人把认识论问题简化为对“声闻之知”的探讨，即对自然事物、科学对象的探讨，而中国人除了探讨“声闻之知”以外，还要探讨“德性之知”。

近代经验论和唯理论产生的直接原因，是当时自然科学上实验归纳法与数学演绎法的对立。英国的培根之所以能够成为欧洲近代经验论的创始人，是因为他在自然科学领域首创了实验归纳法。培根所处的时代是英国工业和科学初步发展的时期，他十分关心科学的进步并提出了科学方法论的两大基本原则：实验定性原则与归纳推理原则。近代自然科学与古代自然哲学的区别，就在于实验方法的确立。培根充分肯定了这一方法。他说：“一切比较真实的对于自然的解释，乃是由适当的例证和实验得到的。”[2]在实验定性原则的基础上，培根还提出了归纳推理的原则——三表法，即存在表、差异表、比较表。他认为必须广泛收集各种自然现象和各种实验事实，事实收集得越多越全面，归纳推理所得出的结论就越正确。科学定性和归纳推理都是建立在感性经验的基础上的。培根从科学方法进入认识论，他认为人的一切知识都是从感觉经验开始的。他说：“人们若非发狂，一切自然的知识都应当求之于感官。”[3]培根比较轻视理性在认识中的作用。他说：“决不能给理智加上翅膀，而毋宁给它挂上重的东西，使它不会跳跃和飞翔。”[4]霍布斯和洛克继承发展了培根的经验论。马克思、恩格斯说：“霍布斯把培根的学说系统化了，但他没有详尽地论证培根关于知识和观念起源于感性世界的基本原则。洛克在讨论人类理性的起源的著作中，论证了培根和霍布斯的原则。”[5]

通过以上的介绍说明，没有欧洲近代自然科学的发展，就不可能有实验归纳法和数学演绎法的对立；没有实验归纳法与数学演绎法的对立，就不可能有经验论和唯理论的对立。

中国近代虽然出现资本主义萌芽，但却没有发生工业革命和自然科学的猛进。在哲学领域，虽然有早期启蒙思想的萌芽，但哲学的基本问题、基本范畴并没有发生根本的变化。也就是说，在欧洲进入近代社会并形成经验论和唯理论的时期，中国仍停留在古代社会形态里，不具备形成经验论和唯理论的自然科学基础。那么，17 世纪以前的中国古代哲学领域是否有经验论和唯理论呢？也没有。中国古代哲学与欧洲古代哲学一样，只有经验论和唯理论的胚胎和萌芽，且中国的胚胎和萌芽在各类形态上与欧洲的不完全相同，由此可以解释它们各自在成长壮大以后所表现出的更大差异。有的人把胚胎当成婴儿，把萌芽看成大树，把道德修养命题作为认识论命题，硬拼出经验论和唯理论的斗争、唯物主义唯理论与唯心主义唯理论的斗争，完全不符合中国古代哲学的实际情况。

二、墨子不是经验论哲学家

所谓经验论，必须满足两个基本前提。第一，它是实验自然科学出现以后才有的，前面已有论述。第二，它是哲学发展到研究认识主体时才有的。古代哲学是以客体作为主要研究对象的。在那个时候，人们还没有把主体与客体的关系及其规律作为哲学研究的对象，而偏重于探讨客体的规定性以及如何去确定这种规定性。到了近代，人们以认识主体为主要研究对象，详细地、系统地分析了认识者的认识能力、认识方法、认识来源和过程、认识标准等等，终于使认识论从大哲学体系中分化出来，成为一个独立的分支学科。对认识主体初期的研究，是围绕着认识来源问题而展开的。有的哲学家认为，没有感觉经验就不会有任何认识，认识是通过主体的感觉经验才获得的。这些哲学家认为，正确的认识来源于主体的理性，理性知识比感觉经验更可靠。这些哲学家组成了唯理论派别。

在学术界，有些人认为墨子是经验论哲学家，这一看法几乎成为定论。笔者不同意这种看法，因为墨子的哲学不能满足上述经验论的两个前提。

第一，墨子以及他的后学比较重视自然科学。墨子与公输班同是战国时代的能工巧匠兼发明家。公输班发明了水战器械、飞行器械和攻城云梯，这些都被用于战争。墨子在历史上以反战非攻而著称，所以他处处与公输班作对。据史书记载，墨子对这三种器械的原理和制作技术都比公输班高出一筹。在物理和光学领域，后期墨家也提出了一些精彩的观点。尽管这样，墨子和后期墨家的自然科学方法仍然是观察的方法，而不是实验的方法。他们重视应用技术，缺乏比较完整的科学理论。很难设想，在没有实验归纳的情况下会产生系统的经验论哲学。第二，在先秦诸子百家中，墨子比较注意对自然事物的研究，这可能与他出身于手工业者有一定的关系。墨家学派中小生产者比较多，生产实践使他们比较多地接触自然事物。当然，从总的方面来看，墨子与孔子一样，最重视政治问题。但是，相比之下，墨子比较多地探讨了认识客体即自然事物。至于对认识主体的研究，墨子同其他诸子一样，还基本上没有接触到，也就是说他不具备经验论的第二个前提。

经验论的特征有两条：一是肯定认识起源于感觉经验，二是认为只有感性认识可靠而理性认识靠不住。关于第一条，即认识的来源问题，墨子没有明确的回答；关于第二条，即认识的可靠性问题，墨子作了明确的回答。他认为，认识的可靠性标准、言论的是非标准就是“天志”。墨子认为天和鬼神是真实存在着的，是有意志的。天的意志就是“天志”。《墨子·天志上》说：“我有天志，譬若轮人之有规，匠人之有矩。轮匠执其规矩以度天下之方圆，曰：中者是也，不中者非也。今天下之君子之书不可胜载，言语不可尽计，上说诸侯，下说列士，其于仁义则大相远也。何以知之，曰：我得天下之明法以度之。”《天志中》说：“子墨子之有天意也，上将以度天下之王公大人为刑政也，也将以量天下之万民为文学言论也。”这都说明，天志是墨子的根本大法，是衡量认识是否可靠，言论是否正确的标准。墨子在《非命》篇中又有“言有三法”的说法，也是检验认识是否可靠的标准。哪三个法呢？一是“本”，二是“原”，三是“用”。《非命》有上、中、下三篇，三篇的说法大同小异。概括起来，“本”有“天鬼之志”、“圣王之事”两种说法，“原”有“先王之书”、“百姓耳目之实”两种说法，“用”只有一种说法。三篇都是“发而为刑政。”许多学者认为墨子是经验论者，主要根据是第二法“百姓耳目之实”。用百姓耳目之实作为检验认识、是非的标准，这不就是经验论吗？

笔者认为这种见解不能成立。因为，①第二法到底是“百姓耳目之实”还是“先王之书”还需论证。《非命中》一种版本说：“于其原之也，征之以先王之书。”完全没有提到“百姓耳目之实”。《非命中》另一版本说：“于何原之？下原察百姓耳目之实”，可是在后文讲解这一部分的时候，却没有对“百姓耳目之实”的讲解，而只有对“先王之书”的讲解。如果第二法是“征之以先王之书”，那么，就不能论证墨子是经验论者。②即使第二法是“百姓耳目之实”，它是原而不是本。根本的，第一位的法是什么呢？《非命中》说：“于其本之也，本之天鬼之志，圣王之事。”这与墨子在《天志》往篇中的论述是一致的。用天的意志作为检验认识、是非的标准，显然不是经验论。③《非命》一共有三篇，中篇之外的上、下两篇第一法只讲了“圣王之事”，没有讲“天鬼之志”。根据墨子一贯的思想，“圣王之事”体现了“天鬼之志”。《天志》上说：“故昔三代圣王禹、汤、文、武，欲以天之为政”。可见“圣王之事”并不像有些学者那个认为是“前人的经验”，而是天志在人间的体现。

需要简略说明的是，墨子并不轻视理性。墨子重视自然事物，重视科学技术，重视逻辑思维，这都是重视理性的表现。中国古代哲学从总体上说属于道德理性的哲学，但墨子属于极个别的例外情况，他的哲学中包含着认识理性的萌芽。有人比较了儒墨两种思维方式以后说："中国历史上确实出现过以墨家为代表的认识型思维，这种同西方传统思维的逻辑认识思维很接近。"[6]。可惜，这种萌芽在秦汉以后就夭折了。

三、老子、孔子不是唯理论哲学家

道家创始人老子认为，正确的认识不来源于感性经验。他说："塞其兑，闭其门，终身不疾。开其兑，济其事，终身不败"(《老子》第52章)。要塞住感官的窍穴，关闭感觉的门窗，这样终生没有毛病；如果打开感官，运用感觉，就终生不可救药。那么，怎样才能塞住感官，减少感觉呢？老子主张不行、不见、不为。他说："不出户，知天下，不窥牖，见天道。其出弥远，其知弥少。是以圣人不行而知，不见而名，不为而成"(《老子》第47章)。老子为什么轻视感性经验呢？因为他最推崇的"道"是超感觉经验的。他对"道"是这样形容的："视之不见，名曰夷，听之不闻，名曰希。搏之不得，名曰微……是谓无状之状，无物之象，是谓惚恍"(《老子》第14章)。老子这样极端否定感性经验，所以有些学者误以为老子是唯理论者。这些学者可能没有注意到，老子也以同样极端的态度否定理性认识。老子说："智慧出，有大伪。"(〈老子〉第18章)理性没有给人带来真理，反而带来了虚假。又说："绝圣弃智，民利百倍"(《老子》第19章)。抛弃理智，就抛弃了虚假，对大家有利百倍。老子主张"无为"，"无为"包括少用心智的意思。又主张"无知"、"绝学"，对外界的知识需要越少越好，少到婴儿的状态为最佳。这些言论充分证明老子也否定理性认识，不能说老子是唯理论者。通过感性认识和理性认识去把握事物，老子称为"为学"。为学使知识一天一天地增加，可是这样离"道"却反而越远。那么，怎样去把握"道"呢？靠人的直观能力。老子"为道"的方法被道家学派所继承，他们的直观主义、直觉主义不属于感性认识与理性认识范畴，也不属于唯理论和经验论的范畴。

儒家也超越了感性认识与理性认识的对立。欧洲研究认识论的学者大多是自然科学家，他们往往是从心理学的角度去研究认识发生的过程。这就有了感性认识与理性认识的两阶段的划分。中国的儒家大多数是教育家，如孔子、孟子、荀子、朱熹、王阳明等。他们往往是从教育学的角度去探讨知识的来源，认为知识主要是靠老师传授和学生学习这样一个过程而获得的。儒家创始人孔子是中国第一位教育家，他很重视"闻见"。他说："盖有不知而作之者，我无是也。多闻，择其善者而从之，多见而识之，知之次也"(《论语》述而篇)。有些学者认为"闻见"是感性认识，[7]"见"是指用眼睛看，泛指通过感官获得的知识，接近于感性认识。“闻”不是用鼻子闻气味，而是指听到了许多的间接知识，这也包含着理性认识。如孔子说：“朝闻道，夕死可矣。”这里的“闻”绝不限于感性认识。孔子重视“思”，有人从“思”联想到“思维”，从“思维”联想到“理性认识”，从孔子重“思”联想到孔子偏重理性认识。这种看法是片面的。让我们看看孔子的“九思”。他说：“君子有九思，视思明，听思聪，色思温，貌思恭，言思忠，事思敬，疑思问，忿思难，见得思义”（《论语》季氏篇）。视、听、色、貌都是属于感性认识的东西，“思忠”、“思敬”、“思义”属于伦理学的范畴，所以不能把“九思”都理解成理性认识。孔子的“思”常常与“学”相提并论。他说：“学而不思则罔，思而不学则殆。”（《论语》为政篇）。有人认为学与思的关系是感性认识与理性认识的相辅相成的关系[8]。其实不然，上面已经提到“思”并非都是理性认识，而“学”也并非都是感性认识。那么“学”是什么呢？主要是对古代文献与道德品质的学习。按孔子的话说，是“博学于文，约之以礼”（《论语》雍也篇）。孔子关于闻见、学思的思想，说明他在认识来源问题上既肯定了感性认识，又肯定了理性认识，而且超越了感性认识与理性认识。这是一种肯定的超越，与老子否定的超越不一样，但是他们在超越这一点上又是相同的。应该说，孔子与老子一样，也不是唯理论者。

注释：

[1]任继愈：《中国哲学史》第一册，人民出版社 1996 年版。
[2]《十六—十八世纪西欧各国哲学》，商务印书馆 1975 年版，第 17 页。
[3]培根：《新工具》，商务印书馆 1934 年版，第 22 页。
[4]《十六—十八世纪西欧各国哲学》，商务印书馆 1975 年版，第 44 页。
[5]《马克思恩格斯全集》第 2 卷，第 163 ~ 165 页。
[6]蒙培元：《中国哲学主体思维》，东方出版社 1993 年版，第 64 ~ 65 页。
[7]姜国柱：《中国认识论史》，河南人民出版社 1989 年版，第 237 页。
[8]姜国柱：《中国认识论史》，河南人民出版社 1989 年版，第 239 页。

第三章　质疑中国古代辩证法与形而上学斗争史

近年来，研究中国辩证法史成为哲学界的一种新动向，并已经出版了几本专著。这些著作认为，古代辩证法是与古代形而上学作斗争的，并且认为这种斗争贯穿古今。例如《中国辩证法思想史》(先秦)探讨了“春秋时期朴素辩证法思想与形而上学思想的斗争”，[1] 以及战国时期“辩证法思想与形而上学思想的斗争”，等等。但是，这个体系有一个基础理论问题未加论证，这就是中国古代哲学有没有形而上学。如果没有形而上学，又何谈古代辩证法与形而上学的思想斗争史呢！

一、形而上学的时代性以及它与朴素辩证法的关系

马克思、恩格斯在哲学史上第一次对形而上学作出了与辩证法相反的、具有普遍方法论意义的科学规定。它的经典表述主要见于《反杜林论》、《自然辩证法》等著作。这些著作对形而上学的时代性以及它与朴素辩证法的关系都作了说明。首先看看形而上学的时代性。恩格斯认为，康德的天体演化说打开了形而上学的第一个缺口。也就是说，形而上学的典型形态应该在康德之前。恩格斯说：“而近代哲学虽然也有辩证法的卓越代表(例如笛卡尔和斯宾诺莎)，却日益陷入(特别是由于英国的影响)所谓形而上学的思维方式，18 世纪的法国人也几乎全都为这种思维方式所支配。”[2] 恩格斯又说：“这些障碍是 17 和 18 世纪的形而上学——英国的培根和洛克、德国的沃尔弗——自己造成的，而形而上学就是以这些障碍堵塞了自己从了解部分到了解整体、到洞察普通联系的通路。”[3] 从这两段话中可以看出，恩格斯认为形而上学流行于近代，而特别以 17、18 世纪为盛。

当时，自然科学的方法是，把对整体的认识归结为对各个局部的认识，把复杂的东西归结为简单的东西，把一切研究归于分析，这也是一种形而上学的思维方法。培根把这种方法移植到哲学领域，他主张把世界的纷繁复杂的事物都给予分解，然后归结为若干简单的性质和构成形式。这种把自然科学植入哲学的方法，正如恩格斯所说：“把自然界的事物和过程孤立起来，撇开广泛和总的联系去进行考察，因此就不是把它们看做运动的东西……而是看做永恒不变的东西。”[4] 洛克深受牛顿经典力学的影响，并将牛顿的机械论和形而上学的方法移

入到哲学领域。他像培根一样，把认识来源问题孤立起来，把经验和理性对立起来，显然是受到自然科学重视分解和组合方法的影响，力图证明全部知识都是感性经验的分解和组合。洛克之后，法国唯物主义才使形而上学的思维方法达到了顶峰。他们的代表人物是狄德罗、拉美特利、爱尔维修、霍尔巴赫等人。他们把一切运动都归结为机械运动，把一切现象都用力学原理加以解释。

通过以上论述，我们知道哲学上的形而上学思维方式，其产生必须具备两个条件。一是近代实验科学产生了自然科学领域中的形而上学，二是经验论者和机械唯物论者将它带到哲学领域，离开这两个条件去谈形而上学的思维方式，就不是本来意义上的形而上学思维方式。

形而上学与朴素辩证法是什么关系呢？这里我们暂且不去探讨二者在思想内容上的关系，而着重探讨二者在时代上的关系。换句话说，我们探讨的问题是：形而上学与朴素辩证法是同时代的两军对战关系呢？还是不同时代的更替关系呢？如果是同时代的关系，那么在欧洲和中国古代，就有可能存在着朴素辩证法与形而上学的斗争史。如果是不同时代，那在古代只有朴素辩证法，没有形而上学；到了近代，朴素辩证法的统治地位被形而上学所更替；大约两个世纪以后，形而上学的统治地位又让位于德国古典哲学的辩证法。前者可以说是对子关系，后者可以说是正、反、合关系。黑格尔的看法是后者，他认为古希腊哲学家都是辩证论者，没有形而上学思维方法。恩格斯继承和发展了黑格尔的看法。他说："古希腊的哲学家都是天生的自发的辩证论者。"[5] 这里说的是"古希腊的哲学家"，而不是其中的一部分。所谓"天生的自发的"，是强调辩证法在古希腊是一种整体思潮、一种普遍的思维方式。马克思、恩格斯总是用正、反、合的结构来描述哲学史上从朴素辩证法到形而上学再到辩证法的发展过程。恩格斯是这样说的："第一种是希腊哲学。在这里辩证的思维还以天然的纯朴的形式出现，还没有被这样一些迷人的障碍所困扰，这些障碍是17和18世纪的形而上学。"[6] 又说："除了以这种或那种形式从形而上学思维复归到辩证的思维，在这里没有其他任何出路。"[7] 还说："辩证法的第二个状态，恰好和德国自然科学家特别接近，这就是从康德到黑格尔的德国古典哲学。"[8] 总之，在辩证法的第一个形态之后，出现了形而上学，而辩证法的第二个形态是对形而上学的否定和对第一个形态的复归。由此看来，古代没有形而上学思维方式，没有形而上学与辩证法的两军对战。

二、中国古代不具备形而上学的思维特征

形而上学是与辩证法相反的哲学范畴。它的思维特征是什么呢？恩格斯有两段话是对形而上学的经典论述，一是《反杜林论》中的论述[9]，一是《路德维希·

费尔巴哈和德国古典哲学的终结》的论述。[10]

根据这两段论述和马克思主义经典作家的其他论述，我们可以概括出形而上学与辩证法相反的三个基本性：

1. 形而上学不是整体的、强调普遍联系的方法，而是把整体分解为部分，对这些部分进行孤立研究的方法。

2. 形而上学不是把事物看做发展的过程，看做运动变化的，而是把事物看做既成的存在，是一成不变的。

3. 形而上学在绝对不相容的对立中思维，片面强调对立性，而不是像辩证法那样强调对立面的统一。

从以上三个思维特征来看，中国古代哲学的思维方式显然不是形而上学，它具有整体性、求合（和）性、尚变性的特点。中国古代哲学把人和自然看做一个有机整体，儒家和道家概莫能外。儒家主张天人合一，认为人与天地自然有不可分的密切联系。道家主张泛爱万物，天地一体，认为人与万物同类，与天地构成一个整体。中国医学理论是整体观、联系观的典型。它不重分析、不重解剖、不去孤立地研究某个器官的独立功能，而是把器官放在总体关系中把握。中国哲学的另一个特点是求和。传统思维方式不重视形式逻辑的规定，却善于寻找事物的对立，并从对立走向统一。孔子主张“和为贵”，主张“无过无不及”的适中状态，反对的正是绝对不相容的对立中思维。老子主张“反者道之动”、“柔弱胜刚强”，认为对立不是绝对的，是可以转化的。老子重“和”。他说：“和其光，同其尘”，又说：“万物负阴而抱阳，冲气以为和”。尚变是中国传统思维方式的突出特点之一。《易经》在一定意义上可以称之为“变经”，它是预测变化的一部书。《易传》明确地说，《易经》的原则是“唯变所适”。它说：“易之为书也不可远，为道也屡迁，变动不居，周流六虚，上下无常，刚柔相易，不可为典要，唯变所适”[11]。由《易经》开创的尚变传统，影响了中国的思维倾向数千年。明清之际的哲学家王夫之，以运动解释“太极”。他说：“太极者，本动者也。动以入动，不息不滞。”[12]戴震用变化解释“道”。他说：“道，犹行也，气化流行，生生不息，是故谓之道。”[13]中国古代哲学思维的整体性、求合（和）性、尚变性，概括起来就是辩证思维。中国古代辩证思维虽然经过两千多年的发展，但从形态上说仍然是朴素的、直观的。中国古代没有形而上学。

形而上学的产生必须具备一定的条件。例如，它与自然科学的紧密关系以及合理的历史性、进步性；又如，它与经验论的密切联系以及它成为机械唯物论的重要特征；再如，它与欧洲早期资产阶级的关系。但是，在以上那些关于中国古代辩证法与形而上学的斗争论述中，首先，我们看不到形而上学与自然科学紧密联系，看不到形而上学有它的合理性，即在它刚刚出现时曾经是进步的，必然的，是推动自然科学进步的。其次，我们看不到古代形而上学与经验论的紧密关系，而恩格斯曾经说形而上学是“英国经验主义沿袭下来的、狭隘的思维方法”。[14]然而，所谓先秦形而上学的代表人物孔子、孟子，却被许多学者认为是“唯理论”的代表人物。再次，我们看不到古代形而上学与机械唯物论的紧密关系，而这样的紧密关系是形而上学最早的重要特征之一。中国古代根本没有机械论，又怎样去探讨它与形而上学的关系呢？最后，我们看不到古代形而上学与资产阶级的关系。欧洲形而上学产生和流行的时代，正是早期资产阶级革命的时代，这决不是偶然的。形而上学在一定程度上代表着早期资产阶级的思维方式和认识水平。中国古代还没有资产阶级，所以古代形而上学与资产阶级的关系就不知从何谈起。任何一种哲学思想，当然也包括形而上学在内，都有特定的思想内涵和范畴。如果任意将它的思维内涵广大，将它的范畴泛化使用，不考虑它的时代性、民族性，势必造成理论上的混乱。以上说明，中国古代不可能产生欧洲典型意义上的形而上学。近代西方实验自然科学传入中国时，也将形而上学传入中国。形而上学刚刚进入中国时，是有一定的合理性和进步性，但是在马克思主义辩证法在中国迅速传播以后，它就成为一种保守的落后的思维方法了。

三、董仲舒不是形而上学哲学家

在中国古代辩证法与形而上学斗争史的现行体系中，孔子、孟子、董仲舒是形而上学阵营里的将帅人物。庞朴先生的著作《儒家辩证法研究》在相当程度上改变了人们的这一看法。庞先生反对两军对战的结构认为，先秦诸子百家都有自己独特的辩证法。例如，有老子用弱的辩证法，有法家用强的辩证法，有儒家用中的辩证法，还有兵家辩证法、名家辩证法，等等。传统的看法认为孔子、孟子是折中主义者或形而上学者，庞先生却认为孔子、孟子代表着“儒家辩证法”。肖箑父先生对中国辩证法史有极其独到的见解，他没有简单的使用“形而上学”的概念，而是使用“非辩证的”这一概念。

董仲舒因为说过这样一句话：“天不变，道亦不变”[15]，被认为是中国哲学史上第一号的形而上学代表人物。笔者认为，董仲舒不是形而上学的代表人物，因为在他所处的时代，没有产生形而上学的经验论哲学基础。从思维方法来看，董仲舒仍然继承着民族的传统，具有整体性、求合(和)性、尚变性的特点，而且这些理论特点在他那里更加系统化了。他的天人感应哲学体系，就是典型的整体性思维。他说：“天地人，万物之本也。天生之，地养之，人成之。天生之以孝悌，地养之以衣食，人成之以礼乐。三者相为手足，合以成礼，不可一无也。”[16]这就是把人与天地看成一个整体，考察它们的作用和联系。当然，他的“天之副在乎人”的思想走过了头，认为“人之形体，化天数而成。人之血气，化天志而仁。人之德行，化天理而义”。[17]。但走过了头的思想并不是分析性的思维，仍然是整体性的思维。

董仲舒求合性的思维是非常突出的。他说："天地之气，合而为一，分为阴阳，判为四时，列为五行。行者，行也。其行不同，故谓之五行。五行者，五官居也，此相生而间相胜也。"[18]这里讲合二为一、一分为二、五行相生相胜，都是对先秦朴素辩证思想的继承和发展。在"合二为一"与"一分为二"这两者中间，董仲舒更重视"合"，更重视"一"，这正是儒家辩证法的特点。他说："凡物必有合，合必有上、必有下；必有左、必有右，必有前、必有后；必有表、必有里。有美必有丑，有顺必有逆，有喜必有怒，有寒必有暑，有昼必有夜，此皆其合也。"[19]他重视相反之物的统一性，说："天之常道，相反之物也，不得两起，故谓之一。一而不二者，天之行也。"[20]这些，说明董仲舒承认对立，承认矛盾，重视对立面的统一，重视矛盾的同一性。有的学者认为，董仲舒虽然承认对立，但矛盾双方是主次定位的。例如，阳为主，阴为次；夫为主，妻为次；父为主，子为次；君为主，臣为次。这都是不能转化的。笔者的看法不同。先秦时期，老子承认矛盾并且认为转化是无条件的，这正是朴素辩证法的"朴素"之所在，不可以苛求古人。董仲舒克服了老子的这一缺点，应视为辩证思维的一大进步；但他走到了另一极端，即认为矛盾双方的主次不能转化。这也是朴素辩证法的"朴素"之所在，也不宜苛求古人。老子和董仲舒在矛盾转化问题上各执一端，就为"有条件的矛盾转化观"这一辩证思维的进步创造了条件。

董仲舒是否具有尚变性思维呢？回答是肯定的。在自然界方面，他认为由天地之气的分合变化而产生了阴阳、四时、五行、万物。他还说："天覆育万物，既化而生之，有养而成之。"[21]认为天养育万物是一个变化发展的过程。在社会政治领域，他积极主张变革旧制，以适应新的政治形势。他在与汉武帝的对话时说："国家将有失道之败，而天乃先出灾害谴告之。……尚不知变，而伤败乃至。"[22]崇尚变革的思想在《春秋繁露》中多处可见。如说："谴告之而不知变……其殃咎乃至。"[23]又说："五行变至，当救之以德，施之天下则咎除。"[24]

"天不变，道亦不变"，长期以来被认为是中国最典型的形而上学命题。20世纪80年代，严北溟先生提出反对意见。他认为"天"主要是指自然，而"道"主要是指规律。这个命题是说自然现象及其规律往往保持亿万年质的稳定性，而看不出根本的变化，可以说"天不变道亦不变"是有根据的。[25]笔者同意严先生的结论，即"天不变道亦不变"不是形而上学，但是不同意严先生对"天"、"道"概念的解释。从董仲舒一贯思想和对"天"、"道"概念的习惯的用法上分析，这里的"天"是指"天道"，即自然社会的总规律。这里的"道"是指"人道"，即王道三纲、社会法则。所谓"天不变道亦不变"，是说自然社会的总规律是不会轻易变化的，那么王道三纲，也是不会轻易变化的。这里强调的是人道必须符合天道，人道与天道保持一致。董仲舒说"王道之三纲可求于天"。[26]都与"天不变道亦不变”是同一种思想，即人道与天道一致。这是儒家一贯的思想。它主要属于政治伦理的范畴，而不属于哲学形而上学的范畴。

总之，形而上学产生于近代实验自然科学，培根、洛克等经验论者将它带入哲学领域。17～18世纪是形而上学的盛行时代。如果脱离时代性去谈形而上学的思维方式，那是不科学的。朴素辩证法与形而上学不是两军对战的对子结构，而是替代、复归的正、反、合结构。因此，不论欧洲还是中国的古代，都没有朴素辩证法与形而上学两军对战史。中国古代不具备产生形而上学的条件，也不具备形而上学的思维特征。那种认为孔子、孟子、董仲舒是古代形而上学代表人物的传统看法是不能成立的。如果人为地去虚构所谓古代辩证法与形而上学的斗争史，必然经不起历史的检验。总有一天，虚构的体系会被历史所抛弃。

注释：

[1]方克：《中国辩证法思想史》(先秦)，人民出版社1985年版，第138、292页。

[2][5]《马克思恩格斯选集》第3卷，第59页。

[3][6][7][8]恩格斯：《自然辩证法》，人民出版社1971年版，第25～33页。

[4][9]《马克思恩格斯选集》第3卷，第60～61页。

[10]《马克思恩格斯全集》第21卷，第335～340页。

[11]《易传》。

[12]王夫之：《周易外传》卷六。

[13]戴震：《孟子字义疏正》。

[14]恩格斯：《反杜林论》，人民出版社1978年版，第12页。

[15][22][27][28]董仲舒：《举贤良对策》。

[16][17][18][19][20][21][23][24]董仲舒：《春秋繁露》：“主元神”、“为人者天”、“五行相生”、“基义”、“天道不二”、“王道能三”、“必仁且智”、“五行变救”、“基义”。

[25]严北溟：《谈“天不变道亦不变”》，载《复旦学报》，1980年第6期。

第四章　陆象山不是唯心主义哲学家

陆象山与朱熹同时代，地位相当。他创立的心学与朱熹的理学尖锐对立，发生过历史上有名的鹅湖之会与南康之会。传统的看法认为，朱陆之争是客观唯心主义与主观唯心主义之争；陆象山哲学的积极意义，表现为“当一个唯心主义者批判另一个唯心主义者的唯心主义基础时，常常是有利于唯物主义的”。[1]笔者认为，朱陆之争并非唯心主义内部不同派别之争，而主要是对道德伦理修养的方法之争。朱熹受道家影响，尊崇“天理”——实际上是把道德伦理客观化、绝对化，人获得天理的方法是“格物穷理”。陆象山继承孟子的思想，认为天理就是人心——实际上是把道德伦理主观化、内在化，人获得天理的方法是“发明本心”。他们在这里探讨的不是思维与存在的关系问题，所以他们的理念与客观唯心主义、主观唯心主义都没有关系。

在朱熹理学盛行的南宋时代，陆象山高扬“心学”大旗，独树一帜。“宇宙便是吾心，吾心却是宇宙”和“发明本心”的深睿智慧，是中国哲学史上一颗璀璨的明珠。然而长期以来，这样的一颗明珠却被说成是唯心主义的，且遭到口诛笔伐。我们认为，这样的一种研究方法是不科学的，对于陆象山也是不公平的。从一个新的视角，为象山洗刷不白之冤，再现象山哲学的本来面目，是我们的期望，是本章的宗旨。

一、宇宙论非唯心主义

在宇宙发生论上，陆象山说：“太极判而为阴阳，阴阳播而为五行。……故太极判而为阴阳，阴阳即太极。阴阳播而为五行，五行即阴阳也。充塞宇宙之间，何往而非五行？”[2]这个“太极—阴阳—五行—万物”的模式，与先秦《易传》和宋代理学家们一脉相承，与朱熹的宇宙发生论也没有大的区别。陆象山忠实于《易传》的原始模式，只讲“太极”而不讲“无极”。朱熹继承周敦颐《太极图》的模式(讲“无极而太极”)。朱、陆思想基本一致，只是运用概念上有差异。朱熹认为，无极是形容太极的，并不是太极之前还有一个什么东西或者还有一个什么阶段。陆象山认为，太极本身就内涵着无极之义，何必要在太极之前加上个“无极”呢，这不是多余吗？况且，在经典《易传》中没有讲“无极”呀！这里只是概念表述上的差别，而不是哲学上的本质差别，更不是客观唯心主义与主观唯心主义之争。

新中国成立以来，认为陆象山哲学属于唯心主义世界观几乎成为定论。主要依据是他的这样一句话：“宇宙便是吾心，吾心即是宇宙。”其实，这并不可作为依据。这句话要把它放在前后文的语境中去理解，而不能断章取义。

《象山年谱》是这样叙述的：“十余岁，因读古书至宇宙二字，解者曰：四方上下曰宇，往古来今曰宙。忽而大省曰：元来无穷。人与天地万物，皆在无穷之中者也。乃援笔书曰：宇宙内事，乃已分内事，已分内事，乃宇宙内事。又曰：宇宙便是吾心，吾心即是宇宙。东海有圣人出焉，此心同也，此理同也；西海有圣人出焉，此心同也，此理同也；南海北海有圣人出焉，此心同也，此理同也；千百世之上，至千百世之下，有圣人出焉，此心此理，亦莫不同也。”[3]

我们认为，这段话并不涉及世界本原论问题，而应该从道德伦理的角度去理解：

宇宙无穷，人在这无穷之中生存和延续，由此引发一种道德责任感：人以宇宙天地为己任。宇宙的事就是我的事，我的事就是宇宙的事。这是一种宏大的道德境界，与后世的“以天下为己任”、“国家兴亡，匹夫有责”属于同一种伦理情操。“宇宙便是吾心，吾心即是宇宙”这句话，更进一步表达了陆象山的道德责任、境界和情操，同时也表达了道德伦理的普遍性和永恒性。宇宙在时间上是无穷的，在空间上是无限的，陆象山由此而联想到道德伦理也是超越时间的，是无穷，无限的。“心”、“理”都是指儒家孔子创立的道德伦理，陆象山认为它放之四海而皆准，古往今来永远正确。

这段话表达的是一个古代学者火热的情操、高远的境界、强烈的责任感和像宇宙一样广泛的胸怀。我们今天的学者如果不能神交古人，体会古人的一腔热血，而误以为这位古人是在探讨宇宙的秘密，是在思索宇宙是物质还是精神的问题，那就错了。如果再给古人戴上一顶“唯心主义”的帽子，口诛笔伐，那就大错特错了。

这种错误从20世纪30年代就开始了。冯友兰没有领会陆象山的道德情操，误认为陆象山是在探讨与欧洲哲学类似的问题。他说：“这个问题是，自然界的规律是不是人心(或宇宙的心)创制的”[4]；又说：“在陆九渊看来，实在只有一个世界，它就是心(个人的心)或‘心’(宇宙的心)。”[5]冯友兰开始的这个“误会”影响了将近一个世纪和海内外的学术界。例如，日本的渡边秀文批评陆象山是唯心论者：“心才是唯一的实在——绝对的唯心论，他于是创了出来。”[6]这种误会不能带进21世纪。

陆象山说：“万物森然于方寸之间，满心而发，充塞宇宙，无非此理。”[7]这句话也是当今学者引用极多的，用以论证陆象山是主观唯心主义哲学家。这个论证不能成立。这句话与孟子“万物皆备于我”是同一个意思，是说各种道德伦理已经具备在我的心中。所谓“万物”，并非西方的物质、物体概念，而是指道德伦理。所谓“方寸之间”就是指“心”。所谓“满心而发，充塞宇宙，无非此理”，就是孟子“反身而诚”、“求其放心养浩然之气……塞于天地之间”等思想的继承和发挥，没有超出道德伦理、修养的范围之外。需要指出的是，如果我们神交古人，可以领会到，古人基于道德伦理而表现出了多么强烈的自信和多么豪迈的气概啊！我认为可以称得上是“气吞山河”。但是，如果有人分析，“气概”属于精神范畴，“山河”属于物质范畴，“气吞山河”是精神决定和取消(吞)物质的唯心主义思想，我们能做何感想呢？这就是以本体论的思维对待道德论的命题，可谓风马牛不相及。

二、认识论还是价值论

有些学者可能会说，判断一个哲学家是唯物主义还是唯心主义，不仅要看他的本体论，还要看他的认识论。陆象山在认识论方面属于“先验论”，这也是学术界的定论。就是说，从认识论的角度看，陆象山也是一个唯心主义哲学家。我们认为，在这个问题上，陆象山根本就没有哲学意义上的认识论，更谈不上是唯心主义认识论。

认识论是西方哲学的重要内容，主要探讨认识的来源及途径问题。恩格斯说：“我们的思维能不能认识现实世界？我们能不能在我们关于现实世界的表象和概念中正确地反映现实？”[8]所以，思维与存在的关系不仅是本体论的基本问题，也是认识论的基本问题。离开个体思维对客观世界的对象化，就无从谈起哲学认识论。它既是从古希腊到中世纪再到近代西方哲学关于客体规定性探索的萌芽、生长、发展的结果，其确切含义还应是近代自然科学的产物。只有到了近代，基于对主体的研究，才展开关于“经验论”或“唯理论”的认识来源问题的探讨。反观中国古代哲学，它超越了思维与存在、主体与客体的二元对应，它们的关系问题并不是中国哲学思想的主题。当然，它并不否认人的认知能力，但是并未用来对客体世界进行对象化，而是把自然界加以“人化”，以人伦价值观念定格自然界，其追求的是“天人合一”的圆融境界。中国哲学既不以知识为出发点，也不以知识为归宿。在中国哲人看来，关于人和宇宙间的一切知识和智慧就是伦理道德。另一方面中国人自身的反思，也不是从人与自然对立的层面去理解人，从未把人的自身对象化。它认为人的存在就是宇宙的存在，人的意义就是宇宙的意义。这是把人当做价值意义的人加以反思。这种内向型思维不属于对象论、认识论，而属于价值论。这种认识功能表现在方法论上，是关于如何“成圣成贤”的道德修养问题，而与自然知识的来源和途径问题是无关的。

三、是唯心主义先验论吗

陆象山常被斥为“唯心主义先验认识论”，主要指以下两个方面：①“发明本心”即“存心”“养心”“求放心”。陆氏认为：“心，一心也；理，一理也……此心此理，实不容有二。”意思是说，作为最高智慧的“心”和“理”是同一的，因此人的教化之道不需“格物穷理”，而只需“发明本心”就够了。②读书而“知至”。陆象山认为，读书必须加以选择和区别，而一旦读到圣贤之书，即可获“理”，这就是“知至”。传统研究方法认为，陆象山把关于事物的知识认定于“心”和圣贤之书中，然后向内省察和感悟，当然属于唯心主义先验论。事实上，陆氏方法论的这两个方面内容都不是指认识现实世界，而是谈道德修养问题。道德，之所以“发明本心”，是因为一切外在的道德伦理规范，并不能促成每个人自觉去体认和执行，而真正的道德智慧，“心即理”，这是“天之所与，非由外铄”的。它就存在人的心中。它广含了人之所以为人、世界之所以为世界的一切真谛，所以不必外求。由此看出，“发明本心”(存心、养心、求放心)是一种深刻的对伦理道德自我反省、自我认识、自我完成的过程。所要达到的最高境界，不是要获得关于具体事物的知识，而是挖掘道德源泉，使道德伦理以本能表现出来。他说：“当恻隐时自然恻隐，当羞恶时自然羞恶，当宽裕温柔时自然宽裕温柔，当发强刚毅时自然发强刚毅。”[9]其次，所谓“知至”，就是知“理”。他说：“《大学》《文言》皆言‘知至’。所谓至者，即此理也。吾读《易》者曰能知太极，即是知至；吾读《洪范》者曰能知皇极，即是知至；夫岂不可，盖同指此理。”[10]由此看出，“至”或“理”并非指的是知识，而是伦理道德，因为《文言》《大学》《洪范》这些圣贤之书并非讲授自然知识，而全是如何为人处世的道理。陆象山又说：“知至”必须通过“学”才能达到。我们从其“学”的内容则更容易理解“知至”的本质。他说：“今所学果为何事？人生天地间，为人自当尽人道，学者所以为学，学为人而已，非有为也”[11]。即“知至”的目的是“尽人道”“学为人”；“知至”的本质是领会个人修养或道德践履之“理”。从以上我们可看出，陆象山的“发明本心”和“知至”观点，仅仅是涉及修养方法问题，而不是外向型的对客观世界的认识论，因而把它归结为“唯心主义先验认识论”是难以令人信服的。

退一步说，假定这是一种认识论的话，那么它是否是“唯心主义”的，这也是很值得商榷的问题。认定一种认识论是唯物的还是唯心的，必须建立在物质与感觉对立的基础之上。用列宁的话说就是，“从物到感觉和思想呢？还是从思想和感觉到物？”[11]前者是唯物主义认识路线，后者是唯心主义认识路线。而陆象山的“认识论”却不具备这样一个前提条件，即其哲学范畴和概念很难划属物质或感觉。从第一方面看，“发明本心”的“本心”或“心”，并不专指感觉、知觉、分析、综合等认识活动，而主要指的是“理”，一种广含宇宙与人的道德智慧。“仁义者，人之本心也”[12]；“四端者，人之本心也，天之所以与我者，即此心也。”[13]这样的一种“心”就是“理”，“固不以人之明不明，行不行而加损”[14]；“此心此理，万世一揆也”[15]。所以，“心”首先就不是单纯的“主观”东西，而应是“客观”的东西。那么，它是不是“客观精神性”的东西呢？在陆象山看来，“心”或“理”绝不是精神，而是条理、秩序或规律。这种“心”或“理”，可以伦理规范形式在个人的修养过程中体现和反映出来，而不是客观规律在人脑中反映，所以它不是精神的。既然“本心”不是指人的主观臆想，也不是指客观精神，那么，这样的一种“认识论”就不是“原则先行”的唯心主义路线。从第二方面看，学而“知至”更非唯心主义路线。他认为要想真正发明“此心此理”，就必须先进行“格物”。“物果已格，则自知至”。当然，他的“物”不是指“物质”而是指“事”，即伦理道德之事。但是，这种“格物知至”显然就不是从感觉和观念出发的。而且，他一再强调“学也者，是所以致明知之道也”。通过学习，明白道德伦理之“学问”，这也唯心主义先验论有何关联呢？

综上所述，我们认为，陆象山哲学并没有表述出所谓唯心主义世界观，只是表达学者一种高尚的伦理情操和道德责任感。他看似“唯心主义认识论”的思想，也不过是一种关于获道成贤的修养论而已。我们主张以神交古人的基本态度去体会古人的哲学思想，而反对以后世的观念和方法去肢解传统真实精神。有人在给陆氏加上这顶“唯心主义”帽子后，批判这种思想是“近七八百年来哲学思想发展的一大不幸”[16]。其实，真正不幸的不是这种哲学思想，倒恰恰是这种先扣上一顶帽子再拉出来批斗的简单研究方法。

有一些学者，至今仍坚持中国哲学史是唯物主义与唯心主义斗争史，并且相信非此即彼的思维模式。他们认为，一个哲学家，要么是唯物主义的，要么就是唯心主义的，没有第三种可能。笔者这里说陆象山不是唯心主义哲学家，他们可能马上会问：难道陆象山是唯物主义哲学家吗？在他们的心目中，世界上除了唯物主义和唯心主义，就几乎没有哲学可言了。我的答复是：陆象山是哲学家，但必须换一个思路，换一种方法论，才能找出他的哲学精髓和思想境界。正如我们正在建设有中国特色的社会主义一样，我们也要建设有中国特色的中国哲学史和当今的中国哲学体系。

注释：

[1]《列宁全集》第38卷，人民出版社，第313页。

[2][3]《陆九渊集》，中华书局1980年版，第281~282、481~482页。

[4][5]冯友兰：《中国哲学简史》，北京大学出版社1985年版，第323、353页。

[6]渡边秀文:《中国哲学史概论》、《近世哲学》第2编，台湾商务印书馆1967年版，第92页。

[7]《陆九渊集》，中华书局1980年版，第423页。

[8]恩格斯:《路德维希·费尔巴哈和德国古典哲学的终结》。

[9][11]《陆九渊集》卷35《语录》，第456、470页。

[10]《陆九渊集》，第28页。

[12]《陆九渊集》卷1《与赵监》。

[13]《陆九渊集》卷11《与李宰》之二。

[14]《陆九渊集》卷2《与朱元晦》之二。

[15]《陆九渊集》卷34《语录》。

[16]李之鉴:《陆九渊哲学思想研究》，河南人民出版社。

第六部分

《道德经》辩证法的
历史形成与逻辑发展

概　述

春秋末期的《道德经》与战国末期的《易传》，是先秦朴素辩证法的两个高峰，是中国古代辩证矛盾观形成的标志，从《道德经》到《易传》，既是一系列哲学范畴的历史发展过程，又是辩证思维的逻辑展开过程。中国朴素辩证法的核心范畴是道，探讨道范畴的形成，必须研究《道德经》到《易传》的哲学历史，必须研究晚周辩证矛盾观形成的逻辑过程，必须研究先秦五行、阴阳、中和、一两诸范畴的动态演进。

晚周(西周后期—战国后期)是我国由奴隶社会向封建社会转变的时期，其时代特征是社会动荡，新旧交替，各种矛盾空前激烈，错综复杂。中国古代辩证矛盾观形成于晚周绝不是偶然的，它植根于经济变革，受影响于生产和科学水平的提高，直接依存于阶级斗争、政治斗争，是当时社会实践的客观矛盾运动的反映。关于晚周社会历史上的激烈变革及其对哲学发展的深刻影响，前人论著颇多，叙述亦详，本篇不再赘议。中国古代辩证矛盾观的形成又有其相对独立性及其对先行思想资料的继承性，就是说，它的形成必然是一个合乎逻辑的过程。这个逻辑过程集中体现在哲学范畴的产生、发展和演变之中。本篇着重探讨的正是这个方面。

新中国成立以来，研究晚周辩证矛盾观形成的逻辑过程的论著颇为罕见。造成这种状况的重要原因之一，是我们过去注重采用历史的研究方式，而很少采用逻辑的研究方式。对于哲学史来说，所谓历史的研究方式，是指按历史的顺序对主要哲学家的理论体系进行研究的方法；所谓逻辑的研究方式，是指以概念、范畴的运动为线索探讨哲学思维发展规律的方法，而在某些情况下逻辑的研究方式优越于历史的研究方式。例如恩格斯在介绍他和马克思研究经济学史的方法时就说过：“对经济学的批判，即使按照已经得到的方法，也可以采用两种方式：按照历史或者按照逻辑。……历史常常是跳跃式地或曲折地前进的，如果必须处处跟随着它，那就势必不仅会注意许多无关紧要的材料，而且也会常常打断思想进程；并且，写经济学史又不能撇开资产阶级社会的历史，因此，逻辑的研究方式是唯一适用的方式”(《马克思恩格斯全集》第12卷)。近年来，冯契、肖箑父、庞朴、刘蔚华、李德永诸先生已经在中国哲学史领域运动逻辑的研究方式作了有益的探索。笔者正是受他们的启发，试用逻辑的研究方式，追踪五行、阴阳、中和、一两诸范畴在晚周的运动轨迹，探索中国古代辩证矛盾观形成的逻辑过程。

第一章　五行相杂说到五行生胜说

一、五行探源

作为一个名词概念，“五行”最早见于《尚书·甘誓》。《甘誓》记载，夏启征伐有扈氏，宣布他犯了“威侮五行，怠弃三正”的大罪。这个“五行”、“三正”是什么内容？学术界未取得一致意见。笔者目前比较同意范文澜先生的看法，他认为“五行”即“六府”；“三正”即“三事”。《左传·文公七年》郤缺引《夏书》曰：“水、火、金、木、土、谷，谓之六府；正德、利用、厚生，谓之三事。”范文澜先生说：“所谓威侮五行，等于说你不重六府，就是说你不能养活百姓；所谓怠弃三正，等于说你不好好做事，也就是说你不配做国君。本没有什么奥义精旨。”[1]可以肯定，《甘誓》中的五行概念还不具有哲学意义。顾颉刚、刘起釪先生考证：“《甘誓》这篇夏后氏与有扈氏作战之际的誓师词大概在夏王朝是作为重要祖训历世口耳相传，终于形成一种史料流传到殷代，其较稳定地写成文字，大概就在殷代。”[2]按照这一说法，五行作为口耳相传的一个词语，至迟形成于夏初；而作为见诸文字的一个概念，在殷代已经出现。

明确地把水、火、木、金、土概括起来称为“五行”，最早见于《尚书·洪范》，这大约是殷周之际的事情。《洪范》记载：“天乃锡禹洪范九畴，彝伦修叙。”就是说上帝为了帮助大禹治理洪水，赐给他九条大法则。第一条大法则就是五行，“五行：一曰水，二曰火，三曰木，四曰金，五曰土。水曰润下，火曰炎上，木曰曲直，金曰从革，土曰爰稼穑。润下作咸，炎上作苦，曲直作酸，从革作辛，稼穑作甘。”这段文字，首先说明五行是水、火、木、金、土。其次说明水、火、木、金、土的属性，其三说明五味（咸、苦、酸、辛、甘）与五行的关系。虽然假托上帝之口说出来，但内容却是古代人民从生产实践得来的经验之谈，并不神秘。有些研究者说这里的“五行”是指构成世界的五种物质元素，这并不符合《洪范》的原意。

殷代已有强五观念流行。殷墟卜辞中有比较明确的五方观念，是公认的。[3]卜辞中还有五臣观念，如“帝五臣正”（《殷契粹编》13）五火观念，如“……卜，又于五火，在齐”（《殷契粹编》71）。但卜辞中未发现“五行”字样或水火木金土并举的情况，这说明强五观念在前，五行观念在后。强五观念未必像很多人所认为的那样，是受了五行观念的影响；相反，五行观念倒很可能是受了强五观念的影响。夏代有六府说。除前文已转引《夏书》外，《尚书·禹贡》也有“六府孔修”的文字。后来可能受到强五观念的影响，就将土与谷合一，成为五行。五行是古人对五六种日用必需物质的称呼，或者是对生产这些必需物质的五六种作业的概括。强五却起源于古人对“五”这个数字的神秘崇拜。由此可见，五行与强五本来是两个不相同的观念系统，尽管彼此发生过影响，一直到殷周之际，二者才结合起来。《洪范》五行说是这种结合的开始，五行不仅表示水、火、木、金、土这五种物质，而且代表着五种属性、五种味道，还联系着五事、五纪、五福等诸五。这样一来，五行就具有“范畴”的意义。“洪范九畴”的“范”，本义为铸器的模子，引申义为效法；“畴”本义为耕治之田，引申义为种类。这里“范畴”的含义是：以耕治之田的纵横交错的阡陌之网，去象征天地万物之间普遍存在着的联系之网。《洪范》将天地万物之间的联系分为九类，第一类就是五行。这就是说，五行虽然不是构成世界的五种物质元素，不具有朴素唯物主义的本原论思想，但它却是反映天地万物之间普遍联系的重要“范畴”之一，具有朴素辩证法的思想。《洪范》的五行范畴说是中国哲学史上五行学说的最早形式。五行范畴说以五行观念与强五观念的结合为特征，它的哲学价值并不是提出构成世界的五种物质元素，而是试图对天地万物的普遍联系进行初步分类。

二、五行相杂与相胜

晚周是我国古代“百家争鸣”、学术繁荣的时期，五行观念在这个时期得到很大的发展。它几乎渗透到社会生活、意识形态的一切方面。五行观念在各个不同领域的广泛流行，使它逐渐成为一个哲学内涵越来越丰富的范畴。晚周时期五行范畴的发展，大致经历了相杂、相胜、无常胜、相生、生胜等阶段。

五行相杂说始见于西周末期的史伯。史伯说：“故先王以土与金、木、水、火杂，以成百物。是以和五味以调口，刚四肢以卫体，和六律以聪耳，正七体以役心，平八索以成人，建九纪以立纯德，合十数以训百体，出千品，具万方，计亿事，材兆物，收经入，行姟极。……声一无听，色一无文，味一无果，物一不讲。”[4]这里，五行相杂说表达了这样的哲学思想：世界是丰富多彩的，而不是单一的。例如，同一的声音不能谱成动听的音乐，同一的颜色不能构成悦目的文彩，同一的味道不能调制出美味佳肴，同一的事物无从较量。相反，各种有差异的因素相互组合，才有万事万物的产生。例如，调剂五种味素，食物才会可口；四肢配合默契，才能保护好自已的身体；六律谐和，才能给人以悦耳的感觉；等等。总之，世界不是单一的，而是具有多种多样的联系，差异则是最基本的一种联系。

春秋后期，出现了史墨的五行相胜说，史墨说："火胜金，故弗克。"[5]又说："水胜火，伐姜则可。"[6]重要的是，由"水胜火""火胜金"可以推测，当时已有了水→火→金→木→土(→水)的相胜序列。五行相胜说是对五行相杂说的发展，它反映出春秋末期的思想家不满足于认识五行中的一方与其他四方的差异联系，即"本质的差异"、"对立"的联系。但是史墨的五行相胜说也有缺点，他认为五行之间是单向的制约关系，这种制约不需要条件。他又进一步认为，既然五行相胜的序列是一种不变的公式，那么，就可以用来预测政治的兴衰、战争的胜负等社会现象。这是五行相胜说中存在的神秘主义因素和绝对化的倾向。五行相胜说的缺点需要克服，五行相胜的条件需要研究，这些新的探讨推动着五行思想进一步发展，出现了五行无常胜说。《孙子兵法·虚实》说："故五行无常胜。"《势篇》又说："声不过五，五声之变，不可胜听也；色不过五，五色之变，不可胜观也；味不过五，五味之变，不可胜穷也。"这是反对把五行之间的某一种联系公式化、绝对化，而认为五行之间的联系也应该是多种多样且变化无穷的。《墨子·经下》说："五行毋常胜，说在宜。"《经说下》举例说："火烁金，火多也；金靡炭，金多也。"火大可以熔金，但在金水多炭火少时，金水也能将炭火熄灭。可见量的培养可以改变火与金的相胜关系。"说在宜"的"宜"，表示适当的量，这就是胜或者不胜的条件之一。

三、五行相生与生胜

五行相胜说与五行无常胜说的争论，引出了五行相生说。五行相生的思想最早见于《管子》的《幼宫》《四时》《五行》《轻重己》等篇之中。它的主要内容是：(1)以五行配合四时季节的转移，并将五方、五气、五色、五音、五味等纳于这个体系。(2)主张"务时而寄政"(《四时》)，由封建国家按照四时转换施行不同内容的教令。[7]

五行相胜说与五行相生说互相影响，互相结合，便形成了战国后期的五行生胜说。五行生胜说的主要代表人物是邹衍。邹衍以他的五德终始说惊动了当时各国的"王侯大人"。什么是五德终始呢？《七略》说："邹子有终始五德，从所不胜，土德后木德继之，金德次之，水德次之。"[8]这里，五德的终而复始是以"土、木、金、火、水"的顺序相次转移的，所以很早就有学者将"五德终始"解释为"五行相次转用事"[9]。又因为"土、木、金、火、水"符合五行相胜的顺序，故现在一般学者都认为邹衍的五德终始说具有五行相胜的思想。邹衍还写过一本名叫《主运》的书，惜已亡佚。什么叫主运呢？据《周礼·夏官·司爟》郑注引："郑司农说以邹子曰：'春取榆柳之火，夏取枣杏之火，季夏取桑柘之火，秋取柞楢之火，冬取槐檀之火。'"皇侃说："改火之木，随五行之色而变也"[10]。这里的"五行之色"是按相生次序排列的。可见邹衍既有五行相胜的思想，又有五行相生的思想。五行相胜说是晚周五行思想发展的高级阶段，它标志着当时的思想家不仅认识到五行之间互相排斥、互相制约的对立性联系，而且认识到五行之间互相依赖、互相促进的同一性联系，也就是说，他们认识到五行之间的矛盾关系。

恩格斯说："辩证法是关于普遍联系的科学。"[11]普遍联系的原理是唯物辩证法的基本内容之一，辩证法的一切规律和范畴都是从不同的侧面提示普遍联系。普遍联系的原理说明，客观世界是一个广泛联系着的统一体，好像一幅由种种联系相互作用无穷无尽的交织起来的图画。但是，如果认识仅仅停留在观察现象的普遍联系方面，那么就不足以把握事物的本质和规律。因此，要真正认识生动具体的事物，就必须由普遍联系深入到事物的对立面联系，从而探索事物运动变化的原因。列宁曾说："马克思在《资本论》中首先分析资产阶级社会(商品社会)里最简单、最普遍、最基本、最常见、最平凡、碰到过亿万次的关系——商品交换。这一分析从这个简单的现象中(从资产阶级社会的这个'细胞'中)提示现代社会的一切矛盾(或一切矛盾的胚芽)"[12]。这是认识由普遍联系深入到矛盾对立一个很典型的例子。中国先秦五行说的发展也体现了这一认识发展的规律。殷周之际的五行范畴说，经过"相杂""相胜""无常胜""相生"等阶段而发展为战国后期的五行生胜说，标志着中国古老的辩证思维由认识普遍联系到把握矛盾对立面联系的进步。

注释：

[1]范文澜：《与颉刚论五行说的起源》，载《古史辨》第五册。

[2]顾颉刚、刘起釪《〈尚书·甘誓〉校释译论》，载《中国史研究》，1979年，第1期。

[3]参见胡厚宣：《论五方观念及"中国"称谓之起源》。

[4]《国语·郑语》。

[5]《左传·昭公三十一年》。

[6]《左传·哀公九年》。

[7]参见胡家聪：《〈管子〉中阴阳五行说新探》，载《中国哲学》第九辑。

[8]《文选·魏都赋》注引。

[9]《史记集解》引如淳注。

[10]《论语集解义疏·阳货》。

[11]恩格斯：《自然辩证法》第3页。

[12]列宁：《哲学笔记》第409页。

第二章　阴阳动因说到阴阳相合说

一、阴阳概念的形成

一般认为，阴阳概念出于《易经》，现在看来，这个观点是错误的。它错在把《易经》与《易传》混淆起来了。《易经》产生于周初，文中并无阴阳概念；《易传》写成于战国末期，它最先用阴阳解释《易经》的“— —”、“—”两上基本符号，但这不等于说“— —”、“—”在周初就是阴阳概念。

阴阳概念的确形成于周初，不过它的最早出处不是《易经》而是《诗经》。《诗经·大雅·刘公》说：“笃公刘，既溥既长，既景(影)廼(乃)冈，相其阴阳，观其流泉。”这里的阴阳概念是指山冈的北面和南面，没有哲学含义。在晚周以前的历史文献中，阴阳概念不多见。它的含义也比较具体：阳指阳光，或指晴天、向阳的地方，或指明亮的颜色、爽朗的心情等等；阴指没有阳光，或指不晴的天气等等，与阳的意义正好相反。西周末期，阴阳概念与气概念结合，产生了阴气、阳气概念。周宣王时期的虢文公说：立春前后，“阴阳分布，震雷出滞”[1]。可见“阴阳分布”中的“阴阳”就是指阴气和阳气。甲骨文中已有“气”字，写作“≡”[2]，金文写作“气”(春秋齐侯壶)。从字形上看像天空中的云，其含义也是云。《说文解字》：“气，云气也，象形。”在远古人看来，气是最变动不居的自然物。它可以是云，云动则天象发生变化；它可以是风，风吹引起物体的运动；它还可以是人体之气，气的呼吸是人类有生命的直观特征。远古人的认识基于直观，故认为气是各种事物运动变化的原因。

二、阴阳动因说与六气均衡说

西周末期，“气”具有哲学意义。但在那个时候，它还不是构成宇宙万物的基本元素，而是宇宙万物运动变化的原因。例如虢文公认为阳气上升，是“土膏其动”的原因，这里的阳气并不是构成土的基本元素。《国语·周语上》记载：“幽王二年，西周三川皆震。伯阳父曰：‘周将亡矣！夫天地之气，不失其序，若过其序，民乱之也。阳伏而不能出，阴迫而不能蒸，于是有地震。’”就是说，阴阳之气失去了平衡，是地发生震动的原因。但在这里，我们丝毫也看不出来，阴阳之气是构成地的基本元素。虢文公、伯阳父的阴阳思想，我们可以概括为阴阳动因说，它是中国哲学史上的阴阳学说的最早形式。阴阳动因说以阴阳概念与气概念的结合为特征，它的哲学价值不在于说明事物之所以存在的本原，而在说明说事物之所以运动的原因。

在虢文公、伯阳父那里，阴气、阳气是“天地之气”中的两种。天地之气一共有多少各类，还看不出来。到了春秋时间，“天地之气”的说法逐渐被“天六地五”的说法代替。单襄公说：“天六地五，数之常也。经之以天，纬之以地”[3]。韦昭注：“天有六气，谓阴、阳、风、雨、晦、明也。地有五行，金、木、水、火、土也。”天的六气比地的五行似乎具有更深层的意义，因为五行的各种属性，如四时、五节、五味、五色、五声等都是由于六气的降生和散发所致。如医和说：“天有六气，降生为五味，发为五色，徵为五声，淫生六疾。六气曰阴、阳、风、雨、晦、明也。分为四时，序为五节，过则为灾。”[4]子产说：“则天之明，因地之性，生其六气，用其五行。气为五味，发为五色，章为五声，淫则昏乱，民失其性。”[5]在六气中，阴、阳、风、雨、晦、明的属性是有差异的，所以它们引起的疾病也不相同。医和说：“阴淫寒疾，阳淫热疾，风淫末疾，雨淫腹疾，晦淫惑疾，明淫心疾。”[6]六气的属性虽有差异，但他们的流行有一定的秩序。伯阳父说：“天地之气，不失其序。”医和说：“六气……分为四时，序为五节。”伶州鸠说：“气无滞阳，亦无散阴，阴阳序次。”[7]在这个发展阶段，阴、阳在六气中的地位并不比风、雨、晦、明突出，它们六者之间的关系是既有差异又保持平衡。我们可以把阴阳范畴的这个发展阶段称之为六气均衡说。

三、阴阳相克与转化

春秋后期，阴阳家们在研究天象变化与自然灾害的关系时，将六气均衡说发展为阴阳相克说。鲁昭公二十年，出现日食。梓慎说：“二至二分，日有食之，不为灾，日月之行也。分，同道也；至，相过也。其他月则为灾，阳不克也，故常为水。”[8]他认为，在阳气应当克制阴气的时候，如果不能克制阴气，就会出现水灾。鲁昭公二十四年，又出现日食。梓慎曰：“‘将水。’昭子曰：‘旱也，日过分阳犹不克，克不胜，能无旱乎？阳不克莫，将积聚也。’”[9]梓慎认为，日食表明阳不克阴，因此有水灾发生的可能。昭子的看法不同，他认为阳不克阴反而会使阳气“积聚”起来，以达到克制阴气的程度；而积聚过多又必然会导致克制失度，出现阳气过盛阴气见衰的情形，这样就有发生旱灾的可能。梓慎和昭子依据日食现象分别预测水灾或旱灾即将出现，都不科学。但是，他们注意到阴阳二气之间的对抗性以及由对抗引起的地位转化，却有哲学意义。

春秋战国之际的范蠡明确地提出了阴阳转化说。他说：“天道”就是“赢缩转化”，就是“阳至而阴，阴至而阳；日困而还，月盈而匡”。[10]这是说，阳气发展到极盛时会走向自己的反面，让位于阴气。阴气发展到极盛时也会走向自己的反面，让位于阳气。阴阳二气的转化产生了日月交替运动。在中国哲学史上，“转化”这一范畴也是范蠡最先提出来的。他还指出：“时将有反，事将有间”；“得时无怠，时不再来”。[11]这就是说，事物向反面转化的时机是可能预测的，人们应该抓住这个时机，促进事物向有利的方向转化。

四、阴阳消长与相和

战国时期，齐国流行阴阳消长说，楚国流行阴阳相和说。齐国的管仲学派认为，阴阳二气的消长推动了四时的递进和寒暑的变换。《管子·形势解》说：“春者，阳气始上，故万物收；冬者，阴气毕下，故万物藏。故春夏生长，秋冬收藏，四时之节也。”《侈靡》也说：“阴阳时贷，其冬厚则夏热，其阳厚则阴寒。”阴阳五行家邹衍更把阴阳二气的消长“推而大之，至于无垠”用来说明社会历史的演变。《史记·封禅书》说：“邹衍以阴阳主运显于诸侯。”《史记·孟子荀卿列传》说：邹衍“乃深观阴阳消息，而作怪迂之变，终始大圣之篇，十余万言”。

楚国的道家学派认为，对立的阴阳二气处在一种统一的和气状态之中。《老子·四十二章》：“万物负阴而抱阳，冲气以为和。”《庄子·缮性》：“阴阳和静，鬼神不扰。”屈原说：“阴阳三合，何本何化？”[12]既然阴阳二气处在一种统一的和气状态之中，那么二气在本质上就是由一气演变出来的。《庄子·知北游》：“通天下一气耳。”郭庆藩《庄子集释》疏曰：“天下万物，同一和气耳。”

阴阳相和说是对六气均衡说的发展，这体现在：均衡的“六气”被概括为对立的“二气”，对立的“二气”被概括为冲和的“一气”。从哲学上分析，这表明阴与阳之间的差异关系被概括为对立关系，又被进一步概括为对立统一的关系。

五、阴阳与辩证矛盾观

唯物辩证法是关于自然界、人类社会和思维的运动发展的普遍规律的科学。列宁认为，普遍联系和运动发展是唯物辩证法的两个最基本的原理[13]。列宁十分重视黑格尔关于事物因自身的内部矛盾而运动的思想。他说：“要认识世界上一切过程的‘自己运动’、自身的发展和蓬勃的生活，就是要把这些过程当作对立面的统一来认识。”[14]“自己运动”是列宁引用黑格尔的哲学用语。这段话的意思是：认识不能停留在观察事物的运动发展上，还要去探讨事物之所以运动发展的根据。晚周阴阳范畴经历了阴阳动因说、六气均衡说、相克说、转化说、消长说和相和说等发展阶段，阴阳动因说虽然提出了阴阳之气是事物运动变化的原因，但它回答不了下面的问题：即阴阳之气自身的关系怎样？阴阳之气为什么能够引起事物的运动变化？这些问题是由以后出现的阴阳相克说、转化说、消长说、相和说解决的。当时的思想家逐渐认识到：在事物内部的两种势力——阴阳之间，存在着互相斗争、互相转化、互相依存、互相结合的关系。正是由于阴阳自身的内在矛盾，推动了事物的运动变化。由此可见，晚周阴阳范畴的历史发展反映了辩证思维由认识运动变化到把握内在矛盾的逻辑过程。正如黑格尔所说："某物只因为在本身之中包含着矛盾，所以它才能运动，才有冲动和活动。"[15]

注释：

[1]《国语·周语上》。
[2]《殷墟书契》前六、二七、四。
[3]《国语·周语下》。
[4]《左传·昭公元年》。
[5]《左传·昭公二十五年》。
[6]《左传·昭公元年》。
[7]《国语·周语下》。
[8]《左传·昭公二十一年》。
[9]《左传·昭公二十四年》。
[10]《国语·越语下》。
[11]同上书。
[12]《楚辞·天问》。
[13]列宁：《哲学笔记》第280～281页。
[14]列宁：《哲学笔记》第408页。
[15]列宁：《哲学笔记》第145页引。

第三章　他和、否和与中和

一、殷周“和”概念

至迟在殷周时期，“和”已经是政治领域的一个重要概念。《尚书·尧典》：“百姓昭明，协和万邦。”《皋陶谟》：“同寅协恭和衷哉！”《无逸》：“用咸和万民。”这里的“和”是和睦协调、同心同德、团结一致的意思。

晚周时期，“和”概念被人们运用于各个领域。例如，治国在于和，因为“上下不和，虽安必危”[1]；守国在和，“天时不如地利，地利不如人和”[2]；治军也在和，“师克在和，不在众”[3]；治民也在于和，“众非和不聚”[4]。此外，家族要“和睦”“和亲”[5]；为人要“和解调通”[6]；人体要“血气和平”[7]；奏乐要“音声相和”[8]；烹调要“和五味以调口”；[9]等等。“和”这个概念的广泛流行，使它的内涵越来越丰富，并上升为一个哲学范畴。晚周“和”范畴的发展，经历了他和、否和、中和等阶段。

二、史伯的“以他平他谓之和”

西周末期，史伯说：“（周）殆于弊者也。《泰誓》曰：‘民之所欲，天必从之。’今王弃高明昭显，好谗慝暗昧；恶角犀丰盈，而近顽童穷固。去和而取同。夫和实生物，同则不继。以他平他谓之和，故能丰长而物生之。若以同裨同，尽乃弃矣。……故王者居九畡之田，收经入以食兆民，周训而能用之，和乐如一。夫如是，和之至也。于是乎先王聘后于异姓，求财于有方，择臣取谏工，而讲以多物，务和同也。……王将弃是类也，而与专同，天夺之明，欲无弊，得乎？”[10]

从现有的中国哲学史史料来看，将“和”与“同”对立起来，抽象成为两个哲学范畴，始于史伯。史伯不赞成的是同，而肯定的是和。什么叫和？“以他平他谓之和”，即不同性质的东西相配合、相平衡，就叫和。这里的和是“他”与“他”相和，所以我们把史伯关于和的思想概括为“他和说”。和的哲学含义是差异的平衡或多样性的统一。什么叫同？同就是“以同裨同”，即相同事物的相加，其哲学含义是无差别的同一或抽象简单的同一。

史伯上面一段话的中心思想是“和实生物，同则不继”。这是一个出色的朴素辩证法的命题。它说明世界是多样性的统一，事物因为包含着差异，所以才能够发展，如果不懂得这一点，一味地取消差异，抹杀多样性，那么事物就不能发展了。史伯的哲学观点是和政治观点紧密联系的，或者说是直接为政治观点服务的。他将“和实生物，同则不继”的观点运动在政治上，主张尚和而去同，反对“去和而取同”。政治上的和，主要是指国君要讲民主，听取不同的意见，即所谓“择臣取谏工，而讲以多物”。政治上的同，主要是指国君不讲民主，听不进不同的意见，即所谓“王将弃是类也，而与专同”。“是类”指和，也指那些敢于提不同意见的谏臣；“专”即“专”，指“同”，也指那些“谗匿暗昧”“顽童穷固”的阿君之臣。

国内有些论著认为，“和实生物，同则不继”的命题表达了对立统一的思想。如关锋说：“中国哲学史上，这是最早用哲学概念表达出来的对立统一思想”[11]。这种评价不准确，有些拔高古人。应该说，这个命题表达出来的是多样性统一的思想，包含有对立统一思想的萌芽。和的定义是“以他平他”。“他”有“不同的”、“另外的”、“别的”之类的含义，而一般不具有“对立的”、“否定的”之类的含义。因此，把“以他平他谓之和”理解为“多样性统一”，比理解为“对立统一”要准确一些。当然，在多样的“他”中，必然包含着还没有尖锐化的肯定之“他”(“可”)与否定之“他”(“否”)，所以说，“和实生物，同时不继”的命题里又含有对立统一思想的萌芽。

史伯的他和说是中国哲学史上中和学说的最早形式。他和说以“和”与“同”的对立，“和”对“异”的包含为主要特征。它的哲学思想是说明了事物的差异性或多样性，肯定了世界是差异的平衡或多样性的统一。汉初《淮南子·说山训》云：“故不同不可相治，必待异而后成。”这一命题很好地表述了他和说的哲学思想。

三、晏婴的可、否相反相济

春秋后期，出现了以“可”、“否”相反相济为主要内容的否和说，代表人物是晏婴。《左传·昭公二十年》记载：“齐侯至自田，晏子侍于遄台，子犹驰而造焉。公曰：‘唯据与我和夫。’晏子对曰：‘据亦同也，焉得为和?’公曰：‘和与同异乎?’对曰：‘异。和如羹焉，水火醯醢盐梅以烹鱼肉，焯之以薪。宰夫和之，齐之以味，济其不及，以泄其过。君子食之，以平其心。君臣亦然。君所谓可而有否焉，臣献其否以成其可。君所谓否而有可焉，臣献其可以去其否。是以政平而不干，民无争心。故《诗》曰：亦有和羹，既戒既平。鬷嘏无言，时靡有争。先王之济五味，和五声也，以平其心，成其政也。声亦如味：一气、二体、三类、四物、五声、六律、七音、八风、九歌、以相成也；清浊、大小、短长、疾徐、哀乐、刚柔、迟速、高下、出入、周疏，以相济也。君子听之，以平其心。心平德和。故《诗》曰：德音不瑕。今据不然。君所谓可，据亦曰可。君所谓否，据亦曰否。若以水济水，谁能食之？若琴瑟之专一，谁能听之？同之不可也如是。'"

晏婴与史伯一样，认为和与同是意义相反的两个概念。什么叫同呢？表现在君臣关系上，是"君所谓可，据亦曰可。君所谓否，据亦曰否"，没有不同的意见，没有民主；表现在烹调方面，是"琴瑟之专一"，即只弹奏一个声调，谁也不爱听。所以，同的哲学含义就是无差别的同一、抽象简单的同一。

什么叫和呢？和一方面是表示多样性和多样性的统一，如"济五味"、"和五声"，"声亦如味：一气、二体、三类、四物、五声、六律、七音、八风、九歌，以相成也"。和另一方面又表示对立的存在和对立性的统一，如"清浊、小大、短长、疾徐、哀乐、刚柔、迟速、高下、出入、周疏，以相济也"，"济其不及，以泄其过"，"君所谓可而有否焉，臣献其否以成其可；君所谓否而有可焉，臣献其可以去其否"。这里出现了清与浊、刚与矛、济与泄、不及与过、可与否、成与去等十几对对立的概念。

晏婴的多样性统一之和体现出对史伯之和的继承，而对立性统一之和体现出对史伯之和的发展。史伯之和的规定是"以他平他"，"他"中本来就隐含着"可"与"否"。晏婴明确地将"可"与"否"的对立作为和的规定，这表现了认识的进步，即由"多"而开始认识到多中之"两"，由"异"而开始认识到异中之"否"，也就是由差异开始，进而把握到差异中的对立。

值得注意的是，晏婴的否和说已包含着"中"的观念。正确适中的意见往往不是绝对肯定("可")的意思，也不是绝对否定("否")的意见，而是在"可"、"否"相反相济的过程中产生出来的综合性的意见。优美动听的"中和之乐"绝不是"琴瑟之专一"，而是"清浊、小大、短长、疾徐、哀乐、刚柔、迟速、高下、出入、周疏，以相济也"的结果。晏婴又认为和是"济其不及，以泄其过"，即包含着济与泄两种对立的过程。不及则济，过则泄，使事物达到一种中和的状态。孔子曾用"过犹不及"的命题表达他的中和思想。这说明，晏婴的否和说可以被看做由"他和"向"中和"过渡的一种形态。

四、孔子的中和学说

孔子最先提出了中和学说，即一般所说的中庸之道。孔子也像史伯、晏婴一样，认为和与同意义相反，并且主张尚和而去同。他说："君子和而不同，小人同而不和。"[12]这里的"同"就是盲从附和，人云亦云。这里的"和"就是不盲从附和，敢于提出不同的意见。孔子曾说：“（君王之言）如不善而莫之违也，不几乎一言而丧邦乎？”[13]又说：“（事君）勿欺也，而犯之”[14]。这与史伯主张的“择臣取谏工”晏婴反对的“君所谓可，据亦曰可”属于同一种思想路线，可见孔子的尚和去同说与史伯晏婴的尚和去同说是一致的。

孔子之和是多样性统一之和呢，还是对立统一之和？看来是后者。孔子说：“宽以济猛，猛以济宽，政是以和。《诗》曰：‘……不竞不絿，不刚不柔。布政优优，百禄是遒。’和之至也。”[15]这里的宽猛相反相济，刚柔相反相济与晏婴的可否相反相济应当属于同一认识水平，即初步把握了对立性和对立性的统一。孔子对和的认识有超过晏婴的地方。他认为，刚柔相济如果非常适度，就可能达到“和之至”，即恰到好处的和的状态。恰到好处的和就叫“中”。中就是适中、适度。在一定的意义上可以说，和是达到中的手段，中是最佳之和。《论语·先进》记载：“子贡问：‘师与商也孰贤？’子曰：‘师也过，商也不及。’曰：‘然而师愈与？’子曰：‘过犹不及’。”这里虽然是一件具体的事情发表议论，但反映了一种思想的方法，即要求对立面的统一（“和”），达到不偏不倚、不左不右、无过无不及（“中”）的状态。

五、中和与对立面统一

列宁说：“辩证法是一种学说，它研究对立面怎样才能够同一，是怎样（怎样成为）同一的”。[16]孔子的中和说正是在探寻“对立面怎样才能够同一”的问题上作出了宝贵的贡献。过去我们往往把孔子和儒家的中和学说简单地斥之为形而上学，看来是不公平的。一般认为，孔子和儒家学派的中和思想，表现为四种常见的思维形式，即“A 而 B”、“A 而不 B”、“不 A 不 B”、“亦 A 亦 B”四种形式[17]。这四种思维形式反映了对立面互相联结的四种方式。下面我们结合战国末期儒家大师荀子的中和思想看看对立面互相联结的具体情况。

1. A 而 B

《荀子·王制》：“故法而不议，则法之所不至者必废。职而不通，则之所不及者必队（坠）。故法而议，职而通，无隐谋，无遗善，而百事无过，非君子莫能。故公平者，听之衡也，中和者，听之绳也。”这里“法而议，职而通”的意思是：“法”、“职”有不完善的地方，必须由对立面的“议”、“通”来弥补。这是中和思想最基本的形式之一，即把对立面直接结合起来，以此之长，补彼所短。

2. A 而不 B

《荀子·不苟》：“君子宽而不僈，廉而不刿，辩而不争，察而不激，直立而不胜，坚持而不暴，柔从而不流，恭敬谨慎而容，夫是之谓至文。"这句话的意思是：宽、廉、辩等美德一旦过头，就会变成自己的对立面——僈、刿、争等恶行。因此，必须用不僈、不刿、不争平泄宽、廉、辩之过，防止宽、廉、辩走向极端。

3．无A无B

《荀子·解蔽》："圣人知心术之患，见蔽塞之祸，故无欲无恶，无始无终，无近无远，无博无浅，无古无今：兼陈万物而中县(悬)衡焉。"这是中和思想最典型的形式——执两用中。任何事物，都有两端，执一而行，必然片面。使两端互相联结，互相配合，不过无不及，适中适度，这就叫执两用中。

4．亦A亦B

《荀子·不苟》："君子崇人之德，扬人之美，非谄谀也；正义直举，举人之过，非毁疵也。……君子能以义屈信(伸)变应故也。"儒家主张"与时屈伸"，适应变化了的情况采取前后相反的对策，从而在时序上表现为亦A亦B，这也是中和思想的一种形式，即对立面的互相补充，互相协调。

晚周中和思想的发展不能只归功于孔子一人或儒家一派。墨子有和调、和合之说。《墨子·兼爱》中曰："兄弟不相爱，则不和调。"《尚同》曰："皆有离散之心，不能相和合。"《管子》有和成、折中之说。《管子·内业》曰："充摄之间，谓之和成。"《小匡》曰："决狱折中，不杀无辜，不诬无罪。"当然，儒家对中和学说的论述，与其他学派相比，要更系统一些。尤其《礼记·中庸》，把中和思想提到了宇宙观的高度。它说："中也者，天下之大本也；和也者，天下之达道也。致中和，天地位焉，万物育焉。"这就是说，中和之道是天下最普遍的法则。

中和学说并不是没有缺点的，例如它主张把对立的展开限制在度的范围之内，否认转化的必然性和必要性，这就使它有可能滑进泯灭对立、消融矛盾的调和主义思想中去。但是总的来说，中和学说闪烁着辩证思想的光芒，它对对立统一规律的一个方面，即对立面互相依存和互相联结方面，做了相当详细的分析和表述。应该承认，中和学说与阴阳、五行学说一样，也是中国古代辩证法思想的一个重要组成部分。

注释：

[1]《管子·形势》。

[2]《孟子·公孙丑》。

[3]《左传·桓公十一年》。

[4]《逸周书·度训》。

[5]《荀子·乐论》。
[6]《荀子·王制》。
[7]《礼记·乐记》。
[8]《老子·二章》。
[9]《国语·郑语》。
[10]《国语·郑语》。
[11]关锋：《春秋哲学史论》第47页。
[12]《论语·子路》。
[13]《论语·子路》。
[14]《论语·先进》。
[15]《左传·昭公二十年》。
[16]列宁：《哲学笔记》第111页。
[17]见庞朴：《中庸平议》，载《中国社会科学》，1980年第1期。

第四章　尚一说到不两说

一、尚一说与不一说

在中外文化史上，哲学的萌芽似乎总是与数字崇拜有纠缠不清的瓜葛。欧洲古希腊的毕达哥拉斯学派认为数是宇宙万物的始基，恩格斯评价说“数服从一定的规律，同样，宇宙也是如此，于是宇宙的规律性第一次被说出来了”[1]。中国先秦哲学家也喜欢用某些数字也表达哲学思想，例如一、二(贰)、两、三(叁)等等。

早在殷周时期，已存在着不贰尚一的政治观念。《尚书·多士》：“惟我事不贰适”，“贰”即离异的意思。《盘庚》：“予命汝一。”《酒诰》：“小子唯一。”“一”即一统、一致的意思。晚周时期，君权衰落，诸侯争霸，政治上的大一统局面已不复存在。与之相适应，传统的尚一观念日趋瓦解，正如赵孟所说：“自无令王，诸侯逐进，狎主齐盟，其又可壹乎?”[2]

尚一观念的衰落，引出了它的对立面——不一观念的流行。不一观念发端于西周末年反“专利”，反“专同”的政治斗争。周厉王在经济上实行专利政策，可能是取缔私田和私人工商业。这项政策受到“国人”的反对。芮良夫批评厉王说：“夫利，百物之所生也，天地之所载也，而或专之，其害多矣。天地百物，皆将取焉，胡可专也？……今王学专利，其可乎？匹夫专利，犹谓之盗，王而行之，其归鲜矣。”[3]周幽王在政治上“与专同”，即重用奸佞之人，不听正确意见，史伯评论说：“声一无听，色一无文，味一无果，物一不讲。王将弃是类也，而与专同，天夺之明，欲无弊，得乎?”[4]“专”本有“一”义，故政治上的反专利、反专同斗争，自然会引出思想上的不一观念。史伯的不一说已带有哲学意味，他认为：单调的声音不好听，单一的颜色不好看，单纯的味道不好吃，单个的事物无从较量。

春秋战国时期，不一观念比较盛行。在政治领域，商鞅提出：“治世不一道。”[5]在医学领域，子产提出：“君子有四时，朝以听政，昼以访问，夕以修令，夜以安身。……今无乃一之，则生疾矣。”[6]医和也有“一之，则生疾”的说法。[7]在人性问题上，宁嬴说：“《商书》曰：‘沈渐刚克，高明柔克，’夫子一之，其不没乎。天为刚德，犹不干时，况在人乎?”[8]在认识论方面，《管子·宙合》

说："辩于一言，察于一诏，攻于一事者，可以曲说而不可以广举。"等等。从以上各例可以看出，所谓"一"，是指单一、无差别；所谓"不一"，就是承认差别，承认多样性。

二、尚贰观念

与不一观念紧密联系着的是尚贰观念。晚周是我国奴隶制趋于瓦解、封建制初步形成的新旧交替时期，新兴地主阶级在各国相继变法夺权，出现了"卫人出其君"、"季氏出其君"等一系列政治事件。面对这样一种"民各有心"[9]"皆有贰志"的政治局面，统治阶级内部表现出两种不同的态度。旧势力主张"讨贰"、"执贰"、"杀贰"。如《左传·僖公二十八年》："征令讨贰。"《僖公十五年》："贰而执之。"《昭公五年》："楚子以屈申为贰于吴，乃杀之。"上面这些"贰"的含义是对立、背叛。按殷周以来传统的不贰观念，对那些对立、背叛的行为当然是要讨伐的。与旧势力相反，代表新势力的一些政治家、思想家提出尚贰说，为"卫人出其君""季氏出其君"等革命行动作辩护。

政治上的传统观念认为，臣为君之贰，就是臣子辅佐君王，绝对服从君王。到了春秋时期，这个传统观念发生了变化。例如晋献公按传统观念认为，贰就是下对上的绝对服从，而大夫士为却对晋献公说："贰若体焉，上下左右，以相心目，用而不倦，身之利也。上贰代举，下贰代履，周旋变动，以役心目。故能制事，以制大显身手。若下摄上，与上摄下，周旋不动，以违心目，其反为物用也，何事能治？故古之为军也，军有左右，阙从补之，成而不知，是以寡败。若以下贰上，阙而不变，败弗能补也。"[10]也就是说：贰不是下对上的绝对服从关系，而是对立面的配合协调。拿人体四肢来比喻，贰好比左右手一前一后地摆动，左右脚一前一后的迈步。手脚有分工协作，所以，以手取代脚的职能，或以脚取代手的职能，那么人就寸步难行、一事无成了。士为尚贰说的哲学含义是：反对无差别的同一，而主张对立面的统一。运用在政治上，士为认为臣对君王的辅佐不应该是绝对服从，而是作为对立面，对君王"谏而观之"。

晋国乐师师旷继承了士为的尚贰说。卫国的君王被国人赶跑了，师旷发表评论说："有君而为之贰，使师保之，勿使过度。是故天子有公，诸侯有卿，卿置侧室，大夫有贰宗，士有朋友，庶人、工、商、皂、隶、牧、圉皆有亲昵，以相辅佐也。善则赏之，过则匡之，患则救之，失则革之。……天之爱民甚矣，岂其使一人肆于民上，以从其淫，而弃天地之性？必不然矣。"[11]师旷认为臣必须辅佐君王。但他的看法与士为又有不同的地方。士为提倡"谏而观之"，师旷的观点要激烈得多：政治上的贰不仅表现为君善则赏之，而且表现为君过（错）而匡（救）之、君患则救之，甚至表现为君失则革之。现在卫国的君王"一人肆于民上，以从(纵)其淫”，对这样的君王“将安用之？弗去何为”？师旷尚贰说的哲学含义是：对事物要注意设置对立面(“为之贰”)，设置对立面的目的是“勿使过度”，即勿使事物走向极端，走向反而。对立面之间的关系主要是配合协调的关系，但在一定条件下也会发展成为激烈的对抗和斗争的关系。

三、物生有两

士为和师旷的尚贰说在史墨那里得到进一步的发展。春秋后期，鲁国的君王被革除出亡。晋国执政赵简子问于太史史墨曰：“季氏出其君，而民服焉，诸侯与之，君死于外，而莫之或罪也?”史墨的回答是这样的：“物生有两，有三、有五，有陪贰。故天有三辰，地有五行，体有左右，各有妃耦。王有公，诸侯有卿，皆有贰也。天生季氏，以贰鲁侯，为日久矣，民之服焉，不亦宜乎？鲁君世从其失，季氏世修其勤，民忘君矣。虽死于外，其谁矜之？社稷无常奉，君臣无常位，自古以然。故《诗》曰：‘高岸为谷，深谷为陵。’三后之姓，于今为庶，主所知也。在《易》卦，雷乘乾曰大壮，天之道也。”[12]

“物生有两”是一个出色的辩证法命题，它说明任何事物都具有矛盾性。“两”不是一般的数词，而是指事物自身包含的矛盾对立的两个方面。所谓“皆有贰也”，是指出矛盾双方不是并列关系，而是主次关系。贰一般是指矛盾两方中次要的一方，如公与天子构成矛盾对立的两方，公属于贰；卿与诸侯构成矛盾对立的两方，卿属于贰；季氏与鲁君构成矛盾对立的两方，季氏属于贰；等等。史墨进一步指出，矛盾两方的主次地位并不是永远不变的，它们会向相反的方向转化。“高岸为谷，深谷为陵”，这是自然界的转化现象；“社稷无常奉，君臣无常位”，“三后之姓，于今为庶”，这些是社会上的转化现象。史墨比较强调矛盾两方的斗争性。他引用了《易经》中的“大壮”卦象即“雷乘乾”来说明，只有通过斗争(“乘”)才能实现转化。

史墨的这些哲学思想为“季氏出其君”这一事件做了辩护，他说，季氏是鲁君之贰，是鲁君的对立面的辅佐。辅佐，按当时进步势力的理解，绝不是盲目地服从君王，也不仅仅是纠正君王的错误，还应该是在君王太腐败的时候革除他。现在“鲁君世从其失”，不可挽救，那么季氏当然应该对他实行革除了。“天生季氏，以贰鲁侯，为日久矣。”这里的“贰”，表面上似乎是指辅佐，而实质上的含义是对立和革除。所谓“为日久矣”，并不是说季氏辅佐鲁君很久了，而是说季氏作为鲁君的对立面已经很久了。如果把士为、师旷、史墨的尚贰说加以比较的话，我们可以清楚地看出辩证思维的发展：士为强调的是对立面和对立面的统一，师旷在强调对立面的统一时也注意到对立面的斗争，史墨强调的是对立面的斗争与地位的转化。此外，史墨的尚贰说包含“物生有两”等重要命题，所以我们自然可以把它看做是晚周尚贰说向不两说过渡的一个环节。

四、两端与两可

与史墨同时或以后，有孔子的“两端”说和邓析的“两可”说，以及《逸周书》中的“参两”说。“两”成为认识论领域中的一个辩证范畴。孔子说：“吾有知乎哉？无知也。有鄙夫问我，空空如也，我叩其两端有竭焉。”[13]意思是说，我有知识吗？并没有知识。如果遇见“鄙夫”向我问一件事情，我不过是推敲这事情相反相成的两个方面，从而得到适中的解释而已。孔子又说：“攻乎异端，斯害也已。”[14]认识事物，只注意矛盾的一个方面而忘记另一个方面，是有害和片面的。承认事物皆有对立的“两端”，因此在认识事物时不能“执一”，而必须“执两用中”，这是符合认识辩证法的。

与孔子同时的邓析“操两可之说”。[15]按《吕氏春秋·离谓篇》称，“两可之说”的内容一是“可不可无辨(别)”，即在一定条件下肯定命题与否定命题可以同时成立。二是“可与不可日变”，即肯定者与否定者不是固定不变的，今天肯定的东西，明天也许就要被否定，反之亦然。这大概是一种很原始的二律背反之说，其中包含着朴素辩证法的内容。在当时的认识论领域还有参两说。《逸周书·常训》说：“疑意以两，平两以参。”一个认识正确与否，需要以与它相对立的观点来辨析。两种对立的观点通过比较，取长补短，然后产生更完满的认识，这叫“平两以参”。这里的朴素辩证法思想已经具有比较高的水平了。

春秋战国之际，出现了新的“尚一”说。《国语·越语下》说：“唯地能包万物以为一。”认为万物统一于土。《老子·三十九章》：“天得一以清，地得一以宁，神得一以灵，谷得一以盈，万物得一以生，侯王得一以为天下贞。”这里的“一”就是气，即万物统一于气。《管子·水地》说：“水者何也？万物之本原也，诸生之宗室。”认为万物统一于水。这个时期的先进思想家正在寻找宇宙万物无限多样性的统一。从形式上看，新的尚一说是对史伯最先提出的不一说的否定，而不一说是对抽象同一说的否定，所以新的尚一说是对抽象同一说的否定之否定。新的“一”是包含差异的具体的同一，而不是殷周时期抹杀差别的抽象的同一。

五、一二(一两)说与不两说

新的尚一说与尚贰说、尚两说互相影响与结合，于是出现了《老子》的“一二”说。《老子》以前，一、二(贰)范畴分别在各个不同的理论体系中发展。从《老子》开始，一、二范畴才结合在一个理论体系中。《老子》用一表示统一体，用二表示统一体内部对立的两个方面。一与二是互相联系，相反相成的。一可以分为二，二可以合为一。《老子·四十二章》说："道生一，一生二，二生三，三生万物。"就是说，由道产生了统一的事物，统一的事物分裂为对立的两个方面，对立的两个方面产生新的统一体，新的统一体产生了千差万别的事物。《老子》虽然承认一与二是互相联系、相反相成的，但它更重视一，提出了"抱一"的主张。如《十章》说："载营魄抱一。"《二十二章》说："是以圣人抱一为天下式。"这就是说，《老子》矛盾观的一个重要特点是重视对立面的同一性。

《老子》以后，有荀子的"一两"说和韩非子的"不两"说。荀子在分析人的认识能力时指出："心生而有知，知而有异，异也者，同时兼知之；同时兼知之，两也；然而有所谓一，不以夫(彼)一害此一谓之壹。"[16]就是说，人的认识能力既表现为两，又表现为一。可以同时认识两种或多种事物的能力叫两，可以专一地认识某一种事物的能力叫一。这两种能力不是绝对对立的，而是互相补充的。例如对任何事物的认识，我们既要专一地研究它本身，又要广博地研究它与其他事物的关系。所以荀子说："心未尝不两也，然而有所谓一"[17]，两和一是辩证的统一。

韩非子在中国哲学史上是以强调"斗"、"争"而著名的哲学家。他的矛盾观的一个重要内容是不两说。他认为无论在自然界、人类社会及其思想领域，都普遍存在着"势不两立"的矛盾。在自然界，"冰炭不同器而久，寒暑不兼时而至"。[18]在动物之间，"一栖两雄，其斗颜颜。豺狼在牢，其羊不繁"。[19]在社会领域，君臣"上下一日百战"[20]，"智法之士与当途之人，不可两存之仇也"。[21]在思想领域"杂反之学，不两立而治"。[22]韩非子关于"矛和盾"的著名寓言，就是以"无不陷之矛"与"不可陷之盾"的"不可两立"[23]来说明一切"不相容之事，不两立也"[24]的道理。韩非子不两说的哲学意义是强调矛盾的事情不能并存，对立面之间存在着不可调和的激烈斗争。在先秦的一两学说中，只有韩非子的不两说接触到了矛盾斗争的绝对性问题，具有重要的理论贡献。不两说有明显的理论局限，它过分地强调了矛盾的斗争性而轻视矛盾的同一性。众所周知，否定对立面之间的斗争性是片面的，过分强调斗争性，否认对立面之间具有同一性也是片面的。所以，韩非子的矛盾观潜在地包含着否定自己，即否定矛盾的因素。

列宁说："对立面的统一(一致、同一、均势)是有条件的、暂时的、易逝的、相对的。相互排斥的对立面的斗争则是绝对的，正如发展、运动是绝对的一样。"[25]晚周一两范畴涉及政治观、宇宙观、认识观、人性论等不同领域，经历了不一说、尚贰说、尚两说、尚一说、一二说、一两说、不两说等许多发展阶段，获得了日益丰富、日益明确、日益深刻的规定，逐渐成为中国哲学史上用来表示对立统一规律的一对重要范畴。一常常表示矛盾的同一性，两常常表示矛盾的斗争性。如果认真研究晚周一两范畴的运动过程，我们可以发现辩证思维的发展隐约呈现出一个次序，即由认识矛盾对立面的同一性到把握矛盾对立面的斗争性。

注释：

[1]恩格斯：《自然辩证法》第166～167页。
[2]《左传·昭公元年》。
[3]《国语·周语上》。
[4]《国语·郑语》。
[5]《商君书·更法》。
[6]《左传·昭公元年》。
[7]见《国语·晋语八》。
[8]《左传·文公五年》。
[9]《左传·昭公四年》。
[10]《国语·晋语一》。
[11]《左传·襄公十四年》。
[12]《左传·昭公三十二年》。
[13]《论语·子罕》。
[14]《论语·为政》。
[15]《列子·力命》引。
[16]《荀子·解蔽》。
[17]同上书。
[18]《韩非子·显学》。
[19]《韩非子·扬权》。
[20]《韩非子·扬权》。
[21]《韩非子·孤愤》。
[22]《韩非子·显学》。
[23]《韩非子·难势》。
[24]《韩非子·五蠹》。
[25]列宁：《哲学笔记》第408页。

第五章　范畴演进的历史与范畴内在的逻辑

一、区域文化与范畴融合

晚周时期，中国有四个文化区域，分别产生了四种文化类型，即燕齐文化、荆楚文化、邹鲁文化、三晋文化。前面几节的研究表明：五行、阴阳、中和、两范畴分别与这四个文化区域或四种文化类型有着密切的关系。五行渊源于东方的殷文化，后来被周所继承。晚周时期，它主要流行在燕齐地区，齐国的管仲学派和五行家邹衍对五行学说的传播和兴盛作出了很大的贡献。阴阳起源于南方的楚文化，但它很早就传入中原地区。晚周时期，楚国思想家范蠡、老子、庄子、屈原等对阴阳学说的形成和发展起了决定性的作用。中和、一两发端于周人的八卦文化。周人打败殷人以后，从西方入主中原，于是乎中和流行于邹鲁，一两盛行于三晋。邹鲁地区是儒家的发祥地，儒家创始人孔子、子思、孟子等继承发展了《易经》的尚中观念，创立了中和学说。三晋是法家最活跃的地区。法家的早期代表史墨以及他的思想前驱士为、师旷，法家著名代表人物韩非以及他的老师荀况，还有邓析、商鞅等皆三晋人氏，晚周一两学说的形成，在很大程度上要归功于他们。

五行、阴阳、中和、一两诸范畴之间的互相影响、互相吸收早已存在。战国中期和后期，由于交通的进步，士人交往的频繁，各家学说的争鸣，因此伴随着文化的大融合而出现了五行、阴阳、中和、一两诸范畴的大融合。老子是楚人，在三晋地区的东周王室做官。他很自然地把阴阳范畴与一两范畴结合在自己的理论体系之中。《老子》说："道生一，一生二，二生三，三生万物。万物负阴而抱阳，冲气以为和。"[1]这一著名命题比较典型地反映了阴阳范畴与一两范畴的结合。后世多用一表示阴与阳的"合"，即统一；多用两(二)表示阴与阳的"分"，即对立。老子是道家学派的创始人，道家学派在齐国稷下学宫中影响很大，这就为阴阳范畴与五行范畴的结合创造了条件。完成这一结合的是邹衍等人。邹衍一派在后世被称为阴阳五行学派，这个名称反映了他们将阴阳与五行合流的历史功绩。从地域上看，燕齐与邹鲁比邻，三晋与荆楚比邻，所以燕齐文化与邹鲁文化比较接近，三晋文化与荆楚文化比较接近。这对晚周时期思想文化的交融产生了影响。例如，同为儒家，北方的思孟学派以中和为主体，结合五行而排斥阴阳；

南方的荀况学派以中和为骨干，吸收阴阳而批判五行。

思孟学派在倡导中和学说的同时，又"案往旧造说，谓之五行"。[2]企图把当时影响甚大的五行说纳入自己的中和体系之中。荀况批判这种不伦不类的结合是"甚僻违而无类，幽隐而无说，闭约而不解"。[3]荀况是孟子以后影响最大的儒家大师，他继承发展了孔子的中和思想。荀子是赵人，在三晋地区长大，无疑受到三晋文化的熏陶。他在政治上主张纳法入儒，在哲学著作中经常运用一两范畴，这些现象与他青年时代受到的乡土文化的熏陶是有关系的。又由于他长期居住在楚国兰陵，受楚文化的影响也很深。他注重对"天道"的研究和对"阴阳大化"(《天论》)的探讨，很可能就是受楚文化影响的结果。在荀子的理论体系中，我们可以看到中和、阴阳、一两范畴的交融。

二、《易传》与范畴融合

在晚周文化交融史上，最值得注意的是《易传》。《易传》是阐发《易经》哲理的一部论著，古称"十翼"。它是晚周数百年间研究《易经》的成果汇编，其成书时间可能是战国末期。《易传》名义上是解释《易经》的，而实际上只是借用《易经》的思想构架，提出了一个新的思想体系。《易传》一般被认为是儒家的经典，但其思想内容更多的具有道家特征，如果说它是晚周各家思想的总结，可能更准确一些。《易传》渊源于鲁。由鲁而楚，传授到楚人馯臂子弓时，已得到很大的发展。后来它又辗转传入燕齐等地，接受了管仲学派和活跃在稷下的法家学派的影响。从这个传授路线和发展过程看，《易传》是以邹鲁文化和荆楚文化为背景的，同时也接受了三晋文化和燕齐文化的影响。正因为如此，在它的理论体系中包容了五行、阴阳、中和、一两诸范畴。

在荀况的哲学体系中，阴阳是重要范畴，中和则是中心范畴. 而在《易传》的哲学体系中，阴阳上升为中心范畴。阴阳之间成为"相错"、"相薄"的关系，"相错"即互相交错联系，"相薄"即互相对立斗争(关于这一点，后面还要详细论述)。不过中和范畴在《易传》中仍占有重要地位，例如《易经》通过卦位体现的尚中观念就是由《易传》明确表达出来的。《系辞下》说："若夫杂物撰德，辩是与非，则非中爻不备。"又说"二多誉，四多惧"，"三多凶，五多功"，即二、五两个中爻在多半情况下是吉利的。更明确的中和思想是提倡刚健中正，保合太和。《易传》说"刚健中正"[4]和"刚中而应"[5]，就是说，一方面要居于刚健的地位；另一方面又要"知微知彰，知柔知刚"，不使自己走向反面。这就叫"刚健中正"。《易传》还提出太和说。所谓"太和"，就是最高的和谐，是中和的极致状态。它说："乾道变化，各正性命，保合太和，乃利贞。"[6]这是说，由于天道的变化，万物各得性命。万物的性命只有刚柔适度，保持最高的和谐，才能生存和发展。

在《易传》的哲学体系中，一两范畴也占有重要地位。例如《系辞上》在谈到宇宙生成问题时说："易有太极，是生两仪，两仪生四象，四象生八卦。"虞翻说："太极，太一也，分为天地，故生两仪也。四象，四时也。"[7]也有人用中和思想来解释这个命题，如郑玄解释"太极"说："极中之道，淳和未分之气也。"[8]这两种说法并不矛盾，可以结合起来。

《易传》还试图把五行思想纳入自己的八卦体系中。《说卦》说："帝出于震（'震，东方也。'），齐乎巽（'巽为木，东南也'），相见乎离（'离为火，南方之卦也'），致役乎坤（'坤为地'），说言乎兑（'兑，正秋也'），战乎乾（'乾为金，西北之卦也'），劳乎坎（'坎者，水也，正北方之卦也'），成言乎艮（'艮，东北之卦也'）。"这是将东南中西北五方、木火土金水五材分配于八卦的最初设想。

三、历史的过程与逻辑的过程

晚周时期辩证矛盾观的形成是一个范畴运动的过程。起初，许多不同地域、不同学派的思想家在不同的领域，从不同的角度，用不同的范畴，表达他们对对立统一规律的朴素认识，这些范畴往往是零星的、不成熟的、未成体系的。后来，这些范畴在被运用的过程中逐渐发展，其内涵越来越丰富，并互相渗透。战国末期，《易传》的编纂者融会不同文化系统、不同思想领域的范畴，吸收各家各派的思想，营造了中国哲学史上第一个辩证矛盾观的理论体系。

以上我们研究了晚周时期五行、阴阳、中行、一两诸范畴形成、发展、融合的过程。五行范畴形成于殷周之际，以殷人箕子的五行说为代表。阴阳、中和范畴形成于西周末期，虢文公和伯阳父最早提出具有哲学意义的阴阳说，史伯最早提出具有哲学意义的和同说。一两范畴形成于春秋时期，以晋人士为、师旷、史墨的尚贰说、尚两说为代表。这就是说，对晚周辩证矛盾观的几对基本范畴，我们是按照它们在历史上出现的顺序来研究的。

现在我们仍按历史的顺序追踪它们各自在晚周时期的发展过程，找出它们在各自发展过程中所表现的规律，即辩证思维逐渐发展的逻辑过程。对于这些逻辑过程，当时的思想家们还缺乏认识上的自觉，但它作为思维的规律又是客观存在的。晚周五行范畴经历了相杂说、相胜说、无常胜说、相生说、相生相胜说等发展阶段，这体现了辩证思维由认识普遍联系到把握矛盾对立面联系的逻辑顺序。晚周阴阳范畴经历了动因说、六气均衡说、相克说、转化说、相和说、消长说、相错相薄说等发展阶段，这体现了辩证思维由认识运动变化到把握内在矛盾的逻辑顺序。晚周中和范畴经历了他和说、否和说、中和说、太和说等发展阶段，这体现了辩证思维由认识多样性统一到把握对立面统一的逻辑顺序。晚周一两范畴经历了不一说、尚贰说、尚两说、尚一说、一二说、一两说、不两说等发展阶段，这体现了辩证思维由认识对立面的同一性到把握对立面的斗争性的逻辑顺序。从普遍联系到矛盾对立面联系，从运动变化到内在的矛盾，从多样性统一到对立面统一，从对立面的同一性到对立面的斗争性，这些就是晚周辩证矛盾观形成的逻辑过程。这个逻辑过程可以概括为：

普遍联系↘　　　　　　↗对立面的同一性
内在的矛盾
运动变化↗　　　　　　↘对立面的斗争性

晚周是中国辩证法史上的奠基阶段，许多最基本的范畴是在这个阶段形成的，例如五行、阴阳、中和、一两等。它们各有特点。五行偏重表达诸矛盾或矛盾诸方面的联系，阴阳偏重说明运动的根据、内在矛盾，中和、一、相生、消长等偏重表达矛盾的同一性，两、二、贰、相胜、相克等偏重说明矛盾的斗争性，这些特点都是在晚周时期形成的。

注释：

[1]《老子·四十二章》。

[2]《荀子·非十二子》。

[3]同上书。

[4]《易传·乾·文言》。

[5]《易传·师·彖传》。

[6]《易传·乾·彖辞》。

[7]见李鼎祚：《周易集解》卷十四。

[8]见王应麟辑：《周易郑注》卷七。

第六章　晚周辩证思维的发展

一、《易传》范畴的逻辑结构

晚周五行、阴阳、中和、一两诸范畴融会于《易传》，《易传》是晚周辩证矛盾观形成的标志。下面我们结合《易传》的逻辑结构，做进一步的论证。所谓逻辑结构，是指以范畴体系表现出来的理论自身的内在联系。《易传》的逻辑结构是什么呢？这必须从分析基本范畴入手，易是《易传》的最基本范畴之一。易的含义是什么？朱熹说得好："某以为易字有二义：有变易，有交易。"[1] 所谓"变易"，即运动变化；所谓"交易"，即普遍联系。运动变化与普遍联系是《易传》朴素辩证法思想的基本内容。

道也是《易传》最基本的范畴之一。什么叫道？《系辞上》说："形而上者谓之道，形而下者谓之器。"这里的道是指抽象的法则，器是指具体的事物。道是易的结构。《系辞上》说："易与天地准，故能弥纶天地之道。"又说："夫易何为者也？夫易开物成务，冒天下之道，如斯而已者也。"这就是说，易是最普遍的法则，是关于运动变化和普遍联系的法则。

道又被归结为阴阳。《系辞上》说："一阴一阳之谓道。"《易传》的中心范畴是阴阳，阴阳是指事物内在的矛盾。天地之间的任何事物都有阴阳的属性，都可以根据阴阳属性的不同而区分刚柔两种矛盾对立的势力。因此，刚柔就是阴阳，也是事物运动变化的内在因素。《系辞上》说："刚柔相推，而生变化。"《系辞下》说："刚柔相推，变在其中矣。""刚柔相推"而促使事物发生运动变化，这是由于阴阳刚柔之间相错相薄的矛盾性。《说卦》说："八卦相错。"相错，即相互交织、相互联系。《系辞下》说"日月相推而明生焉"，"寒暑相推而岁成焉"，"屈信(伸)相感而利生焉。"相推，即一来一往、屈伸进退；相感，即相互感应、相互作用。相错、相推、相感等等，是《易传》用来说明阴阳对立面之间的同一性的概念。《易传》说明阴阳对立面之间的斗争性的概念是相薄、相攻、相摩、相荡等等。《说卦》说："阴阳相薄。"《系辞下》说："爱恶相攻。"相薄、相攻，即相互对抗、相互斗争。《系辞上》说："刚柔相摩，八卦相荡。"相摩，即相互摩擦，相荡，即相互激荡。

以上分析表明，《易传》的逻辑结构是：

普遍联系↘　　　　　↗对立面的同一性
　　　　　内在的矛盾
运动变化↗　　　　　↘对立面的斗争性

这个逻辑结构也可以简单表述为"易→道→阴阳"的范畴体系，其中阴阳是中心范畴。

《易传》的逻辑结构与晚周五行、阴阳、中和、一两诸范畴运动发展的逻辑过程是一致的。这进一步证明，《易传》是晚周五行、阴阳、中和、一两诸范畴的融会者。《易传》的中心范畴是阴阳，这反映晚周五行、阴阳、中和、一两者范畴在互相融会的过程中逐渐突出了阴阳，阴阳成为辩证矛盾观的最核心的范畴。阴阳范畴的这种特殊地位，使它在秦汉以后得到更大的发展，并成为中国文化观念的基本骨架之一。

二、《易传》结构与辩证矛盾观

列宁曾归纳出辩证法的十六条要素，其中：

"(2)这个事物对其他事物的多种多样的关系的全部总和。

(3)这个事物(或现象)的发展、它自身的运动、它自身的生命。

(4)这个事物中的内在矛盾的倾向(和方向)。

(5)事物(现象等等)是对立面的总和与统一。

(6)这些对立面、矛盾的倾向等的斗争或展开。"[2]

这里第(2)条讲的是普遍联系，第(3)条讲的是运动变化，第(4)条讲的是内在的矛盾，第(5)条讲的是对立面的统一，第(6)条讲的是对立面的斗争。这五条并不是随便排列的，它们之间具有逻辑的内在联系。当我们深思熟虑地考察自然界和人类社会时，首先映入我们眼帘的，是一幅由各种联系和相互作用、无穷无尽地交织起来的图画，其中任何事物都处于不停的运动和变化之中。我们透过种种现象的联系去探索本质的联系，就会逐渐地认识到对立统一规律。我们不停留在对运动变化的观察上，而去研究运动变化的动力或生命力，就会逐渐地把握到内在的矛盾。当然，最初对矛盾及对立统一规律的认识还比较模糊，还不深刻；只有深入到矛盾内部的对立面，把握到对立面之间的同一性和斗争性，才能对对立统一规律有比较全面、比较具体的认识。总之，以上五条辩证法要素的逻辑联系可以概括为：

普遍联系↘　　　　　↗对立面的同一性
　　　　　内在的矛盾
运动变化↗　　　　　↘对立面的斗争性

《易传》的逻辑结构与列宁归纳的辩证法(2)～(6)要素的逻辑联系基本一

致，这绝不是偶然的。它进一步证明：《易传》朴素地把握了对立统一规律的主要内容，它是晚周辩证矛盾观形成的标志。

《易传》的辩证矛盾观是先秦辩证法史的一个重要环节，同时，它的逻辑结构和范畴体系又是先秦辩证法史的一个缩影。

三、从《易经》《老子》到《易传》

《易经》是一部卜筮之书，有一个宗教神秘主义的体系，但其中包含着万物普遍联系与运动变化的思想。这些朴素辩证法思想主要是通过卦象交错、变化以及某些卦爻辞表现出来的。《系辞上》在解释《易经》的“– –”、“——”两爻的意义时说：“爻者，言乎变者也。”《系辞下》说：“爻也者，效天下之动者也。”这就是说“– –”、“——”两爻是古人用来象征万物运动变化的。《系辞下》在说明《易经》八卦的起源时说：“古者包牺氏之王天下也，仰则观象于天，俯则观法于地，观鸟兽之文与地之宜，近取诸身，远取诸物，于是始作八卦。”这是说，八卦是远古人观察了天地、鸟兽、人体、器物等自然和社会现象创造出来的，它是对“天下之赜”即万物的普遍联系的一种摹拟和反映。我们认为，以上《易传》对《易经》的解释和说明是有根据的，是可信的。《易经》中似乎也包含着一些矛盾对立以及对立面的转化的观念，例如八卦卦名中就包含有天与地、雷与风、水与火、山与泽的矛盾对立的观念。又如《易经》说：“无平不陂，无往不复。”这包含着事物向相反方面转化的观念。

《老子》包含了先秦辩证法史上的第一个理论体系。《老子》以前，许多思想家都认识到，无论社会中还是在自然界，都存在着大量的矛盾，即外在的矛盾。《老子》也大量地谈到事物与事物之间的矛盾，但它更加重视的是事物自身的矛盾，即内在的矛盾。《四十二章》说：“万物负阴而抱阳，冲气以为和。”这里的“阴阳”显然是事物内部矛盾对立着的两种势力。《老子·二章》说：“有无相生。”《老子·十一章》也说：“三十辐共一毂，当其无，有车之用……故有之以为利，无之以为用。”这里的“有无”，显然是事物自身相反相成的两种属性。应该指出，《老子》对事物的内在矛盾的认识还不深刻。它比较重视矛盾体内部两个对立面之间的同一性关系，但比较忽视它们之间的斗争性关系。

《老子》朴素辩证法思想的主要内容是事物向相反方向转化的规律。《老子》发现自然界普遍存在着“物壮则老”[2]、“木强则折”[3]的现象，社会上普遍存在着“曲则全，枉则直”[4]，“正复为奇，善复为妖”[5]的现象。于是它作出了一般性的概括，说：“反者道之动”[6]，这就是把事物向相反方面转化作为自然、社会的最高最普遍的法则。但是，《老子》的转化观也存在一个问题，即他以为事物向相反方向的转化是无条件的，是人无法改变的。既然刚强必然要转化为柔弱，柔弱必然要转化为刚强，那么居于柔弱显然比居于刚强要好得多，所以它说“弱者道之用”[7]，“知其雄，守其雌”[8]。总之，把握内在的矛盾，强调无条件的转化和采取守柔居弱的态度，是《老子》辩证法体系的几个主要特点。

《易传》是先秦辩证思维的总结者，是中国古代辩证矛盾观形成的标志，此不赘述。《易传》对事物向反面转化规律的认识，既有高于《老子》的地方，又有低于《老子》之处。高于《老子》的地方，是它在一定程度上认识到转化需要条件；没有条件柔弱不能转化为刚强，刚强也不能转化为柔弱。基于这种认识，《易传》承认转化而不害怕转化，它强调刚强的作用，提出一种以自强不息为特点的辩证法思想。它说：“天行健，君子以自强不息。”[9]《易传》低于《老子》之处，是它的矛盾定位理论。它根据新兴地主阶级建立封建等级制度的需要，在事物矛盾着的两个方面中，把居于支配地位的一方确定为尊贵者，把居于被支配地位的地方确定为卑贱者。《易传》虽然承认尊贵刚强者有转化为卑贱柔弱者的可能，但它更强调的是，尊贵刚强者只要实行“中正”、“太和”之道则完全可以不向反面转化，永远保持支配者的地位。所以它说：“天尊地卑，乾坤定矣。卑高以陈，贵贱位矣。”[10]总之，把握了辩证矛盾观，强调矛盾主次方面的定位，采取自强不息的态度，这是《易传》朴素辩证法思想的几个主要特点。《易经》、《老子》、《易传》是先秦辩证法史上影响最大的三本著作。《易经》的中心范畴是易，它的朴素辩证法思想的主要内容是普遍联系和运动变化的思想，其中包含着辩证矛盾观的萌芽。《老子》的中心范畴是道，它虽然把事物向相反的方面转化的规律作为自己理论体系的主要内容，但它对事物的内在矛盾的认识标志着辩证矛盾观形成过程的一个重要阶段。《易传》的中心范畴是阴阳，在它的朴素辩证法的思想体系中，包含着对对立统一规律的比较完整的认识。当然，在那个时代，这种认识只能是直观的、朴素的、不彻底的。《易传》还相当详尽地分析了矛盾内部两个对立面之间的同一性与斗争性的关系。

总之，先秦辩证法史可以最简略地概括为：

①历史过程：

《易经》→《老子》→《易传》

②范畴演变：

易→道→阴阳

③逻辑过程：

普遍联系↘　　　　　↗对立面的同一性

内在的矛盾

运动变化↗　　　　　↘对立面的斗争性

先秦辩证思想发展的逻辑过程和基本范畴的历史演变与《易传》的逻辑结构、范畴体系是大体一致的。这说明：先秦辩证法史是《易传》的逻辑结构、范畴体系产生的基础，《易传》的逻辑结构、范畴体系是先秦辩证法史的一个缩影。

注释：

[1]《朱子语类》卷六十五。
[2]列宁：《哲学笔记》第238~239页。
[3]《老子·七十六章》。
[4]《老子·二十二章》。
[5]《老子·五十八章》。
[6]《老子·四十章》。
[7]同上书。
[8]《老子·二十八章》。
[9]《易传·乾·彖辞》。
[10]《易传·系辞上》。

第七章　辩证的逻辑与历史的进程

一、从差异、对立到矛盾

晚周五行、阴阳、中和、一两诸范畴的运动有个性也有共性。其个性表现为，它们各自经历了不同的发展阶段，这些发展阶段体现了不同的逻辑过程，已如前所述；其共性表现为，在同一时期，它们各自所经历的发展阶段体现了同一个更高层次的逻辑过程中的一个环节，这个更高层次的逻辑过程是：从差异、对立到矛盾。探讨晚周五行、阴阳、中和、一两诸范畴运动的共性，我们不能像前面那样假定它们是各自独立的系统而对它们采取纵向追踪的研究方法，而必须承认它们是互相联系的整体而对它们采取横向比较的研究方法。

西周末期，五行范畴经历了相杂说阶段，阴阳范畴经历了均衡说阶段，中和范畴经历了他和说阶段，一两范畴经历了不一说阶段。它们的逻辑规定的共性是体现了辩证思想对差异、多样性的把握，标志着辩证矛盾观形成的"差异"阶段。显然，这个阶段的代表人物是史伯。春秋末期，五行范畴经历了相胜说阶段，阴阳范畴经历了尚贰说、尚两说阶段。它们的逻辑规定的共性是体现了辩证思维对"本质的差异"、"对立"的把握，标志着辩证矛盾观形成的"对立"阶段。史墨可以作为这个阶段的代表人物。战国中期和后期，五行范畴经历了相生说、相生相胜说等阶段，阴阳范畴经历了相和说、相错相薄说等阶段，中和范畴经历了中和说、太和说等阶段，一两范畴经历了尚一说、一二(两)说等阶段。它们的逻辑规定的共性是体现了辩证思维对"对立面统一"、"矛盾"的把握，属于辩证矛盾观形成的"矛盾"阶段。《易传》是这个阶段的代表。

黑格尔在《逻辑学·本质论》中把矛盾作为一个发展的过程，并区别为不同的发展阶段。第一阶段是由同一分裂为差异。第二阶段是由差异发展为对立，本质的差异就是对立。第三阶段是对立的双方尖锐化，是对立面的互相冲突和互相统一，达到矛盾。列宁在《哲学笔记》中把黑格尔的有关同一、差异、对立、矛盾的论述摘抄了一大段。然后他写道："思维的理性(智慧)使有差别的东西已经钝化的差别尖锐化，使表象的简单的多样性尖锐化，达到本质的差别，达到对立。只有那上升到矛盾顶峰的多样性在相互关系中才是活动的和活生生的。"[1]这就基本上肯定了黑格尔的观点，认为要把握对立统一规律，必须经过差异、对立、矛盾这样一个逻辑过程。列宁这里指出的是人类辩证思维发展的一般规律，中国晚周五行、阴阳、中和、一两诸范畴的运动以及辩证矛盾观的形成，完全符合这个一般规律。

二、哲学发展与社会进程的对应性

中国哲学史的一个重要特点，是哲学发展与政治斗争的关系非常密切。晚周辩证矛盾观的形成，与当时社会上阶级斗争的发展表现出一种带规律性的联系。西周末期，新兴地主阶级刚刚形成，他们掌握的权力还很有限，必须处处依附着奴隶主阶级。但是史伯已经从"王室多故"的现象预见到周王朝"殆于必弊者也"的必然趋势和"秦、晋、齐、楚代兴"的政治前景。[2]他知道，表面还强大的旧势力正不可避免地走向衰亡，而暂时弱小的新势力将会日益壮大。史伯的立场是明确的，他在政治上反对"谗慝暗昧"、"顽童穷固"的旧势力，主张重用"高明昭显"、"角犀丰盈"的新势力；在思想上主张"讲以多物"，让新势力有更多的发表政见的机会。他提出五行相杂说、他和说、不一说，强调差异和差异的平衡，强调多样性和多样性统一，曲折地反映了政治上处于依附地位的新兴地主阶级要求参与政权的愿望。

春秋末期，新兴地主阶级已经壮大，他们正在经济、政治、军事等方面与奴隶主阶级进行激烈的斗争。在鲁国，以季氏为代表的新势力夺了鲁昭公的权，还把鲁昭公赶到国外。晋国的史墨公然为"季氏出其君"作辩护，可见他是站在新势力的立场上的。他提出五行相胜说、尚贰说、尚两说，强调对立和通过对立达到统一，强调斗争和通过斗争达到转化，曲折地反映了处于政权对立者地位的新兴地主阶级敢于斗争、争取胜利的精神。

战国时期，我国已经进入封建社会，新兴地主阶级"不是静止地停留在对立面，而是不断地努力去实现它潜伏的本性"。[3]它"扬弃"了没落的奴隶主阶级，转化为社会的统治者。《易传》正是这个新的社会统治者的思想代表，它旗帜鲜明地把各国新兴地主阶级夺取奴隶主阶级政权比之为汤武革命，赞扬说："汤武革命，顺乎天而应乎人。革之时义大矣哉！"[4]《易传》提出阴阳相错相薄说、刚健中正说、太和说、一两说，强调对立统一，强调矛盾双方的主次关系定位不够，这曲折地反映了处于奴隶主阶级否定者地位的新兴地主阶级的要求和希望，即要求通过斗争去统一天下，并希望自己永远保持支配者的地位，不向相反的方面转化。

总之，由于晚周是我国由奴隶社会向封建社会过渡的时期，因此晚周辩证矛盾观形成的逻辑过程——从差异、对立到矛盾，与新兴地主阶级对奴隶主阶级由依附、对立到否定的阶级关系大体上一致，并与奴隶制从衰落、挣扎到灭亡，封建制从萌芽、生长到成熟的社会进程基本相适应。

注释：

[1]列宁：《哲学笔记》第149页。
[2]《国语·郑语》。
[3]黑格尔：《小逻辑》第258页。
[4]《易传·革·彖辞》。

第七部分

唯道论理论

第一章　唯道主义哲学体系

江正杰
（山东工商学院公共管理学院副教授）

笔者的《道路——道的证明与唯道主义的自然哲学和科学》(2005 年人民日报出版社)、《道德传真——论老子的辩证唯道主义科学体系》(2006 年人民日报出版社)两书试图建立一个新的哲学体系：唯道主义的哲学体系，或称为大道主义的哲学体系，或称为唯道论的哲学体系。唯道论由老子创立理论体系，其基本观点是：万有唯道所生，万有唯道所成，道在万有之中，万有唯道所主。唯道主义哲学体系就是要回答：从科学的观点来看，道究竟是什么，道如何生成万有，道又如何在万有之中并且主宰万有。唯道主义哲学认为：作为宇宙本体的道即是物理上的绝对空间实体，道生成万有的基本方式是基元空间的刹那生灭生成基本量子，进而通过基本量子的光速缠绕生成实物粒子的过程，万有之在道中如同实物之存在于空间中，道主宰万有即是空间调控着万物。这个体系由以下一系列论断和子学科构成。

一、中国古代哲学是属于辩证唯道主义的传统

中华文化中最精华的东西乃是其基本的思维模式，即道、太极、阴阳、五行、八卦的思维，此外还包括作宇宙本体的道或太极的思维。这一思维就其最高的源头来看乃是源自于河洛数理，河图洛书的数理中包含了所有这些思维模式的数理模型。可以说中华文化乃是以数为本的文化。河图洛书的数理文化第一次与人文文化结合的结果是《易经》，《易经》不仅是天命定数信仰的理论产物，而且也是科学主义与人文主义原始统一体的表达。《易经》的第一波分化是分别产生老子、孔子、《易传》以及《黄帝内经》，大体而言老子着重发展了道和阴阳的思想，以孔子为代表的儒家主要发展了五行(五德)的思想，而《易传》则着重发展了八卦的思想，《黄帝内经》则在自然科学(人体科学)方面全面发展了道、太极、阴阳、五行、八卦思想。其余的诸子百家则在此基础上进一步分化。由此可见，中国哲学的基本概念和基本思维方式(道、太极、阴阳、五行、八卦等)皆源于以数为本的基本特征，这些基本思维方式可以说都是辩证思维方式。我们现在讲的辩证法除了讲矛盾规律外，还讲质量互变规律和否定之否定规律，这后两个规

律也清楚地包含在河图洛书与《易经》数理以及老子思想之中，而且阴阳规律要比矛盾规律更为科学。在中国哲学中，阴阳规律从来就没有也不会与逻辑规律的矛盾律混淆起来，而对阴阳理论应用之广泛和科学性(如中医)早已经远远超过了我们现在所讲的矛盾规律。可以说没有将西方哲学的对立统一规律翻译为阴阳规律而译为矛盾规律乃是翻译上的一大失误，因为在中国哲学中，矛盾概念从来就不是哲学范畴，仅仅与《韩非子》中的一则寓言有关，恰恰与形式逻辑上的矛盾律有关。除此之外，五行和八卦的思想所具有的科学性也在中医等学科中有科学的应用。因此，我们可以说中国哲学的辩证法要比马克思主义哲学所讲的辩证法更加丰富，不仅内容更多，而且是可以数学化定量化的，所有这些思维方式都可以看做是由道(于数为0)的生成过程。道不仅生成了这些基本思维方式，而且也生成了宇宙万物，它们决定了中国哲学的基本特征。由此可见，中国哲学可以称为是辩证唯道主义的，而不仅是辩证唯物主义的。因为西方哲学的唯物主义主要是从认识论问题引发出来的，而中国哲学的主题不是认识论的，而是本体论和道德论的，亦即科学主义与人文主义在中国哲学中本来就是统一的。

要具体阐述以上所勾画的中国古代哲学思想史，我们要走的路就是要从河洛数理的科学模式分别研究老子、孔子、《易传》以及《黄帝内经》的思想，并在此过程中批判分析其思想的时代局限性，通过互相取长补短的整合过程，将其贯穿在一个统一的科学体系之中。当我们在这样做的时候，就不仅是在研究古人的思想，而同时是在建立现代哲学的新体系，即辩证唯道主义的体系。这就是中国文化复兴的必由之路，让我们勇敢地尝试走上这条路吧。

二、唯道主义自然哲学的基本原理

在《道路》一书中，我们制定了一个新的哲学和科学的世界观模式或曰范式。这个模式主要是在新的自然哲学的形式中进行探讨的。我们认为传统的自然哲学的基本特征表现为：用思辨、想象的方式试图寻找宇宙的本原。对此问题的不同回答主要表现为三大主题：一是原子论，二是绝对论，三是本质论(或曰理念论、形式论)。原子论认为宇宙万物的本原是在一无所有的虚空背景上存在的某种(或某些)不可再分割的微粒——原子。本质论最初表现为灵魂论，后来又发展出理念论和形式说。理念论认为造物主是根据某种不可见的符合数学的和谐规律的、理想性的原型来创造具体可感的事物的，具体事物所分有的理念构成了具体事物的本质。理念论强调的是具体事物及其属性在本体中有其本质，而形式则强调这个本质即在具体事物中，即前者是本体的理念，后者的实质即是现象理念。绝对论又分为超自然的绝对论和自然的绝对论，前者未能彻底摆脱神话的影响，把宇宙的绝对看做创造世界的神；后者则认为宇宙的绝对乃是与无限的绝对空间对应的作为整体的无形存在，由它创生了宇宙万物。从巴门尼德、亚里士多德到布鲁诺、斯宾诺莎以来的绝对论，通过泛神论这个形式最终对牛顿的绝对空间概念的确立产生了重大影响，这种影响从实质上来看并不亚于原子论对物理学所产生的人所共知的影响。

这种传统的西方自然哲学在近代自然科学（特别是物理学）产生之后趋于没落。它要想在面临自然科学的挑战之下获得新生，我们认为应当将新的自然哲学的基本任务界定为：

要对自然科学（特别是物理学）的基本概念及其在科学史上的历史演变进行批判性反思分析，从而进一步明确科学的概念基础，并寻找这些基本概念的新的内涵及它们之间的新的相互关系，尝试用思辨的方法去解决这些基本概念的最终统一问题，也就是寻找宇宙的最终本原，以期能对在物理学上用数学的办法科学解决这一问题起真正的指导作用。

通过对牛顿力学、电磁场理论、量子力学、相对论、爱因斯坦的绝对统一场论的基本概念进行批判性反思分析，我们所得到的最重要结论是：牛顿对于绝对时间的客观实在性的猜想实际已为相对论以光速来定义的时间所揭示，即绝对时间的均匀流逝的特性是由绝对空间性质所决定的光速前进的均匀性所决定的；光速在物理定律、公式中所起的特殊作用暗示了一切实物粒子最终都由某种以光速运动的粒子构成；由于相对论否定绝对空间始终是以假定马赫原理的成立为根据的，而马赫原理又没有被许多实验所证实，且爱因斯坦本人最后放弃了马赫原理，因此，物体惯性又只能被看做相对于绝对空间才有的，而不能被看做相对于宇宙的所有有质量的物质。这样绝对空间实体概念就根本没有被驳倒；相反，至今为止的物理学的成就实际上是越来越揭示绝对空间的丰富物理效应，越来越接近于彻底证明了绝对空间的客观存在。爱因斯坦的绝对统一场论最终的目的实际上是要将绝对空间实体（即他所说的“广义相对论以太”）与有质量的物质统一起来。

这些分析的结果最后凝结在这样一个自然哲学的基本原理中：

充满绝对空间（即道）中的宇宙本原物质——先天元气（也可称为基元），以刹那生灭的方式（即 Φ 量子）能动地生成具有波粒二象性的且以光速运动的方式存在的基本量子，并进而以基本量子为最基本粒子，且以光速缠绕的方式生成和构造了所有实物粒子和宇宙万物。

将这一原理用量子规律表示即得到基本的物理理论。从这些理论出发，可以对德布罗意波公式进行修正，并且在绝对时空观的前提下可以用比爱因斯坦所用的要简单得多的方法得到狭义相对论的全部公式，并对相对论实验提供更为一致的、合理得多的说明。我们所建立的绝对论与爱因斯坦的相对论相比具有巨大的优越性。

三、物理学的基本概念和对称性原理

对于上述自然哲学的基本原理，我们在《道路》一书中着重从自然哲学的角度进行了解说，并导出若干物理学的结论，这些成果将导向一个真正完善的物理理论的创立。这个物理学的理论体系也可以称为是唯道主义的，它的基础至少应该包含十几个基本概念和一个对称性原理上的。基本概念分别是：

1. 绝对空间

绝对空间就其本性而言恒为均匀且各向同性。各向同性可以通过自个方向都可以传播相同的光表现出来。虽然构成绝对空间的每一基元空间及每一维上都存在刹那生灭的 Φ 量子，但就绝对空间全体而言，它永远是不动的。

2. 基元空间与基元量子

基元空间即是构成绝对空间的单元空间，基元空间之间应不存在任何空隙，但基元空间又是可区分的，相对独立的。基元量子也称 Φ 量子，Φ 量子是绝对空间的能动性，即它在基元空间内永不停息的刹那生灭性。它生时生成基元量子，进而发出光，灭时归于无(绝对空间的平衡态)。

3. 基本量子

基本量子是基元量子刹那生灭运动的光速传播过程生成的，因此，可以说是基元量子组成或生成了基本量子。由于基本量子是波动的，故有周期、波长和频率。一个周期的基本量子又称为基本量子单元，因此，基本量子又可以说是由基本量子单元组成或生成的。基本量子的光速缠绕生成了一切非光速的实物粒子和宇宙万物，因此，也可以说基本量子或基本量子单元是最基本粒子。

基本量子包括两种：一是处于自由态的直线光速运动型基本量子：如光子、中微子等；二是处于束缚态的、在实物粒子内部也以光速曲线或圆周运动存在的缠绕型基本量子。此外，基本量子还有实基本量子和虚基本量子之分，实基本量子是指已取得稳定能量形式的基本量子，虚基本量子是指未取得稳定能量形式或其能量极低的基本量子。

4. 绝对时间

绝对的、真实的也是数学的时间是绝对空间在自身的均匀展开，此时间亦可名之为绵延。绝对空间在自身的均匀展开方式即是 Φ 量子刹那生灭的光速传播，传播轨迹可以是直线，也可以是曲线。由此可见，绝对时间不是原本就有的，它乃是从属于绝对空间的。因此，绝对时间的物理实在对应物即是基本量子的光速运动。

5. 绝对惯性

绝对惯性不是绝对不动，就是绝对运动。绝对不运动指的是绝对空间整体的本性——寂然不动，而绝对运动即是光速运动，依据《道的证明》的观点，即是基本量子及光子和其他光速粒子的光速运动。

6. 相对惯性

相对惯性即我们通常所谓的小于光速的物体所表现出来的相对于绝对空间的惯性运动，同样有绝对运动和绝对静止之别。绝对运动是指相对于绝对空间以绝对速度运动，绝对静止是指相对于绝对空间的绝对速度为 0 的情形。

7. 相对空间和内部空间

相对空间是绝对空间的可动部分或量度。内部空间是绝对空间的局部显现。如原子的内部空间、基本粒子的内部空间结构都是绝对空间的局部显现。

8. 相对时间和内部时间

相对时间是通过运动对绝对时间的度量。内部时间是绝对时间的局部示现。内部时间归根结底也是绝对时间（光速）的表现形式，即是绝对时间缠绕的结果。

9. 随机涨落和结构场

随机涨落和结构场是指由绝对空间本体内部的本质性的理念结构（先天结构）所决定的基元量子或基本量子（通常是虚基本量子）的随机协同性的刹那生灭运动瞬间生成某种场结构的真空现象。如果这种场结构与实物粒子相结合取得了稳定的结构形式，即生成了结构场（后天结构场）。结构场是实物粒子的灵魂，它由引力场、强作用力场、弱作用力场、电磁作用力场等构成，其实质是基本量子或虚基本量子及虚光子的某种结构的产物。

10. 质量

质量既是绝对光速惯性运动的运动量，也是相对的亚光速惯性运动的运动量，前者是自由的惯性。后者是约束的惯性，表征内部运动的量。

对称性原理在现代物理学中是一个极其重要的基本规律。物理学所说的对称性是指物理规律在一定变换下的不变性，这种变换往往又和空间、时间的某种属性有关，即空间和时间具有均匀性。空间中各处的性质都相同，没有一个较优秀的位置，无论实验地点怎么移动，物体所遵守的定律都不变，这就是"空间平移的不变性"或"空间平移的对称性"。另外，空间是各向同性的，没有一个方向比另一个方向更优越，无论坐标系怎样转动，也不会改变物理规律的形式，这叫"空间放置的不变性或对称性"。在时间进程中，没有什么较优越的时刻，一个实验什么时刻进行都可以，物理规律在什么时刻都是一样的，是不变的。这个事实说明"时间平移的不变性"，或者说物理规律具有"时间平移的对称性"。还有其他的对称性，例如在狭义相对论中，从一个惯性系过渡到另一个惯性系，物理规律不会改变它的形式，这称作在洛伦兹变换下的对称性。

20 世纪以来物理学对时空性质的进一步研究，人们对于守恒定律有了一些新认识，发现了守恒性和物理规律的对称性之间存在着极其深刻的本质联系，对应于某种变换下的对称性，自然界存在一种相应的守恒定律，并有一个对应守恒量，反过来也一样。实验中发现一个守恒定律和一个守恒量，在理论上必然可找到一个与之对应的对称性。例如，相对于时间平移的不变性，必然导致能量守恒定律；相对于空间平移的不变性，必须导致动量守恒定律；相对于空间旋转不变性，必须导致角动量守恒定律。因为，要保证物体系在空间作任意的平移而不受影响，就要求物体系处于无外场的空间，不受外力作用，所以物体系的动量必然守恒；要保证物体系在空间旋转一个角度而不受影响，则要求空间中没有能产生力矩的外场，于是该物体系的角动量应该守恒；要保证物体系在时间上平移而不受影响，则要求物体系必须处于孤立状态中，这时总能量就必然守恒。总之，守恒定律之所以具有一定的普遍意义，其深刻根源在于作为物质的存在形式即时间和空间的均匀性和各向同性性，在于物理规律在各种变换下所具有的不变性，即时间和空间具有均匀性、对称性，它再一次证明物质及其运动是与时间、空间密不可分的。（参见胡显章、曾国屏主编《科学技术概论》，高等教育出版社，第 117 页）

由此可见，对称性在现代物理学中主要被看做空间和时间本身的本性，因此，在实验中是不能直接观察到的。实际上对称性可以在空间和实物两个层次上来理解。实物的对称性是空间对称性的表现，前者是绝对的对称性，后者是相对的对称性。相对的对称性可以理解为在空间结构上的对立统一特征或阴阳对称的结构规律。由此也决定了其在时间演化过程中的基本规律：从对称到破缺再到对称的循环过程规律。

在说明道创生基本量子并进而演化生成宇宙万物的时候，《道路》一书还提出了以下基本概念和原理。

1．现象因与本体因

现象因指的是道的产物之间相互作用而表现出来的因果规律，本体因指的是本体对现象(道的产物)的创生作用因。任何事物的存在和运动都是由于道作为本体因的结果，因为任何现象事物必须在运动中才能存在，且最终都可以归结为道刹那生灭创生基本量子的光速运动过程。现象事物之间的相互作用分化组合也表现为各种形式的为现代自然科学所揭示的规律。这些规律(现象因)本质上是建立在本体因基础之上的，现象因的发生归根结底要通过改变本体因才有可能，即现象因可以归结为本体因。

2. 宇宙进化的根本原理

宇宙进化表现为一个自组织的演化过程，而自组织又是通过结构场与粒子、生物场与形体之间的矛盾运动来实现的，自组织过程中新结构的出现有赖于本体显现新的信息。

场与粒子是形成复杂多样的万物结构的两个基本物理粒子，粒子之间结合成特定的结构必须通过场才有可能，场与粒子之间的互相组合和互相重合形成了具有不同层次的物质结构。我们可以认为场与粒子都是共同由基本量子生成的，但粒子是基本量子的紧密的、僵化的结构产物，而场则是基本量子较为松散而自由的结构产物。在同一物体中，场对于这个物体的形成起了决定性的作用，任一物体都是对应着一定的场结构，我们可以称之为结构场。

虽然结构场从组成要素上可以说是由基本量子构成，但是为什么特定的结构会在宇宙进化中产生，这不能不说有本体(道)自身潜在的原因。道本身除了其基元结构的特征——这是为了说明道产物的量子特性假定出来的。——之外，一定还存在着复杂的潜在形式的信息结构，它们从基本量子的随机涨落中表现出来，此为先天结构场，先天结构场可以显现为后天结构场，即决定粒子、形体结构的物理场结构和生物场结构。

在宇宙进化中，不仅有形的粒子结构是进化的，而且场的结构也在进化。生物产生之后，粒子进化成了主要由生物大分子组成的细胞、组织、器官等形体结构。而结构场则进化为生物场的结构，也可以说是气的结构。在高级的生物体那里，形体结构的新陈代谢通过血液循环进行，而生物场的新陈代谢则通过经络循环进行。生物场与形体之间存在相互作用，其中生物场对于形体的生命活动起着主导作用。任何一个相对独立的形体组织(如细胞)也都对应着相对独立的生物场组织(或说是气组织)，生物体特别是在高级生物体，那里总是存在某种中心化的形体结构体，它控制着这生物体的遗传变异新陈代谢等生命活动过程。同样，生物场也存在这样一个中心结构。我们称之为生物场的自动调节和自动控制中心，简称为自调控中心。它自然自动地调节和控制生物场的活动过程，同时也通过形体的中心结构支配着形体的生命活动过程。由低层次的这样生物单元(如细胞)组成高层次的生物体组织(如器官系统)，乃至整个生物个体，都同样存在着不同层次的自调控中心。不同层次的自调控中心之间又发生密切的相互作用，高层次自调控机能必须建立在低层次的自调控机能的基础上，并且高层次对低层次又起自调控作用，高层次的机能主导着低层次的机能。如人体的细胞、各种器官及整个人体都有各自层次的自调控中心。细胞的生物场自调控中心通过细胞核的遗传物质自动调控着细胞的生命活动。而整个人体的生物场自调控中心则通过大脑这一人形体的调控中心机构支配着、调控着人全部生命活动过程。一个生物体之所以具有活性乃是由于生物场的存在，生物场(特别是生物场中最高的自调控中心)离开生物体，这个生物体就死亡，而这个生物体的生命信息就游离潜在于道的空间中继续存在下去。最后生物场经过长时期的生存可能灭亡，也可能以某种形式得到再生。

不仅生物个体内存在着自调控中心及其机能，而且生物个体之间的相互作用也表现为一个自动的调控过程，因此也可能存在某种中心，如社会有社会的控制中心，生物群落的生存也构成某种有领导有组织的有序结构，如蚂蚁群落。由于道将宇宙无限多样的万物联系成一个整体，任何地方的事物活动都与其他任何地方(特别是与其关系较为密切的地方)的事物彼此联系，相互协调。这种协调可以通过物理场、生物的信息场或残留信息场作为媒介，亦可通过道本体的瞬时显现相互作用而形成一种协调联系，从而产生一种自然的自组织功能。

3. 意识的本质与道的能动性、创造性

最重要的是我们在此基础上阐明了意识的本质，认为意识的能动性、创造性和自由性必须从道的能动性、创造性的本质中得到说明，而不可把意识的产生看做是宇宙进化过程中纯粹新鲜的事物，不可单纯从人脑的复杂的细胞分子结构或场结构中去说明。具有能动性、创造性的意识的产生正是最彻底地暴露了宇宙中最深刻的秘密——道的能动性、创造性。作为排除了意识差别性的纯粹意识(即意识之光)实质上是绝对空间实体(即道)在大脑生物场自调控中心所创造的特定空间条件下能动显现的产物。这种显现自身一定也是有某种结构的，它必是绝对对称的道自身结构的某种破缺的产物。这种显现在动物那儿也是有的，否则动物就不可能有类似于人的自由活性。但动物的能动显现量必是很微弱的，只是到了人那里，这种显现量才达到了一个质变点，终于产生了意识。正如一个纯晶体在光的照射下被感觉到一样，这里的晶体本身(即黑暗时的晶体)与感觉到的整个空间性的透明晶体之间的关系，正像绝对空间(局部)与纯粹意识之间的关系。绝对空间局部与纯粹意识两者同在一处，构成同一空间实体；而不是前者在心外部，后者在心内部，两者构成反映被反映的关系。应该是前者隐而不见，后者显而可识，两者构成隐与显的同一体关系。我们可以称隐的方面为虚无，而称纯粹的显的方面为虚有。虽然纯粹意识只产生于局部的绝对空间实体，但道在人的意

识处的这一创生行为也是与道的整体相关的，因此，从原则上讲人的一个念头也或大或小地足以通过道扰动整个宇宙。

据此，我们提出了一个新的哲学命题：空间是意识的基本存在方式。当我们的意识还没有开始感觉和思维世界时，意识处于纯粹状态，这纯粹的意识也存在于空间中，我们称之为意识空间。而当意识去感觉思考世界时，我们也必须将世界看做处于一个客观的空间中，这个空间可以随着感觉和思维不同而有任意的大小，我们总称之为空间意识，它包括感觉（或感性）空间和思维或理性空间。由于意识空间一般只有确定的大小，而空间意识可以随感觉和思维到的境界而有不同，因此，我们可以说空间意识（感觉的和思维的）是意识空间幻化、或外化、异化的产物。由于两者都是存在于空间中，使得这种转化成为可能。也就是说，在意识世界里所显现出来的多样的世界：感觉思维、情感、意志、欲望等，其实都在来自外的、内的信息作用下，使得从隐到显的纯粹意识产生过程中（或在产生之后，纯粹意识又进一步）显现为意识的具体形式。

从以上对于意识本质的揭秘以及“空间是意识的基本存在方式”这一哲学命题出发，可以建立唯道主义的认识论，这是我们将在《空间与哲学之谜》一书中所要完成的。

四、人心的三元结构：灵性、感性、理性

根据以上所提供的有关自然和人的科学模式，我们可以进一步提出一个关于人心的理论模式。

人心最重的一个事实是有意识，我们已经讲过，人的意识是道透过人心中的自动调控中心结构场显现的产物。可以说这个自调控中心（也称生命根）即是人心中最为实质的东西，因为人在意识中所显现出来的一切都是决定于它，因此，我们甚至可以直接把这个自调控中心称为人心。我们还可以设想人心的自调控中心一定存在某种结构，这个结构一定是最接近于本体结构的，是本体绝对对称性结构破缺产生出来的相对对称性结构，它们之间存在某种由本体的溢出而产生的联系。很显然这种溢出即是意识得以产生的原因。这种溢出显然是由 Φ 量子生成基本量子或光的过程，因为我们可以通过哲学思考体验到纯粹意识的实质即是某种光。在我们修道达到某种高度的入静境界时，我们亦可以体验到我们的人心是某种通体透亮的存在，正所谓“没有阳光照耀不到的地方”的体验。我们可以称这种体验为本心的体验。我们可以直接体验到我们本心的光，却不能直接看到本心的结构，但我们可心设想本心一定是有结构的，而且这种结构即是本心之基本量子（或光）的某种缠绕形成的结构，此为本心的生命根结构，它是与对应的道中先天结构场相通的。正因为有了这个结构，它才可能发挥出对于我们的心理

过程和生理过程的自动调控功能。即是说，我们可以从我们意识能动过程的某种自发性特征推测，在这种活动背后一定有一个具有高度复杂性的结构，而我们的意识活动过程即是这种结构的神妙功能。

那么意识活动本身又具有怎样的基本结构呢？我们可以将意识分为三个方面加以把握。

考察意识的普遍性，我们最终注意到的无疑是纯粹意识，即排除了意识的任何差别之外所剩下来的纯粹意识之光。这样一个排除的过程我们可以纯粹在哲学思维中加以把握，认为在所有的意识现象中都存在这种纯粹意识之光。我们一般不容易直接体验到这种纯粹意识之光，但进入特定境界之后是确实可以体验到的，那就是我们本心的那种通体透亮的纯粹状态。可以设想这时候的意识状态一定是意识从人心(即自调控中心)中刚刚显现出来的状态，我们称这种状态的意识为灵性。由于这种灵性是人心从道中显现得到的，因此，灵性也称为人心的灵性之德。灵性之德乃是人的一切意识活动的基础，由它生成了其他一切活动。同时，进入了灵性的境界，人体生命根自然地适应自然和社会的神妙功能就可能得到充分发挥。因此，灵性的境界也可以称为自然境界。这不是“习惯成自然”的后天自然境界，而是“道法自然”的先天自然境界。

人心的灵性在来自内的和外的信息刺激之下会转化成人的各种感性意识形态，如同水在风的刺激之下会形成各种形状的浪花和波浪一样。我们称由人的灵性(或纯粹意识)转化来的各种感性意识为感性，或感性之德。根据上述同样的理由，感性也是人心之德的一个方面。感性包括人的各种感官所获得的各种感觉经验，对人的生理活动和欲望的感觉经验，以及在心里随各种意识活动而产生的情感、情绪体验等。也许我们可以将感性从总体上主要分为两类：一类是我们通过接收主要来自外界的信息而产生的、可以直接经验到的感觉意识的差别性，它在情感情绪上是中性的，可称为外感觉感性，或经验感性，简称为像感；二类是我们在意识自身中或通过意识现象和活动所体验到的情感或情绪反应，可称之为情感感性，或体验感性，可统称为情感。前者是对象性的感性，后者是非对象性的或对象性不明确的感性。此外，对来自人体的各种生理欲望的感觉也是非常重要的，我们可以称之为内感性，或在更窄的情况下可称为欲望感性或欲感。

意识的第三方面则是在灵性和感性的基础上产生出来的、可以用语言概念表达的、并且进入思维过程的理性，或称为理性之德。这里的理性要比我们通常所应用的理性概念要广一些，它大约也就是我们可以用语言文字表达的可以加以思考的一切。但理性不是指人思考的对象，而是指思考过程本身。作为人心理性成果的东西是很多的，但最重要的可能要数两类了，一是人对自然一切现象的认识成果，可称之为科学理性；二是人对自身德性和规范的认识成果，可称之为道德理性。这里的“道德”比通常应用的要广义，但又要比老子意义上的可以概括全部世界内容的"道德"两个字要狭义一些，总之是指有关人心的根本学问，以及由之延伸出来的广阔内容。完善的道德理性应当是以科学理性为基础根据的，这一点正是老子思想的重大特征。

除此之外，人心还具有发而为行的特性，人们的行为和实践总是在人心的主宰和指导下进行的。人们的行为可以是发自灵性之自然的行为，也可以是发自人们的感性欲望需要的，或是在理性指导下的道德理性行为和科学理性行为，对于这问题，我们在此不多讲。

灵性、感性、理性三大方面基本上概括了人心意识的主要内容和基本结构。这三个方面之间存在着极重要的相互关系，其中灵性是最原始的，而感性是灵性的派生物，理性又是从感性上升生长而来的。理性的产生离不开感性的启示，但理性的创造不仅离不开感性，同时也离不开灵性。灵性虽然看起来是一片混沌，但其中却包含了所有潜在的宇宙与人心的信息，创造性的过程(即所谓的灵感暴发)即与这些信息的显现过程有关。由于感性也是灵性中信息的一种意识显现方式，因此就通常而言，通过感性的启发较易上升到理性。可以说，特别注意到理性与感性的联系，是哲学上经验论产生的原因；特别注意到理性与灵性的联系，则是哲学上的先验论以及宗教启示论产生的原因。我们可以通过把握灵性、感性、理性之间的真正关系，在更高层上去包容这些哲学上的分歧。

五、五大价值目标：真、善、美、乐、灵

从灵性、感性、理性的区分中可以引申出人类基本的价值追求目标，在灵性中人追寻的是灵性的充满、觉悟、顿悟、成佛、得道、感动圣灵等，这是各种宗教所试图达到的高层的境界。

第一，这些体验本质上乃是人心与道、人与自然沟通状况达到某种突破后所得到的，也有可能是人的意识在破除了由执著而造成了人心能量的漏失后所体验到的灵性的充满所产生的高级悦乐。我们可以将这些价值称为灵性的追求，这种追求的最终目的不仅在于内心的一种灵明的、虚灵的体验，而且更重要的是通过这种体验达到自然，进而达到自在。

第二，人在感性的价值追求中可以分为两部分：一是对于感觉感性而言，人们追求的是感觉形象世界的美化。这种追求无所不在，但又集中表现在人们的艺术活动中，包括艺术创作和艺术欣赏。二是对于情感感性而言，人们又无不在寻求一种爱与乐的情感和情绪。当然爱与乐不是强度越高越好，这不是爱乐的最高境界。爱的最高境界应是博爱、真爱、慈爱，而不是偏爱。什么是博爱，无条件的爱人如己，如道爱万物那样，即是博爱。什么是真爱，爱到无得无失处即是真爱。什么叫慈爱，如同道教会观其所创生的万物多样，我们也以此眼光静观整个

宇宙的万物，即是慈爱。乐的最高境界应是：中乐、真乐、常乐、同乐等。可以说爱与乐的关系是：要在爱中乐，要在乐中爱，没有爱就没有乐，没有真爱就没有真乐，没有真乐的爱也不是高境界的真爱。我们可以将爱乐价值的追求归为乐的追求。当然，对欲望感性的适中的满足也是人类一项极其重要的价值，这种满足的表现也是乐，是感性之乐。

第三，人在理性中追求的很显然是真理。这里的真理主要包括科学真理和道德真理，前者可以归结为真的追求，后者可以归结为善的追求。这两个方面也是互相联系的，这种联系一方面表现在从客观上来看道德真理要以科学真理为基础根据；另一方面也表现在，一个人要想发现科学真理，他必须在道德上达到一定的境界，对人心有所领悟。反过来也成立，一个对人心有所领悟的人，一定也会对自然规律有所领悟，除非他对此并不关心。

归结起来，人的主要价值目标可以用五个字概括：灵、美、乐、真、善，它们分属于人心的三个层次，即灵性、感性、理性。在这三个层次中，应该说理性是最高的层次，虽然理性不能完全反映灵性和感性，但它本质上乃是人心发展到最高层次的产物。在理性上缺乏的唯灵、唯美、唯乐的追求必然是不完善的和不能持久的。一个全面发展的人也就是在灵性、感性、理性各方面能力都得到相对完善的发展的人。为此我们可以预言，一旦理性真理的光芒照耀这个世界，人们过去在宗教的形式下所追求的东西将得到彻底的解放。

六、老子的体系本质上乃是一个原始而典型的辩证唯道主义的完整体系

在《道德传真》一书中，我将上述自然哲学的基本原理应用于老子思想体系的重构性解读中，发现了老子的体系本质上乃是一个典型的辩证唯道主义的完整体系。我还在老子思想体系中发现了一个天大的秘密，它可以解决当代社会所急需要解决的一个大问题，那就是人文主义与科学主义如何沟通的问题。我觉得老子的体系可以为这个问题的解决提供根本性的启示。这是因为老子的修真之道、处世之道、政治之道(可以统称之为人之道，即关于人的价值的学说，或直接称为人道学说)都是可以从自然之道中引申出来的。这一引申过程也许在老子那里并不是那么有意识而为的，但至少也是非常潜在一致的，我的阐述就是要使这个引申过程和潜在的一致性变得非常清晰明白。

老子自然之道的总特征是自然，即自己如此，本来如此。但分开来又可以说表现为不同的规律形式和若干特征。我从道体、道状、道生、道返、道变、道用及道的若干特性等方面来阐述老子的自然之道，道的特性包括种种德性：永恒长存性、虚无性、生生不息性、柔弱性、返回性、利而不害性、无所不容性、至公

至全性、无亲不仁性、常与善人性、中和性、善下不争性、玄德无欲性、清静性及无为而无不为性。这些德性是道对于万物的生养关系中表现出来的，但同时又无不同样在对人的生养关系中表现也来。因此，了解了道与自然万物的关系，也就同样了解了道与人的关系，只是在道与人的关系中还表现出了不同于与万物关系的特点。这些特点表现为：道在人身上使自身得到了更为充分的展现，道的最重要的特性：能动性、创造性在人的意识中得到前所未有的大暴露。只要我们清楚明白了道在自然规律那里所表现出来的种种法则和德性，我们就基本知道了人应当遵循什么样的道德原则。

老子的人之道是建立在自然之道基础上的，正是在这里老子思想体系区别于其他文化系统的价值学说的独特魅力展现无遗了，同时也决定了老子的价值学说的科学性。而老子学说的科学性又与通常所理解的现代自然科学不同，后者主要从现象事物之间的相互作用关系来揭示科学规律，而看不到宇宙本体的作用，故难以引申出可以为人所效法的道德原则。当然现代自然科学的这个缺陷也可以在老子思想的启发下加以改变，这样的一个改变过程即是将科学主义与人文主义沟通起来的过程。

七、唯道主义本质上乃是一种真正的唯物主义，是在自然观上和认识论上彻底发展了的唯物主义

《道路》出版之后，首先在北京相对论联谊会内流行，圈内人和网上开始出现一些观点，认为我讲的唯道主义是一种唯心主义。这种观点如果是在完全没有看或没有看懂《道路》一书的情况下所产生的一种臆想，是情有可原的。如果他看懂了《道路》的基本思路，还认为唯道主义是唯心主义，那就是一种完全的误解。我现在在这里要明确地宣称，唯道主义本质上乃是一种真正的唯物主义，是在自然观上和认识论上彻底发展了的唯物主义。甚至也可以说，过去的唯物主义的真理性还有赖于唯道主义的证明。唯道主义不是机械的唯物主义，也不是朴素的唯物主义，而是辩证的唯道主义，是真正建立在吸收现代科学最新成果基础上的新的唯物主义。得出上述一系列结论，在我看来是相当明显的。

有许多人对“唯道主义”这个词作出反应通常是望文生义式的，他们往往是针对他自己从这个词所联想到的东西作出评价，而不是在先弄明白了这个词在本书中的确切所指之后再作评论，其结果是有的人往往是如唐·吉诃德那样与“风车”作战。当然，也有一种情况是出于政治的敏感，一看到我在提“唯道主义”，甚至是“辩证唯道主义”，就以为我在向马克思主义哲学的指导地位提出挑战，于是不禁感到一种恐怖，赶快要与我划清界线。这些人照例不会想起要看一下我的书，他们也不会想起恩格斯说的话：随着自然科学的每一重大进展，唯物主义

都要改变它的形式。如果他会想起这句话，也会想当然地认为这样一个改变不可能由我这样一个无名小辈来完成。我是不奢望有人能从我大胆地提出一个新口号中联想到我可能完成一个什么样的哲学史上的重大变革，我只希望知道我的观点的人能够多少联想一下我们这个时代对"创新问题"和"建设成新型国家"的千呼万唤。可能在有的人的潜意识当中，创新也不是无禁区的，在某些原则问题上就是不能允许有创新。对于这样的人，我实在无言以对，我只能说我并不想有意要涉及敏感问题，我只不过在做严格的科学思考，我所尊重的只有科学精神和科学真理。我只能请那些把我视作异端分子的人，好好温习一下古代那个著名的尽人皆知的寓言：叶公好龙。或许有人认为，所谓发展马克思主义的问题不是我有资格和权力可以做的事，这就让人更不解了，难道这也是某些人可以垄断经营的专利，莫非"只许州官放火，不许百姓点灯"的现象现在还很流行？即便是在"罢黜百家，独尊儒术"的时代，注解儒家经典的权力不是也没有被封建帝王所垄断吗？民间学者引进异家学说的注解（朱熹）不是也可以上升为科举考试的标准教科书吗？

其实我所讲的唯道主义之"道"远没有通常基于意识形态的偏见所发挥的联想那样可怕，它在传统自然哲学的意义上所指的是自然绝对论，它在科学的自然哲学意义上所指的也就是物理上的绝对空间或真空概念。《道路》一书通过对现代物理学的基本概念和基本原理的全部分析，无不告诉我们这样一个很明显的事实：绝对空间或真空所对应的物理实在乃是宇宙的本体。在这里我们完全可以不使用"道"这个词，同样可以表达与唯道主义自然观完全一样的内容。这个自然观的要点在于：证明了绝对空间实体是创生一切粒子和宇宙万物的本体和本原，而正是这一点是通常的唯物主义自然观所不能包含的。在唯物主义那里物质概念主要并不是一个自然观的概念，而是一个认识论的概念，它包括了除人的意识之外的一切存在。当唯物主义说"物质是本原"的时候，只是意味着物质相对于意识是在先的，而没有指出物质世界本身的本原是什么，以及它是怎样存在的。因此，唯物主义严格来讲并没有涉及科学的自然观问题，而基本上只涉及认识论问题。而唯道主义与唯物主义的差别最重要一点即在于它涉及了自然观问题，亦即对物质世界本身的本原是什么，以及本原如何演生出现象世界提供了回答，并且将这种回答建立在科学成就的基础上。辩证唯物主义最大的一个误区即在于混淆了一个不该混淆的简单问题："自然界的'本原'是什么"与"思维与存在哪一个是'本原'"这两句话中的"本原"含义是完全不同的。可以说自然观的基本问题不是什么思维与存在的关系问题，而是自然界的本原是什么的问题。对此问题的唯心主义回答和唯物主义的回答都不能解决问题，这个问题的基本分歧表现在绝对论、原子论和本质论（或理念论）之间，而我们的回答是属于自然绝对论（与超自然绝对论相区别）的，但它也从自然绝对论出发包含了原子论和本质论的合理性。

由此可见，不能把唯道主义理解成是一种与唯物主义相对立的哲学观点，它们其实并不是在一个层次上解决问题，唯物主义主要是认识论的原则，而唯道主义则主要是自然观的基本原理。将唯物主义发展到科学的自然观领域即得到唯道主义，而将唯道主义自然观延伸到认识论领域，唯物主义的基本原则是它可以接受的，只不过在这里需要清除许多对唯物主义的常识化理解所导致的种种误区。在认识论领域，唯道主义同样存在对唯物主义认识论的重大发展。可以说只有唯道主义才真正证明了唯物主义原则的真理性和意义，这一点突出表现在唯道主义对意识本质的理解上，那就是唯道主义将意识的产生不仅看做是与大脑条件相关的，而且更主要的是与宇宙本体的能动显现相关的。这样也就证明了"物质是怎样决定意识"的这个唯物主义本身没有深入解决的基本原理。

唯道主义的所有这些成果都可以在不使用"唯道主义"这个词的情况下加以表达，但我之所以还是使用了这个词，原因并不在于我要突出自己的独创或标新立异，相反，却正在于指出这些观点与传统的关系，特别是与中国传统哲学的关系。我认为中国传统哲学的基本特征正在于它是唯道主义(或者说是大道主义)的传统。中国传统哲学的不同学派特别是儒释道三教正是从不同的侧面回答了同一个问题，那就是"道是什么"的问题。甚至是西方哲学传统也可以归结为是对这个问题的不同回答。我特别感觉到，在中国传统哲学中，最典型的属于唯道主义哲学的应是道家哲学，特别是老子的哲学。老子的哲学不仅是唯道主义的(或称为是大道主义的)，而且也是辩证的，因此可以称为是辩证唯道主义。我感觉到我在《道路》一书中所完成的，实际上仅是创建辩证的唯道主义的第一步：唯道主义的自然观。如果我要继续做下去，就应当阐明辩证法的基本思想，而做好这一点也有必要从中国传统的丰富辩证法思想中获得营养。为了做好这项工作，我感觉最好从对老子思想的系统阐发开始。老子的思想可以说是一种完整的处于萌芽状态的辩证唯道主义体系。我想：如果我能结合唯道主义自然哲学和认识论来阐述和发挥老子的整个体系，我就能清晰地看到未来整个唯道主义思想体系的轮廓。这就是为什么我在完成《道路》一书之后要接着写《道德传真》的原因所在。

另外，还要看到的是，我在《道德传真》中将老子思想体系的特征界定为辩证唯道主义，目的也是为了强调老子思想与我基于最新科学成就所建立起来的唯道主义自然哲学和科学有其相一致的地方，进一步指明，将马克思主义的唯物主义发展为唯道主义，并进而与中国传统哲学结合起来的可能性。很显然，用传统的唯心主义与唯物主义的分派模式来评判中国哲学史，已经显示出了其巨大局限性，其结果是禁锢了中华民族传统哲学思想的强大生命力。现在有必要来一个传统思想文化精华的解放和新生运动，这同时也是马克思主义获得新生的历史机遇。如果我的想法不错的话，那么，发展马克思主义哲学的出路在于两方面：一方面是进一步从科学的最新成就那里获得营养，另一方面是要与中国传统哲学结合起来。这个结合的最终结果应当可以归结在“辩证唯道主义”这个名称下面。这个名称的意义不仅在于它具有最大的包容性，而且在于它可以使辩证唯物主义这样一个重大缺陷：与人生道德价值问题相脱离的问题，在中国传统哲学特别是老子哲学的启示下，在“辩证唯道主义”的名称下得到较为圆满的解决。这个解决方法的基本思路在于：由于唯道主义立足于道去把握宇宙本体与现象的关系，这一关系即表现出各种自然的德性，这是人在“道法自然”的原则下可以清晰地加以效法的，由此可以将人之道与自然之道贯通起来，将人的价值与自然的法则沟通起来，将科学主义与人文主义沟通起来。我对这些问题的尝试性解决，都将在《道德传真》中逐步展开。至于这种解决是否成功，有待于读者作出评判。

我们在今后的思想历程中所要完成的目标就是：要在现代科学的启示下，使以老子的道学为核心的中国传统文化复兴起来，并进而带动其他学派(如儒学和佛学等)和其他文化体系的复兴。在这个过程中，不仅使老子科学化和现代化，而且要同时改造现代科学的目前形态。李约瑟先生认为，在老子的思想中保存着“内在而未诞生的最充分意义上的科学”。薰光璧先生则进一步认为：“李约瑟发现道家思想的世界意义可能是在人类历史的转变时期，新的文化复兴和启蒙运动的起点。”薰光璧先生将李约瑟、汤川秀树、F·卡普拉等试图阐明道家思想的现代科学意义的科学家和学者称为当代新道家，并认为通过道家思想与现代科学之间的沟通，可能解决在西方文化中被严重分裂的科学主义和人文主义的弥合问题，建立起科学的人文主义[1]。薰光璧先生赞同李约瑟的观点，将老子和道家称为是“科学的人文主义”，并且主张“当今人类需要在现代科学的背景下把(老子)这种原始的科学人文主义升华到高级的科学人文主义”。胡孚琛先生更是认为21世纪的文化应当是以道家为核心的文化。钱学森在1993年11月26日给胡孚琛的信中说：“我总想：您的最大最重要的任务，是从道家和道教论述中提取可以用来丰富、发展并深化马克思主义哲学的东西。比之这一任务，其他都渺小了。”[2]确实的，人类科学的未来发展方向可以说就是要在已有科学成果的基础上，重建在老子那儿已萌芽的完整体系，即完成《道德经》的科学化展开过程。同时把马克思主义的普遍真理与中国传统文化这一最大的中国实际结合起来，并联系当前的实践和世界的多元文化创造出真正有中国文化特色的社会主义新文化，以此指导我国乃至国际未来的社会主义和谐社会建设，这必将会为世界的社会主义运动开辟新的境界。这正是我们创立唯道主义哲学体系所要努力加以推动实现的。

注释：

[1]董光璧著：《当代新道家》，华夏出版社，1991年版，第125页。

[2]参见胡孚琛等著：《道学通论》，社会科学文献出版社1999年版，第110页。

参考文献

[1]宫哲兵著：《唯道论的创立》，武汉：武汉出版社，2004年。

[2]胡孚琛等著：《道学通论》，北京：社会科学文献出版社，1999年。

[3]胡孚琛著：《21世纪的新道学文化战略——中国道家文化的综合创新》，《当代道家——海峡两岸首届当代道家研讨会论文集》，武汉：湖北省人大办公厅印刷服务中心，2004年。

[4]江正杰著：《道路——道的证明与唯道主义的自然哲学和科学》，北京：人民日报出版社，2005年。

[5]江正杰著：《道德传真——论老子的辩证唯道主义科学体系》，北京：人民日报出版社，2006年。

第二章 唯道论的基本宗旨

周赞勋 邹纯范
（湖南湘乡市道家学者）

《老子》五千言，以唯道描述世界，至奥至深，虽韦编三绝不可穷也。究其宗旨，全在诲人悟道立德，无为而无不为，以获取人生自由，乃绝世之作，可传之久远而弗衰也。

一部五千年文明史，系人类中心主义之占有化运动史。迄至东周列国之世，占有化运动从公向私推演，由井田奴隶制向地主私田制飞跃，战乱连绵，无极矣。是时也，人常处于水深火热之中，一迷、二惑、三困，惶恐茫然，不知所措也。盖仰观昊天万象，倏明倏灭，其性异也；俯察大地万物，乍生乍死，其命殊也。目睹五霸七雄，征伐兼并，或存或亡，其道邪也；细审王侯世家，人事更替，或兴或衰，其德非也。道德者何？自由耶？自由耶？不可得而知，故惑也。纵览典章制度，割据占有，亦公亦私，其法悖也；悉闻百家争鸣，心物二分，唯心唯物，其理乖也。法理者何，利人耶？害人耶？不可得而知，故困也。

夫惟《老子》五千言，探性命之奥秘，究道德之玄同，穷万物之机理，尽解尘寰之一迷二惑三困，唤人觉悟，以神游乎天地之间，无所羁縻也。

一、五千言向人揭示元性命之奥妙

《老子》言道，首在揭示：宇宙运动，永动不息，自有其不息之动因、动力、动态。概言之，动因，乃灵信子；动力，乃能力子：动态，乃质粒子。何以然？灵信子，因灵而有信，可驭能力子而变之，故为动因。能力子，因能且有力，可运灵信子而动之，故为动力。质粒子，因质以物殊，可组构万有而形之，故为动态。有此三子，方永不止息之宇宙运动也。不仅如此，三子分则为三域，合则成一场，昊天原坎大小始终也。盖灵信子无质无量无极，非时非空，以其虚无而成为房屋真在广泛灵域。能力子无质有量万能，超时超空，以其变易而成为有常实在之能量域。质粒子有时间有空间有两极，倏明倏灭，以其运动而无常存在之气质域。真在、实在、存在，三域重叠，昊天乃无始终也。且三域因承而载之，乃合为一场。灵信子，因虚灵无极，固承以勇力子作载体而显其真；反之，能力子则以阴阳媾合，乃乘泛灵域为场而显其神。能力子，因聚变成质，因承以质粒子作载体而显其实；反之，质粒子则以质能转化，乃乘能量域为场而显其像。质粒子，因正反中和，固承以原子分子作载体而显其功；反之，原子分子则以随机分合，乃乘气质域为场而见物相。物相则尽其时限与空限而返璞归真，又唯虚无耳。互载互乘，三场合一，昊天乃无大小也。昊天无始终大小，宇宙在运动变化，原因三子三域三场之玄同，伟哉奇也。

五千言进而揭示，昊天自生一周流不息之原始信息系统，系统则以其恢恢天网作为宇宙运动之稽式；一切运动形态，莫不处于一元自然生化之信息网络中，和谐、均衡、有序也。根据何在？伏羲氏先天八卦图也。可以断言，《老子》之主旨，全在确切诠释先天八卦图所表徵之原始信息系统，以否定《周易》之占卜佞说，为唯道立言也。然仗羲氏作先天八卦图，又何所凭借？当知太古之真人，但以人天信息感应活动作为存在形式，曾历千百万年之久，内验甚笃。迄至仗羲氏，乃总其大成，作先天八卦图，将网络一切之原始信息系统符号化，因循昊天之三重式结构，以"太极图——八性图式——六十四类图像"作为系统。诚如《老子》所言："道生一，一生二，二生三，三生万物"也。

夫原始信息系统始于太极(图)，内涵一阴一阳，阴示虚为灵信子，阳示实为能力子，阴抱阳，则以虚灵驭静神而变之，常有信也。阳负阴，则以静神运虚灵而动之，常有息也。阴阳媾合，有虚有实，乃生周流不息之原始信息元，以见一元不易之真。道既生一矣，则有"一生二"，乃见三爻错杂之八卦焉。三爻式八卦，系信息元分别与阴、阳构建八性信息图式之符号化。八性者，阴、阳；静、动；善、贞；柔、刚。形诸八卦：乾卦，其性示阳；坤卦，其性示阴，阴阳抱负，乃成第一象限——生命信息活动。兑卦，其性示动；艮卦，其性示静，静动相兼，乃成第二象限——物理信息活动。离卦，其性示贞，坎卦，其性示善；善贞相交，乃成第三象限——化学信息活动。震卦，其性示刚；巽卦，其性示柔；柔刚相济，乃成第四象限——机械信息活动。四像八性，所以式能量域自然变易之美，生发万能也，故谓之性信息图式。一既生二矣，则有"二生三"，乃见六爻重叠之六十四卦焉。六十四卦，系类信息图像之符号化。类信息图像因四像内含正反而分八宫。宫者，其类存在之时空形式有别也。八宫，则以性图式两两内外重合而衍生六十四类。类者，其具象之时限与空限各不相同也。八宫六十四类信息图像，所以像气质域生化交易之善；而每类则因结构中之气质差异，又有种、属、科、本等不同层内，所以"三生万物"，变化无穷也。放眼宇宙之间，有信息，方有运动——不易、变易、交易，永不止息。有运动，方有一元自然生化之大道——唯真、唯美、唯善，和谐有序。有大道，方有宇宙——时间、空间、生命，万象纷呈。故一切物质形态之发展、变化、衰亡，莫不在"太极——性图式——类图像"原始信息系统之网络中。"天网恢恢，疏而不失"，原始信息活动即一切也。

五千言最终揭示：人乃内在元性命系统信息活动之时空形式，而元性命系统则是昊天原始信息系统之模写态。盖人作为时空形式，乃宇宙运动之微型化结构，系统大宇宙之自然映态，一小宇宙也。小大相照映，但以元性命系统模写原始信息系统作稽式。照映既以模写作稽，则亦具三重构也。详言之，人之一元化，亦系一阴一阳媾合之太极，展现为全息照映，内则整合物理、化学、生物等诸般变化，统一为有机生命体；外则整合天、地、人之信息、能量、气质等交变活动，达于玄同无异化。人之性信息，亦系阴、阳、静、动、善、贞、柔、刚八性图式交融之灵性，展现为基因自然功能，以主细胞之生化活动。人之命信息，亦系六十四类图像以其理、数、象换编之密码，展现为细胞生化机能，以主形魄之组织活动。照映、功能、机能，三重式因承，固有太古真人以天、地、人交感互应，物我玄同为形态之元性命系统信息活动，逍遥自在了。

《老子》有言："不出户知天下。不窥牖见天道。其出弥远，其知弥少。"足以说明元性命全息照映，灵而有信也。然全息照映亦有低、中、高层次之别。低层次曰"认识"，原出于类图像之气质活动，可透存在之生化交易。认识常以光电效应为认取方法，以抽象思维为识见形式，摄入他在之类信息图像，编码创生"理、数、象"逻辑系统，辅成万类万物之演化生机，但仅限于视听之所能及，故云，"其出弥远，其知弥少"。中层次曰"神觉"，原出于性图式之万能活动，可入实在之自然变易。神觉常以静神斥引为方法，以直觉存意为形式，捕获他在之性信息图式，换码内化为"意识、意境、意志"虚拟系统，洞悉万象万有之多维终始，故云："不出户知天下"。高层次曰"灵悟"，原出于一元化之灵信活动，可达真在之虚无境界。灵悟常以灵性扫描为方法，以全息顿悟为形式，模写昊天原始信息系统，以网络放射之信息流，了然宇宙运动不寂之无穷奥妙，故云："不窥牖见天道。"由此得知，人之一生，贵在元性命系统之道化，唯求系统以"认识、神觉、灵悟"三重式形态照映一切，无不为于生化而自由焉。略言之，《老子》之大道，在天则为原始信息系统之网络活动，且以人之元性命为微型而自照映；在人则为元性命系统之全息活动，必以天之原始信息系统为渊源而自依皈，两者同出于太极不易之一元，而以天、人之分异其名，是乃众妙之门，所以出真、美、善极境之大道也。吾人当信守之，固执之，以始以终，以生以死也。

二、五千言指明两种生存方式之正邪

《老子》向人指明：人之为人，唯循道以立德；德者，人独有之生存方式也。上节已详言，人乃大宇宙微型化自照映态，一小宇宙耳，犹细胞之于人，五内百骸皆备于基因组矣。故太古真人之存在，但以元性命系统之全息活动模写原始信息系统之网络活动，其生存不出一元内外照映之信息自然，舍此别无他律焉。真人中之圣者，在内外照映以应变之元性命全息活动中，更逐渐认识生化交易之善，神觉自然变易之美，灵悟一元不易之真，有利于“太极——性图式——类图像”原始信息系统，已见于伏羲氏先天八卦矣。尔后，历代圣人承袭先天八卦所示之稽式，虔心修炼元性命自由度，以存真存美存善，又习得法地、法天、法道、法自然之法式，名之曰三化功夫。务求：净化内信息活动，抑止自为念虑干犯生理、心理，以激扬细胞生化机能，抗击外邪六淫而无疾；逆化精、气、神活动，炼精化气，炼气化神，以充盈基因自然功能，消解内邪情欲而无病；虚化一元照映活动，灵而有信，神而万变，以促动性命模写泛化，乃一死生而不自为矣。净化、逆化、虚化，一以名之曰道化，乃人生唯一抉择，须臾不可离也。迄至春秋时代，《老子》总历代圣人道化之大成，指明：“灵性——道化——自由”，乃人独有之生存方式。人出自灵性，经道化而获至自由，则谓之德，天地人玄同矣。谨将循道立德之自由生存方式作如下表解，以明程序。

然而，诚如《老子》所言：“生之徒十有三；死之徒十有三；人之生，动之死地亦十有三。”人世间，自古循道立德以终天年者，不过十有其三而已。太半之人，或死于外邪之侵淫，或亡于占有化争，罔有不夭殇者。何以故？盖人作为类存在，亦兽耳。其元性命系统之宏观结构，常因灵信不足而照映失真、能量低下而应变乏力、气质错杂而生机见弱等偶然性，有其后天无法弥补之存在态缺憾，更昧于循道以立德之自由生存方式，固不易图存也。于是，人皆离异自然，兽性狂作，依托气质认知功能，外向建构自为信息系统，以“名·权·利”为内核，唯文化为形态，社会化为网络，确立唯物益智以自为之生存方式。五千言因以指明：自夏启以降，人但活动于“兽性——文化——自为”之类生存方式中，不复循道矣；而出自人之兽性，经文化得以自为，则谓之智，大伪也，不复立德矣。显然，兽性自为，弗离文化也。文化内涵，则有物质化、制度化、观念化诸般因素。物质化，乃人之兽性欲求与物类可利用性契合为一，用科技与艺术制造自为工具，外化人内在之功能、机能、运动，构筑物理、化学、生物三重式生活保护圈，以防卫外邪之侵淫。制度化，乃公有与私有契合为一，用制人与度物建立自为邦国，外化人内在之自争、交感、应变，构筑军事暴力、政治权力、经济物力三重式生存保护圈，以推进占有化运动。观念化，乃概念与理念契合为一，用唯心与唯物编造自为信息，内化他在之物象、性质、规律，构筑像码、思维、语言文字三重式信息整合圈，以理顺无序之情志活动。物质化以保生活，制度化以护生存，观念化以安情志，总其名曰文化，世人咸因循以自为，历五千年而弗衰也。然究其实质，物质化以人化物，则不仅物非原物而物灭，更削损人之机能、功能而假化人品。制度化制人度物，则不仅世事俱非而殆危，更干犯人之自然生化而丑化人性。观念化以物化人，则不仅人非真人而人亡，更据原始信息系统之网络活动而恶化人寰。假化、丑化、恶化，人地天乃异化而裂变，则其为道也邪乎甚矣，岂可安之若素哉！谨将唯物益智之自为生存方式作如下表解，以见其掩大道之邪气，劝世人猛省也。

试比较两种生存方式之正与邪。显而易见，循道立德，则可以恢弘元性命活动，超越类存在时空，跃向超时空，跃向超自由矣。唯物增智则不然，必将微缩元性命活动，限于类存在之时间与空间，止于粒子、原子、分子之变化，人地天乃异化而自为矣。故正邪之分，判若南北也。自由耶？自为也？五千言指明：唯行“不言之教”，以作“不争之争”，方能弃邪归正，“有无相生”也。“不言之教”者，盖德在内向炼化元性命，重内验不言也；智在外向言传事物知识，重外用不炼也。所以取炼化内验，而舍言传外用也。“不争之争”者，盖德在争道化而回归自然，重虚静无为也；智在争文化而运作社会，重物质占有也。所以争道化作逍遥游，不争文化作守财奴也。唯行“不言之教”，以作“不争之争”，首在教人“吾丧我”，以高扬灵性，不言我蔽吾而张狂兽性；只争自由以存真存美存善，不争自为以作假作丑作恶。而后，教人以炼化立无为之德，不言以物化长大伪之智；只争玄同而法地法天法大道，不争异化而戕己戕物戕自然。终则教人明觉“反者道之动，弱者道之用”，专注于“神得一以灵”，而悟彻虚无，不言“仁、义、礼、法、术、势”，沉沦于“名、权、利”，而无以自救；只争回归自然，消解自为信息系统，不争运作社会，推演占有化运动。有此三端，则人之元性命活动将无时限与空限，天下可一于道，无为而无不为矣。唯心，唯物，恃文化以自为，则徒贻人以井蛙之笑柄而已耳。

三、五千言授人以唯道、阴阳、系统之法式

《老子》指明：人之一生，贵在法地、法天、法道，返朴守真，回归自然也。既然云法，当有其式。法式者何？唯道一元化；阴阳辩证化；系统三重化。所以授人照映之功，揭周文王后天八卦之谬也。

周文王因应占有化运动之无常多变，不惜篡改伏羲氏先天八卦图，畸变为后天八卦图。

两图比较，畸变有四。其一，将先天之卦变成后天之卦，否定虚灵真在之非时空，否定静神实在之超时空，只余气质存在之有限时空，三重构昊天亡矣。其二，用无常坎离置换有常乾坤主八卦，消解阴阳媾合之太极一元化，得出水火衍生之气质多元化，只以光量子、质粒子、价原子、物分子作为聚变裂变之基元，万能自然亡矣。其三，将阴阳、静动、善贞、柔刚相反相成之四象八性错位无序化，畸变为水火不相射，天与风、雷与泽、山与地不互补之非极化斗争，气质生化亡矣。其四，六十四卦，在“易更三圣”后，篡改成托天象地理以言人事之占卜学，用以预测人之生死、利害、凶吉、祸福……，不复有万类理数象结构之殊

分矣。周文王畸变八卦后，占有化运动之自为信息系统乃取代原始信息系统，世人只知有气质一重天之多元化无常存在，以非极化对立斗争占有万物。一己之元性命活动，不复模写原始信息系统，常处于一迷、二惑、三困之中，唯凭占卜以图存以济世也。

五千言鉴于世人之蒙昧，悯其在占有化动乱中苦难重重，乃授人以唯道、阴阳、系统之法式，以救人救物，无遗身殃也。兹分述如后：

1. 唯道一元化

太极之一元不易，乃一切运动和谐有序之根本。设若昊天三域各自独立不与，则将变乱纷纭，无有统一之宇宙运动矣。五千言有云："天得一以清，……无以清，将恐裂"；"地得一以宁，……无以宁，将恐发"；"神得一以灵，……无以灵，将恐歇"；"谷得一以盈，无以盈，将恐竭"；"万物得一以生，……无以生，将恐灭"；"侯王得一以为天下贞，……无以贵高，将恐蹶"。故唯道一元化以原始信息系统之网络活动然万象之自然，生万物之自生，无不为也。人，作为小宇宙，不可能有大宇宙之所无，亦不可能无大宇宙之所有，恒以元性命活动与原始信息活动交感互应于一元化网络中，与万有万类万物玄同共荣，不自为也。但今人却失之一元，常以文化自为异化于万物，自许为万物之中心，唯心所指，唯物是用，妄图占有一切，遨游星际，非梦呓而何！今人力主唯心、唯物、心物二元化之含佞说，并由此导出气质多元化，以推演占有化运动。殊不知：唯心以害物，唯物以损人，但互异化而无玄同，则人与物俱亡于非命矣。

2. 阴阳辩证化

阴阳之自然辩证，乃万千运动形态生机殊分之原因。设若形态差异仅是粒子、原子、分子之分合交变，则物类将僵而无机，生而不活，无灵动性多样性可言也。综观虚灵与静神媾合之辩证化运动，恒以有无生化为形态，信息自然为内因，展开虚实反成、静动反成、善贞反成、柔刚反成之八性变易，能力子乃有显示鬼斧神工美之万能焉。阴阳辩证见诸气质运动，则是八性组八宫，生成六十四类，演出聚变与裂变相兼而明灭之物理变化，质变与量变相兼而分合之化学变化，玄同与异化相兼而生死之生物变化。不论何种变化，悉以阴阳辩证见性，以时空辩证见质，乃有无比之万千气象焉！故物类生化，但在阴阳辩证之自然信息，无甚必然，此乃量子之所以有随机性也。老子撰述道德经八十一章，亦莫不自阴阳辩证化法则推出其理也，岂心物契合之认知思维所能及耶！然人之一生，既是照映态，又是自为态，常处于多元化无序中：兽性背离灵性，上德与伪智相对立而不一；文化背离道化，玄同与异化相对立而不一；自为背离自由，生与死相对立而不一。何以然，非极化对立斗争之名、权、利自为信息，如利害、祸福之类，严重犯乱阴阳辩证之元性命系统，人非真人矣。故唯有抛弃名权利之非极化对立斗争，回归阴阳辩证之自然变易，方可葆有元性命之照映功能也。

3. 系统三重化

系统之三重交易，乃母子、巨细、纵横诸般系统之内在通则，不存在无系统、非三重、不交易之运动形态。追根求源，昊天有泛灵、能量、气质相联贯之三域，固是三重交易，系统因以出焉。在此背景中，灵真之信息运动，则有"太极——性图式——类图像"系统之三重交易。实在之能量运动，则有"静神——动能——波光"系统之三重交易。存在之气质运动，则有"质粒子——价原子——物分子"系统之三重交易。故大至宇宙，小至细胞之任一时空形式，莫不是3×3相交易之系统；而能量系统之自然，气质系统之生化，则尽在原始信息系统之一网络中，无一例外者也。人作为小宇宙，亦系以元性命系统模写原始信息系统，而有灵悟、神觉、认识三重化照映活动；又以照映活动诱导能量运动，而有机能、功能、思维三重化自然活动；再以自然活动激化气质运动，而有基因、细胞、器官三重化生化活动，故人亦是3×3相交易之复杂系统。尚不止此也。人之兽性，外化为"名权利"自为信息系统之后，乃有战争、斗争、竞争三重化社会系统，物质、制度、观念三重化文化系统，军事、经济、政治三重化国家系统，总其成，可名之曰假丑恶系统。人作为类存在之内外环境，几破坏殆尽矣。然"天网恢恢"，巨细无遗，人又安能逃逸于天网之外？徒自丧其生而已耳。至若今之学者，承袭周文王后天八卦之一重天多元无序化观念，否认非时空虚灵与超时空静神之真实性，无视3×3系统三重化法则，其津津乐道者，唯物之致用，唯器之有利，既不内验于人，更不外验于天，但验之于实用功利，都不过是管窥蠡测，贻笑大方，贻害人寰而已，不可持续发展也。

唯道一元化，阴阳辩证化，系统三重化，简称为"一、二、三"法式，万象、万有、万类、万物均不可背离也。人，唯凭"一、二、三"法式炼化元性命系统，开启尚在休闲中，占总量60%之大脑细胞，做到"善行、善言、善教、善闭、善结"，以救人救物，则天下一于道矣。

第三章　唯道论的基本内涵

王　平
（湖北宜昌夷陵区党校副校长）

“道”是《老子》的核心概念，尊道贵德、是老子的基本思想和主张。当代新道家学者宫哲兵先生站在世界观和方法论的高度，在他的专著《唯道论的创立——质疑中国哲学史“唯物”、“唯心”体系》里，将老子的基本思想和主张概括为“唯道论”。宫哲兵先生的这一概括，既是对老子思想的深刻认识，也是将老子思想当代化的重要成果，因而具有十分重要的意义。笔者根据这一重要概括，沿着他的思路，进一步谈谈老子“唯道论”体系的基本内涵。

一、宇宙自然之道

宇宙自然之“道”是“唯道论”最本质的内涵。什么是宇宙？宇宙一词来源于《淮南子·齐俗训》：“往古来今谓之宙，四方上下谓之宇。”宇宙又可叫世界。世界一词来源于佛教《楞严经》说：“世为流迁，界为方位，汝今当知，东、西、南、北、东南、西南、东北、西北、上、下为界，过去、未来、现在为世。”可见，宇宙、世界都是时间和空间的统一。在《老子》里，老子将宇宙或者世界这种时间和空间统一的本质状态叫做“道”。这是老子对宇宙或者世界最根本的认识和概括。老子的宇宙自然之“道”是怎样的呢？

1. 宇宙自然之“道”是物质的

这里的物质概念，比传统教科书的物质概念更具有宽泛性、普遍性和深刻性。《老子·25 章》说：“有物混成，先天地生。”道是一种混然形成的物体，它在天地之前就产生了。道这种物体所包含的内容具有层次性和多样性。“道之为物，惟恍惟惚。惚兮恍兮，其中有象。恍兮惚兮，其中有物。窈兮冥兮，其中有精，其精甚真，其中有信”（《老子·21 章》）。在这里，老子由“象”说到“物”，由“物”说到“精”，由“精”说到“信”，一层深一层揭示了道之为物的多层性和多样性。不仅如此，老子还指出了道的根本属性，它“视之不见”、“听之不闻”、“搏之不得”、“绳绳不可名，复归于无物。”（《老子·14 章》）可见，道是无形、无声、无名之物。这个“无”字。这里的“无”不是什么都没有，而是看不见、摸不着的能量态。这是物质的根本属性，是道的根本属性。

2. 宇宙自然之“道”是运动的

道的运动性在《老子》第25章中有比较集中的论述：“有物混成，先天地生，寂兮寞兮，独立不改，周行而不殆。可以为天下母，吾不知其名，字之曰道。强为之名曰大，大曰逝，逝曰远，远曰反。”在这里，老子用“周行而不殆”一语，高度概括大道运动的永恒性。同时，还用“大”、“逝”、“远”、“反”具体描述了道的不同运动状态，其中的“反”，是说无论道怎样运动，最终必然返回到本源。这里所揭示的正是宇宙自然的特点和规律。

3. 宇宙自然之“道”是辨证的统一体

在老子的眼里，道生万物，万物皆为辩证的统一体。如《老子》第2章说：“天下皆知美为美，斯恶已。皆知善为善，斯不善已。故有无相生，难易相成，长短相较，高下相倾，音声相和，前后相随。”这些事物，有自然的，也有社会的；有客观的，也有主观的，不管是什么样的，它们都不能单独的、孤立的存在，而是相辅相成的辩证统一物，包括人类的命运也是祸福相依的统一。

老子这些话告诉我们，世界上能够让我们感知的东西都是相对的，相对的东西都是表面的，表面的现象都是暂时的；人们对待社会和生活，应当抓住本质的、永恒的东西。这个本质的、永恒的东西就是“道”。这里所表达的虽然是最朴实的辩证法思想，但是，留给我们的却是认识宇宙万物和社会人生最根本的启示。

4. 宇宙自然之“道”是自我生成的

道先于天地，并且产生万物。那么它是怎么来的呢？在老子的观念里，它不是神创的，也不是简单地由几种物质构成的，而是自然生成的。最典型的论述是《老子·42章》：“道生一，一生二，二生三，三生万物。万物负阴而抱阳，冲气以为和。”这是说，道一产生就是一个混沌的无极，由一个混沌的无极而产生阴阳两仪，由阴阳两仪而产生天、地、人三才，由天、地、人三才而产生万物。万物都是阴阳相抱负，由真气冲激而形成的调和之物。这段话揭示了宇宙和万物生成的过程和规律。老子的这种宇宙生成论是经得起时间和科学检验的。今天的“宇宙爆炸论”在一定程度上证明着它的科学性。

5. 宇宙自然之“道”是可以认识的

道的本质是无形无象而永恒运动的。它能够被人类认识吗？老子的回答是肯定的。如《老子·1章》：“道，可道，非常道；名，可名，非常名。无名，天地之始；有名，万物之母。故常无欲，以观其妙；常有欲，以观其徼。此两者，同出而异名。同谓之玄。玄之又玄，众妙之门。”这是说：道，可以叫做道的时候，已经不是常道了；道之名，可以确定名称的时候，已经不是常道之名了。道无形无名时，是形成天地的原始；道有形有名时，是生化万物的母亲。如果经常保持没有欲望的状态，就能观察到道的无穷奥妙。如果经常处于有欲望的状态，就只能观察到道的有限范围。这两种情况，同出一个本源而名称不相同，同一个本源叫做“玄”。“玄”中之“玄”，这是一切奥妙的总法门。

在老子看来，“道”虽然是宇宙的本体和万物的本源，是“众妙之门”的“玄之又玄”，但是，它是可以认识的。认识的方法就是“观”。这个方法，不是常规意义的观看、观察，而是中华民族的祖先在认识自然、顺应自然的历史进程中所创造的以自身生命体悟和观照宇宙万物及其本源的一种方法。这种方法是建立在中华传统文化“天人合一”整体观的基础之上的。“天人合一”观认为，人是自然的产物，人全息自然，是缩小了的宇宙；自然、宇宙则是扩大了的人，人天一体，所以，人观自身，就可以观万物，观自然，观宇宙。这种方法与西方的逻辑分析和实验等“外求法”不同，是一种“内求法”，也可以勉强称之为“直觉”。这种方法的基本要求就是“入静”，消除杂念，去掉欲望，保持内心的虚净，使人达到物我两忘、天人合一的程度，并在这个过程中自然的观照世界，认识万物，感悟和提升生命境界。传统道家把这种方法称之为“修道”，他们把自己修道的场所称之为“道观”就是因老子之“观”而名的。当然，由于“入静”、消除杂念、克服欲望、内心虚净的程度不同，人们认识宇宙万物的也就有不同的结果：即“故常无欲，以观其妙；常有欲，以观其徼”。因为有“其妙”与“其徼”的不同，就有多姿多彩的世界，也就有千差万别的人生。

可见，老子的宇宙自然之“道”是宇宙的本体、万物的本源和存在的本质，“万有唯道所生”、“万有唯道所成”、“道在万有之中”、“万有唯道所主”[1]这是“唯道论”最本质的内涵。这种“唯道论”，不是传统教科书的“唯心论”，也不是传统教科书的“唯物论”，而是超越于二者之上的、具有朴实辩证法精神的、中国最传统的世界观和方法论。

二、为人处世之“道”

老子论宇宙自然之“道”，是为了教化世人“唯道是从”，顺任自然，循道而行。这种为人处世之“道”是老子“唯道论”最具普遍意义的内涵。可以说，《老子》一书的全部落脚点，就是为了教化世人，好好做人，好好做事。

做什么人呢？善人。做什么事呢？善事。

请看《老子·8章》：“上善若水，水善利万物而不争。处众人之所恶，故几于道。居善地，心善渊，与善仁，言善信，正善治，事善能，动善时”。这是说，最善的品行好像水一样。水善于滋养万物而不争功。它处于众人都厌恶的地方，所以最接近大道。居位善要像水一样处于低下的地方；心灵善要像水一样深远，待人善要像水一样仁爱，说话善要像水一样诚信，为政善要像水一样清明，处事善要像水一样有能力，行动善要像水一样把握时机。只因为水不争斗，所以没有过失。老子尚水，是因为水最具道的特点，有“七善”之德；老子论水，是希望世人像水一样为人处世。老子围绕“善”讲了一系列的为人处世之“道”。下面简单的列举几个方面。

1. 轻名薄利，知足不贪

如《老子·44 章》说“名与身孰亲。身与货孰多。得与亡孰病。是故甚爱必大费。多藏必厚亡。知足不辱。知止不殆。可以长久。”《老子·46 章》说：“祸莫大于不知足，咎莫大于欲得，故知足之足常足矣。”这是说，轻名薄利可以长保，知足就能常乐。

2. 处弱、处下而不争

如《老子·76 章》：“人之生也柔弱，其死也坚强。万物草木之生也柔脆，其死也枯槁。故坚强者死之徒，柔弱者生之徒。”又如《老子·78 章》：“天下莫柔弱于水，而攻坚强者，莫之能胜。其无以易之。弱之胜强，柔之胜刚。”老子的不争，不是消极等待，自甘落后和堕落；而是求得自保，以免适得其反，自招其损。更重要的是，老子的不争，是不要违背客观规律去争，不要超越客观条件去争，不要盲目地去争，有为地去争，而是要顺任自然，要遵循客观规律，在不争的过程中达到争的目的。《老子·22 章》说：“夫唯不争，故天下莫能与之争。”《老子·66 章》说：“以其不争，故天下莫能与之争。”这都是说，因为它不去争斗，所以天下没有人能够和它争斗。可见，老子的不争，是一种积极的人生态度。

3. 诚实守信

如《老子·62 章》：“美言可以市，尊行可以加人。”意思是说，漂亮的语言只可以炫耀，尊贵的行为才可以做人的榜样。又如《老子·71 章》：“知不知，上。不知知，病。夫唯病病，是以不病。圣人不病，以其病病，是以不病。”老子的书中还有许多这样的论述，其目的都是为了教化世人，说老实话，办老实事，做老实人。

4. 少私寡欲

如《老子·3 章》：“不尚贤，使民不争；不贵难得之货，使民不为盗；不见可欲，使民心不乱。”又如《老子·7章》：“天长地久。天地所以能长且久者，以其不自生，故能长生。是以圣人后其身而身先，外其身而身存。非以其无私耶，故能成其私。”《老子·19章》说得更明确和直接，“见素抱朴，少私寡欲”。保持纯朴，减少私心，消除欲望。这里倡导的是一种大公无私的精神。老子的这些主张在今天有着重要的现实意义。如果人人都能够减少一些私心，弱化一些欲望，扩大一些爱心，增加一些公心，这个社会就会减少钩心斗角，减少尔虞我诈，人与人之间就会和睦得多，社会就会和谐得多。

老子围绕他的人生观和价值观，还留给了我们许多为人处世的大智慧。

《老子·63章》：“为无为，事无事，味无味，大小多少，抱怨以德。图难于其易，为大于其细。天下难事，必作于易，天下大事，必作于细。是以圣人。终不为大，故能成其大。”这是告诉我们，克服困难要从容易的地方入手，做大事要从小事做起。特别是“抱怨以德”，更是做人的大智慧、高境界。

《老子·64章》：“其安易持，其未兆易谋，其脆易泮，其微易散。为之于未有，治之于未乱。合抱之木，生于毫末。九层之台，起于累土。千里之行，始于足下。为者败之，执者失之。”这里讲的是做事要事先谋划、处理问题要抓住关键、发展事业要抓好基础的道理，这些都是事业的成功之道、成功之秘。

《老子·67章》：“我有三宝，持而保之：一曰慈，二曰俭，三曰不敢为天下先。”我有三件宝贝，经常保持着：一是叫慈爱，二是叫俭朴，三是叫不敢与天下的人争先。这些为人处世之“道”都是中华民族传统美德的重要内容。这些例子还有很多。可以说，一部《老子》，篇篇都闪耀着为人处世的智慧，句句都是为人处世的至理名言。

老子的为人处世之“道”就是“德”。它是人类“唯道是从”的思想、语言和行为。这是老子对所有人的希望。所以说，为人处世之“道”是“唯道论”最具普遍意义的内涵。

三、治国理政之“道”

如果说老子的为人处世之“道”是对普通大众说的，那么，治国理政之“道”则是对统治者而言的。这些统治者在《老子》中常常被老子称为“圣人”。如《老子·49章》：“圣人无常心，以百姓心为心。”《老子·66章》说：“是以圣人。处上而民不重，处前而民不害，是以天下乐推而不厌，以其不争，故天下莫能与之争。”这种“圣人”与儒墨诸家的“圣人”不同，它是老子所向往和提倡的能够治国理政的理想人格。老子的治国理政之“道”也就是“圣人”之道。这是“唯道论”的主体内涵，其内容是十分丰富的。

1. 治国理政的核心是爱民

在《道德经》里，老子对治国理政最强调的就是“爱民治国”。他在《老子·10章》说：“爱民治国，能无知乎？”治国必须热爱人民，能够不知道吗？老子在这里用的是一个反问句，如果我们从语法的角度来看，反问句起的是强调作用。可见老子对治国爱民的重视。爱民不是施舍，而是满足老百姓的心愿。他在《老子·49章》里指出：“圣人无常心，以百姓之心为心。”这段话的主旨就是，治国者必须代表老百姓的意志和愿望，把老百姓的心愿作为自己的心愿，而不能有治国者个人的私心和欲望。

2. 治国理政要尊重人

所谓尊重人，说到底就是尊重人的地位、尊严和权利。我们知道，在对待人的地位的问题上，儒道两家是有区别的。儒家虽然有“以民为本”的思想，但是主张的是“家国同构”，它并不重视甚至忽视个人的权利、地位和尊严。道家主张的是“人天合一”、“身国一理”，把人的权利、地位和尊严放在很高的位置上。如《老子·25章》：“故道大，天大，地大，人亦大。域中有四大，而人居其一焉。”你看，在老子的眼里，人的地位与自然是同一的，与大道是同等的。人有多大呢？有地那么大；有多高呢？有天那么高；有多深远呢？有道那么深远。

不仅如此，老子还有“民推民选”的思想呢！他在《老子·66章》说：“江海所以能为百谷王者，以其善下之，故能为百谷王。是以欲上民，必以言下之。欲先民，必以身后之。是以圣人。处上而民不重，处前而民不害，是以天下乐推而不厌，”这段话的可贵之处就在于，老子提出了什么样的人可以做统治者和由谁决定统治者的问题。老子的观点很明显，就是由天下的人民推举，推举人民满意的人来为政治国。这些思想还具有当代民主的意义呢！

3. 治国理政要让人民过幸福安乐的生活

他在第80章所描述的“小国寡民”的社会图景就是老子的理想社会：“甘其食，美其服，安其居，乐其俗。邻国相望，鸡犬之声相闻，民至老死，不相往来。”当然，这段文字世人多有非议。有人认为是复辟倒退思想的体现。如果我们换一种立场、观点和角度，我们也可以认为老子在这里展示的是一幅人民安居乐业、民风淳厚朴实、人际关系和谐、世道太平的社会理想图景。这种生活图景是老百姓所真正向往的。

同这个思想相对应，老子主张轻赋薄税，反对增加人民的负担。他在第75章里说：“民之饥，以其上食税之多，是以饥。民之难治，以其上之有为，是以难治。民之轻死，以其上求生之厚，是以轻死。”意思是说，人民之所以饥饿，是因为站在人民之上的为政者各种杂税太多，所以饥饿。人民之所以难于治理，是由于为政者强迫他们去做不愿意做的事情，所以没有办法治理。人民之所以不重视死亡，是由于为政者太重视自己的生命和生存了，所以人民就不重视死亡。历史证明，统治者对百姓食税太多，就是与民争食，把自己的身家性命看得太重，无异于夺民之命，最终官逼民反，造成天下大乱，甚至失去自己的统治地位。

4. 治国理政要维护社会公平

老子的公平就是以平等态度的对待百姓。《老子·49 章》说："善者，吾善之，不善者，吾亦善之。德善。信者，吾信之。不信者，吾亦信之。德信。"也就是说，对善良的人，要善良地对待他们；对不善良的人，也要善良地对待他们，这就得到了真正的善良。对诚信的人，要对他们诚信；对不诚信的人，也对他们诚信，这就得到了真正的诚信。

老子反对人为地制造不公平。《老子·3 章》说："不尚贤，使民不争。不贵难得之货，使民不为盗。不见可欲，使民心不散。"在这里老子既主张对人要公平，不要有贤与不贤之分；也主张对物要公平，不要有贵与不贵之别。

老子这种社会公平的主张，是他根据观察"天道无亲"、"天地不仁"的基本特征提出来的。如《老子·77 章》说："天之'道'。其犹张弓与，高者抑之，下者举之，有余者损之，不足者补之。天之'道'，损有余而补不足。人之道则不然，损不足以奉有余。孰能有余以奉天下？唯有'道'者。"老子这段话由"天之道"到"张弓"再到人事，所论述的主旨就是公平。他的公平观包含着三个内涵。一是所谓公平，不是一律"贫穷"的绝对平均主义，而是有"多余"和"不足"的差别；二是所谓公平，不是通过消灭"有余"来达到公平，而是主张"有余"的补助"不足"的，这种补助，用今天的话来说，不是"杀富济贫"，而应该是"税富济贫"；三是公平是自然的、无为的，而不是人为的，刻意的。它的形成就像拉弓一样，弓一拉，高的自然低下去，低的自然张起来，自然形成一个基本的圆。这样形成的圆就和道一样公平，这样的公平就和道一样自然。

5. 治国理政还要处理好国家与国家之间的关系

老子的基本主张是反对战争，主张和平。老子是极力反对战争的，即使是打仗，也要"以奇用兵"(《老子·57 章》)，因为这样死伤的人少，破坏的程度低。即使是正义之战，对非正义方或战败方也应该"以丧礼处之"、"以悲哀泣之"(《老子·31 章》)。对于国家之间，包括大国和小国之间，老子主张平等相待、和平相处，而且互利互惠。如《老子·61 章》："大国者下流，天下之牝，天下之交。牝常以静胜牡，以静为下。故大国以下小国，则取小国。小国以下大国，则取大国。故或下以取，或下而取。大国不过欲兼畜人，小国不过欲入事人。夫两者各得其所欲，大者宜为下。”这是说：大国要像江海那样善于处于下流，成为天下人的母亲，成为是天下汇聚的地方。雌性经常以安静战胜雄性，因为静就是处下。所以大国以谦下的态度对待小国，就可以获取小国归顺；小国以谦下的态度对待大国，就可以获取大国的庇护。所以有的是以谦下来获取别国，有的是以谦下取利于别国。大国不过要同时护养小国的百姓，小国不过想容入和依附别人。大国和小国都可以得到所想要的，但是大国还是应该处于谦下的地位。老子的这些外交思想，对于当今中国所走的和平发展之路，对于人类的构建和谐世界都具有重要的现实意义。

6. 治国理政要无为而治

无为而治是个方法问题，更是个境界问题。对于治国，老子特别主张无为而治。《老子·57 章》说：“我无为而民自化，我好静而民自正，我无事而民自富，我无欲而民自朴。”这里的“我”是老子站在统治者的立场用第一人称所指代的统治者。

老子的“无为而治”，不是什么都不为，他首先主张的是“唯道是从”、遵循规律、顺其自然而为。如《老子·37 章》说：“道常无为，而无不为。侯王若能守之，万物将自化，化而勿作。吾将镇之以‘无名之朴’，镇之以‘无名之朴’。夫亦将无欲，不如以静，天下将自定。”其次主张的是按照“百姓之心”而为，反对统治者把自己的意志强加于民。如《老子·65 章》说：“古之善，为‘道’者。非以明民，将以愚之。民之难治，以其智多。故以知治国，国之贼。不以知治国，国之福。”遗憾的是，历代统治者没有记住这些为政治国的至理名言，经常强奸民意，折腾百姓，运动群众，留下了千古遗恨。

老子十分推崇“无为而治”的统治者。如《老子·17 章》：“太上，下知有之；其次，亲而誉之；其次，畏之；其次，侮之。”这是说：最好的侯王，百姓只知道他的存在；次一等的侯王，百姓亲近而且赞誉他；再次一等的侯王，百姓畏惧他；最次的侯王，百姓轻侮他。可见，老子的“无为而治”是治国的高境界。中国历史上的盛世，都是统治者成功应用老子这种治国智慧的结果。西汉的文景时期，统治者应用黄老之学，实行无为而治，休养生息，开创了我国历史上第一个盛世“文景之治”。唐代的初唐和盛唐时期，统治者也是尊李聃，兴道学，实行无为而治，开创了中国历史上最具活力的大唐气象。就连 20 世纪的美国总统里根在国会演讲时也引用《老子》“治大国，若烹小鲜”的名句，体现了西方政要对老子“无为而治”理念的认同。

四、延年益寿之“道”

延年益寿之“道”是老子“唯道论”中最难理解的内涵。如果说老子的为人处世之“道”是希望人们在思想和行为上“唯道是从”、合于“道”而德高望重，那么，延年益寿之“道”则是希望人们在生命本质上“唯道是从”、合于“道”而生命长存。这是老子的生命观。老子在《老子·33章》说：“不失其所者久，死而不亡者寿。”在《老子·59章》说：“有国之母，可以长久，是谓深根固蒂，长生久视之道。”老子的这种生命观是他根据“人法地，地法天，天法道，道法自然”的人天关系和“道生一，一生二，二生三，三生万物”宇宙法则而提出来的。

实践这种生命观的方法就是修道修德，或者说修身养性。这就是老子在《老子·54章》所论述的：“修之于身，其德乃真。修之于家，其德乃余。修之于乡，其德乃长。修之于国，其德乃丰。修之于天下，其德乃普。”这可以说是老子留下五千多言的根本目的。怎么修道修德？《老子》中多有论述。

如《老子·16章》：“致虚极，守静笃。万物并作，吾以观其复。夫物芸芸，各复归其根。归根曰静，是谓复命。复命曰常，知常曰明，不知常妄作凶。知常容，容乃公，公乃王，王乃天，天乃道，道乃久，没身不殆。”意思是说：虚净达到极点，守静到达极止。各种景物一起产生，我便观察它们循环往复的变化。万物纷纷芸芸，最后各自返回到它们的本根。返回到本根叫做静，这就叫做回复本命。回复到本命就叫常道，知道常道叫做“明”，不知道常道而妄动就会出凶险。知道常道就能容纳一切，能容纳一切就能大公无私，大公无私就能做侯王，做侯王就要符合道，符合道就是得道，得道就可以长久，终身没有危险。这里介绍的方法可以叫做“守静”。“守静”就可以使人由后天返回到先天，使生命的本体与自然的本体即“道”相合，从而达到延年益寿和生命长存的目的。

又如《老子·48章》：“为学日益，为道日损。损之又损，以至于无为，无为而无不为。”意思是说：求学的人要一天天增加知识；修道的人要一天天减少私欲。减少了还要减少，以至达到“无为”的境界。达到“无为”的境界就没有不能做成的事情。这里介绍方法可以叫做“损”，即减少私心欲望，消除妄知妄见，使本心显现，与道相合，以达到“无为而无不为”的境界，这种境界当然包含了生命长存。

老子还论述了修道修德的基本效果。如《老子·50章》：“盖闻善摄生者，陆行不遇兕虎，入军不被甲兵，兕无所投其角，虎无所措其爪，兵无所容其刃。夫何故？以其无死地。”这是说：听说善于调养生命的人，在陆地上行走不会遇到犀牛和老虎，进入军队不会被铠甲和兵器所伤，犀牛没有对象使用它的角，老虎没有办法伸出它的爪，兵器没有地方容纳它的刀刃。这是为什么呢？因为他没有使他死亡的地方。就是能够改善和增强人体的功能。如《老子·55章》：“含德之厚，比于赤子。蜂虿虺蛇不螫，猛兽不据，攫鸟不搏，骨弱筋柔而不固。”意思是说，含德很深厚的人，好像初生的婴儿。马蜂蝎子毒蛇不会刺他，猛兽不会抓他，凶恶的鸟也不会去啄他。他筋骨柔弱而不僵硬。古今内丹家们的实践证明，修道修德确实可以使人具备超过常人的体能和功能。

现代科学的许多研究也证明，道德高尚有助于人的身心健康。日本医学博士春山茂雄在他的《脑内革命》的著作中系统地揭示了他的研究成果。他认为，道德高尚助人为乐的“利导思维”能够促进人的脑垂体自行分泌出一种快乐荷尔蒙而有益于人的身体健康；道德低下的“弊导思维”则使人的脑垂体自行分泌出一种高于蛇毒的“去甲肾上腺素”而严重损伤人的身体健康。

老子的生命观对后世产生了十分深远的影响。后代道家学者以老子的这种生命观为根据，在实践中创立了内丹学。内丹学以老子“致虚极，守静笃”为圭臬，以人体为鼎炉，通过人体内精气神的修炼与转化，经过炼精化气、炼气化神、炼神化虚、炼虚合道的次第，最终达到提升生命而超凡入圣的境界。对于内丹学，当代道学家胡孚琛教授有着深刻的论述：“内丹学是中国学者数千年来苦苦探究宇宙自然法则和人体生命科学的智慧结晶，是一种综合道、释、儒三教文化的宇宙论、人生哲学、人体观、修持经验为一体的理论体系和行为模式，又是一项为探索生命奥秘，开发精神潜能而修炼的人体系统工程。”[2] 他还满怀信心地指出：“内丹学的研究是打开宇宙虚无世界，打开人体生命和心灵之秘的钥匙，内丹之谜的揭开必将给现代宇宙学、生理心理学、心身医学、脑科学特别是认知科学带来突破性的进展。我相信，内丹学的西传必将引起一些宇宙学家、医学家、心理学家、脑科学家的注意，从而调动东西方学者的智慧共同攻开人体生命科学前沿的堡垒，为全人类造福。”[3]

老子“延年益寿”生命观的意义，就在于引导世人珍惜生命，追求长生不老的生命境界。当代高科技，特别是现代生命科学技术对人类基因的破译，为老子的这种生命观做出了科学的诠释，为我们实践老子的生命观提供了科学的依据，为实现人类的长生不老提供了科学的可能。

总之，不管是为人、治国还是修身，老子都主张“唯道是从”，其目的就是使宇宙万事万物合于道而“得一”。这就是老子在《老子·39 章》论述的图景：“昔之得一者，天得一以清，地得一以宁，神得一以灵，谷得一以盈，万物得一以生，侯王得一以为天下贞。”这是说：从前有得一的传说，天得一就清明，地得一就宁静，神得一就灵验，谷得一就充盈，万物得一就生长，侯王得一天下就安定。“得一”就是得道。老子在这里描写的是一个道布天下、世界太平、社会祥和、人与自然相和谐的美好图景。这幅图景，为后人追求人类大同的社会理想奠定了深厚的思想基础。

可见，老子留下五千言，创立“唯道论”，旨在启示后人认识宇宙，顺任自然，返璞归真，无为而为。最终引导人们由“认识宇宙，顺任自然”的必然王国升华到“返璞归真，无为而为”的自由王国。

注释：

[1]宫哲兵：《唯道论的创立——质疑中国哲学史“唯物”、“唯心”体系》，12～14页。

[2]胡孚琛、吕锡琛：《道学通论——道家、道教、内丹(附录二)》，社会科学文献出版社2004年版，第742页。

[3]胡孚琛、吕锡琛：《道学通论——道家、道教、内丹(附录二)》，社会科学文献出版社2004年版，第744页。

第四章 唯道论的当代价值

周锡山
（上海艺术研究所研究员）

一、概念和定义

唯道论，就是以道为论述中心的哲学理论和实践之总结，并将所有的理论和实践的探索都归结为道。所以，道也可分解为多种意义：规律、原理、准则，宇宙的本原。

老庄孔孟认为道是宇宙万物的最高本质，道也是儒道两家的最高理论追求。

道也是一定的人生观、政治理想或主张。“道不同，不相为谋”(《论语·卫灵公》)。孔孟之道的道，即此意。

道，这个概念最早出现于春秋时代，子产提出“天道远，人道迩，非所及也”(《左传·昭公十八年》)，天道指天体运行的规律，人道指做人的最高准则。

老子的道，首先是他的宇宙论的基本概念，他认为道是先天地生的宇宙本原。“有物混成，先天地生，寂兮寥兮，独立而不改，周行而不殆，可以为天下母，吾不知其名，字之曰道。”(《老子·25章》)

庄子继承和发展了老子的思想，也主张道是宇宙之根本，它自本自根，超于一切之上：“夫道有情有信，无为无形，可传而不可受，可得而不可见，自本自根，未有天地，自古以固存，神鬼神帝，生天生地。”(《庄子·大宗师》)老庄认为道是虚玄微妙，超乎感觉经验的宇宙本体(一说为物质性本体)。

法家是由道家派生出来的，所以韩非在《解老》中继承了老子的“道”的理论，并做了自己的阐发，认为道是自然界自身的规律，“道者，万物之所然也；万理之所稽也。”道是万物所以然的总规律，又是万物之理的总依据。

冯友兰和任继愈等现代哲学家借用西方术语说，道是宇宙的总规律；又根据《庄子》的阐发，认为道是文化艺术等精神产品和物质产品的最高层次的境界。

我根据老庄的理论叙述和历代学者研究的成果，认为：在道的多种定义中，有一个重要的定义就是气，曾撰文《论〈老子〉之“道”之为气》[1]加以论述。老子说：“道之为物，惟恍惟惚。惚兮恍兮，其中有象；恍兮惚兮，其中有物；窈兮冥兮，其中有精；其精甚真，其中有信。”(《老子·21章》)这是描绘道作为气的形态。“天下万物生于有，有生于无。”(《老子·40 章》)无，就是气，认为天下万物都是气生成的，所以又说：“道生一，一生二，二生三，三生万物。万物负阴而抱阳，冲气以为和。”(《老子·42 章》)这些言论中的“道”，都包含有“气”的意思。

近年宫哲兵先生出版专著详细论述唯道论，他说：从哲学上看，道是宇宙的生生之元；从科学上看，道是宇宙大爆炸从无生有的过程；从宗教上看，道是泛神论的自然性的精神；从文化学上看，道是中华民族的最高文化精神。万有唯道所生，万有唯道所成，道在万有之中，万有唯道所主。唯道论突破天、帝信仰，创新为泛神论；突破泛道德主义，创新为自然主义；突破人道的视野，创新出宇宙生成论；突破务实的文化精神，创新出超越的文化精神。[2]

二、唯道论是中国儒道佛三家共同的理论

中国传统文化具有儒道佛三家鼎立和互补的宏伟格局，我认为，唯道论不仅是道家首创的，也为儒家所接受，更是佛教进入中国、得到中国知识阶层和一般民众接受的桥梁，唐宋以后，随着中国理论界、思想界三教合一的步伐，唯道论逐渐成为中国儒道佛(禅)三家共同的理论。

儒家的创始人孔子也讲道：“君子学道则爱人”(《论语·阳货》)。

儒门名著《易传·系辞》则以为阴阳的合成就是道，事物的对立统一便是道：“一阴一阳之谓道”。

《管子·心术上》认为道普遍地存在于天地之间，“道在天地之间也，其大无外，‘小无内”。荀子也认为：“天有常道矣，地有常数矣”(《荀子·天论》)。

但儒家论述的多是为人之道，“道者，非天之道，非地之道，人之所以道也”(《荀子·儒效》)。

牟钟鉴先生最近指出：“儒家忧国忧民，讲齐家治国平天下，这是非常好的。但是如果过于关心，就会处于一种焦虑的状态。孔子不一样，用之则行，舍之则藏，他是受到道家影响，无可无不可，所以孟子称他为‘圣之时者也’。大部分人在逆境中还在苦苦地寻求，他们不是采取简单的自我毁灭的方式，而是做自己该做的事情。一方面他很积极，对国家和民族有一种很强的责任感，对中华精神他概括得最精辟，影响很大。但是当他身处逆境的时候，却默默地调整自己，还要做事情。这种调节精神，是道家的精神。”[3] 他指出孔子受到道家的影响。

实际上，孔孟的确都接受了道家关于道的理论，并在自己的著作中有所体现；或者说，孔孟有着与道家共通的思想理论，即唯道论。由于唯道论的指导，老庄蔑视和否定统治者，孔子建立“仁”的理论，倡导仁政、王道的政治思想；

孟子则倡导“民贵君轻”的观点。汉以后到宋明时期，由于孟子的论述更为全面和深入，孟子思想的传承成为儒学发展的主流，孟子的“反求诸已”从某种程度上代表着整个儒学。

又正因唯道论的指导，孔孟两人在自己的人生实践上，在入世方面也并不执著，他们最后都像老庄一样，甘心当上了隐士，在君王处游说自己的理论失败之后，他们都不愿为当时无道的昏君服务，更不为“五斗米”而折腰。孟子还曾当面直斥君王们的腐朽和无能。孟子在理论上提出“君之视臣如手足，则臣视君如腹心；君之视臣如犬马，则臣视君如国人；君之视臣如土芥，则臣视君如寇仇”这一令专制君主嫉恨恐惧不已的著名思想。

可见，唯道论还指导知识分子淡泊名利。日本第一位诺贝尔物理学奖获得者汤川秀树曾表示：对他启发最大的是中国的庄子和老子，老庄思想的核心就是淡泊名利。这是中国科学界目前最需要的东西。[4]

像道家的老庄一样，儒家也十分重视人的自身修炼即修行。以《孟子》为例，他“保养本心”、善养“浩然之气”。孟子的养气说，对内、对自身是修行保养，爱惜和维护自己的健康，发展自己的气魄；对外、对社会是“仁民而爱物”(《尽心上》)，“君子不怨天，不尤人”，“自任以天下之重”(《万章上》)，以实现自我人生价值。他认为只有人格独立自主才能“无为其所不为”，才能“仰不愧于天，俯不怍于人”(《尽心上》)。孟子宣布：“居天下之广居，立天下之正位，行天下之大道”，“富贵不能淫，贫贱不能移，威武不能屈，此之谓大丈夫。”(《滕文公下》)后世的优秀知识分子，都能继承和学习孔孟之道的精华，并付之自身修养和社会的实践。

魏晋以后，伴随玄学而流行的佛教般若学，也将佛教的道理称为“道”。例如道安说：“等道有三义焉，法身也，如也，真际也。”(《合放光光赞略解序》)“等道”，意即道是平等的。佛教的宇宙论、人生论和认识论的确与道家有一定的相通之处，与唯道论有相通之处。佛教对个人自身的修行、修炼要求，也与道儒两家有共通之处。

正因如此，到两宋，理学家在唯道论的指导下，将儒道佛三家合一。此时产生的理学和以后的哲学家、思想家多尊奉三家合一的文化遗产，对道也多有阐发。故而他们又称为道学家。理学家都认为道是最高的实体。北宋邵雍提出“道为天地之本，天地为万物主本”(《观物内篇》)，“天由道而生. 地由道而成，人物由道而成”(同上)。张载的观点与邵雍相反，乃以气为道，认为道即气化的过程，“由气化，有道之名”(《正蒙·太和》)。北宋二程和南宋朱熹以理为道，朱熹说：“理也者，形而上之道也，生物之本也”(《答黄道夫》)。明清之际王夫之亦以理为道，“道者，天地人物之通理，即所谓太极也”(《张子正蒙注·太和篇》)。他说的理是气之理，与程朱不同。清颜元以理气的统一为道，“理气俱是天道”(《四书正误》)。戴震发挥张载气化的观点，“道，犹行也；气化流行，生生不息，是故谓之道”(《孟子字义疏证》)，认为道不是理，而是气的变化过程。

三、唯道论的伟大指导作用

自先秦至清末的漫长的封建社会中，唯道论对中国学术界、思想界、文化界和优秀统治者以及一般民众有着极大和伟大的指导作用。

由唯道论武装头脑的优秀中国知识分子，不仅突破天、帝信仰，而且也没有泛神论的束缚。譬如老子、庄子、孔子、孟子，他们虽然不否定鬼神，却多不言鬼神，“子不语怪力乱神”。不谈鬼神，只谈自然，崇尚自然。对于各方神圣，孟子认为：“圣人，与我同类者”(《告子上》)。

道家的唯道论突破了人的中心论。老子认为“天地不仁，以万物为刍狗”，人只是万物之一而已。在这种思想的指导下，中国传统文化从不认为人可以或应该征服自然，征服其他物类，而是一贯主张人与天地、万物和谐相处，人应该顺应自然，崇尚自然。

唯道论教育中国的知识阶层只信仰真理，而且是自由地相信真理。

由于中国哲学的本体是唯道论，道代表了中国哲学的本质，于是在中国哲学的指导下，中国与西方和阿拉伯不同，没有一个全民皈依的宗教，没有全民信仰的宗教之神。古代中国的知识阶层和一般民众之所以对外来的佛教特别敬重和亲近，就因为佛教不要信徒和民众崇拜教主，中国的知识阶层在唯道论的指导下，理解接受了佛教与唯道论有颇多共同之处的哲学理论、宇宙和人生理论。例如，老子“天地不仁，以万物为刍狗”的思想，与佛家众生平等的理论，有着本质上的一致性，都在一定程度上探索了宇宙、万物和人生的本质。

由于唯道论的指导，中国学术界、思想界皆无成见，绝不固守现有理论，更不以我为大。所以各派学者能够互相学习，吸收任何人提供的精华，最后做到各派理论的融合。即使对外来的印度佛教也无比热诚地移入和学习，用一千年的漫长时间翻译、学习、消化，终于将整个佛教宝库搬入中国，将佛家文化融入为中国文化的不可分割的一部分。

自明代至今，几百年来，中国学术界和思想界，对西方文化也进行了同样的历程。可以预见，不久的将来，中国即将整个西方文化体系中的优秀著作全部译成中文，并逐渐将西方文化的精华完全融入到自己的文化之中。

由于唯道论的指导，自先秦至明末，儒道佛三家的哲学家在理论探讨的同时，多有修炼即修行的实践。修炼、修行，当今的通俗讲法是“练气功”，过去又称之为“打坐”，练习气功到了高级阶段就要打坐。用儒道佛三家哲学指导自己的本专业创造的知识分子，也多重视修炼的实践。他们都在修炼的实践中体会自身生命的本质和力量，在修炼时利用气的能量观察(内视)宇宙和人生，并提高自己的技艺水平。著名的政治家张良也是黄老之道的忠实实践者，他在辅助刘邦战胜强敌、建立西汉之后，遵照《老子》的教导，功成身退，“愿弃人间事，欲从赤松子游耳。”“乃学辟谷，导引轻身”(《史记·留侯世家》和《汉书·张良列传》)，最后以多病极弱之身而获得长寿。打坐、修炼也包含着孟子所说的吾善养浩然之气的意思。

中国古代众多杰出的文学艺术家也精通儒道佛三家的理论，精通唯道理论，并以此来指导自己人生的修炼和创作的实践。其例不胜枚举。诗人如唐代的李白、宋代的陆游，画家如明代的徐渭、清代的石涛。徐渭因为长年修炼，晚年常常辟谷，不吃饭食，“十年绝粒，且伟硕如常”(张汝霖《刻徐文长佚书序》)，石涛则在题画诗跋中多次言及自己练功的状况，如“数息闲穿日，如泉似水陂。有声通岳处，无异挟山时。旧注痴龙养，幽归亢鹤期”(《大涤子题画诗跋》)。谈起日常坚持练功(数息)的状况。又如：“盘礴万古心，块石入危坐。青天一明月，孤唱谁能和”(同上)。第二句言其静坐练功的场所，第三句言其打坐的时间：打坐的最佳时刻是午夜的子时，所以长夜明月常相伴也。第一、第四句说他打坐得到了独到的体会。

由于唯道论的指导，以汉族为主的古代中国，中原民族与边疆民族在思想文化方面也存在着“华戎一族”的思想认识和文化认同，在政治上联系紧密，互相依存，最后终于统一为完整的国家。这个文化认同即是以唯道论为基础的。其间由于北方强横民族的多次挑起战争，自汉武帝起，在反击和战胜其入侵后，能够善待战败的异族：给予土地、粮食和财政支持，让他们安居乐业，并保留他们的社会制度和政体。后世的杰出统治者如光武帝、唐太宗等都继承并发扬了汉武帝的善待、优待异族的正确政策。

四、唯道论的当代价值

唯道论对于当代的理论发展和社会建设有着重大的价值。

第一，唯道论对于古近代中国所起的以上众多的指导作用至今没有过时，我们必须认真继承和发展传统文化中的道的理论。现代中国文化的发展，必须在继承优秀传统文化的基础上才能进行，唯道论就是我们弘扬传统文化、继承传统优秀文化的极为重要的一部分。中国人的国民的人格的形成，健康和刚柔相济的心魄的形成和维持，唯道论都依旧有着永不过时的伟大指导意义。

第二，唯道论对当代世界哲学的发展能起重大作用。

冯友兰认为中国(东方)哲学神秘一点，西方哲学科学一点，世界哲学的今后发展应是中西哲学的结合，西方哲学要学习中国(东方)哲学的神秘，中国哲学要学习西方哲学的科学。中国和东方哲学中的唯道论颇有神秘的成分，所以冯友兰先生提出了这样的观点。

学术界已有这样的共识：现代中国哲学作为一种特殊传统哲学的继承者，它有责任给世界提供一种特殊的哲学形态(方法、概念和思路)来丰富哲学的内涵，它有责任以自己的方式来不但思考自己的特殊问题，也思考当今世界人类的共同问题。我们必须摆脱20世纪的学术界仅仅模仿西方的理论形态的局限。西方哲学的传统形态在西方不断受到置疑，给中国哲学寻找和创造自己的独特形态提供了前所未有的有利条件。中国国力强盛使中国文化摆脱弱势，必能渐受西方重视，更使唯道论即将得到广泛传播的重大历史机遇。唯道论的重大理论成果必能造福于整个人类。

这都是从世界哲学的发展角度看唯道论在当代世界的意义。在社会实践上，也是如此。

近有学者指出：中国哲学中潜藏着一股“世界主义”思潮，既有打破“国家中心论”的较低层次的世界主义，有打破“区域中心论”的较高层次的世界主义，也有打破“人类中心论”最高层次的世界主义。世界主义的各种形态，齐备于中国哲学家的头脑中，这在世界哲学史上是不多见的，值得认真发掘。从原有的哲学格局看，西方哲学的视野主体上还是“地球中心论”和“人类中心论”的，基本上还是以解决人与人的关系问题为主。但中国哲学的“世界主义”视野提供给人类一种伟大的智慧：要解决人类的问题，就不能以人类为中心，就必须置身于人类之外；要解决人与人的关系问题，就不能以人与人的关系问题为中心，就必须置身于人与人的关系之外；要解决地球的问题，就必须突破“地球中心论”，必须置身地球之外。换言之，不突破“地球中心论”，不突破“人类中心论”，恐怕还是不可能从根本上解决人类所面临的问题；不解决人与物的关系问题，不解决物与物的关系问题，恐怕也不可能从根本上解决人与人的关系问题。中国哲学中的“世界主义”视野，是打破各种“中心论”的一把利剑；它使中国哲学不可能产生西方式的“痛苦中心论”、“生命中心论”，更不可能产生西方式的“人类中心论”。[5]

第三，唯道论对于当今和谐社会的建设有着重大的意义。近有学者指出：传统和谐思想肇始于远古的巫术礼仪之中，汲取“阴阳五行”和“天人合一”思想的精华得以形成和发展，经儒、道、释等不同哲学体系各有侧重的发挥，逐步深化和不断丰富，最终由宋明理学加以辩证综合，形成了完整的理论体系。传统和谐思想在维系社会稳定、促进社会和谐、推动社会发展的历史进程中，发挥了不可或缺的重要作用，并为社会主义和谐社会的构建提供了可资借鉴的思想资源。[6]

此前，上海学者沈善增先生在其杰作《还吾庄子》中早就指出：东方文化的主流意识是“生命意识”。“生命意识”的核心是“平等”观念与“同一”观念，而西方文化的主流意识是“造物意识”，其核心则是“使命”观念和“矛盾”观念。“生命意识”的“平等”与“同一”观念是：生命尽管形态有大小、层次有高低、寿命有长短、能力有强弱、利害有冲突，但每个生命体都是独立的，本质上是平等、同一的，任何生命体都没有天赋的驾驭乃至消灭另一个生命体的权力。我在《新道家的奠基之作——沈善增〈还吾庄子〉的卓越成就简评》指出：《还吾庄子》关于东方哲学的生命意识揭示，对今后人类历史的发展具有深远意义。在整个20世纪，西方的文化和思想风靡全球。按照西方的观点，不竞争属于消极，竞争就作你死我活的斗争。而老庄则显示和提倡在思想风范上的高境界，主张在竞争中和谐的发展，高层次的共存，从而使人类获得正常有序、无限光明的前景。[7]

注释：

[1]周锡山：《论〈老子〉之“道”之为气》，载《中国文化与世界》，上海外语教育出版社1992年版。

[2]宫哲兵：《唯道论的创立——质疑中国哲学史“唯物”“唯心”体系》，武汉出版社2004年版。

[3]牟钟：《儒道对话：如果没有道家》，载《光明日报》，2006年1月24日。

[4]朱幸福、牛震：《对话美国华裔教育家：中国大学教育最需要什么》，载《文汇报》，2006年5月9日。

[5]管向群：《中国传统和谐思想探源》，载《光明日报》，2005年12月27日。

[6]张耀南：《中国哲学的“世界主义”视野及其价值》，载《北京大学学报》，2005年第3期。

[7]周锡山：《新道家的奠基之作——沈善增〈还吾庄子〉的卓越成就简评》，香港，《弘道》第15辑，2003年。

第五章 唯道论的生命哲学

沈善增

（上海作家协会作家）

参加了几次有关道家、道学的国际研讨会，笔者感到很兴奋。在笔者心目中本来还只是一个远景期待的新道家，现在却觉得不仅是看到了蓝图，而且已经听到了打桩的夯声。其中，《唯道论的创立》一书，无疑是一片非常重要的桩基。新中国成立以后，对老庄哲学是“主观唯心主义”还是“客观唯心主义”或“素朴的唯物主义”的讨论，除了思想方法上是贴意识形态的标签外，在文化话语上说，也是削东方文化话语之足，以适西方文化话语之履。现在，我们对《唯道论的创立》一书意义的认识，可能更多的还是对其理论勇气的敬仰，敢于首先喊出，“中国古代哲学的主干是唯道论的发展，而不是唯物论与唯心论的斗争”这样振聋发聩的声音。但随着时间的推移，提出唯道论的文化话语意义，将为更多的人重视。

按照恩斯特的《人论》的观点，人其实不能把握一个现实的世界，只能把握一个由文化符号构成的观念世界。《人论》的观点对文化符号哲学与语言哲学的发展有很大的影响。从他的观点来看，文化话语权是个甚至比物质生产、GDP还要重要的问题。所以，唯道论的提出，不啻有重大的学术意义，更有重大的现实意义。

根据《老子》、《庄子》、《论语》等先秦诸子著作与佛学的研究，笔者认为东方文化是以生命意识为主流意识的文化，西方文化是以制造意识为主流意识的文化。因此，作为文化的精华是哲学，东方哲学可视为生命哲学，西方哲学可视为制造哲学。拙著《还吾庄子》与《还吾老子》概括了作为生命哲学的东方哲学的七大特征。本文试从生命哲学角度对唯道论的基本概念与基本原则作一些分析与补充。

唯道论的基本概念当然是“道”。众所周知，“道”这个概念是由《老子》首先命名与定义的，所以《老子》长期来以《道德经》之名行于世。今天，说“道”是指的宇宙的本原本体，一般人容易认同，唯道论也是这样来定义“道”的，但其实这样的“道”的定义，是《庄子》里定型的，《老子》“字之曰”的“道”，尽管与之非常接近，却还不是这个意思。《老子》里的“道”有三个概念：一是当时的流行义，行之有效的方法。这个意义上的“道”，与“术”的意思差不多，可以互用。到《庄子》，才有意识地将“道”“术”加以区别、分出层次。“术”变成容易传授的某种技巧，而“道”则是需要领悟的可以举一反三的原则。因此，笔者在《还吾老子》中将这个意义的“道”译成“指导行动的法则”；同时指出，这种法则与我们今天说的可以指导行动的理论是不同的。它不是逻辑的，而是实践的。这也与生命哲学的特性有关。生命哲学认为，生命体把握世界，并不只是逻辑这一种方式，而且可能主要不是用逻辑的方式，或者说，本质真理(生命哲学更喜欢说“真相”而不是“真理”)是难以用逻辑的方法去揭示的，只能靠体证。佛教说，真义谛离于言说。

二是“恒道”，“恒”的作用方式。《老子》中“恒”才是宇宙本原本体，《还吾老子》中有详细考证，本文就不展开论述了。

三是“先天地生”的“昆成”之“物”，宇宙最早最大的生命体，《老子》以它的作用方式与“恒道”(“恒”的作用方式)极其相似，故称之为“道”。以功能态来定义概念，也是生命哲学的一大特性，因为生命哲学研究的是活的生命，用制造哲学的定性定量的定义概念的方法，是不能胜任的。正因为是从功能态上来命名的，这个宇宙最早最大的生命体“道”，只是理论是与宇宙本原本体“恒”有所区别，从功能态来看，也就是从可被认识、被言说的角度看，它们是完全重合的，《老子·道经》中有不少的“道”，可以作“恒道”解，也可以作宇宙最早最大的生命体“道”解。

弄清楚“道”的概念的演化、提升过程，首先我们可以知道，作为宇宙本原本体的“道”，是实体而不是理念。宋明理学，把“道”与“理”视之为一，“道”理念化了，“道理”从此成为一个常用词；冯友兰先生也把“道”与“德”定义为某种“原理”，这影响是非常大的。而这样的理解，其实是会阻碍我们了悟“道”的本质真相的。

我们可以看到，老子、庄子这样的中华民族的先哲，他们的逻辑思辨也是非常缜密的。这可以纠正中国人不擅长逻辑思辨的偏见。

当然，最重要的，是可以加深对《老子》哲学思想的理解。

以下，我们从对“道”的这样的理解出发，来看看唯道论的几个基本观点。

“万有唯道所生”。“万有”，《老子》里称“万物”，但这“物”是指“生物”。改为“万有”，显然要把“无生物”包括在内。虽然从生命哲学角度说，研究了生命现象，就是把握了世界，没有生命的世界是没有意义的，但现在这样概括，更符合当代人的思维习惯。值得进一步研究的是“生”。生命哲学言“生”，不仅是动物的产生，且主要不是动物的产生，而是植物的化生。佛教说“生”，种子生芽、芽生枝叶、枝叶生花、花生果、果生种子。化生，母体完全消溶在子体之中，或者说，子体是母体的另一种存在形式。以化生观念来理解“道生一，一生二，二生三，三生万物”，就容易得出另一个基本观点：“道在万有之中”。

宫哲兵先生说："道在万有之中，成为万有的本质，成为万有的活力。"这个概括相当正确。它其实隐含着一个重要命题，万有的本质即活力。生命体之所以称其为生命体，就因为其有生命，生命就是活力。这是生命哲学的第一特性，认为宇宙是本原本体是一片动力。动力就是活力。动力现在是物理学名词，其实是从生物学那里借用的。无生物没有外力推动，是静止的。而生物，最低级的单细胞生物，从存在的那一刻起，就一刻不停地在动。需要进一步明确的是"道"和"万有"的关系。生命哲学的又一特性是，概念之间往往呈立体的逻辑结构。高层次的概念从一切低层次的概念中体现出来，但一切低层次概念的总和，并不能等于高层次的概念。"道"与"万有"的关系，可以用电与电器作比喻。电可以推动一切电器运作，一切电器都是表现了电的功能。但如果说，电就是推动一切电器运作的那股动力，那么，这个定义并未能揭示电的本质。"道"是"万有"的"活力"，但"万有"的"活力"总和并不等于"道"。这样来理解"道在万有之中"，应该能解答诸如既然"道在万有之中"，那么，我们为什么还要修道的疑问。

以这样的认识来看"万有唯道所成"与"万有唯道所主"这两个基本观点，就值得商榷了。虽然宫哲兵先生特地说明："道对万有的主宰是非常特别的方式，这种主宰不是命令式的，而是自然的……道对万有的主宰是间接的，创生以后就由德去培养和支配万有……它不自以为主宰而成其为主宰，它不自以为伟大而成其为伟大"，但还是与老庄思想有距离的。老子多次明确地提出"不宰"、"不为大"、"唯小"，指出"道"的作用方式是像涌浪一样潜在地起作用，是"左右"(佐佑，帮助)。《庄子·齐物论》中特别讨论了"真君"与"真宰"，认为有"真君"而无"真宰"。明确提出"不宰"，在当时的现实政治中有反对专制强权、强调民本的积极意义，从思想方法上说，是"反也者，道之动也；弱也者，道之用也"这条重要原则的运用。而这条原则，是生命哲学的精髓。至于宫哲兵先生解释"万有唯道所成"，"是说任何一种存在者，它的本性，或它的特性，来源于道，由道所成就。假定没有道的成就，它将失去它的本性或特性"，这有些费解。没有道的成就，某存在者失去它的本性或特性，是怎样一种情况？这种情况有现实发生的可能性吗？如果没有现实可能性，就没有讨论的意义。我认为，根据《老子》《庄子》的论述，这两个基本观点是否可并为一项："唯道辅万有之自然"。生命哲学的一项基本原则，各生命体无论大小、强弱，本质是一律平等，没有一生命体有理由有权利摧残、消灭另一生命体。大的强的生命体，只有帮助弱的小的生命体，才能得到尊重、拥戴。和谐是从这条基本原则得出的必然结论。大者唯小、强者守弱、上者处下，是《老子》由演说"道"的作用方式，提出的政治原则，所以，在"所成""所主"这样的措辞上建议要慎重斟酌。

第六章　唯道论在道教生命哲学中的核心地位

曾维加
（南京大学哲学博士）

唯道论是道家、道教贡献给人类的宝贵哲学财富。其以“道”作为最高范畴，认为“道”生成万物、主宰万物并体现在万物中。从唯道论的观点看，整个道教思想就是一部“道”论，无论是道教本体论、道性论，还是道教心性论，都是围绕着“道”来进行阐述衍发。道教的生命哲学根植于人求生、长生的本性，突出地反映了人的自然属性。从人性的角度出发，道教以唯道论思想为核心，结合传统的神仙信仰、阴阳五行思想，以及世俗的伦理道德观将人的求生欲望上升到了生命哲学的高度，号召人将关怀现世的生存，珍爱人生。

一、人道合一即为仙

神仙信仰是道教的核心内容，也是中华民族几千年来的传统信仰的基本内容。神仙信仰是人们祈望生命长存的一种理想模式，是人在自然状态下本能的保全性命的一种理论构想。道教的神仙信仰来源于原始宗教与远古传说，但与完全高高在上，不受自然和社会法则所限制的想象和传说中的“神”不同，道教的“仙”是由凡人经过一定的修炼，超越自身的肉体凡胎，摆脱自然与社会的限制的一种理想的生存状态。在道教中，“神”、“仙”通常合用，指道教理想中的通过修炼得道，从而长生不死、神通广大的存在体。

神仙思想早在道教产生之前就已经存在。《山海经》中就有关于“不死之山”、“不死之国”、“不死之药”、“不死之民”的记载。《战国策》中也有“献不死之药于荆王”的记载。而《老子》、《庄子》中则多次提到理想中的仙人。《老子》中描写的仙人是“陆行不遇兕虎，入军不被甲兵，兕无所投其角，虎无所措其爪，兵无所容其刃”(《老子·第五十章》)。懂得长生之术的人是不会被外物所伤害，脱离了死亡的控制。《庄子·齐物论》中对神仙的描写则更为生动，能“登高不栗，入水不濡，入火不热”，“大泽焚而不能热，河汉冱而不能寒，疾雷破山、飘风振海而不能惊。若然者，乘云气，骑日月，而游乎四海之外。死生无变于己”。对其容貌也有描叙述，“肌肤若冰雪，淖约若处子；不食五谷，吸风饮露；乘云气，御飞龙，而游乎四海之外；其神凝，使物不疵疠而年谷熟”。(《庄子·逍遥游》)可见神仙是完全超凡脱俗，具有特异功能的超越存在。

战国时期神仙思想大为兴盛，《史记》中记载有齐威宣王、燕昭王使人入海求蓬莱、方丈、瀛洲三神山。当时人们相信，在那里“诸仙人及不死药皆在焉。其物禽兽尽白，而黄金银为宫阙”(《史记·封禅书》)。及至秦始皇统一中国后，长生不死的神仙思想正好迎合了他想永远统治中国的愿望，因此入海求仙的活动达到登峰造极的地步。徐福、韩终、侯公、石升、卢生等先后被派去寻仙人仙药，但均归渺茫。其后又有汉武帝痴迷方术，他派遣入海求神仙的方士多达数千人。可以说比秦始皇有过之而无之不及。然而，这种单纯的传说加方术是永远也得不到实证的，久而久之就会被世人所唾弃，如秦始皇因被方士欺骗而导致迁怒儒生，制造了“焚书坑儒”的历史惨剧；汉武帝在老年时也对群臣自叹曰：“向时愚惑，为方士所欺，天下岂有仙人，尽妖妄耳”(《资治通鉴·汉纪十四》)。方士们也意识到仅有骗人不验的方术是难以长久维持下去的，因此开始寻求理论的依托，由道家哲学演化而来的黄老之学正好为神仙家吸收利用，成为神仙思想的理论雏形。

西汉时对黄老之学的崇尚使得对《老子》的阐释有了重大的发挥。《道德指归》一书主要以“自然”来解释“道”，认为只要能宠辱不惊、听凭自然，就能“与道为人，与天地友，长生久视”[1]。到了东汉，老子的哲学思想开始走上宗教化的道路，《老子道德经河上公章句》一书就大量用神仙思想来解释《老子》，开创了神化老子学说的先河。例如，其中对“谷神不死”注道：“谷，养也。人能养神则不死，神谓五藏之神也。肝藏魂，肺藏魄，心藏神，肾藏精，脾藏志，五藏尽伤，则五神去矣。”[2]这种以人体器官配指天地神灵的说法是汉代流行的观念。以此来解释老子的哲学思想，就逐渐形成了以后道教的神仙观念。又如对“及吾无身，吾有何患?”注为：“使吾无有身体，得道自然，轻举升云，出入元间，与道通神，当有何患?”[3]得道就可以成仙，同样“归根复命”的目的也是为了“不死”。此书中将神仙思想与治身、治国联系起来，是东汉黄老思想宗教化的一个转折点。

道教形成后，围绕着“道”这一主要范畴，对神仙思想进行了系统的理论创建，不仅将“神”与“道”结合在一起，而且对凡人能修炼成的“仙”也进行了唯道论的阐释。

出于巴蜀地区五斗米道的《老子想尔注》中，对老子进行神化，创造出了“太上老君”这个新神，作为其信奉的主神。经中称“道”即是“一”，而“一散形为气，聚形为太上老君，常治昆仑，或言虚无，或言自然，或言无名”[4]，太上老君是气化而成的神灵。由“道”、“气”化生的太上老君当然能与道合二为一，因此被五斗米道尊为最高的神灵。

而早期道教太平道所崇奉的经典《太平经》中则认为人与道本是为一的，但出身之时"与天地分身"故"不饮不食便死"，而道与"天"又是同出一源，"道者，乃与皇天同骨法血脉"，因此，只要能禀道为本，就可以与天地共存，达到"专一老寿，命与天连"的不死境地。所以书中说："真人专一老寿，命与天连。"[5]通过修道能成神仙，所以《太平经》说："人无道之时，但人耳，得道则变易成神仙；而神上天，随天变化，即是其无不为也。"[6]人没有得道时只是普通的人，如果通过修炼学习得了道，人就变成了神仙。

因此，可以说虽然神仙能上天入地，长生不死，但神仙依旧是人，是现世的人，是有"道"的人，是超越了生命局限的人，是"道"的化身。可以说神仙思想是唯道论从生命哲学的角度力图对人类有限生命进行超越的一次大胆构思，为人类追求现世的幸福提供了理想模范。

二、道生"精"、"气"、"神"

道教生命哲学以"道"为本源，认为"道生万物"，而人的个体生命与"道"之间是一种特殊与普遍，具体与抽象的关系。"精"、"气"、"神"作为道教生命哲学中的三个重要范畴是联结"道"与人生命的纽带。通过对"精"、"气"、"神"的阐释，道教得出了人的个体生命只有一次，不会重复的结论，由此提出了珍惜现世生命，"人命最重"的哲学命题。

道教生命哲学的基础源于对"精"、"气"、"神"三范畴的阐释，在道家哲学思想中，这三个概念多有论及。《老子》中"精"主要是指一种物质概念，如在描述"道"的特征时说到"恍兮惚兮，其中有物。窈兮冥兮，其中有精。其精甚真，其中有信"，这里"精"就是真实存在的细小物质。而赤子"未知牝牡之合而朘作，精之至也"里的"精"则指精血，人身体的一种自然属性。"气"在《老子》中是指形成生命的动力，能量。《老子》将气分为阴、阳两种，两种不同属性的气相互交感激荡，"冲气以为和"，从而形成生命。《河上公章句》解释"人之生也柔弱，其死也坚强"时就是以是否有"和气"作为判断人生死的标准。"神"在《老子》中指人的精神，《老子》说："神得一以灵"，即人只要在精神上"守一"，不要有过多的外在欲望，就会有灵性。

《庄子》中"气"和"精"常联用，称为"精气"。"精气，气之精者"，《庄子》中的"气"是一种"虚而待物"而又构成万物并存在于万物中的本源性概念。它是从"芒芴"状，即"恍惚"不可辨认，不可捉摸的混沌中变化而来。"气"聚合成有形状的具体事物，然后才有生命的出现。《庄子》中的"气"也分阴阳，阴阳二气在"道"的主宰下相互交通成合从而生成万物。在《庄子》哲学当中，"通天下一气耳"的气一元论思想贯穿始终，万物的生灭都用"气"的有无来解释，同样，人的生死在《庄子》看来也是气的聚散，"人之生，气之聚也；聚则为生，散则为死"。

(《庄子·知北游》)"神"在《庄子》中主要指人的思想意识，"神"也和"精"联用，称为"精神"，指先于万物由道而生的形而上概念。《知北游》中说："夫昭昭生于冥冥，有伦生于无形，精神生于道，形本生于精，而万物以形相生"(《庄子·知北游》)就是指的这样一种万物生成顺序。《庄子》中的"精神"是一种完全的自由，它"四达并流，无所不极，上际于天，下蟠于地，化育万物，不可为象"，(《庄子·刻意》)可以说是《庄子》哲学的代表思想。

道教继承并发展《老》、《庄》的精、气、神思想，并以道教本体论的体系来将其融合，从而形成系统的道教生命哲学思想体系。其认为，生命是"精"、"气"、"神"三种要素的合成体，"精"是身体中的物质基础，"神"则指精神和意识，而"气"是生命能量的流动，是联结"精"和"气"的纽带。早期道经《太平经》中说："三气共一，为神根也。一为精，一为神，一为气。此三者，共一位也，本天地人之气。神者受之于天，精者受之于地，气者受之于中和，相与共为一道。故神者乘气而行，精者居其中也。三者相助为治。"[7]"精"生"气"，"气"生"神"，"精"仍"神"之本，"气"仍"神"之主，真精、元神、元气不离身形，称之为生命。在道教看来，"精"、"气"、"神"之所以能组成生命，是因为三者是"从道受分"，无论是受之于天、受之于地，还是受之于阴阳交泰时的平衡和谐的"中和"状态，都是发于自然，源于道。正如道经中所说："一真真外更无真，祖气通灵具此身。道一生三生妙用，元精元气与元神。"[8]精、气、神皆由道生一，一生三，三生万物所致。天地万物本"道"所生，因此在道教的生命哲学中，生命是宇宙本源"道"的体现，甚至可以说生命与"道"两者是合二为一的。《老子想尔注》中则直接把生命称之为"道之别体"。由于生命是从"道"而生，也可以说个体的生命当中就体现了普遍的"道"，因此追求生命的长久也就成了一个得道的过程，正如司马承祯说"人之所贵者生，生之所贵者道。人之有道若鱼之有水"。[9]在道教看来，"生道合一"既是道教完善人生的具体体现，也是其人生理想中的最高境界，而能否超越生死则是是否得道的衡量标准。"生"体现了"道"，"尊道"就必然会"贵生"，"守道"就可以"保真"。因此道教的生命哲学特别强调道与生命的同一性，"道不可见，因生以明之；生不可常，用道以守之。若生亡，则道废，道废则生亡。生道合一，则长生不死，羽化神仙"，"形所以生者，由得其道也。形所以死者，由失其道也。人能存生守道，则长存不亡也"。[10]道教将"道"与生命联系在一起，由此将人的生命作为最高和最彻底的关怀目标，力倡长生成仙思想，并以其为教义的核心。

在涉及具体修炼方法时，道教提出了"顺则成人，逆则成仙"的修道理论，根据道生万物的本体论原则，推论出修炼时只要反方向作用于人的生命，就能回归到道的本体中。在这个过程中，"精"、"气"、"神"是运动的纽带，是联结个体生命与道的中介。道教提倡"精"、"气"、"神"三者互相结合、互相作用，合为一体。只要能永远保持形神不离，保持精、气、神三者合一，就可以长生不死，正如《太平经》中所指出的："人欲寿者，乃当爱气、尊神、重精也。"[11]道教内丹中将精、气、神称之为"药"，以其作为修炼的材料，"金丹之道，贵乎药物，药物在乎精、气、神。神始用神光，精始用精华，气即用元气"。[12]道教认为道生万物的过程是"一生二，二生三，三生万物；故虚化神，神化气，气化精，精化形，形乃成人"，称这种过程为"顺"。而修炼就是要逆此而行，"三归二，二归一。知此道者，怡神守形，养形炼精，积精化气，炼气合神，炼神还虚，金丹乃成"，[13]逆行道生万物的顺序，回归到一，即回归到道，从而就能与道同存。

三、道即是心、心即是道

人的主观意识在修道中的作用，《庄子》中就有所提及。《庄子》主张齐生死，要求人们要形如槁木，心如死灰，并提出"心斋"、"坐忘"等修道方法。魏晋时，道家思想为了与儒家思想相抗争，开始调和"自然"与"名教"，提出"自然"为"本"，为"体"，"名教"为"末"或"用"的说法。并且围绕"无"、"有"等范畴进行讨论。王弼认为"心不乱而物性自得"，认为名教并非是要外加于人，只要恢复自然之心就可获得自由。嵇康认为"外物以累心，不存神气，以醇白独著"，所以养生之要在于少思寡欲，修性保神，从而才能"安心以全身"。郭象认为名教即自然，万物独化，因此"物各有性，性各有极"，每个个体的人性都是自因的，各有其不同的本性。只要按照本性生活，无心顺有，淡然自若，就可精神自由，达到天人冥合的境界。

唐朝时，佛教的影响日渐加大，道教吸收佛教中观学说中的"空"和"中道"思想，形成以诠释《老子》"玄之又玄"为主要特征，对有无进行双遣，并遣不滞之名的重玄学派。重玄学是承先秦道家道体论以及魏晋玄学本体论之后的对唯道论的又一次理论突破，其将道性论引入唯道论探讨的范围，并进而延伸至心性论。所谓道性，就是人能与道合一的可能性，道教称其为"还登圣果"[14]的必要条件，也就是人们能修道成仙的理论前提。早在《老子想尔注》中就以"不为恶事"，"无所不作"，"无所欲"来解释道性，但真正对道性的系统探讨是在重玄学中。

1. 一切众生皆有道性

道性作为众生修道成仙，超越生命的可能性是否是人人都有的呢？早期道家学派以及魏晋玄学对此都有过讨论。《庄子》认为只有天人、至人、神人、圣人才能达到超越的境界，"不离于宗，谓之天人。不离于精，谓之神人。不离于真，谓之至人。以天为宗，以德为本，以道为门，兆于变化，谓之圣人”，只有他们才能“乘天地之正，而御六气之辩，以游无穷者”。王弼认为不是人人都能得道，圣人才能。王弼称圣人虽然有着与普通人一样的感情，但还有普通人不具备的智慧，因此能够体冲和之道，何劭在《王弼传》说：“圣人茂于人者神明也，同于人者五情也。神明茂，故能体冲和以通无；五情同，顾不能无哀乐以应物。然则圣人之情，应物而无累于物者也。今以其无累，便谓不复应物，失之多矣。”而郭象从其独化论立场出发认为所有的人只要能安于其本分，“无心玄应”，就能“无待而常通”。

道教对这个问题的讨论也由来已久，可以追溯到《太平经》的“种民”说。其认为，由于远古淳正质朴的风尚远逝，世间万民心身不正、纵任六情，以至天下混乱、灾祸连连。为了拯救世人，大道神人派真仙上士以道化度众生。积善顺化者为“种民”，凶恶不顺者为“混齑”。真人的拯救对象是“种民”而非“混齑”。因此对道的传授应“密教有心之子”，即密传给顺从天意，为善去恶之人。也就是说，并不是每一个人都能得到拯救，其对象是有一定的范围的。魏晋时道教则对凡人能否成仙这个类似问题也提出过理论性的探讨。道教大理论家葛洪对此问题的看法有些矛盾，他一方面认为“仙人无种”只要勤于修炼就可成仙，另一方面，他又认为人的命运都“制在结胎受气之日，皆上得列宿之精”，即是说每个人的仙道或者说成仙的禀赋在结胎受气之日，就由天上的星君列宿所注定了。结胎时天上是寿宿的则长寿，是仙宿的才能成仙。

自晋宋之际竺道生提出众生皆有佛性之说，道教也进行了相应的理论建构，形成了自己的道性说，并就此问题作了深入探讨。六朝道经《洞玄灵宝本相运度劫期经》中认为：“大千之载，一切众生，悉有道性。”[15]初唐时道教大理论家成玄英则认为：道是“虚通之妙理，众生之正性”，也即是说道性是每个人都具备的。潘师正说：“夫道者，圆通之妙称，圣者，玄觉之至名。一切有形皆含道性。”[16]然而得道的多少，通觉的浅深还是要靠个人的持戒修行来决定。唐末五代道士杜光庭认为：“道本自然，无所不入，十方诸天，莫不皆弘至道。普天之内，皆为造化。蠢动含生，皆有道性。”[17]然而由于人的“妄动”，使其失去了道性，只要能不生妄心，清静自然，就能回归真道。总的来说，道教认为道性是人人天生具备的。但由于受世间凡尘的遮闭，不是很容易显现出来。因此需要勤加学习，努力修道，才能达到与道合一，长生成仙的境界。

2. 心等于道，道等于心

道性是人人具备的，那么怎么使其彰显出来呢？道教在这个问题上将道性论与心性论结合起来，认为人的道性要通过其心性的修炼才能显现出来，并进而提出道、心相通的观点。

初唐《太玄真一本际经》[18]认为，道性就是清净之心，因其“能为一切世间出世法之根本故，故名为本如是真性，非心不心，非色不色，无缘虑故，非无常故，故言非心，能生心故，无不知故，亦名为心。无所碍故，故名非色，能生色故，道眼见故，亦名为色。是清净心具足一切无量功德，智慧成就，常住自在，湛然安乐。但为烦恼所覆蔽故，未得显了，故名为性”。《本际经》对“心”在修道中的作用进行了分析，认为道性是“真实空”，其“非空不空，亦不不空”为万法的根本。从其“无造无作”来看，称之为“无为”；从其“自然而然，不可使然，不可不然”方面来看，称之为“自然”。而领悟道的真性，称为“悟道”。而所谓“玄”者，指“四方无著”，“于空于有无所滞著”，在无著无滞的基础上又遣此玄，都无所得，称为“重玄”。凡人愚痴，执著于“有”，不能无滞。因此其修道的关键在于修空，以除其有滞。而这种以修空为目的的修空也是一种滞，是一种欲望，而“正观”则要“空于此空，空有双净”，能达到这种境界的称为“兼忘”。《本际经》说：“正观之人，前空诸有，于有无著，次遣于空，空心亦净，乃曰兼忘。”只有对“有”和“空”进行双遣，才能达到内心的清净。这样《本际经》就将道性论引入了心性论的讨论中。《本际经》认为，只要能“转有得心，向无得念，念无所念，止心不动”，就可称之为“正道之心”，而达到了这种不生分别心，清净无滞，静然徐清的状态就能“超种民位，白日腾举，出到三清，玄之又玄，享无期寿”，达到理想中的神仙境界。

其他重玄学观点大多将“心”与“道”等同。如王玄览在其《玄珠录》中把“道”归结四种状态，无论哪一种状态中都有“心”的作用，但每一种心的作用都是通予为一的，称之为“大一”。这个大一也就是道。这也就是说，“心”就是“道”，“道”就是“心”。

唐朝以后，道教的道性论进一步演变为对心性的探讨，发展成为道教的内丹心性学。如张伯端认为：“欲体夫至道，莫若明乎本心。故心者，道之体也，道者，心之用也。”[19]其以体和用的范畴来解释心和道的关系。金代道士王重阳强调“心本是道，道即是心。心外无道，道外无心”。[20]南宋道士白玉蟾直接提出了“心即道”的思想，他说：“推此心而与道合，此心即道也。体此道而与心会，此道即心也。道融于心，心融于道也。心外无别道，道外无别物也。”[21]“心等于道，道等于心，即道是心，即心是道”[22]的观点为通过心性修炼即可得道长生的理论提供了前提。

3. 修道修心，长生不死

既然道与心同，那么修道就要通过对心性的修炼来达到。“心者，神之舍也。心者，众妙之理，而宰万物也，性在乎是，命在乎是”。[23]作为“精神之宅”存在于每个个体生命当中的“心”，是人能长生成仙的根源所在，人的性命是否长久都在由心性的修炼来决定。

道教认为人心中的道性由于受世俗烦恼的影响，蒙上了污垢，道教修炼的目的，就是清除心灵上的这层污垢，恢复其本来的湛然清净。司马承祯在《坐忘论》中说："至道之中，寂无所有，神用无方，心体亦然。源其心体，以道为本，但为心神被染，蒙蔽渐深，流浪日久，遂与道隔分。若能净除心垢，开释神本，名曰修道。无复浪流，与道冥合。"[24]收心才能入定，归根才能复命，人一旦恢复了清净自然的本心，就能与道冥合，从而得道成仙，长生不死。

《太上老君内观经》说："道者，有而无形，无而有情，变化不测，通神群生。在人之身，则为神明，所谓心也。所以教人修道，则修心也。教人修心，则修道也。道不可见，因生而明之。生不可常，用道以守之。若生亡则道废道，废则生亡。生道合一，则长生不死，羽化神仙。"[25]对心性的修炼其实也就是对道的追求，其最终目的则是道教的终极理想，生道合一，长生成仙。

四、善与道同称

善恶报应思想是宗教伦理道德中的重要部分，它约束着信徒的思想行为，将其限制在宗教教义所规定的范围内。比如佛教就主张"业报轮回"，认为人们的现世的善恶，决定了来生的果报，今生的遭遇处境是由前世的善恶修行所决定的，其善恶报应的主体是单独的个体，个体对其所作之事负责。而道教的生命哲学则将生死与善恶联系起来，将人的善恶行径作为判断其能否实现生命超越、得到终极关怀的标准。然而道教在对善的阐释过程中，仍然是以唯道论为中心来进行的。

道教原本的善恶报应说源自于中国古代的"天人感应"思想，认为人格化的至上神监视着统治者的行为，赏善罚恶。《尚书·康诰》中说周文王敬德保民，尊敬神灵，上天对此非常高兴，命文王取代殷商，商朝的疆土与人民也由文王统治。可见，文王能够统一中原是因为其善行感动了上天，受上天的帮助才灭掉了殷商。反之统治者失德必遭上天的惩罚。这种有关国家兴衰、帝王得失的善恶报应论发展到了后来形成了世俗的善恶报应论，对普通百姓而言，也有伦理上的约束力。故而有"天道无亲，常与善人"，"积善之家必有余庆，积不善之家必有余殃"，以及"祸福随善恶"等关于善恶有报的说法。

1. 天道赏善罚恶

早期道教经典《太平经》中对善恶报应有相关的论述："善者自兴，恶者自病，吉凶之事，皆出于身，以类相呼，不失其身。天道无私，但行之所致。"[26]即是说行善之人身体健康、事业兴旺，而做了恶事的人就会遭到得疾病的惩罚。

实施报应的主体是上天，它公正无私，人类所得到的善恶报应都是源于自身。善恶赏罚的主体是天道。在道教看来，行善以“孝”为先。因为“孝”是出于天地的本心，是天地间与生俱来的非人所创的自然而然的一种法则，“慈孝者，思从内出，思以藏发，不学能得之，自然之术。行与天心同，意与地合”。由于“孝”是自然的法则，因此“孝者，与天地同力也，故寿者长生”[27]。道教“孝”的对象不仅指父母，还包括师长与君王。道教称此三者为“性命之门户”。《太平经》将道教的伦理观与“道”的本性结合起来，为道教的伦理思想作了本体论的解释，认为“慈孝者，思从内出，思以藏发，不学能得之，自然之术。行与天心同，意与地合。上有益帝王，下为民间昌率，能致和气，为人为先法”。[28]即是说“孝”是出于天地的本心，出于天道，是天地间与生俱来的非人所创的自然而然的一种法则。这种法则上对天下太平，下对社会稳定都有极大的好处。由于“孝”有如此重要的社会作用，故称孝者“与天地同力……神灵所爱好也”[29]。孝善之人上应天心，为神灵所爱好，所以“孝善之人，人亦不侵之也；侵孝善人，天为治之”。可见“孝”是被天保佑的。又说：“郡县皆慈孝，五谷为丰熟，无中夭之民，天为其调和风雨，使时节。是天上孝善之人，使不逢灾害，人民师化，皆食养，有顺之心，天不逆意也。是善尤善，孝忠尤孝，遂成之。使天下不孝之人相效，为设孝意。”[30]这样人人为“孝”是崇，就会风调雨顺，丰衣足食，社会便会有祥和之气，天下则太平了。

2. 善与道同称

在道教看来，为善就是要做顺合天道之事。不仅如此，道教还将善这个概念剥离出来，将其与道等同。《太平经》说：“夫为善者，乃事合天心，不逆人意，名为善。善者，乃绝洞无上，与道同称。天之所爱，地之所养，帝王所当急，仕人君所当与同心并力也。”[31]将善与道等同，为道教提倡道德伦理提供了本体论依据。不仅如此，道教在传播其宗教伦理时还要借用拟人化的大道之口来劝告世人“诸恶莫作，众善奉行”。

在历史发展过程中，行善积德演变成了长生成仙的另一重要条件，“欲求生长者，必欲积善立功，慈心于物，恕己及人，仁逮昆虫，乐人之吉，愍人之苦，周人之急，救人之穷，手不伤生，口不劝祸，见人之得如己之得，见人之失如己之失，不自贵，不自誉，不嫉妒胜己，不佞谄阴贼，如此乃为有德，受福於天，所作必成，求仙可冀也”。[32]道教认为行善的地位不在于其他修道方式之下，“若德行不修，而但务方术，皆不得长生也”，虽然服食了仙药，但积善事未满，也不能成仙。为此，道教要求道徒谨守忠孝哲学，以纲常为本，济危救困，广种福田。正如《太上感应篇》中所说：“祸福无门，唯人自召。善恶之报，如影随形。……所谓善人，人皆敬之，天道佑之，福禄随之，众邪远之，神灵卫之，所作必成，神仙可冀。”[33]道教将道德伦理提升到了一个相当高度，使其成为修道成仙的必要条件。

五、结　论

总的来说，道教的生命哲学是以唯道论贯穿始终，将保命长生作为道的特性和目标，如同《三天内解经》所说：“真道好生而恶杀。长生者，道也。‘死’坏者，非道也。”生命是道赋予的，因此道有好生之德，这使得道教特别珍惜现实的生命，畏惧生命毁灭，“重生恶死”成为其宗教情感的主要线索。这种观念也就成了道教创建道义，指导实践的主导思想。为此，道教把修道得长寿、成仙看做是人生的最高追求，认为脱胎神化，名题仙籍，位号真人，是人生功成名就的一种标志。道教中的仙人，得到最大的解脱和绝对的自由，自身与道合一，与大自然的原始本性相契合，达到体道合真的状态，从而超越现实社会和人生，为现世的人们树立了一个理想境界。

注释：

[1]王德有，《道德指归》，中华书局 1994 年版，第 109 页。

[2]王卡，《老子道德经河上公章句》，中华书局 1993 年版，第 21 页。

[3]王卡，《老子道德经河上公章句》，中华书局 1993 年版，第 49 页。

[4]饶宗颐，《老子想尔注校注》，上海古籍出版社 1991 年版，第 13 页。

[5]王明，《太平经合校》，中华书局 1960 年版，第 282 页。

[6]王明，《太平经合校》，中华书局 1960 年版，第 222 页。

[7]王明，《太平经合校》，中华书局 1960 年版，第 728 页。

[8]《明真破妄章颂》，《道藏》第 19 册，文物出版社 1987 年版，第 848 页。

[9][唐]成玄英，《坐忘论》，《道藏》第 22 册，文物出版社 1987 年版，第 892 页。

[10]《太上老君内观经》，《道藏》第 11 册，文物出版社 1987 年版，第 397 页。

[11]王明，《太平经合校》，中华书局 1960 年版，第 728 页。

[12]《玉青金笥青华秘文金宝内炼丹诀》，《道藏》第 4 册，文物出版社 1987 年版，第 375 页。

[13][元]陈致虚，《上阳子金丹大要》，《道藏》第 24 册，文物出版社 1987 年版，第 16 页。

[14]《道教义枢·道性义》，《道藏》第 24 册，文物出版社 1987 年版，第 831 页。

[15]《洞玄灵宝本相运度劫期经》，《道藏》第 5 册，文物出版社 1987 年版，第 853 页。

[16][唐]潘师正，《道门经法相承次序》，《道藏》第 24 册，文物出版社 1987 年版，第 785、786 页。

[17][唐]杜光庭，《太上老君说常清静经注》，《道藏》第 17 册，文物出版社 1987 年版，第 187 页。

[18]本文所用《太玄真一本际经》采用《道家文化研究》第十三辑万毅录文，三联书店 1998 年版。

[19][宋]张伯端《悟真篇》，《道藏》第 4 册，文物出版社 1987 年版，第 749 页。

[20]《重阳真人授丹阳二十四诀》，《道藏》第 25 册，文物出版社 1987 年版，第 808 页。

[21][宋]白玉蟾，《修真十书杂著指玄篇卷之六·谢张紫阳书》，《道藏》第 4 册，文物出版社 1987 年版，第 624 页。

[22]《三论元旨》，《道藏》第 22 册，文物出版社 1987 年版，第 909 页。

[23]《玉青金笥青华秘文金宝内炼丹诀》，《道藏》第 4 册，文物出版社 1987 年版，第 363 页。

[24][唐]成玄英，《坐忘论·收心第三》，《道藏》第 22 册，文物出版社 1987 年版，第 893 页。

[25]《太上老君内观经》，《道藏》第 11 册，文物出版社 1987 年版，第 397 页。

[26]王明，《太平经合校》，中华书局 1960 年版，第 456 页。

[27]王明，《太平经合校》，中华书局 1960 年版，第 310 页。

[28]王明，《太平经合校》，中华书局 1960 年版，第 301 页。

[29]王明，《太平经合校·阙题》，中华书局 1960 年版。

[30]王明，《太平经合校》，中华书局 1960 年版，第 592、593 页。

[31]王明，《太平经合校》，中华书局 1960 年版，第 158 页。

[32]王明，《抱朴子内篇校释》，中华书局 1985 年版，第 126 页。

[33]《太上感应篇》，《道藏》第 27 册，文物出版社 1987 年版，第 6 ~ 33 页。

第七章　唯道论的当代艺术观

魏明生
（四川省老庄学会副会长）

老子之“唯道”，庄子之“至道”，是为“唯道论”之本。老庄本楚人，是春秋战国时代的高级知识分子，精通周代王室的文化典籍，继承了黄帝、炎帝与神农的文化传统，吸收了楚文化中的浪漫主义精神特质，以超越宇宙、超越现实的唯道论，贯穿于人类文化三大支柱（道德、科学、艺术）的各个方面，为中华文化精神的传承与发展作出了巨大贡献，是当代感受艺术最坚实的理论基础和强大的原动力。

老庄的唯道论思想，既非唯物，亦非唯心，而是由阴阳和合，有无相生，实虚一体，即物质与精神、存在与认识相互依存，无限大又无限小的统一体。唯道论决定了道的性质有三：一曰无极，道为天地母，至高无上，无极生太极；二曰无常，非常道，无时不在，无所不在；三曰无违，顺道则昌，违道则亡，无为无不为。道之三性即唯道论在艺术上的表现，可以从三个方面去探讨：一、道生艺术；二、道在艺术；三、道兴艺术。试为之，以就教于方家。

一、道生艺术

《老子》和《庄子》两部著作，本身就是最为精美的艺术作品。在老庄著作中，没有使用“艺术”这一为今人所熟知的概念，而是用美、乐、巧来表述其艺术精神的。老子和庄子都是修炼成真的“至人”、神人，本无心于艺术。然而，他们所用的工夫，乃是伟大艺术家的修养工夫，是为人生而艺术，不是为艺术而艺术，他们所到达的“独与天地精神往来”（庄子：天下）的人生最高境界，应归于艺术精神之上，“实际是一种最高的艺术精神”，“彻头彻尾的艺术精神”[1]。

老庄唯道论是宇宙生成模式和构成模式的统一，是最彻底的阴阳观。所谓“道生一，一生二，二生三，三生万物”（《老子·42 章》）。它指的是宇宙生成模式和生成次第，紧接着又说“万物负阴而抱阳，冲气以为和”。（同前）指的宇宙构成模式，即阴阳二气的对立统一。任何客观存在的实体，都具有背部为阴、腹部为阳的二重性，或云既有明而可视之“阳”，又有幽暗莫测之“阴”，二者共处于一个统一体中。“冲，涌摇也。”（《说文》）“冲气”有两层意思：一是指客观实在的“万物”内在精气的涌出；二是指相对于“万物”共有的精气的摇曳，即“万有”。“万物”指客观实在的物质世界，明而可视，为阳；“万有”是相对于物质世界的虚无缥缈的精神世界，幽暗莫测，为阴。“和”，一是“万物”内在阴阳之和，二是明而可视的“万物”与幽暗莫测之“万有”的阴阳组合。“万无”和“万有”的对立统一关系，老子概括为“有无相生”(《老子·2 章》)，即阴中有阳，阳中有阴，阴阳互存，阴阳互动，阴阳互化。

有人认为，老子对道的描述是“入定”后的一种感觉，也有人认为，是借月亮以言道。皆误。其实是对声音的感知。声音是老子“以观其妙”的最妙，是进入道化最高境界的引子，无声不足以“闻道”。《老子·14 章》所谓：“视之不见，名曰微；听之不闻，名曰希；搏之不得，名曰夷。此三者不可致诘，故混而为一。”“复归于物。是谓无状之状，无物之象，是谓惚恍。”(14 章)看不见，闻不出，摸不着，瞬间消失，“复归于物”，皆是对声音的真实写照。最后结论是：“执古之道，以御今之有。能知古始，是为道纪”(《老子·42 章》)。声音是思维的载体，善于分辨声音，就能透过“万物”体察“万有”，能明白声音的起源，也就弄清了道的纪元。从这个意义上讲，声音也是道的载体。声音是在“无”的状态下也会产生的，也就是说，在宇宙物质产生之前就有声音出现，道以声音之始为纪，进一步证明先天地而生的道是至远无过和至高无上的。

声音是宇宙间最普遍的现象，正如《太平经》所说：“为阴阳者，动则有音声”。阴阳互动，必然有声，是万物皆有灵气的直接表现。声音又是宇宙间最奇妙的现象，听之者有，视之者无，虚无缥缈，难以捉摸。宇宙间万事万物的阴阳构成比较明显，唯有对声音的阴阳构成最难体认。老子认为，道所生的天地，有个体声音，即“万物”中某一个体发出的声音，任何个体声音都是由音和声即阴与阳组成的，即“音声相和”(《老子·2 章》)；除个体声音而外，还有由万物发出的“混沌”之声，即宇宙之声，老子称其为“大音”，并且感悟出了“大音希声”(《老子·41 章》)的奇妙：“大音”，是粗壮宏大之声；“希声”，即细微之声，超极之声。宇宙多极，声音无极。现代科学已经证实，宇宙间的许多超级之声，仅凭听觉是无法感知的。

老子通过对声音的剖析，发现了声音的二重性，确立了声音的阴阳对立统一关系，解开了认识宇宙的重大难题，成就了最彻底的阴阳观。声音的二重性，揭示了人或动物声音交流的秘密。“寂兮寥兮”的自然界经过了一个从无生物到有生物，从低等动物到高等动物的遥远而漫长的演化过程。动物学家发现，自然界有许多低等动物不会发声，相互的交流主要靠触觉，而高等动物的相互交流主要靠声音。高等动物对声音特别敏感，正在觅食的鸟兽，只要听到异响，立刻抬头观望，或是惊飞。人类对声音的敏感胜过动物。一般比较熟悉的人，哪怕不见面，只要听到一声咳嗽，或是一个喷嚏，不仅可以辨别出是男是女，还可听出这个人的身体可能有什么缺陷或毛病。有经验的医生认为：婴儿啼哭声静、音重乃受寒所致；声壮、音躁必为热症。明代《育婴家秘》指出："小儿啼哭，非饥则渴，非痒则痛。……其哭止者，中其心也；如哭不止，当以意度。"人类声音的微妙之处，由此可见一斑。

人类在从动物群中脱胎而出之前就会发出声音，在没有语言，没有文字的时代，如同飞禽走兽，声音是相互交流的工具；语言产生之后，声音则是传输语言的载体。人或动物以声音进行交流，以两性间对声音的体认最敏感最频繁。老子云："知其雄，守其雌。"(《老子·28章》)声音是知雄守雌最重要的无形的标识。"雄以音知雌"(《淮南子·天文训》)，雌以音知雄，最明显的区别就在于声音的粗长与细短。老虎和猴叫，声音粗长的是雄性，声音细短的是雌性；公鸡长鸣，母鸡连续短叫。这种雄性声音粗长，雌性声音细短的特点，是由于体内的生理激素决定的，是人类和动物界的普遍规律。有经验的助产士，凭婴孩的声音就能辨别是男是女，因为男孩的声音粗而长，女孩的声音细而短。成人中男声女声的区别就再明显不过了。

老庄的阴阳观和《易》的阴阳观是相通的，和太极八卦的生成模式也是相通的。庄子说："《易》以道阴阳。"(天下)《易传》说："一阴一阳之谓道。""易有太极，是生两仪，两仪生四象，四象生八卦。"(系辞)太极的"生"是宇宙生成模式，"两仪"和"四象"既是生成模式，又是构成模式，八卦则是宇宙生成模式与构成模式的综合表现和艺术表现。

《礼记》云："凡音者，生于人心也"，"乐由中出"。原始人类在长达千万年的声音交流之中，感受到了声音的美妙，萌发了一种把声音转化为符号的艺术冲动，"耳止于听，心止于符"(庄子·人间世)，用连"——"表示男人声音的粗长，引申为代表男人的符号；用断"— —"表示女人声音的短细，引申为代表女人的符号。有人认为，连"——"、断"— —"符号"是取于男女的生殖器"。[2]生殖器的接触可以产生美的感受，但是这种美的感受是来自于生物的本能，不是智能表现。况且这种感受是一男一女之间的感受，是个性的，大众不可能在同一时间产生同样的感受。而声音产生的美感是大众化的，"声达四野"，"一人唱歌万人和"，并且可以远距离感受。将声音转化为符号，是人类开启智慧之门的第一个信号，可以从中悟出"无"转化为"有"的玄机。声音本来虚无缥缈，一旦被实实在在的符号记录下来，冲破了时空限制，可以凭视觉观看，可以在时空中延续，透过这极其简单的符号感悟到男人或女人及其声音的存在，从而产生美的感受。将人的声音记录下的第一个符号，就是旷古未有的伟大发明，是由人生外化出的那个时代的最佳艺术品。

声音的二重性，决定了声音符号的二重性。连"——"、断"— —"符号是人类从物质实在到精神抽象的起点，也是华夏先民阴阳观念的起点。西方现象学家把声音的符号区分为“表达(Ansdruck)”和“指号(Anzeichne)”，“表达是一种纯粹语言学的符号”，“指号”是“沉默的声音”，[3]说明由声音二重性决定符号的二重性是成立的。连“——”、断“— —”符号在没有语言的时代，未被当成文字阅读之前，也只能是一种“指号”，一种“沉默的声音”。新阅读理论家罗兰·巴特要求人们在阅读的时候，对原文内容保持距离，进行一种“原始的阅读”，[4]把文字看做我们自己身体的一种神秘投影。雨果讲得更加明白：“所有字母起初都被视为符号，而所有符号起初都被视为图像”。[5]罗兰·巴特讲的是人的身体和文字符号的关系，雨果讲的是图像和文字的关系，一个共同点，都承认先有符号后有文字。因为符号和图像，只有通过语言“表达”出来，才能成为文字。所以，记录声音的连“——”、断“— —”符号是原始符号和图像之根，也是文字之根。

声音是相对于物质世界的精神现象，是艺术的本源。记录声音的连“——”、断“— —”符号是来自于艺术本源的根源性原始艺术。[6]这一结论，使中世纪以来关于艺术的起源的种种神话，不得不重新寻找各自的位置。在弗洛伊德眼中，艺术是人借助媒介来表现精神内容的符号活动，“是一种符号性、社会性的精神游戏”。[7]弗氏这里所说的精神游戏，指的是用符号指代事物的精神活动，而不是原始人类无意识的行为表现，也不是由成人有意识地传授给儿童的那种游戏活动。游戏虽然带有抽象艺术性质，但那是出自原始人的本能反应，动物在吃饱喝足之后，也会打闹嬉戏，往身上浇水、抹泥，是一种非智能行为，不能称其为原始艺术。因宰杀动物或人类自相残杀在洞壁上留下的印痕，[8]踩在稀泥中留下的脚印化石，照原状刻画在石壁上的动物形象，都是对物体的直接模仿，都不能称其为原始艺术，因为“艺术之对于自然，是创造创生，而不是模仿”。[9]劳动首先要有声音的交流，才能配合，有声音，才有动的艺术，“声相应，故生变；变成方，谓之音；比音而乐之，及干戚羽旄，谓之乐。”(《礼记·乐记》)没有声音的“相应”，所谓劳动只能是个人的行为，而不是社会的行为，不可能“比音而乐之”。因此，劳动不是艺术的本源。结绳记事虽然也带有原始艺术的性质，但比记录声音的连“——”、断“— —”符号要晚得多，并且还是物质实用型的，不能称作精神抽象意义上的原始艺术。原始人类处于用声音交流的时代，即或对声音产生了神秘感，也未必就有了原始宗教的意识，记录声音的连“——”、断“— —”符号，不是由原始宗教产生的原始艺术。至于西方考古学家在洞穴中发现的旧石器时代的“原始艺术”，已经发展到了比较成熟的阶段，是原始艺术的流而不是源。因此，我们完全有理由相信，八卦连“——”断“— —”符号，是人类世界最原始的符号。这个最简单而又奥妙无穷的符号，来源于自然界和人类社会最普遍的现象——声音。连“——”(阳爻)、断“— —”(阴爻)符号的初次出现，是原始人向智人转化的开端，是洪荒世界生发出的第一枝艺术之花。而这最原始的艺术之花，无比生动地体现了老庄最彻底的阴阳观即唯道论。

《周易·系辞》说："古者包牺氏之王天下也，仰则观象于天，俯则观法于地，观鸟兽之文与地之宜，近取诸身，远取诸物，于是始作八卦，以通神明之德，以类万物之情。"这里说的是伏羲"始作八卦"，并未说组成八卦的连"——"、断"— —"符号也是伏羲所作，由此也可说明，连"——"、断"— —"符号早在伏羲以前就已出现并且普遍使用了。考古新发现也证明："在大约距今万年的陶片上有些刻画貌似卦画"。[10]所谓"貌似"，也就是说还不是后世已经比较成熟的卦画。伏羲的贡献在于：为适应治理天下和社会发展的需要，将连"——"、断"— —"符号三三相重，组成八"经卦"，即乾三连，坤六断，震仰盂，巽下断，坎中满，离中虚，艮复碗，兑上缺，由表示男女的符号进而引申为表示以阴阳为核心的八种自然状态，继而引申为代表天、地、雷、风、水、火、山、泽符号，表示相应的方位、季节、人伦、人体部位、动物、植物、机能性质等。八经卦为单卦，再以经卦两两相重，组成八八六十四复卦，表示万事万物。老子所说"道生一，一生二，二生三，三生万物"(《老子·42章》)。是对宇宙生成模式的概括和总结，也是对八卦艺术生成模式的概括和总结。

如果说早在伏羲之前已经出现并广为使用的连"——"、断"— —"符号仅仅是代表男、女(以声代人)的简单符号，不能表示复杂的事物，那么，从伏羲开始，这种简单符号已演变为内涵无比丰富的八卦符图。从"貌似"经过"形似"，进到了"神似"的高级阶段，创生出以阴阳为本的符法艺术。由八卦符号和阴阳鱼太极图组成的太极八卦符图，发展到现代，除了作为道教的标识而外，不仅在国内，而且在世界上普遍应用，已成为一种国际性的艺术图像。八卦由简单的符号演变为太极八卦艺术，其形制丰富多彩，异彩纷呈。但是，万变不离其宗，抽去了由阴阳唯道而生成的"——"、断"— —"艺术之根，就什么也没有。道为天地之根，符为艺术之根。

既然声音可以"复归于物"，由听化而为视，由无转而为有，可以"保存"，不受时空限制而延续，那么，强壮的人体、矫健的动作，盛开的鲜花，美丽的山水，甚或伦理、信仰、想象，虚幻的梦境等等，不是也可以转化为符号保存下来，在他(它)们逝去之后，不受时空限制地永远延续下去吗？于是，各种艺术门类无一例外地遵循着声音转化为符号的规律，生产出无以数计的艺术品来，把过去的美留到现在，把现在的美传给未来。由此，我们可以无比自豪地说：炎黄先祖将声音转化为连"——"、断"— —"符号，开启了人类艺术之门，其伟大意义，无论怎样高度评价，都不会过分。

二、道在艺术

阴阳在道，道在阴阳。以表示阴阳的连"——"、断"— —"符号为艺术基因而生成的符法艺术，自然而然地成为以道为内涵的道法与道术。

老子所谓“道法”，即“人法地，地法天，天法道，道法自然”（《老子·25章》）。其核心是“道法自然”即“道法自我”。[11]符法艺术遵循“道法自然”的根本法则，以“见素抱朴”（《老子·19章》）、返璞归真为其本色和重要特征，达到超现实的“朴素”美或“纯素”美。庄子对此作了详尽的解释：“朴素而天下莫能与之争美”，“纯素之道，唯神是守”，“能体纯素，谓之真人”（刻意）。朴素或纯素是老庄所主张的人格美在符法艺术上的体现。然而这种朴素美也不是一成不变的，而是随着时代的前进，不断实现其艺术升华。

老子所说的“道法”，庄子称之为“道术”。庄子认为，“古之道术有在于是者”，墨翟、禽滑、宋鈃、尹文等人“闻其风而悦之”（天下），各得其法，各有所用；“古之道术有在于是者，关尹、老聃闻其风而悦之，建之以常无有，主之以太一”（同前）。这个古已有之的“道术”，在艺术形式上的表现，就是“耳止于听，心止于符”（庄子：人间世）的符法艺术。

符法艺术的基本元素，除了组成原始八卦符图的连“——”、断“— —”线条之外，还有组成原始星象符的圆圈“○”和圆点“●”。《河图》、《洛书》是最原始的星象符，是对星象的符号记录。人类对天象的观察和记录比对声音的记录要晚得多，并且有一个从不自觉到自觉的转变过程。人类在最原始的阶段能够发出和辨别声音，但对天象观测应是在有了相当发展（直立和仰视）之后才有可能。特别是当人类发展到生产和生活需要辨别方向，需要计算时间，需要掌握寒来暑往的时代，对天象的观察便开始进入到自觉的阶段。到这时，记录星象的《河图》、《洛书》也就应运而生了。

《河图》、《洛书》从本源上讲，和八卦符并无直接关系。古代流传下来的马负河图、龟负洛书告诉我们，《河图》《洛书》配八卦是后来的事。《河图》《洛书》首先是对天象的直观描绘，是天象观测的结果。我们现在能见到的《河图》《洛书》是古人的想象画，画在乌龟的背上和马的腰肚上，图中只有以圆圈“○”和圆点“●”表示的星象，没有以线条为元素的八卦符。因《河图》《洛书》古已失传，今人对世传河、洛的真伪颇有争议。但是，以圆圈“○”和圆点“●”表示星象不容置疑，和连“——”、断“— —”符号一样，不失为原始艺术之根。

星象符的广泛应用，可以追溯到传说中的炎黄时代。相传黄帝讨伐蚩尤，战于逐鹿之野，西王母遣人授以神符。“黄帝悟思其符，立坛毕而祈之，祭以太牢，以求神佑。”（《太平御览》卷七三六《黄帝出军诀》）黄帝如此顶礼膜拜，说明星象符在当时的地位是至高无上的。黄帝符的出现晚于《河图》《洛书》，并非星象符之始。[12]但有一点是可以断定的，即从传说的黄帝佩符开始，星象符已应用到军事上。平时有广泛的应用，所以到战时，才有人想到以赠送符图的方式来支持黄帝对蚩尤的战争。但由于其神话传说色彩较浓，今人多以其为非。不过，除了传说之外，通过考古，也获得了一些关于星象符的实物资料。

符法艺术在古代神话、传说、历史、典籍、文献和道教经书中，有相当普遍的记载；大量陶瓶、陶罐、砖、石、碑、木简、竹简等文物上，也非常形象直观地表现出来。原始符号在文字产生之前，具有双重功能，一方面承担着人人交流的任务，另一方面又是人神交流的工具。随着文字、图画的产生，相互紧密地结合在一起，组成更加完美的符图。当文字从符号中分离出去，成为社会交流的工具之后，原始符号继续承担着人神交流的任务，由原始宗教和早期道团组织继承下来，逐渐发展成为内容丰富，品类繁多的道教符箓。道教把符从文字中分离出来，将隶、篆、行、楷等形式的文字称作俗文，供世人往来交际；将符称为神符，供道团修真达灵专用，经过不断地加工、整理和提炼，使其变成了玄而又玄的宗教信物，从而更加神秘化、宗教化，在艺术形式上不断升华，达到了符法艺术的顶峰。

符法艺术的强大的生命力，表现在扎根华夏民族的精神土壤之中，具有无比深厚的群众基础。符者，信也，符合也，含相信、相合之意。符号演变为“符瑞”、“符应”，作为吉祥征兆的代称，深受百姓崇信，在民间广为流传，成为历史最悠久，流传最广泛的民间民俗艺术。民间符法艺术是在官方与宗教的夹缝中存在和发展的。先秦时代，符的制作受巫师垄断，东汉以后，符书成了道教的专利，普通百姓除了请巫师或道士作符而外，是不可随意作符的，因此限制了符的普及。晋代以后，特别是唐宋两代，道教盛行，道众甚多，符书才得到普及。但是，明清两季，扬佛拟道之风日盛，封建统治者多次下令禁符，使符法艺术由公开传播转入地下，在民间秘密流传。我们今天能够见到的符书版本，一是道教经书所藏，二是民间手抄口授。道教符箓用于斋醮仪礼，藏于经书，内容丰富，品类齐全，形制规范，但存在明显的整编痕迹，较为呆板，缺少生气与活力。民间传抄符书虽品类杂乱，形制粗犷，却保留着原始古朴、生动活泼的艺术风格。无论是道教经书符，还是民间传抄符，都是以人神交流为目的的实用型符书，艺术观赏则放在次要位置。因此，我们今天研究符法艺术的目的和任务，就是要扬二者之长，避二者之短，把符法艺术同受符人的生理和心理素养有机地结合在一起，以收养生益智之效，使其实用性大众化，艺术性民族化，成为具有使用价值、收藏价值和观赏价值的独树一帜的中国符法艺术。[13]

原始符号的出现，是人类文明进程中的一次大飞跃，在绘画艺术和书法艺术产生之前，可以说是先声夺目，在相当长的历史时期内占据着原始人类的精神世界。《易纬·坤灵图》说：伏羲“精作易，无书，以画字之始”。这里所谓“画字之始”，指易卦符号为“画”，是汉文字藉以产生的基础，这同前面所述雨果关于“符号起初都被视为图像”的观点不谋而合。中国文字学家也认为：“单纯的图画，未必是文字，只有当图画和语言结合起来了，才算文字。”[14] 八卦符号系统只有实现了从抽象卦爻符号"到具体物名文字符号即汉字符号的过渡"，才算完成了"成命百物"的使命。[15]当代艺术家也不否认："书法线条是国画的生命线。画中写的成分越多，国画的味道越足。"[16]记录声音的连"——"、断"— —"符号则是书法线条最基本最原始的线条，由此不难看出八卦原始符号(符法)既是文字(书法)也是绘画(美术)共通的艺术之源。

符法艺术起初也只是一种人人交流的实用工具，直到从符号中分离出文字单独行使社会交流职能之后，符的社会功能削弱了，人神交流功能得到强化，继而演变成为人神共享的一种艺术形式。《灵宝无量度人上经大法》卷三六云："符者，上天之合契也，群真随符摄召下降"，"群真百灵，各效其职，必假符咒，呼之而来，遣之而去。"指的就是以符法艺术作媒介，人与神之间相互沟通交流，与天地精神往来。人神交流的关键在于合，人神相合，道与人合，符法为媒。《道法会元》卷四也说："符者，合也，信也。以我之神，合彼之神；以我之气，合彼之气，神气无形而形于符，作此而彼应，此感而彼灵，果非于符乎！"

符法艺术之所以成为人神交流的工具，关键在于神韵。符法艺术作为修道养生的道法与道术，是老子所谓"精之至"(《老子·55章》)、庄子所谓"神明"得以实现的重要途径和媒介，兼有颂吉解厄、袪病禳灾，消除心理障碍，治疗生理疾病等法术效力，其艺术精神贯串于画符、观符、持符、用符的全过程，以达到人人交流、人神交流的双重艺术效果。"符者，阴阳契合也，唯天下至诚者能用之。诚苟不至，自然不灵矣。故曰以我之精，合天地万物之精；以我之神，合天地万物之神，精精相对，神神相依，所以假尺寸之纸号召鬼神，鬼神不得不对"(《道法会元》卷一)。神是人的本质，也是人的个性。人有"至诚"之心，方能精精相对，神神相依。符法艺术的神韵，出自作符人养生修炼最高境界的"心斋"。"天以龙汉开图，结气成符；人以精为神到处，下笔成符，天人孚合，同此理也"(《道法会元》卷四)。由心斋所出的神韵，通过作符的过程展现出来。古人作符，讲究"心若太虚，内外贞白"，作符之前要净手静心，摄念存诚，甚至要念净水咒、开砚咒、纸笔咒，力求从心理上清除杂念，抱朴守真，意到运笔。"凡书符皆须闭气，一笔扫成。"作符之时，"心不欲动，不生杂念，一意归中，气与笔俱转，意尽成符"(《道法会元》卷六九)。这种一气呵成的符法艺术，必是神来之笔："书符之法，不过发先天妙用，运一气以成符，祖师所谓眼书云篆，心悟雷玄，初无存念，亦无作用，灵者自灵，不必问其所以灵；应者自应，不必问其所以应。人但知其神不神，不知不神所以神也"(《道法会元》卷四)。

符法艺术的"神韵"直接为中国的书法和绘画艺术所承袭。魏晋时期，老庄玄学思想抬头，道教向社会上层渗透，符法艺术趋于成熟，神韵大显。中国的书法和绘画艺术也恰巧是在魏晋时期形成和发展起来的。书法是汉文字的艺术表现形式，汉字本来是一种交流思想的实用工具，当草书出现之后，篆、隶、楷、行各体也相继成为一种以审美为主的艺术形式，一种宝剑凭想象创造的抽象造型艺术，点、画线条的质感与“骨力”，均体现出符法的神韵，“须胸中有道义，又广之以圣哲之学，书乃可贵”(宋·黄庭坚)。绘画方面，南齐著名人物画家和美术理论家谢赫提出的“六法论”就有气韵生动、骨法用笔、应物象形、随类赋彩、经营位置、传移模写共六个方面。所谓气韵生动，就是既要形似，又要神似，既要描绘出绘画对象的外形，还要表现出它的精神。人物有精神，山水、花鸟也有精神。能够达到神似，就能气韵生动。所谓骨法用笔，总的来说，就是指怎样用笔墨技法恰当地把对象的形状和质感画出来。如果我们把气韵生动理解为“神”，那么也就可以简单地把骨法用笔理解为“形”了。不离自然以言气韵，明显受老子“道法自然”的影响。“中国以山水画为中心的自然画，乃是玄学中的庄学的产物。”[17] 符法艺术对于书法与绘画的影响与渗透，是不言而喻的。绘画在原始描像时代，实际上是表示事物的一种模拟符号，当它的实用功能被文字取代之后，这种描模也就逐渐转变为纯审美艺术。但是，这种生动形象的纯艺术，在多数情况下还是要用文字配合，才能更完整更准确地表达作品的神韵。符法艺术的神韵表现为书法艺术和绘画艺术的“气韵生动”。中国符法艺术是中国书法绘画艺术的“源头活水”。

由符法而及书法与绘画，由书画艺术而及雕塑、建筑、戏剧、舞蹈、文学、影视等所有艺术形式，无不以神韵为灵魂，没有神韵，则没有生命力。有神韵则有道，道于艺术，无所不在。

三、道兴艺术

作为表现人类社会本质和精神世界的艺术，最重要的是情感活力。音乐、舞蹈、竞技等动的艺术给人以动的情感，而文学、书法、绘画、雕塑等静的艺术给人以静的情感。艺术精神是人类对审美情感的自觉，来自于对客观世界的认识而产生的美的感受，来自于主观的难以言表的良好心理状态。前者既受客观对象的制约，又受主观认识能力的制约，因而具有客观性、依赖性和局限性；后者不受时空限制，最能使人达到实现自我、确证自我的心灵满足和精神慰藉，因而具有主观能动性、独立性、超越性和回归性。

老子曰：“世人皆知美之为美，斯恶矣”(《老子·2 章》)。这里的“知美”指的是对客观存在的美好事物的认知而产生的美感；“为美”则是对美感的刻意追求，这种追求必定是技术性的。意思是说，对于美感，应遵守自然法则，无为而治，人为地运用技术能力刻意追求，就会走向反面。老子认为，人们对于技巧的运用，通过音、色、味刺激人的感官而产生快感，应采取“视之不见”，“听之不闻”，“抟之不得”(《老子·14 章》)的态度，因为：“五色使人目盲，五音使人耳聋，五味使人口爽，驰骋畋猎，使人心发狂”(《老子·12章》)。“五色”、“五音”、“五味”所采用的手段是技术能力，作用目标是人的感觉器官，造成的后果是强化人的欲望，掩损人的聪明才智。所以，包含在技术中的艺术，是不可取的。“是以圣人之治也，为腹不为目，故去彼而取此”(同上)。为腹，指以物养己，以利生存；为目，指寻求声色味之娱，满足于感官刺激。去彼，即摒弃外物声色味的引诱，“去甚，去奢，去泰”(《老子·29章》)；取此，即取天地精气，取其道之“淡”。“道之出言也，曰：淡兮！其无味也，视之不足见，听之不足闻，用之不足既”(《老子·35章》)。庄子也说：“淡然无极而众美从之，此天地之道，圣人之德也”(刻意十五)。显然，老庄对世俗艺术的态度，出自于道和德的人生最高境界，即最高艺术精神的自觉。

庄子对于艺术与技术的能力，有一段极为精彩的论述。他说：“能有所艺者，技也。技兼于事，事兼于义，义兼于德，德兼于道，道兼于天下。”(天地)这就明白地告诉我们，“艺”是一种能力，属于“技”的范畴，而“技”又是分属于“事”、“义”、“德”、“道”等不同范畴的，“通于一而万事毕，无心得而鬼神服。”(同前)意思是说，作为技术能力的发挥，只有归于道的最高境界，才能得到最佳艺术效果。否则将从五个方面失去艺术技能的本性，即“且夫失性有五：一曰五色乱目，使目不明：二曰五声乱耳，使耳不聪；三曰五臭熏鼻，困惾(zong宗)中颡(sang嗓)；四曰五味浊口，使口厉爽；五曰趣舍滑心，使心飞扬”(同前)。从这里可以看出，庄子对待世俗艺术的态度和老子基本一致。

老庄在否定感觉艺术的同时，树起了感受艺术的大旗，那就是经由智能形态到达超能形态的最高艺术精神。老子首先提出了“大音希声、大象无形”(《老子·41章》)、“大巧若拙”(《老子·45章》)等基本观点，并说：“视之而不见，名之曰微；听之而不闻，名之曰希；搢之而不得，名之曰夷”(《老子·14章》)。这指的是超能形态下体现的的大美，即道美、德美、天美、地美，其形，其音，其妙，超乎一般人的想象。庄子云：“天地有大美而不言”(知北游)，而能“判天地之美，析万物之理，察古人之全”。(天下)由大美而得大乐，大乐又称天乐。“以虚静推于天地，通于万物，此谓之天乐”(天运)、“与天和者谓之天乐”(天道)。庄子将道称作天，将精神称为神明，所谓“天地并”，“神明往”，即指人与天地精神的交往。宇宙间除此之外，难道还有超过“天乐”的所谓艺术吗？没有。老子所主张的大巧，本于自然，返纯归朴，看似笨拙，浑然天成，绝非世俗之雕虫小技。庄子称这种大巧“覆载天地，刻雕众形，而不为巧”(大宗师)，反称其为“拙”，意即大道之艺术创造，与世俗之巧不可相提并论。老庄的“三大”(大音、大象、大巧)艺术精神，实际上是道的艺术精神，是进入道的最高境界感受到的美、乐、巧，即感受艺术。

老庄的感受艺术，以修道成仙长生不死为最高目的，根本途径是“道与人合”，关键在于“人生”二字。庄子曰：“不离于宗，谓之天人；不离于精，谓之神人，不离于真，谓之至人。”(天下)《庄子》一书中关于“至人”的论述颇多，并且引用了老子的两段话，其一：“夫得是至美至乐也。得至美而游乎至乐者，谓之至人。”(田子方)其二：“夫至人者，相与交食乎地而交乐乎天。”(知北游)这两段话在《老子》一书中是没有的，尤其重要。“至人”之“至美”即人性美——德美。何谓德美？即《易经·系辞》所说：“天地之大德曰生”。德美来自于“至道”，“道生之，德畜之”(《老子·51章》)。据庄子记载，孔子向老子请教“至道”，老子说：“有伦生于无形，精神生于道，形本生于精，而万物以形相生”(《知北游》)。于是，庄子得出结论：“德将为汝美，道将为汝居”(同前)。生，对生者、被生者、授生者、养生者、观生者，都会产生至美至乐的感受。但是，这种由生之大德而来的“至美至乐”，只有化而为道才能有所感受，因为“生非汝有，是天地之委和也；性命非汝有，是天地之委顺也；子孙非汝有，是天地之委蜕也”(同前)。至人之大美大乐化而为之大德，“修之于身，其德乃真”(《老子·54章》)，既是养生修道的最高境界和完美人生，也是最完美的艺术精神。

老庄对待世俗艺术的态度，正是预见性地对后世艺术再现主义所主张的感觉艺术的超前否定。现代科学证明，人的感觉是有限的，无关紧要的，只有感受才是无限的，应当受到更多的关注，并且有人主张把感觉“放入科学的垃圾箱”。[18]世界艺术在走过了艺术再现主义和艺术表现主义的历程之后，感受艺术已推进到了当代艺术的最前沿。

人类社会由物本转变到人本之后，迅速进入了能本世界潮流。“人们对物质方面的兴趣开始淡漠，而对人的创造能力的关注日益增长。”[19]这一观念反映到艺术界，艺术理论家们在批判了艺术再现主义和艺术表现主义之后，提出了美感“超越论”。“超越论”者认为，人求生存的意义主要靠“灵性”而不是靠感觉，灵性是在事实世界发现价值的能力，由这种灵性的能力产生的“美感是超越的，因为美感是一种意义感”。[20]老庄唯道论超越宇宙的自然观和超越现实的最高艺术精神，则是当代艺术美感超越论最坚实的理论基础和强大的原动力。这是因为：

首先，老庄的宇宙超越论是对时空的顶级超越。老子曰：“有物混成，先天地生。寂兮寥兮，独立而不改，周行而不殆，可以为天下母”(《老子·25章》)。先天地而生，为“万物之母”，是对时间的超越，是向上的超越。《老子》又说：“谷神不死，是谓玄牝。玄牝之门，是谓天地之根。绵绵若存，用之不勤”(《老子·6章》)。“谷神”在《尚书·尧典》中称作“旸谷”，指太阳出生之地。道为“万物之母”，太阳亦为所出，是站在宇宙之外看宇宙，是对空间的超越，向下的超越。这种对时空的超越，是最大极限的超越，除此之外，再也找不到更远的时间和更大的空间。超越时空是由道而产生的精神世界同客观世界相统一的过程，人在这种过程中得到的美的愉悦和满足，不是凭感觉而是凭感受。瑞士诗人阿米尔(H. F. Amiclli)也有过“宇宙之梦”，他这样写道：“在此梦中，人把世界含融在自己的胸中；而觉得满饰星辰的无穷，是属于我的东西。这是神圣的瞬间，是恍惚的时间。思想从此世界飞翔向另一世界。”[21]阿米尔的“宇宙之梦”，还有弗洛伊德所说的“梦幻艺术”，都比不上老子的“道可道，非常道”(《老子·1章》)站在宇宙之外看宇宙。现代科学的发展，已把从地球之外看地球变成了现实，正在向从太空之外看太空前进。老庄时空超越论正在一步步成为现实。

其次，老庄的万物超越论是万物与万有的顶级超越。老子曰：“道之为物，唯恍唯惚。恍兮惚兮！其中有象；恍兮惚兮！其中有物；窈兮冥兮！其中有精，其精甚真；其中有信。自古及今，其名不去，以顺众父”(《老子·21章》)。老子告诉我们，强之为名的道，似乎是恍恍惚惚，不可言状，其实是有规律可循的，有象——有物——有精——有信，象，物的初始；物，即天地万物；精，物中之精华；信，道的信仰演绎成可以感知的客观存在。也就是说，道不仅超越客观实在的万物，而且超越“唯恍唯惚”的万有即精神。老庄的万物超越观，是以“人本”为理论根据的。老子云：“道大，天大，地大，人亦大。域中有四大，而人居其一焉”(《老子·25章》)。把人同道、同天、同地相提并论，是至高无上的贵生观。“道曰：一切万物，人最为贵。人能使形无事，神无体，以清静致无为之意，即与道合”(《无上秘要》卷五引《妙真经》)。“道大”与“人大”是合而为一的，道与人合的核心是人，人与道是鱼和水的关系。正如唐代司马承祯所说：“夫人之所贵者生，生之所贵者道。人之有道，若鱼之有水”(《坐忘论》)。人与道合，与天合，与地合，超乎万物之上，这在人类对天地万物对死亡无限恐惧的时代，可说是振聋发聩，惊世骇俗。艺术再现主义之所以主张“艺术就是模仿现实”，心甘情愿地屈居于天地万物之下，正是缺乏超越万物的勇气，亦即缺乏道的最高艺术精神。

再次，老庄自我超越论是对世俗观念的顶级超越。老子所谓“道法自然”，实为“道法自我”。自然者，道也[22]。道大即人大，道的超越即自我超越。对于超越自我的世俗观念，老子主张“无知无欲”(《老子·3章》)，“无欲以观其妙；有欲以观其徼。”(《老子·1章》)无欲，则有道，有道则有道的艺术精神，“含德之厚者”“精之至也”，“未知牝牡之会而朘怒”(《老子·55章》)(朘，生殖器官；怒，奋起)，才会产生美的感受。有欲则无道，无道则无道的艺术精神，只能观察到事物的表面和边缘。D. H. 劳伦斯也认为：“性欲和美原本浑然一体，就像火焰与火。美的东西既是激起性欲的东西，那么很显然，引起的感受也就是性感。”[23]有欲而无道，局限于感官刺激，只能产生世俗艺术。庄子本于“心斋”与“坐忘”，提出“唯道集虚，虚也者，心斋也”(人间世)，“堕肢体，黜聪明，离形去知，同于大道，此谓坐忘”(大宗师)。庄子认为，世人之所以不能到达心斋“虚”、“静”的最高境界，除了由生理而来的欲望之外，更重要的是由心理而来

的知识对心灵的干扰。由生理而来的欲望，一旦改变环境，即可逐步消解；由心理而来的知识是混杂的，与道相抵触的，对心的烦扰是无形的。正如海德格(Heidegger)所说："在作美的心理的考察时，以主体能自由观照为其前提。站在美的立场眺望风景、观照雕刻时，心境愈自由，便愈能得到美的享受。"[24]说明要获得心境的自由，就得"去知"。"去知"对于艺术精神尤为重要，当那些与道相抵触的知识尚未消解之时，人的心境没有自由，便不可能得到美的享受，因而也限制了艺术精神的发挥。通过坐忘"离形去知"，进入"唯道"是"同"的心斋，实现"至人无已，神人无功，圣人无名"(逍遥游)，"今者吾丧我"(齐物论)的观念升华，是超越自我的最高表现，是感受艺术最高艺术精神取之不尽用之不竭的源泉。

老庄唯道论的超越观，顺应了时代的前进。随着新世纪的到来，首先从西方开始的由物本、人本到能本的观念转变，使人们越来深刻地感悟到，人生在世，不只是为了活命而追求温饱，转而以自我实现、自我确证为追求目标，从而获得一种美感愉悦。在这种转变过程中，一旦成就了老子所说"圣人后其身而身先，外其身而身存。以其无私，故能成其私"(《老子·7章》)的理想与抱负，所感受到的心灵满足和精神慰藉，才是真正的艺术精神的感受。把这种本来属于个人的感受采用艺术的形式表达出来，让观赏者产生同样的感受，成为艺术家们所称道的感受艺术，以表现其源于符法艺术的"神韵"，则是以唯道论求发展的艺术必由之路。

总而言之，道生艺术，道在艺术，有道，则艺术兴；无道，则艺术废。

注释：

[1][9][17][21][24]徐复观：《中国艺术精神》，华东师范大学出版社2001年版，第29~141页。

[2][10]邵伟华：《周易预测学》，延边大学出版社2001年版，第14页。

[3][法]雅克·德里达(著)，杜小真(译)：《声音与现象》，商务印书馆2002年版，第88页。

[4][5]广文：《我们身体的神秘投影》，《华西都市报》，1998，14。

[6]宋红雨：《人类童年的艺术》："原始艺术应该包括史前原始人创造的艺术和世界上现存的原始部族创造的艺术两部分。"岭南美术出版社2003年版，第15页。

[7]见董虫草：《弗洛伊德眼中的游戏与艺术》，中国美术家网站，2005年。

[8]宋红雨：《人类童年的艺术》："手印岩画是史前艺术中最古老、最普遍的一种形式。"岭南美术出版社2003年版，第22页。

[11][22]见魏明生：《道法自然与道法自我》，载《太湖论道国际学术研讨

会论文集》，2006 年，第 19～26 页。

[12]见魏明生：《浅谈符的艺术》，引《事物纪原》“黄帝所佩之符乃符之始”，不确。《中国道教》，2001 年第 1 期。

[13]见魏明生：《超能养生与超级艺术》，载《道教养生与当代世界国际学术研讨会论文集》，四川大学编印，2005 年，第 68～63 页。

[14]萧启宏：《汉字通易经》，东方出版社 1999 年版，第 11 页。

[15]常秉义：《周易与汉字》，新疆人民出版社 2003 年版，第 5 页。

[16]红铅笔：《关于艺术的对话》，中国美术家网站，2005 年。

[18]刘永：《人类到底有多少种感觉》，原载《百科知识》，转引自《文摘周报》，总第 1322 期。

[19]新华社：《从物本到人本到能本》，载《参考消息》，2001 年 4 月 30 日，第 4 版。

[20][23]成穷：《美感与灵性——美感性质新解》，中国美术家网站，2005 年 5 月。

第八章　唯道论与一神论

张成秋

（台湾新竹师范学院教授）

一、《老子》与唯道论

《老子》是唯道论，于1968年6月，首见于笔者的硕士论文：

今日哲学对于本论体之见解，可略分四类：一曰唯心论，一曰唯物论，一曰心物合一论，一曰心物并行论。虽不能接受科学之验证，要皆持之有故，言之成理。老子之本体论，于此数派之中，独树一帜。彼乃以“道”为宇宙之本体，可称为“唯道论”。[1]彼亦以推理方式，获得结论。

武汉大学召开的海峡两岸唯道论研讨会通知：唯道论由老子创立理论体系，老子写有《道德经》，创立了唯道论。[2]

本次大会参考资料：武汉大学宫哲兵教授的《唯道论的创立》(武汉出版社，2004年。同名论文，刊于《哲学研究》，2004年第7期)，提到唯道论的时间，都比笔者晚。所以如果没有其他参证资料的话，是首先提到老子创立“唯道论”的人。

“唯”，有只有、特别推崇的意思。老子哲学以道为核心，非常重视“道”字，“道”即宇宙本体、宇宙主宰、宇宙根源。老子之唯道论之大要：

老子以为，有不能生于有，必生于无；宇宙变化无穷，则道必运动不居；万有成万有毁，则道必无成无毁；众甫由道而出，则道必至大无极……此道非物，而能产生万物；此道非心，而希夷渺茫，不可象状、莫可穷诘。故以道为心、为物可；谓其非心、非物，亦无不可。道则兼斯二者。

故此，唯道论似又近乎心物合一之说；然玄妙虚无，又有其不处。故道家(老子)这本体论，乃为一派特殊之哲学，与世界其他各派之议论，全不相侔。在哲学上，本体论为宇宙、人生、知识诸论之基础，对于道家此种独特之见解，治哲学者，自应给予适当之重视。[3]

老子创立唯道论，如上所述，已不待言；其后道教依附老子之道家思想而创立，其教义中，处处借重“道”字，更显示唯道论与老子之密切关系；道教历来尊老子为教主，尊《道德经》为首要的经典，将宗教称为道教，将宗教场所称为

道观，将信仰者称为道士，将经典称为道藏。[4]

老子思想，以道为主，故首揭“道可道，非常道；名可名，非常名”之说。(《老子·1章》)老子之整个思想，皆为道也。道是什么？“道生一，一生二，二生三，三生万物”(《老子·42章》)。“有物混成，先天地生，寂兮廖兮，独立不改，周行而不殆，可以为天下母。吾不知其名，字之曰道”(《老子·25章》)。可见道是宇宙万有的根源。

“人法地，地法天，天法道，道法自然”(《老子·25章》)。宇宙一一皆依据道，故道又可谓宇宙万有之主宰者。但“道法自然”，似乎自然又在道之上。其实老子之道与自然，乃二而一之物。道即自然。道法自然，自然也法道也。故老子之道，又曰自然之道。

大道运行之规律，“大曰逝，逝曰远，远曰反”(《老子·25章》)。“反者道之动，弱者道之用”(《老子·40章》)。即宇宙万有发展至极，必向相反之方向发展。此对老子哲学至关紧要。

也正因为这个道理，人不应该求刚强，而应取柔弱；不应取正面、上面之事务，而应取反面、低下之事务。一方面是为了顺应大道，另一方面也是为了求利远害。盖人力微弱，终究不能与大道自然相抗衡也。[5]

二、唯道论的理论与突破

唯道论……其基本观点是：万有唯道所生，万有唯道所成，道在万有之中，万有唯道所主。意思是：宇宙万有是道所产生的，就像子女是父母所生的一样。宇宙万有也是由道所成完成的，才会变成现在的状态。道在万有之中，也可以说宇宙万有充满了道，道无所不在。万有唯道所主，是说道是宇宙万有的主宰。如此解说大致能够切合老子之思想，故老子是唯道论。

唯道论的理论突破，依据本次大会征文通知，是：突破天、帝信仰，创新为泛神论；突破泛道德主义，创新为自然主义；突破人道的视野，创新宇宙生成论；突破务实的文化精神，创新出超越的文化精神。

今就依此作一阐发。人类传统有天神、上帝的信仰。如认为唯道论是进步，则对天神、上帝的信仰是一突破，因其取代了前者。唯道论近乎泛神论。泛神论根本上是无神论。其所谓神，无心思、意志、情感，且近乎为一种能力(power)，又是宇宙万有之总和。

泛道德主义，是无论什么事都要用道德观念看它。如认为唯道论是进步，由唯道论以自然为最高，不以道德为至高，对泛道德主义当然是一种突破。

人道的视野，是一切以人类小我的立场看事情，而唯道论则从大宇宙的角度看事情，可创新宇宙生成论。即人与宇宙为一体，人为宇宙所生成。如认为此说

较为进步，则当然又是唯道论的一项突破。

务实的文化精神，好有一比，有如趴在地上一件一件处理地上的问题；超越的文化精神，也好有一比，有如坐飞机升在空中，地上、路上的一切问题完全超越过去。唯道论以道的立场看事情，所以它是超越的。如认为这是进步，自然是一种突破。

三、唯道论与一元论

在哲学的本体论中，“道”的问题，似乎包含在其内。因为无论是“道”，无论是“本体”，都是指“有形之物背后的实在”“宇宙万有的源头、第一因”“宇宙的主宰者、支配者”……只有名称不同罢了。

而在本体论中，第一个问题，是“这本体究竟是几个？是一个？两个？还是多个？于是就有一元论，二元论，与多元论的理论”。[6]

我觉得唯道论应该属于一元论。因为老子虽未明言，可是我们是看不出老子之“道”，是有两个或多个的证据。由此以推，唯道论是属一元论，“道”作为宇宙原始、宇宙主宰，它只有一个。

四、一元论与一神论、泛神论

一神论的观念始自犹太人的信仰。以后分支，成立了伊斯兰教，即回教，也继承了一神信仰。以后耶稣成立了基督教，仍是继承了一神信仰。再后基督教分天主教和新教、东正教。新教的教派又变得纷繁复杂，并继承了一神信仰。故一神信仰是世界上最大的信仰派别。

一元论与一神论大有渊源。因为他们同主宇宙原始、宇宙主宰只有一个。只不过一元论不确定这宇宙原始、宇宙主宰是什么？而一神论却指明这宇宙原始、宇宙主宰是一个，且就是神。

一元论与一神论虽有如许相似之处，但如一元论走上泛神论(panthesim)之路，则二者之间，相差将无殊地别。何则？因为泛神论其实就是无神论，是与一神论(相信有神)矛盾的。

五、道与神的相关比较

唯道论的“宇宙根源”是道：一神论的“宇宙根源”是独一的真神。二者都是一元论。可是唯道论是否为泛神论(即另一种形式之无神论?)尚难确定。道教信徒有把“道”神化之现象，故有“一气化三清”之说。但宗教家之“神”，必须有心

思、必须有意志、必须有情感。从这个观点来看，道家哲学之唯道论是不信神的，不与一神论相容。

在希腊哲学中，也有道的观念。他们称之为“拉格斯”，这与我国老子的“唯道论”之“道”观念甚为相近。其实，这个观念与基督教的一神观，是很相近的。只要相信这个“道”也有心思、有意志、有情感，马上就进入一神论了。

六、结　论

西方的一神论，是西方文化的重要支柱。东方道家老子的唯道论，则为东方文化之精华。二者应可作适当的沟通、交流。

一神论与唯道论，认为主宇宙自然有一最高的创始、主宰、实在。但一神论认这最高的创始、主宰、实在为“神”，唯道论则认为这最高的创始、主宰、实在是“道”。名称不同，却指的是一个东西。当然，我们也知道“神”与“道”之别，就在于“它”有没有心思、意志、情感。

以前，当耶稣的门徒到希腊传教的时候，看到希腊人只相信“道”不相信“神”，就在圣经上明明写着“太初有道……道就是神”。希望能化解希腊人的迷思；而这一小小的区隔，不幸，在两千年后的今天，人们还是跨不过去，真是令人浩叹！

注释：

[1]张成秋：《先秦道家思想研究》，台湾中华书局1970年版，第413页。

[2]本次大会征文通知叙述。

[3]张成秋：《先秦道家思想研究》，台湾中华书局1970年版，第414页。按，汉初之所谓道家，即指老子而言，故引文中偶有互用。

[4]本次大会征文通知叙述。

[5]张成秋：《先秦道家思想研究》，《老子思想述要》，台湾中华书局1970年版，第100~165页。

[6]邬昆如：《哲学概论》，五南图书出版公司。

第八部分

评议唯道论

第一章　道——中国哲学的独特智慧

近年来，在全球一体化进程逐步加快、各民族文化交流日益频繁的时代背景下，有关“中国哲学的合法性”问题引起了学术界的密切关注。一些学者围绕中国究竟有没有哲学、应该在什么意义上理解中国哲学、中国哲学区别于西方哲学的特点是什么等一系列问题，展开了热烈的讨论。宫哲兵先生的新著《唯道论的创立》(武汉出版社，2004 年版)，虽然没有自觉地参与这场讨论，却从一个新的角度，为我们深入思考这些关系到中国哲学今后如何发展、如何走向世界的重大问题，提供了一些颇有意义的启迪。

一

20 世纪 50 年代以来，在苏联哲学界那种哲学史研究方法论的直接影响下，我国学术界也一度热衷于在中国哲学史中挖掘所谓的“唯物主义”与“唯心主义”、“辩证法”与“形而上学”，其结果是：孔子、孟子、老子、庄子、王充、戴震这些潜心研究人生义理的中国哲人，也像柏拉图、德谟克利特、贝克莱、休谟这些首先关注世界本体的洋人们一样，被贴上了“唯物”、“唯心”的标签。然而，这种把研究西方哲学的模式硬套在中国哲学之上的做法，却在 20 世纪 80 年代受到一些学者的质疑，宫哲兵先生便是其中的一位。他在 1980 年 10 月 1 日《光明日报》上发表“要注意中外哲学史的特殊性”一文中，提出了中国哲学区别于西方哲学的特殊性问题，认为把中国哲学也划分为“唯物主义”与“唯心主义”、“辩证法”与“形而上学”，不符合其自身的发展特点。后来，他又连续发表了一系列文章，明确主张：中国古代哲学既不存在西方哲学意义上“唯物主义”与“唯心主义”之间的对立斗争，也不存在西方哲学意义上“辩证法”与“形而上学”之间的对立斗争；因此，不能够单纯按照研究西方哲学的模式来研究中国哲学。这些文章收录在《唯道论的创立》一书中，今天读起来依然具有引人深思、启迪新见的效果。

宫哲兵先生主要抓住了中西哲学思维方式的不同特点，来论证中国古代哲学为什么没有唯物主义与唯心主义的区分。他指出：“欧洲人的传统思维方式是显著地区分主观与客观，我与非我。欧洲人重视对自然知识的追求，强调人的理性。用理性去把握周围的世界，就形成了主观的观念。欧洲人强调人与自然的对

立，人对自然的征服，这样就构成了主观与客观的对立”；相比之下，“中国人的传统思维方式，是不显著地区分主观与客观，我与非我。……中国人普遍信奉天人合一的思想”，而“天人关系问题并不是精神与物质的关系问题”。显而易见，这些论述精练地概括了中西思维方式在“主客二分”与“天人合一”问题上的鲜明区别。

从这个角度看，中国古代哲学为什么不存在唯物主义与唯心主义两大对立阵营的内在原因，其实是很清楚的：西方哲学在“理性”精神的主导下，首先把人与自然的关系看成是认知性的关系，因而首先把人看成是具有理性认知能力的主体，把自然界看成是理性认知需要把握的客观对象，从而形成了主客二分的思维方式；也正是在这种思维方式的支配下，西方哲学才会致力于探讨世界的本原究竟是存在还是意识、究竟是物质第一性还是精神第一性这类本体论的问题，并由于对这些问题的回答不同而分化为唯物主义与唯心主义两大阵营。与此对照，相对缺失“理性”精神的中国哲学，却几乎没有从单纯理性认知的角度考察人与自然的关系，也从来没有把自然界仅仅看成是与主体的人相对立的客观对象，而是更偏重于从实践活动(“为”)和情感活动(“情”)的角度出发，强调天人合一亦即人与自然的和谐统一；这一点构成了中国哲学特有的思维模式。有鉴于此，既然中国哲学不像西方哲学那样关注世界的本原究竟是物质还是意识的本体论问题，它又怎么会出现唯物主义与唯心主义的体系划分呢？当然，中国古代哲学在自己的历史发展中，也形成了一套与西方哲学很为不同的体系划分，这就是在先秦时期就已初步确立、此后延续下来的那种流派划分架构，亦即儒家、道家、墨家、佛禅等几大思潮之间既相互区别、又彼此渗透的互动关系。至于构成这种互动关系的轴心的，并不是什么物质第一性、意识第一性的问题，而是人们在自己的生活存在中究竟是应该“有为”还是“无为”、究竟是应该发展“血缘亲情”或“自然情感”、还是发展“兼爱情感”或“慈悲情感”的问题；正是这些与人的生活存在密切相关的问题，构成了中国哲学史上各大流派彼此区别的分水岭。

其实，我们从中西哲学思维方式的上述差异中可以得出的结论，并不仅仅限于中国古代哲学存不存在“唯物主义”与“唯心主义”、“辩证法”与“形而上学”的体系划分，而是还能够进一步扩展到更广大更深刻的领域，促使我们在更根本的层面上深思：既然中西哲学的思维方式存在这样一些显著的区别，我们怎么能够按照西方哲学的基本精神、本质特征和理论内容，来理解中国哲学呢？从这个角度看，目前一些学者一方面大力强调中国哲学的独立性、自主性和合法性；另一方面却又依然不加分析地引进西方哲学独有的一些特定范畴，尤其是运用构成了西方哲学独特精神和主客二分模式基础的“理性”概念，来概括中国哲学的本质特征，把中国哲学特别是儒家哲学也界定为类似于实用主义的“实用理性”或是类似于康德哲学的“道德理性”，显然从根本上忽视了中国哲学在基本精神上区

别于西方哲学的独特性。就此而言，宫哲兵先生在若干年前提出的上述看法，今天对于我们依然具有难以否认的理论意义。

二

尤其应该指出的是，宫哲兵先生的这部新著并没有满足于单纯批判那种把研究西方哲学的模式硬套在中国哲学之上的不当做法，而是进一步从建设性的角度，提出了如何正面理解中国哲学自身的体系特征的理论问题，强调"中国古代具有极丰富极有价值的哲学，它就是唯道论"，并从中国哲学史上最早出现的哲学理论——老子哲学入手，旁及儒家、《周易》、法家、兵家、墨家哲学等等，对先秦时期的唯道论哲学思想展开了具体分析，不仅指出了唯道论哲学的基本观点是"万有唯道所生，万有唯道所成，道在万有之中，万有唯道所主"，而且得出了"道就是中国哲学史的主题，唯道论就是中国哲学史的主干"、"道是中华民族的最高文化精神"的新颖结论。作为宫哲兵先生近年来研究的成果，这些新见从一个侧面揭示了中国古代哲学区别于西方哲学的独特性，为我们从新的角度入手研究中国哲学开辟了一片新天地。

众所周知，在近年来备受人们关注的中西哲学比较领域内，有一个值得注意的现象，这就是：无论是中国学者、还是西方学者，往往都把中国哲学的"道"概念与西方哲学的"逻各斯"概念相提并论，作为两大悠久哲学传统的典型象征，试图通过二者的深入比较，揭示中西哲学之间的异同之处。这样做并非出于偶然。如果说从赫拉克利特开始起，"逻各斯"便构成了西方哲学特有的一个基本概念，甚至被视为西方传统哲学的精神标志，以致德里达的解构主义把矛头明确指向了所谓的"逻各斯中心主义"的话，那么，从老子开始起，"道"就构成了中国哲学所特有的最高范畴，无一例外地被儒家、道家、墨家、佛禅等各大思潮共同推举为人的生活存在旨在追求的最高理想境界。在这个意义上我们的确可以说，"道"就标志着中国古代哲学的最高文化精神，构成了中国哲学的历史进程得以维系和展开的一贯"中心"——就此而言，贯穿中国哲学发展进程的"红线"，可以说就是"道中心主义"。因此，宫哲兵先生鲜明地提出"唯道论"这一概念，应该说是慧眼独具地抓住了理解中国哲学的关键所在。而对我们来说更有启迪性的一点也许是：我们要想真正维护中国哲学的合法性和独特性，就不能够仅仅单纯地复述我们的祖先早已提出的那些观点见解，更不能够自惭形秽地拜倒在祖先的"大智慧"脚下，而应该在批判继承的基础上，富于原创性地提出符合中国哲学实际状况的崭新见解，在新的历史背景下凭借自己的努力不断开拓创新，发展中国哲学，把中国哲学推向世界。

宫哲兵先生在书中集中探讨了老子哲学的"道"概念，尤其是将这个古老的

中国哲学范畴与当代西方科学中新兴的宇宙大爆炸理论联系起来加以对比分析，认为二者之间契合点、相通之处颇多，可以互相印证。这种对比分析无疑体现了宫哲兵先生在中国哲学研究中的开阔视野，但同时似乎又向我们敞开了一些值得深思的问题：老子哲学乃至整个中国哲学的“道”概念是如何确立起来的？当代西方科学中的宇宙大爆炸理论又是如何确立起来的？二者得以立足的哲理基础存在哪些相通之处，又有哪些相异之处？毋庸细说，作为西方文化科学精神的一种具体结晶，宇宙大爆炸理论首先是一种科学性的“假设”，富于探究客观世界真相的认知理性精神，更注重于客观的观察、逻辑的推理和实验的证明。相比之下，中国哲学的“道”概念却与人的生活实践、身体力行、妙悟神会、情感体验密不可分。其实，正如“道”字的原初语义所暗示的那样，无论是儒家宣扬的“仁义之道”、还是墨家坚持的“兼爱交利之道”，无论是玄学提出的“内圣外王之道”、还是佛禅要求的“自作自成佛道”，中国哲学所说的“道”，首先就是人生存在应该遵循的“道路”、“原理”，因而在本质上是一种人生之“道”。就连道家哲学、老子哲学所强调的作为世界万物终极本根的“道”，虽然明显具有宇宙论的哲理内涵，但同时也打上了“无为”的深刻烙印，构成了人在自己的生活存在中应该效仿的最高典范，并且无法通过认知理性的科学分析加以把握，只有通过大智若愚的体验觉悟才能通达。从这个角度看，我们在深入考察中国哲学的“唯道论”思想的时候，除了将它与西方的有关哲学和科学理论加以比较对照、发现其间的相似之处外，更重要的可能还在于：立足于中国哲学自身的独特精神之上，从中国哲学自身的独特视界出发，深入挖掘其中潜藏的中国哲学的独特智慧，充分说明它对人类思想和文化发展做出的那些西方哲学和科学难以做出的独特贡献。

从某种意义上说，一部新著的成功之处，并不仅仅在于它提出了多少新颖的见解，甚至也不仅仅在于它的理论观念如何能够自成体系、逻辑一贯，而是首先在于它究竟向我们敞开了多少人们还没有发现或是还没有引起人们注意的问题。宫哲兵先生的《唯道论的创立》一书的主要价值，可能恰恰就在于：它向我们敞开了中国哲学研究中的一系列常被人们所忽视、却又具有重要意义的深刻问题。

第二章　唯道论是时代的创新

周锡山
（上海艺术研究院研究员）

武汉大学哲学学院宫哲兵教授的新著《唯道论的创立——质疑中国哲学史“唯物”、“唯心”体系》[1]，25万字，是他用功25年（1980—2004），反复砥砺，立意创新的哲学理论的出色成果，同时也是21世纪一部正本清源、启人心智的杰出文化著作，值得向学界尤其是青年学子推介。

《唯道论的创立》全书共分四个部分：第一部分“唯道论的创立”，围绕老子的“道”而阐述，创立“唯道论”的学说，写于2004年，是作者最新的理论成果；第二部分“质疑中国哲学史‘唯物’‘唯心’体系”，写于20世纪90年代；第三部分“《老子》到《易传》——晚周辩证矛盾观形成的历史与逻辑过程”和第四部分“《左传》、《国语》朴素辩证法思想范畴资料注评”，是作者于20世纪80年代初完成的硕士论文《晚周辩证法史研究》中的主要内容。

本书的核心内容是关于当前中国哲学史研究中的两个最重要的问题：建立创新的哲学理论和质疑陈旧的中国哲学史“唯物”“唯心”体系。两者相辅相成，互为因果，边破边立。作者自于1980年10月1日《光明日报》发表自己的第一篇论文《要注意中外哲学史的特殊性》，首次对中国古代哲学史上的唯物主义与唯心主义斗争史模式提出质疑，到此后不久于上海古籍出版社出版硕士论文《晚周辩证法史研究》，在作坚实的文献整理、梳理和编选、注释这样重要的基础工作之后，再次对这个模式提出质疑，再到1996年起在多家刊物连续发表中心议题都是关于“中国哲学史上有没有唯物主义与唯心主义”问题的近十篇论文（最重要的有连续发表于《广西民族学院学报》1996年第1、2、3期的《中国古代哲学有没有唯心主义》、《中国古代哲学有没有唯物主义》和《中国古代哲学有没有认识论》等），直到2004年出版本书，并发表“唯道论”理论，前后历时长达25年之久，这种锲而不舍、踏实精进的学风，是本书取得重大成果的深厚基础。

关于本书的意义，刘清平先生的《也论中国古代哲学之所无与所有——与宫哲兵先生的对话》[2]，认为宫哲兵的论说“很有说服力地指出了中国古代哲学并不存在西方哲学意义上那种唯物主义与唯心主义的对立与认识体系，为今天人们重新研究中国古代哲学的精神实质提供了一些富于启迪意义的新见解。可以预见，这些见解对于纠正一百多年来哲学界在‘西风东渐’历史氛围下形成的‘中学

西范’的思维定势（以西方哲学作为典范模式研究中国古代哲学，却相对忽视后者的独特本质内容），必将产生振聋发聩的积极作用”。邓晓芒教授在《为开创中国哲学史研究的新时代而努力（本书代序）》中赞誉：“宫哲兵先生以全新的思维方式，从中华民族哲学的实际出发，对中国哲学史重新作了审视”，从而写出本书，本书“是以真正严肃的态度，对待并深入剖析以往研究失误的一个不可多得的例子。我们过去的中国哲学史研究到底失误在什么地方？通过这种失误，我们究竟获得了那些教益？在研究与西方文化不同的中国文化现象时，我们首先应注意些什么问题？马克思主义哲学史方法论原理，在什么意义上可以运用于研究中国哲学史？又在什么意义上必须经过具体的引申和发展才能适用于中国哲学史？”本书作了较好的回答，“如果说，中国哲学史不是‘唯物’‘唯心’体系，那么它是什么体系呢？宫先生在书中明确地提出：这个体系就是‘唯道论’！中国哲学史就是唯道论产生、发展的历史。”学者们对“宫先生思索几十年后提出的理论观点”，“特别是对这种治学态度的讨论和重视，在21世纪开创中国哲学史研究的新时代”。通过以上两位先生的阐发，本书的意义已经十分明晰了。

从宫哲兵先生的学术经历看，他始终努力地学习中国传统哲学的光辉遗产，在尽力掌握传统文化精粹的基础上，先破不利中国哲学发展、不利新的研究的唯物唯心斗争观，然后依靠传统文化无比深厚的底蕴，建立中国哲学的唯道论。这完全符合学者依靠丰厚传统，破除研究障碍，创设新论的思维发展规律和学术发展规律。本书以唯道论为本书之首，然后质疑中国哲学史“唯物”“唯心”体系，这样的次序安排也符合学科建设的发展规律：建设新论比破除旧说要困难得多，也重要得多，而且只有建立起新论才能真正否定旧说，所以本书将“唯道论”新论放在全书最重要的首位是正确的。本书后半部分“《老子》到《易传》——晚周辩证矛盾观形成的历史与逻辑过程”和《左传》、《国语》朴素辩证法思想范畴资料注评，显示了作者扎实的文献功夫和为本书所作的坚实文献准备。后半部分是前半部分的基础。正因作者认真学习晚周的辩证法思想范畴的资料并作了精当的梳理和研究，在进入哲学研究领域的最初阶段即深入掌握以中国表达方式所阐发的辩证思维方法，才能追本溯源地真正掌握整个中国哲学史，在中西哲学和思维结合的基础上思考研究哲学论题，并进而否定中哲史研究中的“唯物”“唯心”研究模式，发现和创立中国哲学的唯道论。如以辩证法思考问题，那么，不仅中国哲学的“唯物”“唯心”研究模式应该否定，而且西方哲学研究中以“唯物”“唯心”作为唯一研究模式的方法也应否定，因为非常丰富复杂的西方哲学史不能用简单化、教条化即僵化的眼光来对待，除了唯物唯心斗争的研究模式之外，同时也应有多种视角和方法的研究；以“唯物”高于“唯心”的研究标准则更应否定。史实证明，除了马克思主义的三四位经典作家的少数经典著作之外，所有的唯物主义哲学家及其著作的成就和影响都远远不及苏格拉底、柏拉图、康德和黑格尔、叔本华等

唯心主义哲学泰斗及其经典著作，而且，对于信奉马克思主义的哲学家和其他学科的学者来说，也必须认识到：即使这三四位马克思主义经典作家的经典著作也不能替代和取消上述列举的唯心主义哲学泰斗的伟大著作，后者至今还有其永远不可磨灭的带有普遍性质的深远历史意义和巨大现实意义。再进一步说，从纯学理的角度看，至少到目前为止，唯心主义的研究层次和研究的对象的层次都要远高于唯物主义。更何况，当今的科学研究水平还非常低，尚未对宇宙包括地球获得必要和充分的完整知识(包括宇宙的产生与终结)，无法解释和研究宇宙中众多的神秘现象，对古代的神秘文化也无力研究和解释，科学对它们所做出的许多想当然的否定性结论，既无证明，也无反证。这也决定了唯物主义的研究水平很低，需要再作许多代人的艰巨努力才会拿出更有说服力的结论。更何况，有不少哲学家认为，唯心主义的思维和认识水平本就高于唯物主义。

本书在质疑中国哲学史“唯物”“唯心”体系时，首先指出产生这个体系的原因在于中国哲学史体系的泛化，并具体分析哲学起点的泛化、研究范围的泛化、背景分析的泛化和泛化的原因；这样便抓住了错误研究模式的根本，接着依次用有说服力的论述来提出中国古代唯心主义质疑、中国古代唯物主义质疑、中国古代先验论质疑、中国古代反映论质疑、中国古代经验论和唯理论质疑和中国古代辩证法与形而上学斗争史质疑。同时具体分析哲学基本问题以及两个派别的划分不是绝对的，中国古代哲学的基本问题不是思维与存在的关系问题，中国古代哲学没有唯心主义，中国人与欧洲人的传统思维方式不同；中国古代不具有唯物主义的基本前提，早期阴阳学说、五行学说、气一元论不是唯物主义；中国古代没有先验论、反映论，经验论和唯理论是近代实验自然科学的产物；形而上学的时代性以及它与朴素辩证发的关系，中国古代不具备形而上学的思维特征。然后，作者又分别论证孟子和王阳明不是主观唯心主义哲学家，孔子、孟子和宋明理学家不是先验论哲学家，荀子、王夫之不是反映论哲学家，墨子不是经验论哲学家，老子、孔子不是唯理论哲学家，董仲舒不是形而上学哲学家，陆象山不是唯心主义哲学家、陆象山的宇宙论不是唯心论。用五个层次周密、全面、有力地批驳和否定了中国哲学史“唯物”“唯心”体系。凡是优秀的划时代著作都有极大的挑战性，本书颠覆了中国近百年来两三代人所信奉的哲学体系，邓晓芒先生认为“特别是对这种治学态度的讨论和重视，在21世纪开创中国哲学史研究的新时代”。

本书“唯道论的创立”部分，第一章为“老子的唯道论”，分别叙述道的渊源、道论的兴起、唯道论的创立、唯道论的基本观点和唯道论的理论突破；第二章是“道”的多学科透视，分论：从哲学上看，道是宇宙的生生之元，从科学上看，道是宇宙大爆炸从无生有的过程，从宗教上看，道是泛神论的自然性的精神，从文化学上看，道是中华民族的最高文化精神；第三章谈“道与当代宇宙论”：道

与宇宙大爆炸、道与宇宙生成、大爆炸宇宙论与当代人文理论；第四章介绍“当代道家”：当代道家的兴起、当代道家的理论、当代道家的学术热潮，最后一节再归结到“唯道论”。如果说本书破的部分，对中国大陆学界最有震动，那么，本书“唯道论的创立”部分，应是中国学者对21世纪世界哲学史所做出的应有的正面业绩和重大贡献。

可笑同时又是可悲的是，正当罗素、容格、李约瑟、汤因比等现代西方学术泰斗和杰出学者对中国的道家文化极为推崇，众多西方有识之士对中国伟大的传统文化赞美不绝的时候，中国学界的主流却在近一个世纪的漫长岁月中，以自认为“科学”的立场、唯物唯心斗争的思维模式力图打倒和摧毁自己的文化传统。在20世纪和21世纪之交前后的十多年中，在已经摆脱极左思潮阴霾的中国学界，终于又有了全面深入客观地研究传统文化的首批优秀著作，本书不仅是其中的佼佼者之一，而且还是先觉者之一。早在20世纪80年代之初，本书作者就曾发出过自己借助于先哲(从老子到《易传》的无名作者)智慧力量的雄狮一吼。

本书发表的唯道论的基本观点是明晰的：万有唯道所生，万有唯道所成，道在万有之中，万有唯道所主。妙在根据全来自老子和个别的庄子的论说。本书认为：从战国时代的庄子的“唯道集虚”之说，到20世纪新道家金岳霖的《论道》之作，唯道论不仅源远流长，而且推陈出新，理论形态不断更新，唯道论就是中国哲学史的主干。本书的创新之处是在新的历史条件下，再次整合唯道论的体系，用新的理论语言再次论述其重要观点，并与错误观点论战，从而做出自己新的理论总结，同时也就做出了论者自己的带有时代特点的发展。这就是创新，这样的创新是真正的创新。只有在充分尊重前人和同代人既有优秀成果的基础上的创新才是真正的创新。一切伟大的创新也都是这样做出来的。

“唯道论的创新”的最后是简叙“唯道论的理论突破”，论述了唯道论突破天、帝信仰，创新为泛神论；突破泛道德主义，创新为自然主义；突破人道的视野，创新出宇宙生成论；突破务实的文化精神，创新出超越的文化精神。本书令人神往的内容便在这个部分。因为这个部分初步写出了中国哲学的伟大精神和伟大力量，初步写出了中国哲学高于西方哲学一个层次，并代表人类未来的精神发展方向的基本面目。关于这，沈善增出版于2001年的《还吾庄子》[3]导论已着其先鞭，也有十分畅达的论述，读者可以参看、比较。有人嘲笑季羡林先生“三十年河东，三十年河西”的东方文化展望论为“东方文化救世论”，宫哲兵和沈善增两位先生的这两部著作已为季羡林先生的宏论作了虽是初步的却是有力的论证。

本书的不少观点阐发得比较全面和深入。如，关于道的定义，本书尝试以一种多学科立体透视的方法，探索其奥秘，认为，“从哲学上看，道是宇宙的生生之元，道与始基、本原是比较接近的概念。从科学上看，道是宇宙大爆炸从无生有的创造过程，道与宇宙总能量是比较接近的概念。从宗教学上看，道是泛神论

的自然性的神，在修行层面，道与气（神秘的活力或泛生命力）是比较接近的观念。从文化学上看，道是中华民族的最高文化精神，道与逻各斯是比较接近的观念。”这样的论述，无疑是相当全面的。

如要深入研究道家和道教，研究“道”学，就必须涉及其中的神秘文化。本书在这方面的论说也是比较得体的。以本书中“道即是‘气’”的观点为例，本书在论述“从科学上看，道是宇宙大爆炸从无生有的产生过程”的一节中，又指出老子的道，“其中有精，其精深真。”“精即气也。”（第 27 页）从“道”与能量的比较角度，还指出：

气大致是力与能量。日本小野泽精一说：“气的思想概念，作为全体而言，可以视为是组成人和自然的生命、物质运动的能量。”“在德国，重点是生命力；在法国，重点是能量；在英美，中肯是内在力。”[4]卡普拉也认为气是生命的气息与能量。他说：“气这个字在字面上的意义是气体或以太，在古代的中国用它来表示生命的气息，或者表示使宇宙具有生气的能量。”[5]从这个角度看，本书赞成李景强先生关于“道是万物的创造者”的观点。

在“从宗教学上看，道是泛神论的自然性的神”一节，结合“神秘主义的力崇拜”的论述，作者又指出：

泛神论在宗教实践中一般都导致神秘主义，主张通过宗教修行和神秘的直接体验达到梵与我、道与人的合而为一。在修行层面，道是一种神秘主义的活力、能量和生命力，人可以在修炼中体验它，拥有它，更多地获得它，最终多到与它合一的程度。老子、庄子常用气的概念来表示这种神秘的活力、能量或生命力，气是“道”的一种形态。《老子·42 章》：“万物负阴而抱阳，冲气以为和。”《庄子·知北游》：“通天下一气耳。”陈荣捷先生在英译本《老子》中，将气解释为精神和生命力。美国物理学家卡普拉认为气是生命力与活力：“它在中国读懂表示生命力或赋予宇宙以生机的活力。”[6]在此节，结合“道教修炼术”的论述，作者再指出：

中国道教虽然是信仰神灵的宗教，但也保存着神秘主义的力崇拜。道（或气）被认为是一种神秘的活力或泛生命力，它弥漫于天地之间，也在人的体内主宰着生命与精神。谁能够通过修炼而极多地就它获取于体内，谁就能够可以长寿甚至长生。谁能够修炼到人与道（或气）合一的境界，谁就能够成为有神通而登天的神仙。道教的这种神秘主义修炼观可以追溯到老子。《老子·10 章》：“载营魄抱一，能无离乎？抟气致柔，能婴儿乎？”……道教的养气吐纳术，可以追溯到老子的“抟气为柔”与“玄牝之门”。……

此外，关于佛学是否编入中国古代哲学体系之中，可以见仁见智。佛学不进中国哲学，受损失的是中国哲学，无损于佛学的伟大，但中国文化具有儒道佛三家鼎立和互补的宏伟格局，很少人会提出异议。我不皈依任何宗教，但我作为对

人类所有优秀文化遗产都愿意学习和了解的当代学者，应该公正地说，佛学是博大精深的探索宇宙人生真理的高级学问。鲁迅曾说："释迦牟尼真是大哲，我平常对人生有许多难以解决的问题，而他居然大部分早已明白启示了，真是大哲！"[7]作为力倡科学和新文化的"五四"闯将鲁迅先生也对佛教发表过这样通达的观点，这是很不容易的，也是值得我们深思的。

宫哲兵先生在本书的自序中重申他在以前发表的论文中讲过的一个重要观点：在经历了重大变革的当代学术界，"中国古代哲学不再是欧洲古代哲学的简单翻版，也不再是对领袖人物几句话的注释和论证，而展现出本民族最优秀、最丰富、最独特的哲学智慧，将它贡献给21世纪的全人类"。本书无疑是实践了这个观点的出色成果。作者发表这部令人神往的胆识兼具、气魄宏大的著作，为中国哲学界、学术界和所有人文学者打开了眼界，无疑已是一部任何学派不可忽视的优秀著作。

注释：

[1]宫哲兵：《唯道论的创立》，武汉出版社2004年版。

[2]宫哲兵：《唯道论的创立》，武汉出版社2004年版，第166页。

[3]沈善增：《还吾庄子》，上海学林出版社2001年版。

[4][日]小野泽精一等编：《气的思想》，上海人民出版社1990年版，第5、7页。

[5][美]卡普拉：《物理学之道》，北京出版社1999年版，第198页。

[6]转引自萧兵、叶宪舒：《老子的文化解读》，湖北人民出版社1994年版，第871、887页。

[7]许寿裳：《亡友鲁迅印象记》，人民文学出版社1953年版，第46页。

第三章 举当代中国哲学史研究之大旗

陈明性
（湖北监利县宗教联合会主席）

两千余年的发展进程，牵强附会地把中国哲学史弄成一个从头至尾“两军对战”的历史。这就不仅把复杂、丰富的历史、文化现象简单化、平面化了，而且偏离了中国哲学史这一特殊对象的具体内涵，不能把握其最主要、最本质的精神实质，同时也是对马克思主义原理本身的一种误解。这固然有当时苏联日丹洛夫的哲学史定义的恶劣影响的原因，也还是反映了我们民族思维方式对理论不求甚解、重实用、重效果的偏向。

近年来，国内学术界已普遍认识到以往这种处理方式的弊病，但研究者们大都又走向另一个极端，即撇开马克思主义哲学观和方法论原理，要么借鉴非马克思主义的观点来研究中国哲学史，常常导致跟在港台和海外学者后面亦步亦趋；要么抛开一切方法，一头钻入历史资料和传统氛围之中，抱一种盲目赞叹、欣赏和用主义地“宏扬”的态度，形成了当前所谓的“国学热”。这些倾向表面上看似乎很“新潮”，实际上不过是过去对待马克思主义原理的简单化态度的翻版，是同一种非科学的，不求甚解的浮躁心态的不同形式的表现。

武汉大学博士生导师宫哲兵教授出版的《唯道论的创立——质疑中国哲学史“唯物”“唯心”体系》(武汉出版社 2004 年 4 月版)出版几年来，在海峡两岸道家与道教中引起强烈的震动。他从中国哲学发展的实际出发，通过对唯物、唯心模式的质疑，从“唯道”的角度重新解读了中国哲学史。这对当前的中国哲学界无疑有着振聋发聩的作用。《唯道论的创立》包括四部分的内容：第一部分围绕老子的“道”来创立唯道论，第二部分是质疑中国哲学史唯物、唯心体系，第三部分是从《老子》到《易传》分析晚周辩证矛盾观形成的历史与逻辑过程，第四部分是对《左传》、《国语》中的朴素辩证法思想范畴资料的评注。作者的四个部分是浑然一体，自成体系的。作者在唯道论的创立上采取的是先立后破的方法。作者从老子的唯道论开始，对“道”进行了多学科多视角的透视，并结合当代道家的观点探讨了唯道论的现实价值，很有说服力地论证了唯道论是中国古代哲学史的主干。作者的唯道论并不是对哲学史传统体系的简单抛弃，而是对唯物、唯心模式的批判性超越，是一种扬弃。

宫先生主要抓住了中西哲学思维方式的不同特点，来论证中国古代哲学为什

么没有唯物主义与唯心主义的区分。他指出："欧洲人的传统思维方式是显著地区分主观与客观，我与非我。欧洲人重视对自然知识的追求，强调人的理性。用理性去把握周围的世界，就形成了主观的观念。欧洲人强调人与自然的对立，人对自然的征服，这样就构成了主观与客观的对立"；相比之下，"中国人的传统思维方式，是不显著地区分主观与客观，我与非我。……中国人普遍信奉天人合一的思想"，而"天人关系问题并不是精神与物质的关系问题"。(第85、87－88页)显而易见，这些论述精练地概括了中西思维方式在"主客二分"与"天人合一"问题上的鲜明区别。

宫先生从这个角度论述了：中国古代哲学为什么不存在唯物主义与唯心主义两大对立阵营的内在原因，其实是很清楚的：西方哲学在"理性"精神的主导下，首先把人与自然的关系看成是认知性的关系，因而首先把人看成是具有理性认知能力的主体，把自然界看成是理性认知需要把握的客观对象，从而形成了主客二分的思维方式；也正是在这种思维方式的支配下，西方哲学才会致力于探讨世界的本原究竟是存在还是意识、究竟是物质第一性还是精神第一性这类本体论的问题，并由于对这些问题的回答不同而分化为唯物主义与唯心主义两大阵营。与此对照，相对缺失"理性"精神的中国哲学，却几乎没有从单纯理性认知的角度考察人与自然的关系，也从来没有把自然界仅仅看成是与主体的人相对立的客观对象，而是更偏重于从实践活动("为")和情感活动("情")的角度出发，强调天人合一亦即人与自然的和谐统一；这一点构成了中国哲学特有的思维模式。有鉴于此，既然中国哲学不像西方哲学那样关注世界的本原究竟是物质还是意识的本体论问题，它又怎么会出现唯物主义与唯心主义的体系划分呢？当然，中国古代哲学在自己的历史发展中，也形成了一套与西方哲学很为不同的体系划分，这就是在先秦时期就已初步确立、此后延续下来的那种流派划分架构，亦即儒家、道家、墨家、佛禅等几大思潮之间既相互区别、又彼此渗透的互动关系。至于构成这种互动关系的轴心的，并不是什么物质第一性、意识第一性的问题，而是人们在自己的生活存在中究竟是应该"有为"还是"无为"、究竟是应该发展"血缘亲情"或"自然情感"、还是发展"兼爱情感"或"慈悲情感"的问题；正是这些与人的生活存在密切相关的问题，构成了中国哲学史上各大流派彼此区别的分水岭。

其实，宫先生从中西哲学思维方式的上述差异中可以得出的结论，并不仅仅限于中国古代哲学存不存在"唯物主义"与"唯心主义"、"辩证法"与"形而上学"的体系划分，而是还能够进一步扩展到更广大更深刻的领域，促使我们在更根本的层面上深思：既然中西哲学的思维方式存在这样一些显著的区别，我们怎么能够按照西方哲学的基本精神、本质特征和理论内容，来理解中国哲学呢？从这个角度看，目前一些学者一方面大力强调中国哲学的独立性、自主性和合法性，另一方面却又依然不加分析地引进西方哲学独有的一些特定范畴，尤其是运用构成

了西方哲学独特精神和主客二分模式基础的“理性”概念，来概括中国哲学的本质特征，把中国哲学特别是儒家哲学也界定为类似于实用主义的“实用理性”或是类似于康德哲学的“道德理性”，显然从根本上忽视了中国哲学在基本精神上区别于西方哲学的独特性。

《唯道论的创立》的第二部分深入分析了传统模式在中国哲学史解读上的不适应性。将中国哲学史解读为唯物主义与唯心主义的斗争史是中国哲学史研究领域的传统作法。宫先生通过对马克思主义哲学有关哲学基本问题的深入分析和对中国古代有代表性的学说及哲学家的认真研究认为：中国古代哲学的基本问题不是思维与存在的关系问题。中国古代哲学既没有唯心主义也不具有唯物主义的主要特征，更没有先验论、反映论、经验论和唯理论的学说与哲学家。宫先生还特别指出，中国古代只有朴素辩证法而不具备形而上学的思维特征。《唯道论的创立》一书在先立后破的基础上创立了唯道论后并没有就此止步。宫先生为了更充分地阐明自己的思想，采取了一般研究与具体分析相结合的方式来解读中国哲学史，使本书的理论体系和逻辑框架显得更加饱满和有说服力。第三部分和第四部分，宫先生主要依据《易经》、《老子》、《易传》、《左传》和《国语》等书具体探讨了中国哲学的民族性特征，使我们更清晰地看到了中国哲学确实没有唯物主义和唯心主义，而只有唯道论为主干的中国哲学。宫先生这两部分虽然都是对文本的分析，却没有千篇一律。前一部分作者主要以概念、范畴的运动为线索探讨《易经》、《老子》、《易传》的辩证矛盾观。在对《左传》和《国语》的分析上则主要以对原文评注的方式解读中国古代朴素辩证法。这使得该书结构多样，增强了作品的可读性。中国哲学史的主干是否就是唯道论当然是一个可以探讨的学术问题。但宫先生的《唯道论的创立》凭借材料翔实、研究深入、逻辑性强，在中国哲学史研究领域完全可以“成一家之言”，对当前认识到了弊端所在而又亟待突破的中国哲学界而言应该有极大的启发意义。细品该书，我觉得《唯道论的创立》一书有两大特点。一是时代性强，二是学术价值高。中国哲学界在以往的中国哲学史研究中，有一种将马克思主义哲学史观简单套用的倾向。近年来，中国哲学界已普遍认识到这种研究方法的弊病，许多学者提出了重新构建中国哲学史体系的主张。但是知易行难。宫先生在思索几十年后提出的“唯道论”体系正是适应了中国哲学史研究的这种迫切要求。本书的时代性强还体现在宫先生对马克思主义哲学史方法论原理的理解上。我们对马克思主义哲学的理解，不能拘泥于具体结论而要把握其精神实质。《唯道论的创立》中对中国哲学史唯物、唯心模式的批判和唯道论的创立正是实践“解放思想、实事求是、与时俱进”的典范之作。马克思主义哲学不是一成不变的，它随时代的进步而进步，具有鲜明的时代性。另一个重要特点，是学术价值高。《唯道论的创立》在方法上、理论上和表述上均有所创新。宫先生对中国哲学史特殊性的思考已有20多年，造诣很深。该书实

际上是宫先生20余年思索结果的一个汇集，具有很高的学术价值。方法创新在该书中相当突出。宫先生在对道的论述中，不满足于对道仅作一个平面的审视，而是以多学科多视角立体透视的方法去探索道的奥秘。宫先生从哲学、科学、宗教学、文化学等角度对道进行了一个综合性的表述，还道以本来面貌。在对晚周辩证矛盾观形成的历史与逻辑过程的研究中，作者也摒弃了传统的历史的研究方法而采用了逻辑的研究方法。因为历史常常是跳跃式地或曲折地前进的，如果处处跟随它，那就势必不仅会注意许多无关紧要的材料，而且也会常常打断思想进程。因此在哲学史研究中，逻辑的研究方法有时优越于历史的研究方法。此处，宫先生就为我们认识晚周的辨证矛盾观打开了一扇新的大门。理论上的创新主要体现在唯道论的创立上。唯道论的创新有两个层次。一是对作为中国哲学史的主干的唯道论，这主要表现为作者从纷繁复杂的中国哲学理论形态中发现了"一以贯之"的唯道论，并对其创新之处予以了精练的科学概括：突破天、帝的信仰，创新为泛神论；突破泛道德主义，创新为自然主义；突破人道的视野，创新出宇宙生成论；突破务实的文化精神，创新出超越的文化精神。一是作为中国哲学史体系的唯道论。它的创新之处主要体现在对唯物唯心体系的批判性超越，从中国哲学发展的实际出发构架了一个以道家思想为主干，道、儒、墨、法诸家互补发展的中国哲学史体系。此外，理论上的创新还体现在宫先生对哲学基本问题、唯心主义、唯物主义、先验论、反映论、经验论、唯理论和形而上学的认识上。宫先生将这些理论概念还原为它们的本来面貌，纠正了长期以来在中国哲学史研究中的错误用法，极具启发性。表述上的创新主要体现在作者对《左传》、《国语》的注评上。宫先生在阐发《左传》、《国语》的朴素辩证法时，没有采用论述的形式，而是采用了选取有代表性的资料，通过解题、原文、注评三个步骤来向读者提供信息。这使读者体会到一种与宫先生共同发掘哲学原典的乐趣，极富创造性。通过这些创新，加上作者深厚的学术造诣，体现出该书有很高的学术创新价值，是在很大程度上突破中国哲学史研究中"中学西范"模式的奠基之作。本书还有许多值得称道之处。比如图文并茂；材料翔实；注释观点出处，不掠人之美；对不同意见不回避，坚持有理有据的分析等等。这在目前学风不正，存在浮躁情绪的学术界显得难能可贵。《唯道论的创立》立足现实，求真务实，既有理论高度，又重文本依据。在这方面，也为我们树立了以事实为证、以理服人的良好学风。

笔者十分赞同宫先生关于中国古代哲学没有西方严格意义上的唯心主义和唯物主义的这一基本观点。笔者认为，这决不意味着宫先生反对用马克思主义哲学史方法论理论来研究中国哲学，恰好相反，宫先生此书正是立足于马克思主义方法分析中国哲学的一个很好的实例，也是真正有成效、有启发意义的中西哲学观比较的一个实例。他不是单纯的史料比较、为此较而比较，而是通过细致的理论分析，包括对"物质"、"精神"、"唯物"、"唯心"这些概念在西方哲学史上的含

义的分析，在比较中凸显出中国哲学本身内在的文化特质，启示了中国哲学史应有的独特的方法论道路。如果说，中国哲学史不是“唯物”“唯心”体系，那么它是什么体系呢？宫先生在书中明确地提出，这个体系就是“唯道论”！唯道论的基本观点是：万有唯道所生，万有唯道所成，道在万有之中，万有唯道所主。唯道论的理论突破是：突破天、帝信仰，创新为泛神论；突破泛道德主义，创新为自然主义；突破人道的视野，创新出宇宙生成论；突破务实的文化精神，创新出超越的文化精神。中国哲学史就是唯道论产生、发展的历史。据我所知，这是宫先生思索几十年后提出的理论观点。

除了唯物唯心斗争的研究模式之外，同时也应有多种视角和方法的研究；以“唯物”高于“唯心”的研究标准则更应否定。史实证明，除了马克思主义的三四位经典作家的少数经典著作之外，所有的唯物主义哲学家及其著作的成就和影响都远远不及苏格拉底、柏拉图、康德和黑格尔、叔本华等唯心主义哲学泰斗及其经典著作，而且，对于信奉马克思主义的哲学家和其他学科的学者来说，也必须认识到：即使这三四位马克思主义经典作家的经典著作也不能替代和取消上述列举的唯心主义哲学泰斗的伟大著作，后者至今还有其永远不可磨灭的带有普遍性质的深远历史意义和巨大现实意义。

再进一步说，从纯学理的角度看，至少到目前为止，唯心主义的研究层次和研究的对象的层次都要远高于唯物主义。更何况，当今的科学研究水平还非常低，尚未对宇宙包括地球获得必要和充分的完整知识，无法解释和研究宇宙中众多的神秘现象，对古代的神秘文化也无力研究和解释，科学对它们所做出的许多想当然的否定性结论，既无证明，也无反证。这也决定了唯物主义的研究水平很低，需要再作许多代人的艰巨努力才会拿出更有说服力的结论。宫先生以全新的思维方式，从中华民族哲学的实际出发，对中国哲学史重新作了审视，该书是以真正严肃的态度对待并深入剖析以往研究失误的一个不可多得的例子。我们过去的中国哲学史研究到底失误在什么地方？通过这种失误，我们究竟获得了哪些教益？在研究与西方文化不同的中国文化现象时我们首先应注意些什么问题？马克思主义哲学史方法论原理在什么意义上可以运用于研究中国哲学史，又在什么意义上必须经过具体的引申和发展才能适用于中国哲学史？这些问题显然是不能简单将马克思主义原理撇开不管就能回避掉的。这些年来，学术界盛行“追星族”，超“新”赶“后”，“打一枪换个地方”，一切错误都能归结为一句“过时了”而轻易打发掉，一切时髦都被当作最新真理而趋之若鹜，而少有人坐下来认真反思一下失误的理论根源。但只有这种冷静的反思，而不是对时髦的追逐，才是中华民族哲学思维稳步向前发展的真正基础。

宫先生是举当代中国哲学史研究之大旗的人，经过 20 多年的磨炼，便真正成了当代中国哲学史研究的重要旗手之一。特别是宫先生对这种治学态度的讨论和重视，在 21 世纪点燃了开创中国哲学史研究新时代的火炬。

第四章 “中国特色”的根就是“唯道论”

于悠然
（华中科技大学老子研究会）

一、中国特色与唯道论

如果要问在人类历史上，和世界范围内，在没有人为地推动、完全在自然状态下，对人类影响最深远的经典是什么？那就是老子的《道德经》。

为什么？

在世界范围内，老子《道德经》是译本数目仅次于《圣经》的著作。但是，这两者在传播的特征上却是完全不同的。2006 年 3 月 5 日，华中科技大学召开了“华中科技大学道德经研究中心”成立大会，会上，来自武汉大学哲学学院的宫哲兵教授说道：《圣经》在世界各地都有大量的赠送，历代还有大批的传教士在世界各地传播，而老子《道德经》是没有赠送的，也没有专门的人去从事传播，完全是在自然状态下人们自发地购买和阅读，那么，达到世界第二的发行量是件非常了不起的事情，这本身是很值得深思的。

老子《道德经》就是“唯道论”的最高经典。那么，它在中国哲学中的地位如何呢？

中国哲学在“中国特色”的口号上已经喊了很多年，但是这么多年来并没有拿出一个特色的理论来。为什么？原因就在于，我们没有找到中国哲学的根，所以没有创造出中国哲学的特色。

人们常说，哲学是文化之魂，是民族之根。然而，中国哲学近几十年来所走的道路却是西方特色的哲学道路，执迷于西方模式下的唯物主义与唯心主义的争论当中，而真正中国哲学的根——即“唯道论”，却始终被忽略着，被淹没在西方哲学的特色里。

宫哲兵教授在华中科技大学道德经研究中心成立大会的发言中还说：近年来，在世界范围内，一场初具规模的道学复兴运动已经开始了。值得注意的是，这次的复兴与儒学复兴运动不同，它不是从学术界，而是从科学界发起的，是由西方一批从事自然科学研究的科学家从各自领域提倡的，这些科学家如普列高津、卡普拉、汤川秀树、李政道等等，许多是诺贝尔奖金获得者。

应该说，这种情形对于中国人来讲多少是有点遗憾的，因为作为中国的文化，不是被中国人，却是被西方人推上了复兴运动。英国人李约瑟博士就敏锐地指出：“中国如果没有道家思想，就会像是一棵某些深根已经烂掉了的大树。”[1]耗散结构理论创始人、诺贝尔奖获得者、当代新道家之一普利高津指出：以道家文化为代表的“中国文明对人类、社会与自然之间的关系有着深刻的理解……”，[2]他说：“中国文化已成为欧洲科学灵感的源泉”。[3]

能够成为欧洲科学灵感的源泉的道家文化，难道中国人自己竟不知道它的价值吗？当然不是。并不是中国没有人发现以老子为核心的道家文化的伟大价值，而是他们的声音同样淹没在西方哲学的主导理论之中。

但是，哲学是灵性的学问，真正的哲学家都是能够从禁锢与繁芜之中窥见智慧的光芒的。对于中国哲学这些年来的沉闷状态，《唯道论的创立》一书的作者宫哲兵教授在自序中就写道：“笔者认为，主要是教条主义在起作用……笔者预感到，被唯物、唯心主义模式统治了半个世纪的中国古代哲学领域，即将发生一场变革。在这场变革之后，中国古代哲学不再是欧洲古代哲学的简单翻版，也不再是对领袖人物几句话的注释和论证，而展现出本民族最优秀、最丰富、最独特的哲学智慧，将它贡献给21世纪的全人类。”

“唯道论”作为中国特色的哲学，它在中国哲学中的地位将被重新确立。

二、唯道论的核心是老子的“道”

1. 道是老子的哲学概念

在《唯道论的创立》一书的“老子唯道论”一章中，作者的第一句话就是：“道是老子提出的哲学概念，老子的哲学理论是围绕着道而展开的。”

围绕“道”老子写下了旷世名作——《道德经》，它的内容是涵盖整个宇宙的，其中许多是不受时间、空间限制的宇宙、万物和生命生息演化的法则。在大自然里，大自然的形貌可以不断变化，而这些法则是永恒不变的，生生灭灭，有有无无都在这个法则内，永远受到它的支配。它的本质是自然，就是“道”。由此所造就的大自然永恒的雄伟、美感与和谐，就是起源于这些法则嵌于大自然每一个细微环节中的成功运作，这种行为或者过程就是宇宙中的“德”的最高典范。即“孔德之容，唯道是从”。任何细小孔隙中容纳的德，唯有大道才能做得到。所以，“德”是从老子的“道”上表现出来的。“道”在万物中体现出的行为特点就是“德”。由此看出，“唯道论”的最高代表——《道德经》，其境界并不是在确立物质与精神的关系上的，是人之上，物之上，乃至天之上的“道”的法则论。所以在这个境界上再谈物质与精神谁是第一性的问题是没有意义的。“老子唯道论”

一章中作者写道："过去几十年，哲学界长期争论老子的道是物质还是精神的，老子哲学是唯物论还是唯心论？其实，老子的道不是物质也不是精神。是什么呢？是'天地之始'，'万物之母'，即宇宙的生生之元。老子的哲学不是唯物论也不是唯心论。是什么呢？是'唯道是从'的唯道论。"

2. 道是唯一的超越在一切之上的最高范畴

当人们争论物质与精神谁是第一性、谁是第二性的问题时，有时认为物质是第一性的一方占据了上风，有时又是认为精神是第一性的一方占据了上风。可是"道"的法则从来不管人们的争论结果如何，它只是"寂兮寞兮，独立不改"地运作着，而老子却说："可以为天下母。吾不知其名，字之曰道。"所以中国哲学之根的老子的道，是"无名"的。"道，可道，非常道。"一个不能确切命名的"东西"，是中国哲学的根——"唯道是从"的道！是唯一的，不必硬套在西方哲学的第一性和第二性的问题上。老子认为，道是不存在争论的宇宙最高权威的范畴。"道大、天大、地大、人亦大。"要说比，老子说，这都是大，但"道最大，是大中之中"。(引自"老子唯道论"一章)。"人法地，地法天，天法道，道法自然。""老子唯道论"一章中写道：道"超越了天、上帝等一切权威，所以他(指老子)的道可以说是唯道论"。因此，它是超越在物质与精神等概念之上的。在文章中，作者还对道有这样一段论述，"道不是任何具体的事物，而是一切事物的统一性基础。道不是任何具体时空的天道、地道、人道，而是最普遍的道。道就是生生不息的创生与发展。"由此可见，作者在破唯物与唯心主义之争和立"道"的立场上，是坚守在一个中国人对道的哲学概念的深刻把握上的，正如自序中作者写道的那样："我认为中国古代具有极丰富极有价值的哲学，它就是唯道论。"

3. 唯一的道才是老子唯道论的道

在中国历史上，诸子百家都提出过各自的道论。但是，"老子唯道论"一章中宫教授写道："为什么各家都有老子道论，而以道命名的道家只是落到了老子创立的这一学派的头上。老子的道论与其他各家的道论有什么区别呢？一个显著的区别是，老子道论体系中，道是唯一的，最高的范畴。"有人也提出过中国哲学的"唯易论"。但是，易与道是不同的。作者写道："有的学派也将道作为最高的范畴之一，但不是唯一的最高范畴。如《易传》中，易、太极都是与道一样的最高范畴。在老子的理论体系中，道是唯一的最高范畴。"其他学派的道，"老子认为它们都是'可道'之道，不是自己创立的最高的'常道'之道。"其实《易》是讲太极与八卦的，主要还是讲八卦。就太极而言，"道生一，一生二，二生三，三生万物。"这里的"一生二"的"二"才是太极。

在华中科技大学道德经研究中心名誉主任、孙享林教授所作的《道德经》系列讲座中[4]，就有对道、太极、八卦与人和万物形成之关系的专门讲解。下面我引用一点，就可以理解宫哲兵的唯道论为什么只把老子的道才称作唯道论。

"道生一"，这是无极，道本身是无极，是无限的。无比的大，没有边际，所以叫做无极。也叫"无"。道生万物归于有。"有生于无。"有从哪里来？最初从太极而来。无极是阴阳交和于一起："其上不皦，其下不昧。"那么要出现太极就是在无极中限定一个范围，即用太极圈限，太极圈中阴阳分离。这个圈要大可大，要小可小，大到无穷，也可小到无穷。为什么会"孔德之容，唯道是从"呢？就是这个道理。所以太极圈中把阴阳分开，一分为二就是太极。阴阳离子就在其中产生。那么太极阴阳鱼有两个眼睛，阴阳鱼的眼睛就是通道，分别送出阴阳离子，这就是"有"的基础。"天下万物生于有"的这个"有"，就是以指以阴阳离子为基础的有形物。它是产生于"无"，即太极圈圈限之前的无极，在太极圈中生化而成。由阴阳离子产生天地万物，这个过程就是"二生三，三生万物"。这时就有了八卦，天地与万物阴阳的变化就由八卦来调节，所以才有"万物负阴而抱阳，冲气以为和"。易就是在这之后才开始的。所以，《易经》是老子《道德经》的一个局部上的分支。这就可以明白宇宙最高的范畴是"道"，太极是从道中产生的。八卦又从太极中产生，尔后关于八卦(而且还是后天八卦)的理论才是《易》。正如宫哲兵文中所写的："老子的道论与他同时代的其他道论是不同的，道是唯一的、最高的范畴。"

三、唯道论的现实价值与特点

1. 唯道论就是让人类的活动变成唯道所主

胡孚琛研究员曾写道："在世纪之交，'文化'和'传统'问题再次引起世界各国学者的重视。……历史的经验告诉我们，一个民族要自立于世界民族之林，是不能否定和摧残自己的传统文化的。"[5]那么中国传统文化的根就是"道"，有关它的理论就是唯道论，为中华民族所特有。这个理论的核心就是人类的一切要由道主，而不是人主。这与西方的挑战自然的哲学思想是完全不同的。

在"老子唯道论"一章中，宫哲兵提出了几个命题："万有唯道所生"、"万有唯道所成"、"道在万有之中"、"万有唯道所主"等，从多方面阐述了"道"在"中国哲学最占统治地位"(引自"万有唯道所生"一节)的观点。万物生成出来以后的运行规律，为人所见，于是出现了科学与哲学的活动。但光有这些活动，在老子看来并不能解决人的问题。千百年来的人类实践也证明了这一点。因为这些活动并不能与人类所面临的问题的背后的、看不见的，智慧融为一体，即不是复归于

“一”，复归于“道”而“道法自然”。由此所导致的后果，就是出现了唯我独尊的所谓务实精神的时代，具体表现是，重知识，轻素质；重科技发展，轻与自然和谐；重技术，轻管理；重经济发展，轻人文建设；重人类自己的需求，而轻整个生态的维护等等。所有的这一切，都是局限于人类精神的狭小范围的，仅仅是在“人亦大”内。由于不是在“道大”内“道法自然”，所以它是大自然之中的“无政府主义”的“大”，是妄大，没有主的大。那么这种大的后果是危险的，即人类的问题随着人类的发展反而越来越严重了(越来越大了)，以至今日连生存都成了问题。那么在这样的情况下，什么样的哲学思想才能真正有拯救人类的作用呢？只有提出宇宙最高范畴“道”的“老子唯道论”！因为只有了解和掌握宇宙中最大的大——道——的法则，人才能懂得如何效法它，把自己的“大”纳入它的“大”内，而不至于自己“妄大”而被“所生”、“所成”、“所主”的宇宙之道所抛弃。“老子因超越精神而能将视野广及宇宙，发现宇宙的总动力——道。因超越精神而能发现人与天、地、道同大，肯定人在自然界中的重要地位。道家的超越精神升华出老子的社会平等理想以及庄子的个人自由追求，成为中国文化的宝贵遗产。”(引自“突破务实的文化精神，创新出超越的文化精神”一节)。因此，中国人应该珍惜和重视中国人自己的哲学。只有这种哲学——唯道论——才能把人的活动纳入由道主的框架内。

2. 唯道论的哲学目标是全人类的目标

在“道唯一，道最高”一节中作者写道：“老子的道包括人道、天道、一切层面之道。”显然，作者所强调的“老子的道”，是唯道是道，贯穿于一切之中。即一切事物的道，均在老子的道中。那么这有什么意义呢？当然，说到意义，自然是与人有关的意义。人也是个大，即“人亦大”，因为人是宇宙中能对宇宙产生认识的事物。但这种认识当中所包括的人的尊严、人的价值，均来自于更大的“大”，即来自宇宙天地，最终还是来自于“道大”，来自于道。因此唯道论的实际意义是帮助人正确确立人在宇宙中的定位。在“万有唯道所主中”一节中作者写道：“不论动物、植物、无生命的器物，也不论贵贱、莫不有道寓于其中。”在“万有唯道所主”一节中作者又写道：“道对万有的主宰是非常特别的方式，这种主宰不是命令式的，而是自然的。‘道之尊，德之贵，夫莫之命，而常自然。’”所以，唯道论中的“道”，不是远离人类生活的高高在上的抽象概念，而是为了提倡人要“法道”，即符合自然，回归自然，让人们达到“天人合一”的境界。唯道论站在哲学的高度，告诉了各行各业的人们要追求的发展目标，不是以经济指标为标准的目标，而人与自然和谐的崇高境界，并且还教导人们要把这种思想像“孔德之容，唯道是从”——即“道”的行为表现那样，贯穿在人类的每一步发展环节当中，而这种发展模式还是“唯道”，即老子在《道德经》里写的：“是谓配天

古之极。”意即，这就叫做天人配合适宜。这一点不正是当前的全球化的大趋势当中人类都认同和共同追求的目标吗？有的学者认为，全球化的99%其实是西化。但是，“唯道论”是地地道道的中国化，而且它还是不需要发动文化“侵略”，世界各国人民就会自然而然地接受的文化。正像美国学者蒲克明所断言：老子《道德经》是未来大同世界家喻户晓的一部书。这句话换言之，老子唯道论是未来人类可能都会尊崇的全球化的共同价值观。“具有地球船改变航向的历史意义。”[6]

3. 宫哲兵的唯道论的特点

宫哲兵的“唯道论”是现实的唯道论，是马克思主义哲学的认识论在中国的现实运用。在“老子唯道论”一章中宫教授写道：“老子认为，道就是自然，近似于泛神论。他不否定天，但在道的面前，天失去了神性，天就是自然：‘天法道，道法自然’。他不否定帝，但道比帝更重要，道先于帝。……‘吾不知其谁之子，象帝之先。’他不否定鬼神，但在道的面前，鬼神失去了神性，对人不起作用：‘其鬼不神，其神不伤人。”[7]在宫哲兵的哲学思想里，破唯物与唯心主义之争，是对马克思主义哲学原理的简单照搬和机械翻版，所提出的唯道论是以创新的方式，从中国特色的文化之根底上，对中国哲学进行全新的定位。即“道”是高于一切的概念，所有的人要遵循道。在道面前，人不是主人，而是必须依法道。人类遵循了道，未来才有希望。所以宫哲兵的唯道论体现了当代中国乃至世界文化发展的一种规律，即人类面对现代文明的深重困惑，而向自然回归，寻求原生态文化作为精神支柱的世界性思想浪潮。

尊重中国文化的现实实践是宫哲兵唯道论的突出特点，同时也体现了马克思主义哲学的实践高于一切的认识论观点。“老子道唯道论”一章，体现了中国文化在论述人类的法则时不离道的特点，而且只有中国的文化才更容易引起中国人心灵的共鸣。所以，唯道论是中国哲学的特色所在。文章最后一部分，宫教授总结道：“道就是中国哲学史的主题，唯道论就是中国哲学史的主干。”可以说，“唯道论”的重新确立，在中国哲学建设中具有里程碑式的意义。抓住了“唯道论”，“中国特色”的理论之根就抓住了。

参考书目

[1]李约瑟：《中国科学技术史》第2卷，科学出版社、上海古籍出版社1990年版，第178页。

[2]普利高津：《变革的时代变革中的科学》，载《新华文摘》，1987年第5期，194页。

[3]普利高津：《从混沌到有序》，上海译文出版社1987年版。

[4]引自 www. daodejing. cn 道德之光网站。

[5]胡孚琛:《21 世纪的新道学文化战略——中国道家文化的综合创新》, 罗嘉昌主编《场与有(六)——中外哲学比较研究》, 中国社会科学出版社 2002 年版。

[6]董光璧:《当代新道家》, 华夏出版社 1991 年版, 第 4 页。

[7]宫哲兵:《唯道论的创立》, 武汉出版社 2004 年版。

第五章　中国哲学史研究的新突破

王小明
（湖南师范大学岳麓书院）

百余年来的“西学东渐”给中国学术界吹来了一股清新之风。这本来是中西文化交流史上的一件盛事。遗憾的是，中国学术界某些领域在“学习西方”的过程中渐渐迷失了自己。“中学西范”的思维定势影响了百余年来几代学人。中国哲学界的某些研究领域即是其中的重灾区。武汉大学宫哲兵教授的新作《唯道论的创立》从中国哲学发展的实际出发，通过对唯物、唯心模式的质疑，从“唯道”的角度重新解读了中国哲学史。这对当前的中国哲学界无疑有着振聋发聩的作用。

《唯道论的创立》包括四部分的内容。第一部分围绕老子的“道”来创立唯道论，第二部分是质疑中国哲学史唯物、唯心体系，第三部分是从《老子》到《易传》分析晚周辩证矛盾观形成的历史与逻辑过程，第四部分是对《左传》、《国语》中的朴素辩证法思想范畴资料的评注。作者的四个部分是浑然一体，自成体系的。作者在唯道论的创立上采取的是先立后破的方法。作者从老子的唯道论开始，对“道”进行了多学科多视角的透视，并结合当代道家的观点探讨了唯道论的现实价值，很有说服力地论证了唯道论是中国古代哲学史的主干。作者的唯道论并不是对哲学史传统体系的简单抛弃，而是对唯物、唯心模式的批判性超越，是一种扬弃。

《唯道论的创立》的第二部分深入分析了传统模式在中国哲学史解读上的不适应性。将中国哲学史解读为唯物主义与唯心主义的斗争史是中国哲学史研究领域的传统作法。作者通过对马克思主义哲学有关哲学基本问题的深入分析和对中国古代有代表性的学说及哲学家的认真研究认为：中国古代哲学的基本问题不是思维与存在的关系问题。中国古代哲学既没有唯心主义也不具有唯物主义的主要特征，更没有先验论、反映论、经验论和唯理论的学说与哲学家。作者还特别指出，中国古代只有朴素辩证法而不具备形而上学的思维特征。本书在先立后破的基础上创立了唯道论后并没有就此止步。作者为了更充分地阐明自己的思想，采取了一般研究与具体分析相结合的方式来解读中国哲学史，使本书的理论体系和逻辑框架显得更加饱满和有说服力。

第三部分和第四部分，作者主要依据《易经》、《老子》、《易传》、《左传》和

《国语》等书具体探讨了中国哲学的民族性特征，使我们更清晰地看到了中国哲学确实没有唯物主义和唯心主义，而只有唯道论为主干的中国哲学。作者这两部分虽然都是对文本的分析，却没有千篇一律。前一部分作者主要以概念、范畴的运动为线索探讨《易经》、《老子》、《易传》的辩证矛盾观。在对《左传》和《国语》的分析上则主要以对原文评注的方式解读中国古代朴素辩证法。这使得该书结构多样，增强了作品的可读性。中国哲学史的主干是否就是唯道论当然是一个可以探讨的学术问题。但宫哲兵教授的《唯道论的创立》凭借材料翔实、研究深入、逻辑性强，在中国哲学史研究领域完全可以"成一家之言"，对当前认识到了弊端所在而又亟待突破的中国哲学界而言应该有极大的启发意义。

细品该书，我觉得《唯道论的创立》一书有两大特点。一是时代性强，二是学术价值高。中国哲学界在以往的中国哲学史研究中，有一种将马克思主义哲学史观简单套用的倾向。近年来，中国哲学界已普遍认识到这种研究方法的弊病，许多学者提出了重新构建中国哲学史体系的主张。但是知易行难。宫哲兵教授在思索几十年后提出的"唯道论"体系正是适应了中国哲学史研究的这种迫切要求。本书的时代性强还体现在作者对马克思主义哲学史方法论原理的理解上。我们对马克思主义哲学的理解，不能拘泥于具体结论而要把握其精神实质。江泽民同志将马克思主义哲学的精神实质科学地概括为"解放思想、实事求是、与时俱进"。

《唯道论的创立》中对中国哲学史唯物、唯心模式的批判和唯道论的创立正是实践"解放思想、实事求是、与时俱进"的典范之作。马克思主义哲学不是一成不变的，它随时代的进步而进步，有很强的时代性。因而我们在对马克思主义哲学的理解和运用上也应该体现出时代性。该书以哲学界的当前要求为背景，以江泽民同志对马克思主义精神实质的最新提炼为理论基础构建了自己的理论体系，具有鲜明的时代性。另一个重要特点，是学术价值高。

《唯道论的创立》在方法上、理论上和表述上均有所创新。宫哲兵教授对中国哲学史特殊性的思考已有20多年，造诣很深。该书实际上是宫教授20余年思索结果的一个汇集，具有很高的学术价值。方法创新在该书中相当突出。作者在对道的论述中，不满足于对道仅作一个平面的审视，而是以多学科多视角立体透视的方法去探索道的奥秘。作者从哲学、科学、宗教学、文化学等角度对道进行了一个综合性的表述，还道以本来面貌。在对晚周辩证矛盾观形成的历史与逻辑过程的研究中，作者也摒弃了传统的历史的研究方法而采用了逻辑的研究方法。因为历史常常是跳跃式地或曲折地前进的，如果处处跟随它，那就势必不仅会注意许多无关紧要的材料，而且也会常常打断思想进程。因此在哲学史研究中，逻辑的研究方法有时优越于历史的研究方法。此处，作者就为我们认识晚周的辨证矛盾观打开了一扇新的大门。

理论上的创新主要体现在唯道论的创立上。唯道论的创新有两个层次。一是

对作为中国哲学史的主干的唯道论，这主要表现为作者从纷繁复杂的中国哲学理论形态中发现了“一以贯之”的唯道论，并对其创新之处予以了精练的科学概括：突破天、帝的信仰，创新为泛神论；突破泛道德主义，创新为自然主义；突破人道的视野，创新出宇宙生成论；突破务实的文化精神，创新出超越的文化精神。一是作为中国哲学史体系的唯道论。它的创新之处主要体现在对唯物唯心体系的批判性超越，从中国哲学发展的实际出发构架了一个以道家思想为主干，道、儒、墨、法诸家互补发展的中国哲学史体系。

此外，理论上的创新还体现在作者对哲学基本问题、唯心主义、唯物主义、先验论、反映论、经验论、唯理论和形而上学的认识上。作者将这些理论概念还原为它们的本来面貌，纠正了长期以来在中国哲学史研究中的错误用法，极具启发性。表述上的创新主要体现在作者对《左传》、《国语》的注评上。作者在阐发《左传》、《国语》的朴素辩证法时，没有采用论述的形式，而是采用了选取有代表性的资料，通过解题、原文、注评三个步骤来向读者提供信息。这使读者体会到一种与作者共同发掘哲学原典的乐趣，极富创造性。通过这些创新，加上作者深厚的学术造诣，体现出该书有很高的学术创新价值，是在很大程度上突破中国哲学史研究中“中学西范”模式的奠基之作。本书还有许多值得称道之处。比如图文并茂；材料翔实；注释观点出处，不掠人之美；对不同意见不回避，坚持有理有据的分析等等。这在目前学风不正，存在浮躁情绪的学术界显得难能可贵。《唯道论的创立》立足现实，求真务实，既有理论高度，又重文本依据。在这方面，也为我们树立了以事实为证、以理服人的良好学风。我们相信，在《唯道论的创立》的基础之上，中国哲学史的研究一定能开拓出一个更为真实、更为广阔的新局面。

第六章　中国古代唯物主义传统质疑

（拉脱维亚）史莲娜
（拉脱维亚加斯特拉京升大学教授）

在三年以前，笔者能读到的一篇当时还没出版的文章中，宫哲兵教授说："唯物主义这一概念，是在近代伴随着西方自然科学进入中国的。由于中国人对西方自然科学成就的钦佩，所以对唯物主义思想也毫不怀疑的一起接受下来了。近现代有一些学者在中国古代哲学中寻找唯物主义哲学家及其思想体系，但是他们只找到了个别的哲学家和片断的命题。20世纪50年代以后，受苏联日丹诺夫定义的影响，哲学界研究出一个贯穿古今的中国唯物主义传统，并且在每个历史时代、每个哲学问题上都找到了唯物主义与唯心主义的斗争。按这个模式已出版了无数的著作和教科书，似乎已经体系化，但实际上基础很不牢固。这个体系的基础是由历史上具体的哲学家组成的。这些具体的哲学家是唯物主义还唯心主义？虽经50年的探讨，却几乎没有一个哲学家可以肯定下来。"[1]

在宫哲兵的这一篇文章里，笔者找到了同我的看法几乎完全相同的论述。笔者完全赞成宫先生，我们必须对中国古代唯物主义与唯心主义重新估价。

这个问题有几个方面，笔者专心思考的是：①研究，②文化，③语言的方面。

从哲学研究方面看来，学习哲学，我们靠一些工具来说明哲学家的思维。关于工具来说，它们有两个种类。第一，对研究目的适当的和不适当的。适当的工具帮助作研究，不适当的工具不仅不帮助，而且有的时候妨碍研究发展。最重要的问题是，在中国古代哲学方面，"唯物主义反对唯心主义"这个概念，不帮助获得启发，获得知识。

对宫哲兵教授的看法（笔者也是一样的），唯物主义与唯心主义的斗争的概念，这个工具不帮助了解中国古代哲学的范畴和学说。比如说，不帮助了解阴阳、五行、理气、体用等范畴。不帮助了解儒学、道家、名家、理学、心学等理论。按照宫哲兵所说："中国早期的阴阳学说、五行学说以及影响深远的气的学说不是唯物主义，《管子·内业》的作者、庄子、张载等也不是唯物主义哲学家。从唯物主义的理论基础和历史形态的角度看，中国古代哲学不具有一般唯物主义的基本前提，也不具备传统唯物主义的主要特征。"[2]

实际上，如果同意中国所有的唯物主义与唯心主义的理论，不但不会出现中

国古代哲学的特色，而且还不会发扬中国古代哲学的精神。

从中国古代哲学思想和西方古代哲学思想的介绍中，我们可以看到，历史经验不同，使用的名词不同，思想体系不同。人类在几千年的文明发展上总共创造出来了西方中国两大文明体系，两个伟大思想的世界。每个体系的范畴有每个体系的特点，一个体系有的概念，别的体系不一定有。中西文化的差异还不在形式上，而在根本的思维方式上。中国、西方国家的文化，不能离开自己历史、自己实际、自己实践。比如说，大家应该承认，不研究西方宗教对西方文化的影响，就不能写出真正的西方文化史、西方历史和西方哲学内容。我们现在探讨的问题也跟西方基督教有关。宫教授说，唯物主义随着西方自然科学工作者进入中国，但是唯物、唯心的真正发源地是基督教，不是自然科学。西方哲学家随着基督教，将全宇宙分化为两个范围，第一个是上帝的，第二个是人类的，精神实体的和物质实体的。

中西文化不同，哲学也不同。2005 年笔者参加了北京海外汉学学术研讨会。笔者发言讲了这样的话："中国传统哲学是世界哲学宝库的瑰宝之一。众所周知，长期以来，中国传统哲学与西方文化没有联系，由此，中西传统哲学有着十分明显的不同。欧洲哲学则自始以来，就不是走中国这样的路子，在悠久的文化传统中，它并不出现'理气'的观念，也不强调'体用不二'、'无为'、'有无'等思想。而相反的，在西方哲学家看来，物质实体和精神实体作为宇宙，古代中国思想家对这些问题完全不管。"[3] 从宏观上来看，西方有的概念，在中国哲学里面，不一定应该有。所以，西方与中国哲学体系不一样，不能希望中国给每个西方概念类似范畴。正是，宫教授说的关于唯物主义："虽经 50 年的探讨，却几乎没有一个哲学家可以肯定下来。"

上面讲的是研究、文化方面的问题。

最后，笔者认为必须谈一谈语言在哲学文化中所起的作用。

因为中西哲学不同，哲学语言也不同。像中国哲学中有的而西方没有的"言意之辩"，若译为西文，使西方人了解一些，则必然失去真正的意义。在西方哲学思想方面，情况也是一样的。

笔者想举中国哲学语言一个例子，同它西方的哲学语言相比，从中看出中西语言之不同对哲学的影响，以及中国哲学语言对西方语言的不可接受性。

我们注意到牟宗三，他是台湾哲学家，也是新儒学思想家。牟宗三先生说："康德转向实践理性是正确的，转到实践理性就须接触到实践理性所呈现的本心，良知(儒家)，道心(道家)，如来藏心，般若智心(佛教)，这些都是心，依康德的词语，这些都是实践理性所呈现的道德心，道心，如来藏心，般若智心，那么这些词语所表示的心是有限心抑是无限心?"[4]

对西方人来说，这篇文本的内涵，是十分奇怪的。因为，受西方文化培育的

人，都知道康德完全没有对“心”的范畴探讨过。为使中国人了解德国有名的思想家康德的理论，牟宗三先生用的词都是从中国传统的哲学词典里借用的。18世纪欧洲人康德不知道关于本心、良知、道心、如来藏心、般若智心。他本人，对儒家，道家，佛教没有知识和兴趣。据以上所述，得出很简单的结论，把西方哲学语言同中国哲学语言沟通起来不容易。因为中国哲学所使用的语言，同西方哲学语言几乎是完全不同的。

笔者在这里还必须加上几句。从语言方面看来，“唯物主义”和“唯心主义”这两个词，从西方语言译成中文的译文以后，跟它们来源的词撕破了关系。西方的词“idealism”(在这里英文的)和“materialism”(英文)得出了中国形式。结果，内涵也改变了。使“idealism”变成“唯心主义”，把“materialism”化成“唯物主义”。“物”和“心”是中国哲学辞典的词名。可以说，改一个字，把“idea”改为“心”而境界全出，则意义迥乎不同。唯心的概念方面，它跟心有关，像佛教派之一。[5]应该说，“idealism”的思维在中国古代哲学完全没有。英文“idealism”，德文“idealismus”，俄文“идеализм”——这词完全不可能用中文翻译。现在由欧洲文译成汉语，中国人用“唯心主义”——这是在基本上，跟英文的“idealism”不一样的。

什么是西方的“idealism”？这是“idea”的派生词。什么是“idea”？根据在台北市远东图书公司出版的《最新实用英汉词典》，“idea”词为一般用语，指理解、思维、推想、幻想等之结果而产生于脑中之思想、念头、主意、意见[6]。从上面简短的说明中，可以看到，欧洲(英)语言“idea”基本上只限于人的头部，脑子。于是，所谓“idealism”也仅限于研究头部方面产生的“idea”。这个西方人的逻辑结果，跟古代中国人“心”的逻辑完全相反的。西方把头部的特别注意的话，其根源何在呢？在西方宗教里，上帝总是在上面。每个人的头部也是上面，所以离上帝最近。换一句话，我们可以说，西方承认头部为人身主要的部分，中国承认心脏为人身主要的部分。

所以，唯心主义同“idealism”有不一样的意义。不要模糊两个概念之间的原则性差别。

宫教授同我想的几乎完全一样的。虽然，在同一个问题上，我同宫教授看法可能是不相同的。他说：“中国古代哲学没有唯心主义，也没有唯物主义，这本来是很简单很明显的事实。”

笔者想，情况不是很简单的。不要忘记“唯物”与“唯心”是中国哲学词名。这个问题还要继续探讨下去。

无论如何，中国的古代哲学研究的道路将会依靠自己去规范。从这个方面看来，宫教授的著作是非常有益的。

注释:

[1][2]宫哲兵:《唯道论的创立》，武汉出版社2004年版，第95页。

[3]张西平:《海外汉学学术研讨会综述》，引自"中国侨网"2005年12月10日。

[4]牟宗三:《中西哲学之会通十四讲》，上海古籍出版社1997年版。第80~81页。

[5]任继愈主编:《宗教词典》，上海辞书出版社1983年版。第219页。

[6]台北市远东图书公司出版:《最新实用英汉词典》，1993年版，第998页。

第七章　唯物论，唯心论，唯道论

薛英俊（葫芦岛市道家学者）
李成秋（徐州市道家学者）

西方人有言：恺撒的还给恺撒，基督的还给基督。在罗马时代就按罗马人说的做。所以，为了尽量减轻概念混淆造成的理解误差，我们还是先将历史意义上的原本的对于唯物论、唯心论与唯道论的通常理解扼要交代出来。

一、各派理论与代表人物

1. 唯物论及其代表人物

所谓唯物论，哲学上最通常的理解指的是以下述定义为基本原理的学说：存在着的一切不是物质，就是其存在完全依赖于物质的东西。

从明确的观念表达上，在西方，唯物论的第一人被追溯到原子论者德谟克利特（前460—前370年）。“实际上，除了原子和虚空之外，别无他物。”德谟克利特明白地说真理就是现象，与显示于感官的东西毫无分别。凡是对每一个人都显现并且每一个人都觉得存在的东西，就是真的。

其后有伊壁鸠鲁、卢克莱修（注意在他那里除了原子和虚空，又加上了规律，并因而被称为唯物主义之父）、培根（客观唯物主义之父）、霍布斯、拉美特利和霍尔巴赫等。

公元前600年，在印度兴起的斫婆迦派、顺世派和生活派，作为唯物论虽略属于印度哲学的边缘部分，但其流传却很久远。

其典型观点是：拒绝接受“转生”论和这个理论的伦理学基础，否认任何形式的个人死后还能存活的理论，反对任何认识手段（包括“推理”和“语言陈述”）。只承认由知觉所得的知识，不信仰自由意志。在印度大多数唯物论学派中，对人只进行物质组成及其相互作用分析。

2. 唯心论及其代表人物

所谓唯心论，哲学上最通常的理解指的是具有以下观念的一类理论：所谓的“外部世界”以某种方式为精神所创造。

需要注意的是，唯心论并不否认常人所持的物质事实存在的观点，而且不同意许多哲学家提出的物质世界是完全独立于精神的观念。

唯心论主要有三类：

(1)宗教唯心论：认为物质客体只是由存在于上帝心灵中或由上帝创造的有意识的人的心灵中的观念构成的。代表人物是贝克莱。

(2)主观唯心论：即康德的先验唯心论，也称为批判的唯心论。指的是康德的如下观点：就存在于空间和时间中的事物而言，我们经验的对象只是现象，它并不独立存在于我们思想之外。

笛卡尔则以其第一原理“我思，故我在”，强调意识的第一性而被称为近代哲学主观唯心论之父。

(3)客观唯心论，也称绝对唯心论：认为一切存在都是一个绝对精神的某种形式。

它首先由黑格尔充分发展。英国的格林、布拉德莱和鲍桑葵属于这一个派别。

在印度“唯识派”与此相当：“识”被认为是绝对的，而现象世界被认为是虚幻的精神投射。

3. 辩证唯物论及其代表人物

所谓辩证唯物论：认为自然界是本原。物质不是思想的产物，而思想是物质的最高产物。支配物质的规律是辩证的，而不是机械的。

辩证法的三大规律是：

(1)量转化为质和质转化为量的规律；

(2)对立面互相渗透的规律；

(3)否定之否定的规律。

创始人是马克思、恩格斯(哲学理论原理的主要表述者)。代表人物有列宁、斯大林、毛泽东(辩证唯物论的集大成者，其优秀成果主要体现在《实践论》中)。洛克和斯宾诺莎也常被人列入此列。

4. 唯道论及其代表人物

依据宫哲兵教授《唯道论的创立》，所谓唯道论，就是认为万有唯道所生，万有唯道所成，道在万有之中，万有唯道所主。

老子是唯道论的创始人，创立了比较完整的道论体系。唯道论是中国哲学史的主干。

先秦时期的庄子，魏晋时期何晏、王弼，近代魏源、严复、王国维、吴虞、汤用彤、胡适、陈寅恪、王明、陈樱宁、金岳霖、方东美、宗白华、萧天石等被

列为其代表人物。

二、唯物论、唯心论与唯道论之关系界定

从上面的表述和哲学史的表征中，以上四者的关系可以概括如下：

(1)唯物论与唯心论是对立斗争的关系，两大"阵营"互不相容。

(2)辩证唯物论是唯物论与唯心论二者的辩证统一。既批判唯物论的机械论，也批判唯心论的理念论，采用的是唯物论的自然观、唯心论的认识论的"合理内核"。

需要澄清的是，像张岱年在《中国哲学大纲》再版序言中所述"唯物主义阐明或接近真理，唯心主义则在不同程度上制造了背离实际的谬论。我们必须肯定唯物主义的正确性，必须指出唯心主义的谬误性"的认识，并不是辩证唯物论的观点。

人们似乎忘记了一件最明显的事实，忽略了一个最简单的道理。如果唯物论阐明而且接近真理，那么，马克思和恩格斯为什么还要创立辩证唯物论呢？

(3)唯道论介于宗教唯心论与辩证唯物论之间，接近于斯宾诺莎，因为它接近于"承认创世说"。

在贝克莱《人类知识原理》中就曾谈到："一位全知的精神的本质存在，形成万有，支配万有，保持万有。"

不过在这里要声明一点的是，恩格斯在指出唯物论与唯心论的区别时，只是作为一个二者划分的界线和标准，并不是二者正误的是非标准。而且在《路德维希·费尔巴哈，德国古典哲学的终结》一文中，恩格斯对唯心论的黑格尔的肯赞与对人本主义的唯物论的费尔巴哈的批评是同样深刻和鲜明的。希望各位读者和看官能够正视这一久已被忽视和篡改了的事实。不要误将政治中的利益判定原则，搬到哲学领域的是非界定标准中来。

而宫哲兵教授所论述的老子的"唯道论"，之所以在老庄之后被发展成为道教，与此是否有着极大的关联呢？这不也正是宫教授能够比较赞成道教前辈任法融道长认为道不是规律，"规律皆是道的派生物"的原因吗？

"在中国一世纪，道与神合一，道成为道教的最高信仰，当然道教也体现着中华民族的文化精神。在欧洲，逻各斯后来成为基督教的最高信仰，'上帝与逻各斯同在'，成为欧洲各民族的最高文化精神。大约也是一世纪，《约翰福音》和《约翰一书》把逻各斯说成是与神同在、与神同一的道，而把耶稣圣子说成是'道成肉身'。奥古斯丁说逻各斯是超自然之光，斯各脱说逻各斯是作为存在的存在。到了近现代，逻各斯在笛卡儿那里是天赋观念，在莱布尼茨那里是单子，在斯宾诺莎那里是样式，在康德那里是自在之物，在黑格尔那里是绝对精神。当代

法国哲学家德里达认为，整个西方思想与民族精神，都以逻各斯为中心概念。逻各斯是西方民族精神的最高概念，道是中华民族精神的最高概念，二者惊人的相似，可以说是'逻各斯与道同在'。"(《唯道论的创立・质疑中国哲学史"唯物""唯心"体系》第37页)

将"单子"与"样式"理解成"道"的存在"变体"，也许正是误解"大道"与"道"的层次区分，将规律与观念混淆，从而产生了"唯道论"这一提法的根本原因。

三、《唯道论的创立》的历史作用及意义

今天之所以能够理清思绪，初步进行这一论题的理性探讨，正在于《唯道论的创立——质疑中国哲学史"唯物""唯心"体系》一书，曾经不但增强了我们对于《老子》哲学体系整合的无比信心，取得了一定的理论成果，而且也正因为《老子》道学超越了"唯物""唯心"二元对立之上，才有能力以正确的思维方法对世界哲学史进行深入探究和分析。

面对人类共同的文化复兴需要，面对哲学概念、哲学原理本身的清晰性要求，面对自然科学"不确定性"的迷茫，对于"唯物"与"唯心"体系，不仅中国哲学史需要质疑，世界哲学史更需要质疑。因为这两个概念体系若不能够得到澄清，这两个虚幻的敌对"阵营"若不能够得到理顺，无论中国，还是世界，任何试图建立新的哲学理论体系的人，也都将只是虚妄，是对整个哲学史，也是对人类文明发展史的一种野蛮亵渎。

历史常常有惊人相似的一幕。恩格斯曾言，费尔巴哈《基督教的本质》清除了黑格尔体系的"绝对观念"给人们造成的思想彷徨的矛盾，从而宣布了德国古典哲学的终结。在哲学史的意义上宫哲兵教授《唯道论的创立——质疑中国哲学史"唯物""唯心"体系》的适时产生，也就意味着21世纪中国哲学，必然走向新的起点。同时，也预示了中国哲学势将走在世界的前列。

所以，我们特别同意邓晓芒在该书的序言《为开创中国哲学史研究的新时代而努力》中，对学术界在中国哲学史研究中所存在的问题的以下分析。

"用马克思主义一般原理简单套用中国哲学史的表面化和独断论"、"缺少对其研究对象的特殊民族文化性质的具体分析的贴切把握"、"抱有某种急躁、浮泛的态度"、"把复杂、丰富的历史、文化现象简单化、平面化了，而且偏离了中国哲学史这一特殊对象的具体内涵，不能把握其最主要、最本质的精神实质"、"反映了我们民族思维方式对理论不求甚解，重实用、重效果的偏向"。

我们也十分赞赏刘清平所说："试图从中西哲学在人为践履精神与认知理性精神方面的鲜明对照出发，对宫文提出的中国古代哲学没有唯物唯心的对立和认

识论体系的正确见解作进一步的解释”，“为把这场对于今天人们重新研究中国哲学史具有重大意义的学术讨论引向深入做出一点努力”。

很显然，对于这一攸关中国哲学历史转折的重大问题的理论探讨，如若不能抱以开放的、广纳四方的、从谏如流的理性态度，是难以为继的。

尤其重要的是，通过多学科透视的穷举比较和在历史上哲学流派原生质观点的条分缕析对照中，作者不但达到了“破”的预期目的，而且也给出了一个明确的结论：道家哲学超越于“唯物”、“唯心”二元对立之上，中国哲学的真正内涵和外延并没有得到充分的发掘和建构，对中国哲学的任何歧视性立场和观点都只能证明其自身的无知和狂妄。从而，为21世纪道学的发展和中国哲学理论的创新搭设了一个高阶起点的平台。

第九部分
道学新论摘要

第一章　新道学理论

一、道学文化的新科学观

胡孚琛（中国社会科学院哲学研究所研究员）

本文提出道学文化心、物、能一元论的新科学观，并对什么是道？道学的宇宙演化图式作了逐层剖析。文中推导出信息、能量、物质相互转化的数学关系式，并揭示出宇宙“灵子场”的本质。同时，还对实有的“色界”和“虚无空灵”的“无色界”之特征与相互关系作了探讨。最后，作者揭示了人类心灵的奥秘及其趋进于道的规律。道学的新科学观，为人类面对的科学难题给出全新的思路，并将引发21世纪的新科学革命。

集古今中外文化精华而开创的新道学文化，不仅是一种解释世界的学说，也是一种改造世界的学说。道是宇宙生化之原，人类社会中和之原，人体生命之原，是一个取之不尽、用之不竭的宝库，是人体抗病求生的“保护神”，是人类消灾避难的“救世主”。新道学科学观的目标，就是将道开发出来，解决21世纪人类共同面对的难题，为全人类服务。道学之士要为宇宙立基，为生灵立命，为人类图生存，为世界求和平，为科学开新篇，为社会奔大同，这就是新道学的历史使命。

二、当代道家

宫哲兵（武汉大学哲学学院教授）

当代道家是指那些认同“道”的理念，在今天仍然坚持道家的生活方式与人生信仰的人。对知识分子来说，是那些努力使传统道家在当代创造出新形态的人。它的成员主要包括研究道的知识分子、信仰道的道教人士、认同道的企业人士以及喜爱道、欣赏道的社会各界人士等等。古代道家大部分是隐士，不成名不成家，他们代表着一种淡泊名利、远离权势、自然逍遥的人生信仰与生活方式。当代道家也是这样，只要你是有道之士，坚持道家的人生信仰与生活方式，即使你是工人、农民、普通道士与无名无家的知识分子，你也堪称当代道家。当代道家已初步形成思潮。各行各界，都出现了一批认同道家的人生信念与生活方式的人，还有一些创立当代新道家、新道学的知识分子。

三、论新儒家与新道家的关系

孔令宏(浙江大学哲学系教授)

新儒家是接着历史上的儒家往下讲，而不是照着讲。历史上的儒家与道家同为神州大地上土生土长的中华民族的思想形态，其间有诸多相通相同的地方，并在历史上取长补短，相互交流，相互影响，共同发展。顺此而下，现代新儒家的代表人物熊十力、牟宗三、冯友兰、方东美、唐君毅、马一浮等人都在不同侧面和不同程度上对道家思想有所研究与吸收。现代新道家之“新”，同样是接着历史上的道家讲，是相对于历史上以老子、庄子为代表的道家思想的“新”，是形式与内容的新。这与现代新儒家相对于历史上的儒家的关系有诸多相似之处。因而现代新儒家与现代新道家的关系，也应该与历史上的儒道关系类似，在相互影响、相互促进中得到发展。唯一不同之处在于，现代新道家的建构才刚刚开始，在时间上晚于现代新儒家，在其成长的初期，应该最大限度地避免出现门户之见，需要谦虚地向走在前面的新儒家学习，积极研究、理解新儒家已经取得的成果，在吸收、消化的基础上，才有可能赶上现代新儒家，并从自己的立场上开展哲理的运思与体系的建构。

四、道与人的契合——当代新道家人学的历史渊源与创立价值

王驰(山东省宗教、科学与社会问题研究所)

当代新道家肩负着伟大的文化使命，而“新道家人学”体系的创立则是这一使命中重要的学术工作。从新道家人学的历史渊源来看，首先是老庄道家人学确立的整体性、内在性、超越性等基本精神原则；继而道教的信仰又大大推动了道教人学对道家人学的继承与发挥，并促成了道教人学与道教科学融合在丹道学、医学、武学、法术的一体化系统内，彰显出独到的东方智慧。在传承道家道教人学的基础上，当代新道家人学的创立将会产生巨大价值。

五、新道家之新在何处突破

刘剑虹(湖北洪湖市道家学者)

全文的核心立意是探讨道学(广义道体系)的内涵与范畴，以及其与道家(狭义门派)、道教(宗教团体)的概念区隔。以及道学进化的方向与实践的路径，做一个粗略的轮廓刻画。并决心探索东方《元气论本体假说》与西方《原子论本体假

说》的联姻与理论深化。我的核心观点是围绕《即时归零律》(“反者道之动，返者道之动。”此为对道学理论的深化提炼)为原点展开。并尝试将道学归纳升华为《太极虚零轴炁流式》理论。或者对西方宣传称为《存在第一推动法则》。

所以新道家之新在何处突破？在于除旧布新，去芜存菁，去名求实。旧在那里？在方法之旧。新在何处？在理念重构。

简单直白地说：是还道本原，行道本真，修道本朴，宏道本质。新是针对旧的方法论而言的，新道家要有全新的、接近并结合现代理念理论解构重建之过程，且可以在现代社会条件下可以切身修行的新的方法论。在围绕这命题的实践中，我切身地体会到，道学(广义道体系)、道家(狭义门派)、道教(宗教团体)三者如若不进行重大的路线调整与深刻变革，乃至是革命性自我本原修复，就会丧失重大历史机遇，并无法中兴于现代社会。

第二章　唯道论与中国哲学

一、与道为友：庄子的人论

成中英（美国夏威夷大学教授、国际易学研究会会长）

(1)“芴漠无形，变化无常，死与生与，天地并与，神明往与。芒乎何之，忽乎何适，万物毕罗，莫足以归……独与天地精神往来而不傲倪于万物。不谴是非，以与世俗处……上与造物者游，而下与外生死无终始者为友。”(天下篇)

(2)“非彼无我，非我无所取，是亦近矣。如有真宰，而特不得其朕。可行已信，而不见其形，有情而无形……物莫非彼，物无非是，自彼则不见，自知则知之。故曰：彼出于是，是亦因彼。彼是方生之说也。”(齐物论)

(3)“壶子气机四示：杜德机，善者机，衡气机，未始出五宗。”(应帝王)

(4)“鱼相造于水，人相造于道。相造乎水者，穿池而养给；相造乎道者，无事而生定。故曰：鱼相忘于江湖，人相忘于道术。”(大宗师)

(5)庄子(对惠子)曰：“道与之貌，天与之形，无以好恶内伤其身。今子外乎子之神，劳乎子之精，倚树而吟，据槁梧而瞑。天选子之形，子以坚百鸣。”(德充符)

(6)“不知周之梦为蝴蝶与，蝴蝶之梦为庄周与？周与蝴蝶，则必有分矣。此之为物化。”(齐物论)

(7)“夫道未始有封，言未始有常，为是而有畛也。请言其畛：有左，有右，有伦，有义，有分，有辩，有竞，有争，此之为八德。六合之外，圣人存而不论；六合之内，圣人论而不议。春秋经世先王之志，圣人议而不辩。故分也者，有不分也；辩也者，有不辩也。曰：何也？圣人怀之，众人辩之以相示也。”(齐物论)

(8)“以指喻指之非指，不若以非指喻指之非指也。以马喻马之非马，不若以非马喻马之非马也。天地一指也，万物一马也。可乎可，不可乎不可。道行之而成，物谓之而然。恶乎然？然而然。恶乎不然？不然于不然。物固有所然，物固有所可。无物不然，无物不可。”(齐物论)

(9)“卮言日出，和以天倪，因以蔓衍，所以穷年。不言则齐，齐与言不齐，言与齐不齐也，故曰无言。言无言，终身言，未尝不言；终身不言，未尝不言。

有自也而可，有自也而不可。有自也而然，有自也而不然。恶乎然？然而然。恶乎不然？不然于不然。恶乎可？可于可。恶乎不可？不可于不可。物固有所然，无固有所可，无物不然，无物不可。非卮言日出，和以天倪，孰得其久！万物皆种也，以不同形相禅，始距若环，莫得其伦，是谓天均，天均者天倪也。”（寓言）

(10)“彷徨乎冯闳，大知入焉而不知其所穷。物物者与物无际，而物有际者，所谓无际者也。无际之际，际之不际者也。谓盈虚衰杀，彼为盈虚非盈虚，彼为衰杀非衰杀，彼为本末非本末，彼为积散非积散也。”（知北游）

(11)为友五义：一同游相与，二相知相惜，三切磋互勉，四知己知彼，五和而不同，相忘乎江湖。（道术）

二、论“唯道”

杨汝舟（台湾老庄学会创始人）

1. 神农之“唯道”是行

播五谷，以行养民之道。尝百草，以行救民之道。通有无，以行便民之道。驯六畜，以行利民之道。造穗书，以行新民之道。（竹书纪年前编）发明益卦与噬嗑卦，以行亲民之道。

2. 老子之“唯道”是从

唯道唯大、唯根、唯母、唯玄、唯妙——《老子·1、25、51 章》，唯道自然——《老子·56、17、23 章》，唯道能柔、能静、能善、能实——《老子·67、37、43 章》，唯道能生——《老子·42、51、40 章》，唯道能德、能善——《老子·21、15、27、54、65 章》，唯道能无私无我、无争无欲——《老子·7、13、3、19 章》，唯道能治国、用兵、取天下——《老子·57、65、69 章》，唯道能富庶繁荣、和平安定——《老子·57、80、59 章》，唯道能养生保命、功成事遂——《老子·10、55、66 章》。

3. 孔子的“唯道是贯”

孔子说：吾道一以贯之。又说：朝闻道，夕可死也。

4. 唯中道

人心唯危，道心唯微；唯精唯一，允执厥中。（摘自《书经皋陶谟——舜传禹》）

三、《淮南子》中的唯道思想

祁岩(武汉大学哲学学院宗教学系研究生)

《淮南子》是西汉时编著而成的一部包罗万象、以道家思想立意、集各家之言的典籍，它继承了老子的唯道思想，并在此基础上有所创新，将道家思想的核心“道”的含义扩展，又将其引向了治世的现实层面。同时，《淮南子》中的这种唯道思想对于后世的影响也是不可忽视的。

四、老子的唯道论体系

李国湘(四川省泸州市道家学者)

老子具有宏大气象、独特气质的唯道论体系，不仅形上的“道”比“理型”更深刻，而且其形成流变万物感性世界的整个完整过程也更加精细明晰，而且在他的哲学体系中，突出人作为万物之一的存在地位，人学作为哲学重要组成部分，在老子“道”论体系中得到了充分体现，《老子》第二十五章有言：“城中四大，而人居其一。”而几乎与此同时的儒家学派孔子的思想中，仅仅涉及了人学范畴，其正如黑格尔所言“哲学思辨的东西在孔子那里是一点也没有的”。张岱年先生在其著名的《天人简论》中也讲，哲学为“天人之学”。通过以上比较，我们清晰地看到了中国形上学的创始人，道家鼻祖老子以其超凡的智慧，为我们的精神家园构造了一个精致庞大完整的一本多级哲学体系。

五、论中国哲学唯道论的现实运用

刘兴轶(武汉市假日旅行社)

本文主要希望通过对《唯道论的创立》一书的介绍，让更多的人了解中国哲学的唯道论体系的内容，知道唯道论这个新时代的到来。重点阐述老子道教文化在中国及世界各个范围的现实运用：主要运用列举的方法，具体在企业管理的上做了深入的剖析。强调了企业管理的唯道论是当今和将来管理体系的主流。从而鼓励更多人将此观念运用到社会实践中去，推动社会的文明进程和发展。

第三章　唯道论与上帝论

一、唯道与至上神

郑晓芳(武汉中南神学院牧师)

兹将《道德经》的核心理念——唯道与《圣经》中的话语主体——至上神试作比较，或许对多视角理解老子略有助益。“道”的原义是指行走之路。在中国最早的商朝政府文告之书《尚书》中，有“大道之行，天下为公”的语句。我们知道老子所表述的“道”明显已超出其起初的意义，但既然老子借用“道”一词来作为自己的表述对象，就表明在他言说的“道”中，有道的原意在其中。圣经中有：“耶稣说；‘我就是道路、真理、生命，若不藉着我，没有人能到父那里去。你们若认识我，就是认识父’。”(约翰福音：14 章 6 ~7 节)由此可知，神有其超然性与神圣性，但当他表现在人间时，却是与人生最直接联系的道路、真理、生命。

二、唯道论与唯上帝论的比较

王树莲(武汉大学哲学学院宗教学系研究生)

本文选定两个不同宗教——道教和基督教，道教是主要沿袭老子的《道德经》中的唯道论思想，而基督教是以《圣经》中所表达的唯上帝论为核心的。然而，这两者却从本体论上做出了形异而神似的回答。“道”与“上帝”的本质都在于人类的一种超越意识，即“无”。两者都是超越有限的“无”，都是从“无”中创造世界万物，其终极目标都是为了达到与本体的合一。

三、老子之道与圣经之道的比较研究

黄敏(武汉大学哲学学院宗教学系研究生)

道是中国哲学特有的概念。道不仅具有形而上的本体意义，而且也具有宇宙生成论的意义。圣经中的上帝作为道，也是如此。上帝就是道的神化。不论从哲学上还是宗教学上看，道与上帝分别代表了中西文化中的最高概念。对老子之道与圣经中的上帝做一比较，更可以清楚地看到中西不同文化背景下对终极无限的共同呼声。

第四章　道　论

一、老子道德经之精义——唯道是从

杨汝舟(台湾老庄学会创始人)

老子《道德经》为中国哲学中贯通天人关系，而成完整体系的最重要著作之一。老子的“道德”思想若完全实现了，则不惟人人可以无私、无欲地“选贤与能”，以实现真正的民主政治，同时国家亦可因之而富庶，世界亦可因之而大同，人类亦可因之而入于长治久安的幸福美满之域。

老子的《道德经》是人类最高智慧的结晶；它以“道”为宇宙三才(天、地、人)之本体，以“德”为宇宙万物之演进，以“道德”之合为宇宙真理之完成，诚全世界最佳的不朽哲学巨著。且字数甚少，言简意赅；含义甚广，范围无穷；可以如此研究，可以知彼研究；可以今天研究，可以明天研究；皆有心得，而心得不同；皆有结果，而结果互异；这就是“老子”成为中国重要著作中最早被译为外文(继高僧传：唐玄奘奉敕译老子五千字为梵文，以遗西域)之原因所在。迄今已译成之外文，不下百余种。而且自庄子、列子、宗老、引老，关尹子、河上公述老、叙老与韩非子“解老”、“喻老”以来，其从事注释与研究而有成名著作者，亦有五百多家(见严灵峰先生的《老子集成》)；《道德经》影响之巨且深，可知矣。

二、老子哲学新论——以“道”的特性为核心的探讨

陈立骧(台湾高苑科技大学副教授)

本文以《老子哲学新论》为题，而将论述的焦点集中在“道”的特性上。我们希冀藉此：一来，辨明老子究系依“分解的思路”，还是“全体论与整体实存的思路”(即“辩证的思路”)，来看待“道”，以及“道”与天地万物的关系；二来，初步呈现老学的特性。

全文共分成四部分：一是“前言”，旨在交代本文的问题意识与相关事项；二是“‘分解的思路’与‘全体论与整体实存的思路’”，旨在分别说明“分解的思路”与“全体论与整体实存的思路”(辩证的思路)两者的意义，以作为本文析论的

理论基础；三是“老子哲学的‘道’之特性”，旨在征引与析论《道德经》原文，以清楚呈现老学的“道”之特性；四是“结论”，旨在综览全文，并将它作一总结，以简要呈现本文的论点。

本文的结论主要是：由于老子认为“道”对于天地万物，具有“时间”与“存有层级”上的优先性，亦即，他认为在天地万物之前与之上，有所谓独立自存、永恒普遍的形上超越的道体存在。因此，基本上他是以“分解的思路”，来思维与表述“道”，以及“道”与天地万物之关系的。而因“道”乃是老学的核心观念，且老学又是思路一致与体系完整之学，故我们实可初步断定：老学应是属于“分解的思路”型态之理论才是！

三、《道德经》中的“自然”含义

孙君恒(武汉科技大学文法学院)

老子在《道德经》中的自然概念，不仅是针对自然事物的状态的描述，还应该包括自然事物的实物内容。作者通过查证《道德经》，对以上两个方面进行了详细列表，从而对老子的自然概念进行了确认。

四、唐代重玄学派道论的特点

刘固盛(华中师范大学历史文化学院教授)

唐代重玄学派道论的重要特点是用“虚通妙理”和心性思想重新阐释老子之道。重玄学派对道论的创造性阐发，在中国思想史上具有重要的意义：其一，提升了道教哲学的境界。其二，为道教性命双修之先导。其三，重玄之道及其心性理论，又为理学的产生提供了可资借鉴的思想资源。

五、王雱庄学思想中的道论

肖海燕(华中师范大学道家道教研究中心博士生)

本文采用文献学与思想史相结合的研究方法，深入发掘王雱在《南华真经新传》中对庄子道论的阐发及蕴涵在其中的时代精神。王雱强调运用“得意忘言”的方法把握庄子的思想，他以性命道德学说阐释庄子之道，并将圣人体道与政治变法联系起来，为理学的产生和发展奠定了一定的思想基础，显示出以儒解《庄》的倾向。

第五章　道与和谐社会

一、《道德经》的和谐观

唐明邦(武汉大学哲学学院教授、中国易经学会创始会长)

道教经典《道德经》，博大精深，字字珠玑，着意宣示和谐理念。日常生活，充满矛盾，缺乏和谐。老君观世化俗，极力劝导信众，修真悟道，清虚自守，少私寡欲，和光同尘，以保持心性和谐；顺世弘道，珍惜“三宝”，爱民治国，为而不争，以增进社会和谐；崇玄抱一，道法自然，万物并作，静以观复，以维护自然和谐。《道德经》宣扬的和谐思想，深入人心，远播海宇，大力弘扬之，对于当今构建社会主义和谐社会，大有裨益，启迪良多。拨正当今世界盛行的极端个人主义、霸权中心论、人类中心主义的自然观，更有赖于《道德经》的至善教诲。

二、论老子的和谐社会观

李德建(福建省老子研究会副会长)

在和谐社会、和谐世界的主张理念破题下，推进人类和平发展、文明进步事业的进程中，老子之道提供了深刻的智慧，具有极其现实的重要意义。其和生哲学、和谐社会观、现实天堂之理想追求，提供了极其有益的启迪。本文从三个方面展开论述：一是系统地整理出老子之“和”的哲学思想；二是从“出发点和”、“过程和”、“结果和”三个层面解读老子之“和生哲学”；三是论述备受误解的老子小邦寡民的现实天堂理想。

三、道家思想与日本哲学的近代化

徐水生(武汉大学哲学学院教授)

道家思想不仅是中国传统文化中的瑰宝，而且是世界文化中的瑰宝，并对日本近代哲学(1868—1945 年)的建立和发展产生了积极的影响。西周(NishiAmane)、中江兆民(NakaeChomin)、西田几多郎(NishidaKitaro)是日本近代哲学的

创建期、发展期、高峰期的三大代表性哲学家，他们的哲学理论除了来自西方思想外，还有不少内容取自于中国的道家思想。

四、天道地道人道与天地人和谐之道

袁建四(湖南省政府经济信息研究中心助理调研员)

什么是天道？什么是地道？什么是人道？天地人的含义是什么？“天”主要指大气与气候；“地”主要指地质地理，包括岩石土壤与矿产资源；“人”主要指生活在地球上的人类，广义上包括一切生命体。倡导天地人和谐之道，最具代表性的是老子自然哲学。以老子、庄子为代表的道家，要求人回归自然、顺应自然。主张“天道自然无为”的老子认为自然界是独立于人的意识之外而不停运动着的，“独立而不改，周行而不殆”，人要顺应事物自己生长变化的原则，不要生硬勉强去做。老子提出“人法地，地法天，天法道，道法自然”的命题，认为人取法地，地取法天，天取法道，道的法则是自然规律，追溯的是天地万物的总和及根本，讲的是顺应自然的行为准则，是“天人合一”的和谐整体观，有助于人们克服人类与自然的对抗，在天地人和谐相处的基础上求得社会进步和可持续发展。

五、人与自然的和谐发展与道家的生态和谐观

张端明(华中科技大学物理学系教授)
殷艳萍(华中科技大学物理学系博士生)

道家的核心——“道”，就是兼有万物之源和万象之源的统称。道家认为精神世界的普遍规律是与物质世界的基本法则相通的，或者说两者具有一致性。天、地、人等宇宙万物，及其内在的系统规律性，在“道”中实现了生态自然的和谐统一。

道家认为，人与自然的和谐统一是至高无上的理想精神境界，老子认为这种精神境界与“自然无为”融为一体。人们应该与自然保持协调发掘老子哲学和道家思想中，以生态和谐观为核心的丰富博大精神的思想内涵，对于济事救民，无疑是一剂切中时弊的良方。尤其是在举国建设可持续发展的和谐社会的时候，道家的生态和谐观不仅对于振兴中华民族的传统优秀文化，而且对于建设一个人与自然和谐发展的新的社会，是具有十分重要的现实意义的。

六、论道家的公正观

梅珍生(湖北省社会科学院哲学所所长)

公正的观念起源于人的交往活动，无论是人与人的交往，还是人与其他没有自我意识的非人，它体现了主体的人与的关系。公正总是相对于主体的人的，没有人的存在，是无所谓公正的。它包括了两个层次的初始含义，第一，作为个性品德的公正观念；第二，作为社会组织行为的公正观念。在一定意义上讲，公正是公平与正义的复合，我们在讨论公正这一概念时，不能忽视这两个既相互联系，又有一定区别方面的内容。

第六章 道与企业管理

一、从“上善若水”看现代企业管理

郑炳丰（马来西亚道家研究者、从事市场开发运营管理工作）

本文尝试用老子八章“上善若水。水善利万物而不争，处众人之所恶，故几于道。居善地，心善渊，与善仁，言善信，政善治，事善能，动善时。夫唯不争，故无尤”来说明企业管理内含“唯道”并体现出“道”。虽然老子是用水来比喻道靠近道；“故几于道”但是也是在道里头的。

企业管理作为一个学习课程或商业活动是否具有指导原则和存在规律。答案是肯定的，而且是来自于东方世界的老子。宫哲兵（2004）提到老子学说内容说明了万有唯道所生；“道生一，一生二，二生三，三生万物”。万有包含了万物，规律，伦理等。当道创生出宇宙万有、又成就了宇宙万有之后，道与宇宙万有的关系如何呢？道在万有之中，成为万有的本质，成为万有的活力。

二、《道德经》首章浅释企业管理中的经验矛盾

杨雪菲（武汉市长春观文化研究中心）

有没有一种方法，可以化繁为简，使繁杂的管理理论归于一条真理呢？有，中国传统学问就一字记之曰——道。

高明的管理者，面对矛盾时，决不会裹足不前，畏首畏尾，正相反，他们往往会显得格外的兴奋，甚至手舞足蹈、跃跃欲试，因为他们善于悠然自得地行走在矛盾的钢丝绳上，成功不坠。能让他们有胆量接受任何矛盾挑战的力量是：他们拥有着“玄变”的手段和“唯道所识”的境界，他们往往用道的眼光去观察事物的矛盾性，而不会使自己身陷于矛盾的泥潭不能自拔。这就是区别于“术”与“法”的、“唯道式”思维的最高境界。

“玄变”与“唯道所识”，是万古不变地、万世恒久的玄妙法门。如何玄变？如何用“唯道”的眼光去看世界？在“唯道所识”的思想下衍生出来的“处下不争”、“无为而治”的现实意义是什么？“无为而治”到底需要什么作为支撑和基石？去看看老子的《道德经》，或有所得。

第七章　道与心理学

一、道家心理学的发展

李绍崑(美国教授、中美心理研究所所长)

庄子不但是中国的伟大作家和哲学家，他更是世界级的诗人和心理学家。他影响了慧能及其他禅宗大师们，尤其是禅师们对道家性格的吸收，如空的意义、本来面目的解释、无所谓的心态、道的体验以及成道的过程。他也影响了欧美各国的哲学界和心理学界，欧洲的沙特和容格以及美国的马思乐和沈娥就是具体的实例。王阳明(1472—1528 年)是明朝时代的哲学家和教育家。他的哲学偏重于儒家的心学派，而他的教育学，则侧重于心理教育。他的一生，除了宗于儒学之外，他也曾受过佛教和道家的影响。这里我们只谈他的传习心理学，亦可谓教育心理学。

二、“道”的原则在心理咨询与治疗中的作用

张宝蕊(美国心理学博士、中美心理学研究所)

罗吉斯反对权威、专家们的自以为是，所以他创了“非指导”式“以人为中心”的咨询方法。他主张咨询师必须要“真实”，“真诚”(Genuine，Congruence)，要表里一致，并且要对来访者表达出无条件的关怀(Unconditional love)，这都再显示出他是相信咨询中的“自然”，会带动整个过程及结果。他在巴西带领七八百人的成长团体，就“什么事也没做”，只是让大家的内在直觉来运作，他只是静观其变。在他的书《存在的道》(*Away of being*)中写到老子思想对他的影响：“致虚极，守静笃，万物并作，吾以观复”《道德经 · 16 章》。宇宙的道，是虚无和宁静的，我们人类必须在宇宙内致虚于极点，守静于笃实，方能在万物并作的情形下，观出它们往复的道理。

三、道家的处世之道与认知疗法

吕锡琛(中南工业大学教授)

道家所倡导的顺应自然、去除偏执、宽容不苛、安时处顺等处世之道是道家洞察社会和人生之理而总结出来的处世之道，它不仅在中国历史上曾发挥调心养性的积极作用，而且亦可成为现代人调治不良心理、保持身心健康的良药。本文试结合认知治疗法(Cognitive therapy)这一现代西方心理治疗法，阐发道家思想中的心理治疗智慧

第八章　道与科学

一、"道"范畴与中国传统科学思想——唯道论的一个例证

谢清果（厦门大学人文学院讲师）

"道"范畴是道家科学（哲学）思想的基础范畴，相当程度上，它们决定了中国传统文化的特质。本文着重从"道"作为范畴所蕴涵的丰富科学思想入手，为"唯道论"体系建立提供一个例证。

二、论宇宙与物质生成

伍建宏（武汉市道家学者）
张瑛（武汉市道家学者）

通过中国古代的太极学说与现代科学的宇宙论相结合分析，深入阐述和演绎了宇宙和物质的生成。用太极涡漩观念，提出宇宙最初的形态是由两个量子真空所构成的对偶宇宙形式，我们的物质宇宙是由量子真空中一对阴阳极点对称旋转而形成的。并对宇宙的膨胀现象作了新的解释，为当代的宇宙观提供了新的思路。

三、试论"道"的三种形态划分及其在哲学和科学上的意义

李惠生（福建省长乐市供电有限公司）

本文从唯道论的视角，分析注释者长期以来对《道德经》中"无"、"有"、"一"看法不一，从而阻碍了人们对"道"的整体认识这一情况，论证了"无"、"有"、"太一"是同一个"道"的三种不同形态，并着重讨论了划分这三种形态在哲学和科学上的意义。

老子"道生万物"学说是一个完整的物质起源和宇宙演化的学说，这个学说主张物质起源于"无"——暗能量，主张"太一"生成正物质，同时主张宇宙中天体与粒子按层次同步演化。这是一个既古老又新颖的物质结构学与宇宙演化学理论，它是中华先哲为我们开辟的一条认识世界的道路，其科学性正日益为现代科

学所证实。尽管这个学说与现在流行的大爆炸宇宙论和无限可分的物构论不甚一致，也尽管我们在表述中还有许多猜测的成分和尚未填补的空间，但这个学说的理论自足性和逻辑合理性是不应怀疑的。作为老子的后人，我们都有责任去阐明之、完善之、证实之、光大之。只有这样，我们才能无愧于先人。

第九章　道与道教

一、高科技时代的道教养生之“思”

李刚（四川大学道教与宗教文化研究中心主任）

近代以来的西方人有一种与上帝竞赛“伟大”的雄心，成就了所谓“浮士德精神”。如果我们论及道教养生学的雄心壮志，那当然就是欲与死亡竞赛，战胜死亡或者说超越死亡，体现了一种中国古典式的慷慨激昂的浮士德精神。对于人类似乎无法超越的死亡，却偏偏要尽心尽力、想方设法去超越它，这就是有道教特色的浮士德式的不懈追求。这样一种有几千年历史传承的追求，经过一番现代性转化，与当代高科技结合起来，与现代人所渴望的既建功立业又健康长寿的心态并不相悖，它是种看起来“若愚”的大智大慧，而非机关算尽反误了卿卿生命之类的小聪明；它能在一种更高的境界上满足人的自我需求，实现人的自我价值，完善人的自我生命；它可以在充满诗情画意的生活氛围中，最大限度地开发人的生命潜能，使人的生命充满了活力与朝气，使人的生活充满了诗意，有一番大作为，有一番大成就，有一番大功德，最终延年益寿，长命百岁！个中妙处，委实只可意会而不可言传，因为“道可道，非常道”。

二、道教道之本体说二题

赵芃（山东轻工业学院教授）

道教道之本体说具有两个方面的内容：一是道之本体存在“自然”“应物”“老君”“三一”“无为”说；二是道之本体本性“空玄”“因缘”“本然”“至理”“本心”说，二者均体现了道教作为本民族宗教所特有的宇宙观和认识论，是对于道家之道的继承与发展。其内容不但丰富了道教宇宙观的内容，而且为中国古代思想文化的发展作出了贡献。

三、“神”无方而“道”无体——道之信仰的社会表达形式

李向平（上海大学宗教与社会研究中心）

道教以“道”名教，表明它所崇拜的最高对象就是“道”，而所谓得道，就是

通过个人的修炼与大道实现一体化。“道”作为道教的思想源头，是一个弥散性的本体论概念，无论彼岸此岸，超越与此在同一，社会、生命、生活就是“神性”的修炼场所。

而道教思想所涉及的社会模式中，道教的神仙世界几乎就是世间政权的翻版，这一运动的架构和逻辑，自然会影响到早期道教向成熟道教的发展形式。道教的生命理论和保持、延续生命的各种方法，获得了社会上下各层的皆大欢喜，体现了自皇帝至庶人人皆有之的福禄长寿的共同愿望。所谓的宗教制度就居于其次了，关键的是“道”，是“神”。因此，从信仰、观念上讲，“道”在一切在，现实生活的存在本身，就等同于这个“道”。中国道教关键在于“神”无方而“道”无体。

四、道乐审美探微

胡军(武汉音乐学院教授)

道教以神仙信仰为核心，在教义上融摄先秦道家哲学思想，所以在音乐上也必然呈现出虚无空灵之象，即老子所说的“道之为物，惟恍惟惚，惚兮恍兮，其中有象”那样一种恬淡无为的艺术境界。道乐的美学特质与道的特点是相一致的，均遵循和谐与自然的原则。道教崇尚自然，志在冲漠，寄傲宇宙，追求无为与逍遥，恬淡与飘逸，其音乐思想也反映出清远淡雅、朴实自然的情趣，它以简朴的音乐语言，显示其出世飞升的思想。在宗教生活中，道者不仅日常诵习早晚功课以进行自我修持，平时也虔诚地吟咏操缦自然之章以感悟人生。所以，对道教科仪音乐来说，我们不仅要从“仙道”的角度去进行总体观念的理解，从“平和”的方面去进行本体的认识，还要从“自然”的声音中去体验美的存在。

五、谈道教生命观的社会意义

吴诚真(湖北省道教协会会长)
迟性觉(武汉市长春观道长)

人的生命自古以来是极其宝贵的，健康长寿、追求生命的永恒则更是道教最为关心和重要的探索课题。无论哪种宗教都有自身的积极意义，大都是止恶劝善、博爱宽容，给人提供精神的慰藉和信仰的寄托。尤其是土生土长的道教在追求得道成仙的终极目标的同时，则要求修道要重视生命，提出了一系列的理论依据和有效的方法。如道教“好生恶死”、“重生、乐生、贵生”、“我命在我”、“成就今生”等的自我修炼的生命观念。道教没有悲观厌世，也没有寄托来生，而是提出功德成神、性命双修、从我修真的高尚情操，这些积极的、健康的生命观在现代的社会中仍然起着重要的作用。

第十章 丹　　道

一、《道德经》与丹道修炼

陈全林(北京益生杂志主编)

我已在古代丹书以及古典诗词中找到了1000多首从《道德经》中化出的丹诀和文人写的仙道诗，这些诗要安排到讲解《道德经》的行文中，这个工程量很大。这是我讲《道德经》的特色，也是"《道德经》是金丹圣典"的重要论据。这上千首诗仅是我从身边有限的书籍中找出的，如果能通读《道藏》《续道藏》《藏外道书》以及《全唐诗》《全宋词》这样的大书的话，会找到更多地从《道德经》化解的丹诀、诗词。

二、道教内丹西派祖师李西月论道

霍克功(宗教文化出版社)

本文认为李西月对道有独特的看法：道最初是祖气，祖气演化形成真神，真神处在苍天的中心，一神为大，万神都要朝拜他。李西月的生人观独具特色：人是由神"道"间接创造出来的，人来自于不同的气，每个人形成都有一次气的作用。人在精卵相碰时即已得天元之气，出生后至十五六岁，天元至极而始衰，经过修炼才能后天返先天。

三、唯道论是丹道养生的源头活水

张化平(湖北省民族宗教事务委员会)

中华民族的最高文化精神就是道。道是中国道教哲学的总论，同时，中国道教哲学又是一种生命哲学。本文试图从道的文化精神论述这种生命哲学是如何指导丹道养生，使其成为源头活水的。历代丹炼家印证了唯道论的实证性。几千年以来，丹炼家以老子生命哲学为指导，道学追求的知识增进了生活的乐趣，扩充了幸福，促进了长寿，以至帮助人类获得永生。从而创建完整的内炼养生文化体系。其中包括技术，方法，工具和知识，帮助人类完善他们的进化，从而进入道的王国。

四、周天气功的奥妙——大小周天、奇经八脉与卯酉周天研析

张念镇(台湾中华传统文化弘扬会常务理事)

周天两字是借用古代天文学的一个名词，将人体气血的循环定名为周天气功的循环；气功是我们体内潜在能量的表现，亦是一门研究人体生命的科学，而大小周天是我国道家的气功方法。一般来说，周天气功分为小周天、大周天、奇经八脉与卯酉周天等多种。小周天是指内气通过尾闾、夹脊、玉枕三关，贯通任、督二脉的气血循环系统；大周天是内气通过十二正经(亦称十二经脉)周流全身的气血大循环；奇经八脉是除十二正经外，不与脏腑直接相通的奇经别道，包括督脉、任脉、冲脉、带脉、阴维、阳维、阴跻、阳跻等八条经脉，却具调节气血盈亏的作用；卯酉周天则是早晚卯酉两个时辰练功，对身体健康最为有利，这几种功法总称为“内丹术”。内丹术的功法原分为三步：第一步是练精化气——亦即小周天，称初关，约需百日，亦称“百日筑基”；第二步是练气化神——即大周天，亦称中关，需四年左右，第三步是练神还虚，亦称上关，约需九年，纯为成仙之术，深奥难言，因此从略。本文仅就小周天、大周天、奇经八脉与卯酉周天等功法作一探讨。

五、《豫扇六式》晕解

宋庆胜(河南省郑州道家研究学者)

《豫扇六式》乃易家制器派宗师牧牛真人传世的《连三(山)道法》之预备功法。传说是易家制器派先祖在把玩“豫卦”时晕悟之所得。原为门内不传之密。

第一式：伏牛龙息的实质就是学习龙息，也就是道家的采集先天之气。简单地说，先天之气就是生命万物在出生前而得到的本气，出生后逐渐减少。

第二式：龙行牛乡的实质就是卧龙在向伏牛学习，调合阴阳之气，以至沉稳而幽长。

第三式：蹄爪换房的实质就是龙爪牛蹄(双手)抽扇互动，以达阴阳交换，强肾固精，滋阴壮阳。

第四式：牛走龙庄的实质就是伏牛向卧龙学习，奋心提神，以至气宇轩昂。

第五式：谷口润生的实质就是通过豫扇对合谷、劳宫等穴的能动，以至生命的延长。

第六式：骑牛西去的实质就是一种道家的神仙散步。

第十一章　散　　论

一、东西方心身认识论的区别

胡碧玲（加拿大教授、中国社会科学院哲学所）

意识与物质、思维与存在的关系问题，是贯穿西方哲学不同领域的基本议题。前者的核心内容是：意识与物质两者，哪一个是本体的来源与存在的根据？另一个层次的问法是：哪一个是根本的实体？从古希腊哲学开始，对于这一方面的问题历来主要有三种不同的回答，由此在哲学上形成了唯心主义、唯物主义与心物二元论等基本阵营。

中西认识论最突出的不同就是西方二元认识论的认识模式专门培养一种不参与、勿与对象"对话"的"独白"角色。在中国，几千年都不截然区分意识与物质。思维与存在之间的联系，不是二者具有不同性质的问题，不是人越接近万物的源头（即道），人的认识就越抽象，越以"本性"的理论形成一种有机、具有生态性质的认识论。

二、道、佛有无观略辨

吕有祥（武汉大学哲学学院宗教学系教授）

"有"与"无"，是道家和佛教用以表达核心思想的哲学概念，然而由于中国和印度的文化背景和思维方法不同，二者关于"有"、"无"概念的意涵以及"有""无"关系的观念存在着很大的差异。本文对道家有无观和佛教的有无观作了粗略的比较和辨析，指出道家和佛教有无观差异表现为：本原与非本原的差异、主宰与非主宰的差异、实体性与非实体性的差异、两体与一体的差异。通过比较辨析，有助于加深认识道、佛思想的特质。

三、迈向二十一世纪的周易学

胡瀚平（台湾彰化师范大学教授）

迈向21世纪，《易》学研究，将呈现出一个新特点，人们除了继续从"象

数”、“义理”两方面进行探讨外，还会沿着前世纪末大量运用新理论，新方法研究《周易》，使《周易》在历史、哲学、文学、数学、医学、物理、民俗、宗教、科技等方面继续广泛而深刻的阐述，大大拓宽《易》学研究的视野。

这个路线是本世纪中期出现一批运用自然科学知识研究《周易》的论著，像沈仲涛的《易卦与科学》与《易卦与代数之定律》、薛学潜的《易与物质波量子力学》及《超相对论》、丁超五的《科学的易》、刘子华在法国巴黎大学通过的博士论文《八卦宇宙论与现代天文》。这些研究，给传统的《易》学注入了新鲜的空气，开拓了《周易》的新领域。

四、道家智慧与创新思维的培养

张琨（华中师范大学教育学院博士生）

万物为道所生、所成。教育中的种种作为同样要遵循唯道是从的原则。只有遵循了教育之道，才能把握教育的智慧，这一智慧便是创新思维的体现。本文主要从道的三个方面予以论述：即无中生有、反者道之动和上善若水，并试图揭示这些原则与培养创新思维之间的关系。

五、庄子论言道者悖论

刘全华（美国岗泽格大学哲学系教授）

当道家试图通过语言来论“道”时，他们发现言不能载道，即语言不能胜任代表、交流、传达道的任务。老子说：“有物混成先天地生。寂兮寥兮独立不改，周行而不殆，可以为天下母。吾不知其名，强字之曰道。”“道可道，非常道；名可名，非常名。”庄子讲“道不可言，言而非也。知形形之不形乎？道不当名”。因此，道家在论道中认识到了语言的局限性，从而对语言持有怀疑批判的态度。

但是，道家所发现的语言局限性却把他们自己置于一个二难的困境（paradoxical predicament）：道家言道，言道者借言论道。然而道不可言，那么言道者究竟言道了呢还是未言道？不论言道者选择那一个答案，都会遇到困难，如果言道者说他“言道了”，那么他会遭遇“道不可言”的非难。如果言道者说他“未言道”（“无言”或“非言”），那么他就否认了他言道的事实，落入否认事实的窘境。

六、“道商”刍议

宫步坦（律师、老子道学文化研究会道商与企业家委员会副秘书长）

宫哲兵教授认为，道商分三个层次：一为信仰道教的商企人士；二为信仰道

家思想与《道德经》的商企人士；三为信仰"道"、道德和道义的商企人士。笔者参与了杨凤岗教授"中国市场经济转型中的信仰与信任研究"课题中有关"道商"部分的调查、整理工作。本文对此次调查的道商们的基本情况、信仰情况和信任观念作了初步的分析，并着重探讨了道商们在经营活动中的对人信任尺度与他们自身信仰之间的相关性，以及道商们的信仰对于他们的经营和管理行为的影响程度。

七、"唯道论研讨会"综述

宫哲兵

2006年7月30日至8月3日，海峡两岸炎帝神农文化论坛唯道论研讨会在武汉拉开帷幕。本次研讨会由湖北省人民政府主办，湖北省对台办公室、武汉大学哲学学院、随州市人民政府、神农架林区政府承办。湖北省省长罗清泉，国务院台办副主任叶克冬出席了开幕式并讲话。台湾新同盟会会长许历农先生，台湾新党主席郁慕明先生等一行专程从台湾来武汉参加会议。中共中央政治局委员、湖北省省委书记俞正声在会前看望了许历农、郁慕明等会议代表。

国内外著名学者有成中英、唐明邦、熊铁基、李绍崐、胡孚琛、李刚、李向平、刘全华、宫哲兵，以及来自美国、加拿大、新加坡、拉脱维亚等7个国家及中国港澳台地区和内地的100余位学者参加了本次研讨会。共收到论文90余篇。会议以"唯道论"为主题，研讨唯道论对中国道家发展及中国哲学发展的价值与意义。

海峡两岸唯道论研讨会的开幕式，是在武昌隆重而热烈的气氛中举行的。武汉大学哲学学院宫哲兵教授主持了开幕仪式。世界华人协会主席姜琳女士致开幕词。

本次研讨会专题讨论是分五场进行的。第一场专题讨论由中美心理研究所所长李绍昆先生、四川大学李刚教授主持。先后登上主席台宣读论文发表演讲的专家学者共5人，依次为：成中英（美国夏威夷大学教授），讲题是《与道为友：庄子的人论》；胡孚琛（中国社会科学院哲学研究所研究员），讲题是《道学文化的新科学观》；唐明邦（武汉大学哲学学院教授、中国易经学会会长），讲题是《道德经的和谐观》；胡碧玲（加拿大教授），讲题是《东西方身心认识论的区别》；宫哲兵（武汉大学哲学学院教授），讲题是《唯道：中国各宗教融合共存之路——从三教合一、五教合一到宗教对话、多元主义》。

第二场由加拿大教授胡碧玲、新加坡道教协会会长李至旺先生主持。有6名专家学者先后发言。吴诚真（湖北省道教协会会长），讲题是《谈道教生命观的社会意义》；孔令宏（浙江大学哲学系教授），讲题是《论新儒家与新道家的关系》；

梅珍生(湖北省社会科学院哲学所所长)，讲题是《论道家的公正观》；李绍昆(中美心理研究所所长)讲题《道家心理学的发展》；魏明生(四川省老庄学会副会长)，讲题是《唯道论当代艺术价值初探》；徐水生(武汉大学哲学学院教授)，讲题是《道家思想与日本哲学的近代化》。

第三场由中国社会科学院哲学研究所研究员胡孚琛、台湾胡翰平教授主持。参加讨论的6名专家学者及其讲题是：陈立骧(台湾高苑科技大学通识教育中心副教授)，讲题是《老子哲学新论——以道的特性为核心的探讨》；江正杰(山东工商学院公共管理学院经典教育研究所副教授)，讲题是《唯道主义哲学体系》；张琨(华中师范大学教育学院博士生)，讲题是《道家智慧与创新思维的培养》；刘固盛(华中师范大学历史文化学院教授)讲题《唐代重玄学派道论的特点》；张端明(华中科技大学物理系教授)讲题《人与自然的和谐发展与道家的生态和谐观》；陈全林(北京益生杂志主编)，讲题是《道德经与丹道修炼》。

第四场由香港中文大学教授王煜、美国岗泽格大学教授刘全华主持。参加讨论的6名专家学者及其讲题是：李刚(四川大学教授)，讲题是《高科技时代的道教养生之“思”》；刘全华(美国岗泽格大学教授)，讲题是《庄子论言道者悖论》；李向平(上海大学教授)，讲题是《神无方而道无体——道之信仰的社会表达形式》；郭辉东(湖南省政府经济信息研究中心主任)，讲题是《天道地道人道与天地人和谐之道》；郑炳丰(马来西亚道教学者)，讲题是《从“上善若水”看现代企业管理》；史莲娜(拉脱维亚里加市斯特拉京什大学孔子中心主任)，讲题是《读宫哲兵〈中国古代唯物主义传统质疑〉》。

最后一场专题讨论会是由台湾高苑科技大学通识教育中心副教授陈立骧、湖北省监利县宗教联合会主席陈明性主持。有4位代表先后上台发言。4名专家学者及其讲题是：谢清果(厦门大学人文学院讲师)，讲题是《道范畴与中国传统科学思想——唯道论的一个例证》；薛英俊(辽宁葫芦岛市物价局)，讲题是《唯物论、唯心论、唯道论——兼析〈唯道论的创立〉历史作用及意义》；刘剑虹(洪湖市道家研究学者)，讲题是《新道家之新在何处突破——小论新世纪道家的大谋划》；伍建宏(中国人民解放军六九零七工厂)，讲题是《论宇宙与物质生成》。

会议最后，由宫哲兵教授主持闭幕式。宫教授说：唯道论还处于初级阶段，理论体系还未建立完善，现阶段的理论研究还较粗浅，有赖于各位专家学者的潜心研究。我相信，在各位的共同努力下，唯道论一定能够不断完善起来。

本次研讨会出现了诸多亮点，取得了许多理论上的新突破。例如，宫哲兵教授从唯道论出发，阐发了唯道论在宗教学上的意义。宫教授本次研讨会的发言为《唯道：中国各宗教融合共存之路——从三教合一、五教合一到宗教对话、多元主义》，他指出：中国各宗教融合共存之路，是唯道。道是中华民族的最高文化精神，也是中国人衡量是非的最高标准。三教合一，就是三教唯道，五教合一，

就是五教唯道。中国各宗教，都服从于中华民族的最高文化精神。唯道才没有宗教战争，唯道才有和平与发展。中国的宗教对话，是围绕着道而对话。中国的宗教多元主义，其多元一体的共性就是道。中国宗教唯道论，是提供给世界各国的可借鉴的和平之道。宫教授的发言论证有力，逻辑清晰，博得了在场代表的广泛赞同。发言完毕，会场响起了热烈的掌声。

会后，与会的专家学者与参加海峡两岸炎帝神农文化论坛的代表一道到随州及神农架林区进行为期三天的考察。在随州和神农架林区，代表们在当地政府和群众的热情招待下，先后参加了随州烈山神农故里祭祀仪式和神农架林区神农坛景区祭祀仪式。专家学者们亲切缅怀了华夏始祖炎帝神农造福子孙的伟大业绩和功勋，加深了两岸同胞同为炎黄子孙的血脉亲情和民族认同感。

会后，由宫哲兵教授主编了这次会议的论文集。编辑的原则是：凡与会议主题"唯道论"相关的论述全文编辑入书；凡与会议主题"唯道论"不直接相关的论文只以摘要形式刊出。对于那些未能刊出全文的会议学者，我们表示歉意，敬请谅解。

第十部分
以道治国：《道德经》新译

导论　以道治国，建立公道正义的和谐社会

在《道德经》中，道是什么意思？道是一个政治信仰的概念，表达古人对公道、道义、道理的一种信仰。经过两千多年的发展变迁，道这一概念仍然活在当今的语言中，它的核心内涵仍然是公道、道义、道理。

《道德经》一书的书名是什么意思？道，是以道治国。德，是以德治国。经，经典。“道德经”：关于以道治国与以德治国的政治经典理论。

什么是以德治国？是以名分等级、伦理道德教化作为施政的准则，西周是以德治国的典范。西周初年，统治者的政治理论是敬德、明德、重德，“以德配天”，“敬德保民”。春秋末期，礼崩乐坏，以德治国的政治制度土崩瓦解。孔子以恢复以德治国的“先王之道”为己任。

什么是以道治国？老子是一个政治革新家，他反对恢复西周的以德治国传统，而提出了一个新的政治哲学理论体系：以道治国。其治国目标是建立无名分等级、贵贱平等、慈爱不争、公平正义、公道和谐的社会。其治国方法是顺其自然、无为而治、清静自正、柔弱胜强等自然主义法则。其治国的依靠力量是实行以道治国的政治家——圣人。

以道治国就是以公道治国。老子认为，道是公平公道的，此所谓公；道对每一个人是善待公正的，此所谓全。公而全是道的基础。《道德经》16 章：“知常容，容乃公，公乃全，全乃天，天乃道，道乃久。”知道政治法则就大度宽容，大度宽容就公平不偏，公平不偏就善待全民，善待全民就符合天意，符合天意就得道多助，得道多助就长治久安，终生不会有危险。

什么是《道德经》的核心思想？老子处于春秋战国百家争鸣时期，《道德经》一书，围绕着三个问题与儒墨法诸子争鸣：

第一，以道治国，还是以德治国？老子赞成以道治国，批评以德治国。对以德治国并不完全否定，认为以德治国必须以道为统帅，才是常德、玄德之治。

第二，圣人治国，还是侯王治国？以道治国的国家领导人，老子称为圣人。侯王是掌权的保守统治者，老子对侯王既尖锐批评又诚恳告诫。

第三，道家思想治国，还是儒、墨、法家思想治国？老子论述了道家的信仰、人格、追求以及治国谋略。站在道家立场上批评儒、墨、法家的政治理论。例如老子主张“绝学”、“弃智”，并非否定一切知识与智慧，而是主张抛弃儒家的知识与智慧。

本文对《道德经》全部81章的逐章注释与今译，按以上三个问题重新编排。编排时又加了四级标题，便于读者理解。《道德经》的引文，基本上引自西汉《老子河上公章句》，极少处参照了竹简、帛书与其他版本而校改。

《道德经》中有几个重要概念和命题，需要特别说明。

“物”“万物”，大多指万事或万民社会。笔者曾在一篇学术论文中指出：“中国古代哲学中，‘物’这一概念主要不是指自然物，而是指‘事’。”[1] 意大利华裔学者贺荣一说：“老子用‘万物’一语，主要是指‘人类’，如从政治观点看，‘万物’便是指‘万民’而言。”[2]

“名”“有名”，指名分等级、名教制度。“无名”“无”，指无名分等级的平等制度，也就是老子心目中的道治制度。

《道德经》第一章：“无名天地之始。有名万物之母。”应理解为：无名分等级，是天地之初的状态。有名分等级，是社会制度的基础。

《道德经》第一章：“道可道，非常道。”第一个道，是名词，是指孔子的道，也就是先王之道。第二个道，是动词，言说论道。第三个道，是名词，是对孔子之道的否定。“非常道”：不是永恒不变的治国之道。这句话是说：“先王之道，可以言说论道，但不是永恒不变的治国之道。”言外之意是，治国之道应随时代而变，当今要实行道治。

“名可名，非常名。”第一个名，是名词，指孔子的名，就是名分等级，名教制度。第二个名，是动词，孔子的正名。第三个名，是名词，对孔子名教的否定。“非常名”，认为没有永恒不变的名教制度。这句话的意思是：“名分等级，可以正名，但没有永恒不变的名教制度。”老子批评孔子的正名、名教，主张“无名”，实行无名分等级的道治。

台湾学者王邦雄在分析《道德经》第一章时认为：“孔子说‘志于道’，老子说‘道可道，非常道；名可名，非常名。’上经第一句开宗明义直接对‘志于道’说话。”[3] 又说：“《论语》既讲道又讲名，如‘必也正名乎’就是讲名，道家所反省的名，应该是孔子所讲的名教。”[4]

大陆学者葛荣晋先生对这句话是这样分析的：“老子不同意孔子的正名思想，认为要解决当时的社会矛盾，就必须抛弃‘刑名’‘名器’等虚伪的招牌。”[5]

老子是楚人，楚国不同于中原诸国。中原诸国的名分等级制度发展很快，相当典型。楚国还保留着许多原始公社制度，无名分等级，社会较为平等。老子描写的小国寡民社会，是以楚国原始公社组织为原型的平等社会，是没有争夺与战争的和谐社会，是没有贫富对立、自然朴实的均平社会。

注释：

[1]宫哲兵：《唯道论的创立》，武汉出版社2004年版，第89页。

[2]贺荣一：《老子之朴治主义》，百花文艺出版社1994年版，第66页、第70页。

[3][4]王邦雄：《儒道之间》，汉光文化事业股份有限公司1985年版，第147页、第148页。

[5]葛荣晋：《中国哲学范畴通论》，首都师范大学出版社2001年版，第386页。

第一章　以道治国，还是以德治国

一、以道治国：建立慈爱不争、公平正义的和谐社会

老子提出建立和谐社会的政治制度，这个制度的主要特征是慈爱、不争、公平、正义、和谐。老子认为，不和谐社会是因为贫富差距太大，而且“损不足奉有余”，差距越来越大。和谐社会是缩小贫富差距，“损有余而补不足”。

（一）慈爱为本，爱国爱民爱身

1. 治国大道，以慈爱为本

《道德经》第六十七章（以下省书名）：天下皆谓我道大，似不肖[1]。夫唯大，故似不肖。若肖久矣，其细[2]也夫。我有三宝，持而保之：一曰慈，二曰俭，三曰不敢为天下先。慈故能勇[3]，俭故能广，不敢为天下先，故能成器长[4]。今舍慈且勇，舍俭且广，舍后且先，死矣！夫慈以战则胜，以守则固。天将救之，以慈卫之。

译文：

天下人都说我的治国之道博大，似乎不像任何其他人的治国方略。正因为它博大，所以它不像其他的。如果像其他的，它很久以前就渺小了。我的治国之道有三条宝贵的原则，始终坚持并保持着它们。第一条慈爱，第二条俭朴，第三条谦下，不敢为天下先。

慈爱民众，民众勇敢作战。俭朴自律，广得天下人心。谦下不傲，有利不争先，所以能够成为万众的领袖。如今有的领袖舍弃慈爱而要求民众勇敢作战，舍弃俭朴而要求天下归心，舍弃有利在后的原则而有利争先，他必定走向死路。统治者慈爱民众，打仗一定胜利，守国一定巩固。天道也是这样，它要救助谁，就用慈爱来保卫着他。

注释：

[1]肖：像，相似。

[2]细：小，渺小。
[3]慈：慈爱。“慈故能勇”，是说民众受到慈爱就能勇敢作战。
[4]器长：器即万物，万众。万众之长即政治领袖。

2. 爱民治国，不恃强凌弱，不独裁，不主宰

第十章：载营魄抱一[1]，能无离乎？专气致柔，能如婴儿乎？涤除玄览[2]，能无疵乎？爱民治国，能无为乎？天门开阖[3]，能为雌乎？明白四达，能无知乎。

译文：

心灵与形体能够协调统一，不离开道吗？专注修炼意气，能以柔处事，能像婴儿那样柔顺吗？洗除杂念而如镜玄观本心，能无瑕疵吗？

爱民治国的大事，能无为而治吗？治乱废兴与动静，能守柔而治吗？明白道理而四通八达，能够不执著于那些书本知识吗？

注释：

[1]载营魄抱一：载：夫，语助词。营魄：魂魄。抱一：怀抱着道，合一。魂魄抱道合一。
[2]涤除玄览：涤除：去尘埃与瑕疵。玄览：玄妙内观。览通鉴，明镜。
[3]天门开阖：天门：众妙之门，社会变迁变化之道。阖：合。

3. 爱身贵身的人，才可寄托天下

第十三章：宠辱若惊，贵大患[1]若身。何谓宠辱若惊？宠为下。得之若惊，失之若惊，是谓宠辱若惊。何谓贵大患若身？吾所以有大患者，为吾有身，及吾无身，吾有何患。故贵以身为天下者，若可以寄于天下。爱以身为天下者，若可以托于天下。

译文：

受宠爱与受侮辱都同样令人胆战心惊，重视危患如同重视自己身体一样。什么叫宠辱若惊？追求受宠是下策，因为得宠也胆战心惊，失宠受辱也胆战心惊，这就是宠辱若惊。

什么叫大患若身？我所以有旦夕之危患，因为我有躯体可以被杀。如果我没有躯体，我有什么危患可害怕呢？所以，能够以贵重身体的态度去贵重天下民众者，才可将天下民众大事寄托于他。能够以爱惜身体的态度去爱惜天下民众者，才可将天下民众大事重托于他。

注释：

[1]患：危患，患病。

(二)善于利人，不尚争斗

1. 上善之道者，如水利万物而不争

第八章：上善若水。水善利万物而不争，处众人之所恶[1]，故几[2]于道。居善地，心善渊，与善仁，言善信，政善治，事善能，动善时。夫唯不争，故无尤[3]。

译文：

最好的统治者治国，犹如水的品格。水善于滋润万物而不好争斗，处于众人所厌恶的低处，几乎接近于道治的原则。(道治的原则是)居处善于脚踏实地，心胸善于深沉渊博，交往善于仁慈友爱，说话善于诚信无欺，为政善于治理有道，办事善于聪明能干，行动善于掌握时机。正因为他不好争斗，所以没有人仇恨与埋怨他。

注释：

[1]恶：厌恶。
[2]几：近。
[3]尤：仇怨。

2. 不尚争斗的美德，合于天道

第六十八章：善为士[1]者不武。善战者不怒。善胜敌者不与。善用人者为之下。是谓不争之德。是谓用人之力。是谓配天[2]，古之极[3]。

译文：

善为将士者不逞强动武，善于作战者冷静而不发怒，善于战胜的将军不战而屈人之兵，善于管人用人的领袖对人谦下。这些都是不尚争斗的美德。这称为善于借用他人的才华能力，(才能成就自己的伟业。)这符合天道与从古以来的准则。

注释：

[1]士：将帅。

[2]天：天道。
[3]极：准则。

(三)公平治国，长治久安

1. 大度宽容而公平不偏

第十六章：致虚极[1]，守静笃[2]。万物[3]并作，吾以观复。夫物芸芸，各复归其根。归根曰静，静曰复命；复命曰常，知常曰明。不知常，妄作凶。知常容，容乃公，公乃全，全乃天，天乃道，道乃久，没身不殆。

译文：

要做到虚心之极，要坚守宁静之深。政治上的各派人物层出不穷，兴盛运作，我冷静地观察他们的来去往复。这些各派人物芸芸兴盛，各归其本性，归其本性就是回到安静，安静就是回复到他们本来的性命。回复到他们本来的性命就是政治法则，知道政治法则就是明智。不知道政治法则，轻举妄动必遭凶险。

知道法则就大度宽容，大度宽容就公平不偏，公平不偏就善待全民，善待全民就符合天意，符合天意就得道多助，得道多助就长治久安，终生不会有危险。

注释：

[1]虚极：虚心空明，到了极致。
[2]静笃：宁静致远，非常深邃。
[3]万物，各种人物。

2. 坚守大道的邦国，安全，公平，安泰

第三十五章：执大象[1]，天下往。往而不害，安平泰。乐与饵[2]，过客止。道之出口，淡乎其无味。视之不足见。听之不足闻。用之不足既[3]。

译文：

坚守大道的邦国，天下人都往那里去住。往那里去住不受迫害，邦国之内安全，公平，康泰。那里的音乐与美食，让过客不能不止步。那里的治国之道，说出口来平淡无味，想看看不见，想听听不闻，但它发挥的作用无穷无尽。

注释：

[1]大象：大道。
[2]乐：音乐。饵：美食。

[3]既：尽。

3. 侯王如果不强迫命令而顺应自然，天下会财富自均

第三十二章：道常无名[1]，朴虽小，天下莫能臣[2]。侯王若能守之，万物将自宾[3]。天地相合，以降甘露，民莫之令而自均。始制有名[4]，名亦既有，夫亦将知止，知止可以不殆。譬道之在天下，犹川谷之于江海。

译文：

道治的原则是无名分等级，这是最原始朴素的制度。这原始的看起来朴素渺小，但它不臣服于天下任何的强权。侯王若能遵守，天下万众将自动归顺服从。

天地之气交合而自然降生雨露甘霖，人民没有统治者的命令，自然地富裕均平。社会一旦制定了名分等级，名分等级制度就有了，我们将知道它会有一天终止。知道它会终止，就可以不危险。道治将平等行之天下，就像川河流入江海，是很自然的事情。

注释：

[1]无名：无名分，无名教。
[2]臣：臣服。
[3]宾：归顺。
[4]有名：有名分等级。

（四）正义治国，天网恢恢

1. 以正义治国

第五十七章：以正[1]治国，以奇用兵，以无事取天下。吾何以知其然哉？以此。天下多忌讳[2]，而民弥贫。人多利器，国家滋昏。人多伎巧，奇物滋起。法物[3]滋彰，盗贼多有。故圣人云：我无为而民自化，我好静而民自正，我无事而民自富，我无欲而民自朴。

译文：

以正义治国，以出奇用兵，以不扰民生事治天下。我何以知道应该正义治国呢？就是下面这些。官府对民众的禁忌过多，民众越来越贫困。民众用很多精良武器，反抗官府，国家越来越动乱。许多奇巧的怪人出现，神秘的怪事连连发生。严刑峻法的惩治令越公布，强盗小偷等犯罪活动却越来越多。

所以好的政治家说过：我无为而治而民众自然教化，我好清静而民众自然正

义，我不扰民生事而民众自然富足，我不贪欲纵欲而民众自然朴实。

注释：

[1]正：正当，正义。
[2]忌讳：禁忌，禁令。
[3]法物：法令，法规。

2. 天网恢恢，维持正义

第七十三章：勇于敢则杀，勇于不敢则活。此两者，或利或害。天之所恶，孰知其故。天之道不争而善胜，不言而善应，不召而自来，绰然[1]而善谋。天网恢恢[2]，疏而不失[3]。

译文：

勇于刚强则会死，勇于不刚强则会活。此两者或者招之受利，或者招之受害，天道厌恶什么？谁知道缘故呢？符合天之道的，不争斗也善于战胜，不需多言也会遭到报应。该来的，不需召唤自己就到来。该谋取的，从容无为也照样谋取。天道(对于每个人的功过一清二楚)它好比一张神奇的大网，网眼虽然稀疏，但任何东西无法从网中漏失。

注释：

[1]绰然：安然，从容。
[2]恢恢：宽大，广大。
[3]疏：网孔稀疏但无漏失。

(五)缩小贫富差距，社会和谐

1. 损多补少，建设公平和谐社会

第七十七章：天之道，其犹张弓与。高者抑之，下者举之。有余者[1]损之，不足者补之。天之道，损有余而补不足。人之道，则不然，损不足以奉有余。孰能有余以奉天下，唯有道者。是以圣人为而不恃[2]，功成而不处[3]。其不欲见[4]贤。

译文：

自然界的最高原则，犹如拉弓搭箭那样。瞄高了就压低一些，瞄低了就抬高一些。拉弓的力多余就减少些，拉弓的力不够就补足些。所以自然界的最高原

则，是减损有余，而增加不足，造成平等和谐。

社会上却不是这样，它减损贫困不足者的财产，奉送给财富有余者。有谁能将多余的财富奉献给天下穷人呢？唯有信奉公道平等的道者啊。因此，好的领导人，他大有作为而不恃恩求报，他功成名就而不以功臣自居，他不愿意显示贤德才干。

注释：

[1]有余者；财富有余者。
[2]恃：恃恩求报。
[3]不处：不居功。
[4]见：同"现"，表现，显现。

2. 知道和谐是明智的统治者，不知道和谐会早亡

第五十五章：含德之厚，比于赤子。毒虫不螫[1]，猛兽不据[2]，攫鸟不搏[3]。骨弱筋柔而握固。未知牝牡之合而朘[4]作，精之至也。终日号而不嗄[5]，和之至也。知和曰常。知常曰明。益生曰祥。心使气曰强。物壮则老。谓之不道，不道早已。

译文：

内含深厚德性的人，好比婴孩一样。毒虫不叮螫他，猛兽不伤害他，凶鹰不攻击他。他筋骨柔弱却拳头握得牢固。他不懂男女交合之事，却生殖器勃起坚硬，这是因为他的元气精纯之至。他终日号哭而喉咙不嘶哑，这是因为他的元气和谐之至啊。

知道和谐就是懂得永恒的原则，知道永恒的原则就称为明智的统治者。贪生厚养称为妖祥，心淫耗气称为逞强。事物过分强壮则走向衰老。不知道身心气和谐之道的统治者，会提早死亡。

注释：

[1]螫：刺。
[2]据：扑，抓。
[3]攫鸟不搏：攫鸟：鹰类。搏，攻击。
[4]朘：男孩生殖器。
[5]嗄：嘶哑。

3. 政治的艺术就在于将对立转化为和谐

第四十二章：道生一，一生二，二生三[1]，三生万物[2]。万物负阴而抱阳[3]，冲气以为和。人之所恶，唯孤、寡、不谷，而王公以为称，故物或损之而益，或益之而损。人之所教，我亦教之，强梁者，不得其死。吾将以为教父[4]。

译文：

宇宙的大道，生成为混沌统一的气，统一的气演化为阴阳二气，阴阳二气交流生成和气。阴、阳、和三气生成演化为万众万事的社会。任何社会都有阴阳两种对立的势力，政治的艺术就在于协调对立而转化为和谐。

如人们最厌恶的称呼，唯有孤、寡、不谷，而高贵的王公偏偏以它们自称。有的事情，你损害它反而使它受益，你想使它受益反而损害了它。古人教育人的话，我也用来劝教当今的政治家：实行强暴政治的统治者，将不得好死。我把这句话作为劝教统治者的纲领。

注释：

[1]一、二、三：各种解释很多，这里选择较流行一种。
[2]万物：万众社会。
[3]负阴而抱阳：背负阴而怀抱阳，形容阴阳共存。
[4]教父：一家之首为父，教父即劝教之首要。

二、以道治国：建立不分等级、贵贱的平等社会

晚周时期，以德治国的名分等级制度将要崩溃，社会出现严重的贫富对立，阶级对立，引发利益争夺与残酷战争。老子提出要以道治国，建立一个平等的社会。平等社会的特征是：不分亲疏，不分利害，不分贵贱，平等对待一切人，建立民主的社会与平等的外交。

(一)实行无名分等级的平等制度

1. 名分名教并非永恒，要实行无名分等级的道治

第一章：道[1]可道，非常道。名[2]可名，非常名。无名天地之始。有名万物[3]之母。故常无欲以观其妙。常有欲以观其徼[4]。此两者同出而异名，同谓之玄[5]。玄之又玄，众妙之门。

译文:

先王之道，可以言说论道，但不是永恒不变的治国之道。名分等级，可以正名，但没有永恒不变的名教制度。无名分等级，是天地之初的状态。有名分等级，是社会制度的基础。

所以，在无欲寡欲的时候，才能观察到政治的奥妙与实质。在有欲多欲的时候，只能观察到政治的边际与表面。两者出于相同的治国目的，而名教制度不同，两者都是玄妙的。道治是玄妙中的玄妙，它是通往一切治国法则的门径。

注释:

[1]道：先王之道，针对儒家。
[2]名：名分等级，针对儒家。
[3]万物：万民社会。
[4]徼：边际，过界。
[5]玄：玄妙，玄机。

2. 人类社会始于有名分等级，有名分等级始于无名分等级

第四十章：反者道之动。弱[1]者道之用。天下万物生于有，有生于无。

译文:

采用与常规相反的做法，是以道治国的活动原则，采用柔性无为的政策，是以道治国的运用方法。天下一切的社会制度始于有名分等级制度，有名分等级制度始于无名分等级的原始平等制度。

注释:

[1]弱：柔性无为。

(二)贵贱平等，领导人对百姓中一切人平等对待

1. 圣人无私，对所有的人都平等对待，一视同仁

第四十九章：圣人无常心。以百姓心为心。善者吾善之。不善者吾亦善之，德善。信者吾信之，不信者吾亦信之，德信。圣人在天下，歙歙[1]焉，为天下浑[2]其心。百姓皆注其耳目，圣人皆孩之[3]。

译文：

公道的领导人，没有固定不变的心，以百姓的心为心。百姓善材者，我善待他们，非善材者，我也善待他们，这是最高品德的善行。百姓诚信者，我信任他们，不太诚信者，我也信任他们，这是最高品德的诚信。

公道的领导人治理天下，收敛自我的意志与欲望，浑沌不加区别地对待天下人，平等对待。对待百姓，只专注于他们耳目感官是一样的。好的领导人对待百姓，像对孩子们一样，一视同仁。

注释：

[1]歙歙：收敛。

[2]浑：浑沌，浑朴。

[3]皆孩之：像父亲对几个孩子一样，不管他们才能高低、诚或不诚，都平等对待，一视同仁。

2. 不分亲疏，不分利害，不分贵贱，平等对待一切人

第五十六章：知[1]者不言。言者不知。塞其兑[2]，闭其门[3]，挫其锐，解其纷，和其光，同其尘，是谓玄同[4]。故不可得而亲。不可得而疏。不可得而利。不可得而害。不可得而贵。不可得而贱。故为天下贵。

译文：

有政治智慧的人，不会喋喋不休地教化；喋喋不休教化的人，没有真正的政治智慧。智者塞住口少说话，闭上门少欲望，挫减锋芒锐利，解除激烈纷争，糅合于日光之中，混同于尘土之内，这就是玄妙的平等境界。就是说，不可因所得多少而亲，不可因所得多少而疏，不可因所得多少而利，不可因所得多少而害，不可因所得多少而贵，不可因所得多少而贱。故天下最珍贵的就是平等玄同。

注释：

[1]知：同智。

[2]兑：口，说话。

[3]门：门径，欲望之门。

[4]玄同：玄妙之齐同，平等。

(三)建立平等的社会与平等的外交

1. 无等级制度、无战争掠夺的平等社会

第八十章：小国寡民。使有什伯[1]之器而不用。使民重死而不远徙。虽有舟舆[2]，无所乘之。虽有甲兵，无所陈[3]之。使民复结绳而用之。甘其食、美其服、安其居、乐其俗。邻国相望，鸡犬之声相闻。民至老死不相往来。

译文：

让邦国小一些，让人民少一些。有相当于十人百人功效的器具，不去使用它们。让民众高度重视生命，不向远处迁徙。虽然有船有车，没有人愿意乘坐。虽然有铠甲、兵器，没有地方陈列与使用。使民众回到结绳记事时代的纯朴状态。

民众有甜美的食物，美观的衣服，安适的房居，快乐的习俗。相邻邦国的民众可以互相看见，连鸡鸣狗叫的声音可以互相听见，但是民众从生到死，不相往来，没有争夺与战争。

注释：

[1]什伯：十人百人，伯同佰。

[2]舆：车。

[3]陈：陈列，摆放。

2. 大国与小国平等对待，谦下交往

第六十一章：大国者下流[1]，天下之牝[2]。天下之交也，牝常以静胜牡[3]，以静为下。故大国以下小国，则取小国。小国以下大国，则取大国。故或下以取，或下而取。大国不过欲兼畜[4]人。小国不过欲入事人。夫两者各得其所欲，大国者宜为下。

译文：

大国要像江海那样处于下游，像天下雌性那样安静。天下雌雄交合，雌性常常以静制动，胜过雄性，这是因为雌性静静地处于下位。所以大国要谦下地对小国，就能获取小国的归附。小国要谦下地对大国，就能获取大国的容纳。故或者谦下以取得了归附，或者谦下而取得了容纳。

其实大国谦下不过是为了更好地领导小国，小国谦下不过是为了更多参与大国的事务。两者平等对待，就各得所欲。大国更应该谦下。

注释：

[1]下流：下游。
[2]牝：雌性。
[3]牡：雄性。
[4]兼畜：聚养，意为控制，领导。

(四)不主宰人民，建立民主的社会

1. 以民为上，以民为先，民主推选领导人

第六十六章：江海之所以能为百谷[1]王者，以其善下[2]之，故能为百谷王。是以圣人欲上民，必以言下之。欲先民，必以身后之。是以圣人处上而民不重[3]，处前而民不害[4]。是以天下乐推[5]而不厌。以其不争，故天下莫能与之争。

译文：

浩瀚江海之所以能够成为百川溪流之王，因为江海善于处于低位，因此能成为百川溪流之王。因此，领导人想居于人民之上，必须在言论上对人民表示谦下。想居于人民之前，必须把自己的享受放在人民之后。

这样，当领导人居于人民之上，人民才不觉得负担太重，领导人处于人民之前，人民才不觉得妨害太大。这样，天下人民才乐于推选他而不讨厌他。领导人不好争夺，故天下没有人能与领导人争夺。

注释：

[1]谷：溪流川谷。
[2]下：低下，下处。
[3]重：负担过重。
[4]害：妨害。
[5]推：推选，推举。

2. 不控制人民，不主宰人民

第三十四章：大道泛[1]兮，其可左右。万物恃之以生而不辞[2]，功成而不名有。衣养万物而不为主[3]，常无欲可名于小矣。万物归焉，而不为主，可名于大矣。以其终不自为大，故能成其大。

译文：

治国大道如同河水流行，可以左也可以右，(没有谁让它那样)万民的依靠而不自我修辞美化，政绩成功了而不自称有功德。养育万民而不主宰万民，常无欲望，可以称他为谨小慎微。万民都归顺他，而他不去主宰万民，可以称他为伟大无私。因为他终究不自以为伟大，所以成就了他的伟大。

注释：

[1]泛：流行，泛滥。
[2]辞：修辞自美。
[3]主：主宰。

三、以德治国：德治以道为根本，道治高于德治

以德治国只有建立在以道治国的基础上，才有尊道贵德的社会。因此，道治高于德治，德治以道为灵魂，才能建立真正好的德治社会。老子认为，儒家关于德治社会的理论有一定的虚伪性。

(一)以德治国必须以道为根本

1. 失去道治的平等原则，才有德治的等级社会

第三十八章：上德不德，是以有德。下德不失德，是以无德。上德无为而无以为[1]，下德为之而有以为。上仁为之而无以为。上义为之而有以为。上礼为之而莫之以应，则攘臂[2]而扔[3]之。故失道而后德。失德而后仁。失仁而后义。失义而后礼。夫礼者忠信之薄而乱之首。前识[4]者，道之华而愚之始。是以大丈夫，处其厚不处其薄。居其实，不居其华。故去彼取此。

译文：

好的德治社会，不需要提倡道德，而人人都有道德。不好的德治社会，好像生怕失去了道德，标榜道德，而人人都无道德。好的德治社会，实行无为而治，也不知道什么是无为而治，无意识地实行。不好的德治社会，实行强力有为的统治，有意识地讲仁义道德。

好的仁治社会，实行强力有为的统治，无意识地实行。好的义治社会，实行强力有为的统治，有意识地实行。好的礼治社会，实行强力有为的统治，没有人响应，只能伸臂出手，强拉人实行。

所以失去以道治国才有以德治国，失去了以德治国才有以仁治国，失去了以仁治国才有以义治国，失去了以义治国才有以礼治国。以礼治国是忠信丧失的结果，是引起社会动乱的首要原因。

那些大讲生而知之、先知先觉的人，其实只懂得道的浮华的一面，非常的愚蠢。所以真正的大丈夫居于道而不居于礼，相信实在而不相信先知的华丽词藻。所以要去掉后者相信前者。

注释：

[1]无以为：无意识地实行。
[2]攘(rangv)臂：伸臂。
[3]扔：强行牵引。
[4]前识：先知。

2. 以德治国服从以道治国

第二十一章：孔德之容[1]，惟道是从。道之为物，惟恍惟惚。惚兮恍兮，其中有象。恍兮惚兮，其中有物。窈[2]兮冥兮，其中有精[3]。其精甚真。其中有信。自古及今，其名不去，以阅[4]众甫[5]。吾何以知众甫之状哉！以此。

译文：

具有大德的领导人运作国事，唯一遵循服从的就是玄之又玄的以道治国。玄道这个东西，(最初运用时)感到恍惚不清，把握不了。恍惚不清啊，看到了道的形象。惚恍不明啊，又看到了道的实在。幽深暗昧啊，还看到了道的生命力。道的生命力非常真实，它可信可靠。从古到今，道的名字不曾离去，靠它才知道国事万端的本始。我如何知道国事万端的本始，就是如此。

注释：

[1]容：高亨释为运作。
[2]窈(yǎo)：幽深。
[3]精：陈荣捷、林语堂释为生命力。
[4]阅：检阅，检查。
[5]甫：起始。

(二)建立大道玄德的平等社会

1. 尊道贵德，不占有，不恃强，不独裁

第五十一章：道生之，德畜之，物形之，势成之。是以万物[1]莫不尊道，

而贵德。道之尊，德之贵，夫莫之命[2]而常自然。故道生之，德畜之。长之育之。成之熟之。养之覆[3]之。生而不有，为而不恃，长而不宰。是谓玄德。

译文：

由道治催生，由德治蓄养，由物质条件而形成规模，由时势而成就英雄。所以世间政治事务的兴盛，莫不遵循道治的原则，莫不崇尚德治的制度。道的遵循，德的崇尚，并没有天命主使，而是社会自然而然形成的。社会制度就是这样，道治催生它，德治蓄养它。让它生长发育，让它成熟结果。培养它，庇护它。

催生政治社会的变迁，却不据为己有，兴起政治社会的变迁，却不恃强凌弱，滋长政治社会的变迁，却不独裁。这是最高的德治。

注释：

[1]万物：万人社会，政治。
[2]命：天命，命运。
[3]覆(fù)：覆盖，庇护。

2. 修道建德，德普天下

第五十四章：善建者不拔，善抱者不脱，子孙以祭祀不辍[1]。修之于身，其德乃真；修之于家，其德乃余；修之于乡，其德乃长；修之于邦，其德乃丰；修之于天下，其德乃普。故以身观身，以家观家，以乡观乡，以国观国，以天下观天下。吾何以知天下之然哉？以此。

译文：

善于建立道治的统治者，其政权稳固，不被拔出。善于抱持德治的统治者，其政权长治久安，不会脱离。他们的子孙继位，祭祀不断。以道治身，德性真实，以道治家，德性有余，以道治乡，德性增长，以道治国，德性丰厚，以道治天下，德性普照天下。

所以要由道治己身而关照他人之身，由道治己家而关照他人之家，由道治己乡而关照他人之乡，由道治己国而关照他人之国，由道治一国天下而关照他国天下。我何以知天下将会这样，是因为道治的原则。

注释：

[1]辍：停止。

(三)统治者积德方可治国，方可长生

1. 积德可以治国，可以长生久视

第五十九章：治人事天，莫若啬[1]。夫为啬，是谓早服[2]；早服谓之重积德；重积德则无不克；无不克则莫知其极；莫知其极，可以有国；有国之母[3]，可以长久；是谓深根固柢，长生久视之道。

译文：

治理人民与遵循天道的原则，莫不如俭啬之道。俭啬之道，就是顺服道。顺服道就是多积累德性，多积累德性就无所不克，无所不克就莫知它的能量极限。莫知它的能量极限，就可以领有国家政权。领有国家政权的基础，就可以长久统治。就叫做国家的基础根深蒂固、长治久安的治国之道啊。

注释：

[1]啬：俭啬，爱惜。
[2]服：服从，返回(于道)。
[3]母：根本，基础。

2. 失道失德的强暴者，无道无德会跟随他

第二十三章：希[1]言自然。飘风不终朝[2]，骤雨不终日。孰为此者？天地。天地尚不能久，而况于人乎？故从事于道者，道者同于道。德者同于德。失者同于失。同于道者，道亦乐得之；同于德者，德亦乐得之；同于失者，失亦乐得之。信不足焉，有不信焉。

译文：

天道沉默寡言，自然而然。狂风吹，不会整个早上，骤雨下，不会整个白天。谁使风雨这样强暴呢？是天地。天地的强暴尚且不能持久，何况人间的强暴行为？

所以实行道治的，要符合道的原则：自然，平等。实行德治的，要符合德的原则：名分，等级。失去道德的，要失去一切。

同于道治的，天道乐意接受他。同于德治的，上德乐意接受他。同于失去道德的，失败也会接受他。统治者若诚信不足，整个社会就没有诚信可言了。

注释：

[1]希：希少。
[2]终朝：整个上午。

（四）对儒家德治理论的批评

1. 仁义、慧智、孝慈，忠臣

第十八章：大道废，有仁义；慧智[1]出，有大伪；六亲不和，有孝慈；国家昏乱，有忠臣。

译文：

（古代以大道治国，国家繁荣昌盛。）大道丧失了，才提倡儒家仁义。儒家智慧出来了，才到处有伪善。家族六亲不合，才提倡儒家孝顺与慈爱，国家昏乱无度，才提倡儒家忠臣。

注释：

[1]慧智：智慧，儒家的智慧，非指人类一切智慧。

2. 圣、智、仁、义

第十九章：绝圣弃智，民利百倍；绝仁弃义[1]，民复孝慈；绝巧弃利，盗贼无有；此三者以为文[2]，不足。故令有所属，见素抱朴[3]，少私寡欲。

译文：

抛弃儒家的圣典与智慧，对民众有利百倍。断绝儒家仁义学说，民众回复到真正的孝顺与慈爱。抛弃投机取巧与谋利贪财，盗贼就没有了。以上三者，是儒家浮夸文饰之论，不足于治国。所以要使人有所归属：生活朴素，少私寡欲。

注释：

[1]仁、义：指儒家仁义，非指人类一切仁义。
[2]文：文饰。
[3]见素抱朴：感官清淡，怀抱素朴。

3. 仁与教化

第五章：天地不仁，以万物为刍狗[1]。圣人不仁，以百姓为刍狗。天地之

间，其犹橐龠[2]乎？虚而不屈[3]，动而愈出。多言数[4]穷，不如守中[5]。

译文：

天地没有仁，将万事万物视为用于祭祀的草扎的狗，用完弃之。好的领导人不实行儒家仁政，将人民百姓视为“刍狗”，不要以强迫来教化他们，任其自然的生活。天地之间(治国)岂不好像一个大风箱吗，看似空虚而气无穷，越是发动风越多。指示太多，教化太多，政事快速败亡。还不如像风箱那样，从空虚无言中产生无穷的力。

注释：

[1]刍狗：古代祭祀，用草扎的狗，祭祀完扔掉。

[2]橐龠：风箱。

[3]屈：竭，穷。

[4]数：速。

[5]中：中空，如风箱中的空虚无穷状。

第二章　圣人治国，还是侯王治国

一、有道政治家“圣人”的道治原则

老子将社会分为圣人与百姓（“万物”），圣人对百姓一视同仁，公平对待。圣人是执政公道的政治家或实行道治的领导人。圣人治国的原则是顺其自然、无为而治、清静自正、柔弱胜刚强等。

（一）顺其自然

1. 天下一切事物起源于大道，大道的原则是自然而然

第二十五章：有物混成，先天地生。寂兮寥[1]兮，独立而不改，周行而不殆[2]，可以为天地母。吾不知其名，强字之曰道，强为之名曰大。大曰逝[3]，逝曰远，远曰反[4]。故道大、天大、地大、人亦大。域中有四大，而人居其一焉。人法地，地法天，天法道，道法自然。

译文：

有一个浑然一体的东西，在天地形成之前就产生了。它寂静无声啊，无形无际，独立运行，永不改变。它周而复始，永无休止，可以看成是天地万物的起源。我不知道它的名字，勉强替它起个字为“道”，勉强替它起个名为“大”。

它广大无边而运行不息，运行不息而到达遥远无际，从遥远无际而又返回。所以道大，天大，地大，人大。世界上有四个最广大者，而人是其中之一。人事效法于大地的原则，大地的事效法于天象的原则，天象的事效法于大道的原则，大道的原则就是自然而然。

注释：

[1]寥：无形。
[2]殆：停止。
[3]逝：运行。
[4]反；返回。

2. 统治者只能顺其自然，无为而治，不敢妄为于天下，专权于天下

第六十四章：其安易持[1]，其未兆易谋。其脆易泮[2]，其微易散。为之于未有，治之于未乱。合抱之木生于毫末。九层之台起于累土。千里之行始于足下。为者[3]败之，执[4]者失之。是以圣人无为故无败，无执故无失。民之从事，常于几成而败之。慎终如始，则无败事。是以圣人欲不欲，不贵难得之货。学不学，复众人之所过，以辅万物之自然，而不敢为。

译文：

政治安稳，就容易维持。政治变动尚无迹象时，容易谋划。政治脆弱时容易被分化，政治细微时容易被消散。要在政治事变未发生前采取行动，要在政治动乱未发生前进行治理。这正如，几人才能合抱的大树，从毫末状的幼苗生长起来。九层楼的高台，从一点点土块累积起来。千里迢迢的行程，从脚下的第一步开始。

作为一个政治家，过于作为会招致失败，过于专权会招致失权。所以圣人实行无为政治，故而不会失败，不实行专权政治，故而不失政权。民众谋事，常常在几乎成功时失败，因为他们很难始终如一。统治者只要慎终如始的执政，就不会失败。

因此理想的统治者，他的欲望就是不贪欲，不珍贵那些难得的奇货珍宝。他的学习就是不学习误导人的知识，复蹈众人的过错。政治的艺术，就是统治者只能辅导天下，因势利导，顺其自然，不敢于妄为、专权于天下。

注释：

[1]持：维持。
[2]泮：通判，散，解。
[3]为：过分作为，妄为。
[4]执：抓紧，专权。

3. 统治者悠然从政，百姓不知道谁在领导，自然而然地做成大事

第十七章：太上，不知有之。其次，亲而誉之。其次，畏之。其次，侮之。信不足焉，有不信焉。悠[1]兮其贵言，功成事遂[2]，百姓皆谓我自然。

译文：

最好的统治者，（实行无为）人民几乎不知道他的存在。较好的统治者，人民亲近他，赞誉他。不好的统治者，人民畏惧他。最不好的统治者，人民会侮辱

漫骂他。

统治者的诚信不足，于是就有人民不信任统治者的事件发生。最好的统治者，悠然从政，不夸夸其谈，不发号施令，事情却成功。百姓们（不知道有统治者在领导）都说：我们按自己的意愿，自然而然地就做成大事了。

注释：

[1]悠：悠然，悠闲。
[2]遂：完成。

（二）无为而治

1. 无为而治的益处，可惜天下很少有统治者做得到啊！

第四十三章：天下之至柔，驰骋[1]天下之至坚。无有[2]入无间[3]，吾是以知无为之有益。不言之教，无为之益，天下希及之。

译文：

天下最柔弱之物（如水），能驰骋在天下最坚硬物中（如山），这说明天下无形者，往往能进入到没有间隙的有形物中。我因此知道无为治国的益处。不夸夸其谈的教化，无为而治的益处，可惜天下很少有统治者做得到啊！

注释：

[1]驰骋：驾驭。
[2]无有：无形。
[3]无间：无间隙。

2. 统治者要取得天下的安定，永远不要无事生非，好功扰民

第四十八章：为学[1]日益，为道日损[2]。损之又损，以至于无为。无为而不为。取天下常以无事，及其有事，不足以取天下。

译文：

学习仁义礼智的知识，每天有所增益。要掌握治国之道，每天要减损那些知识与欲望。减损了再减损，以至于达到无为而治的境界。政治上无为，可以达到无所不为的地步。

要取得天下的安定，永远不要无事生非、好功扰民。等到统治者无事生非、好功扰民的时候，他将不足于取得天下的安定了。

注释：

[1]学：仁义礼智等知识的学习。
[2]损：减少。

3. 行无为之事，让万物自然兴起

第二章天下皆知美之为美，斯恶已。皆知善之为善，斯不善已。故有无相生，难易相成，长短相形[1]，高下相倾[2]，音声相和，前后相随。是以圣人处无为之事，行不言之教；万物作焉而不辞[3]，生而不有[4]，为而不恃[5]，功成而弗居。夫唯弗居，是以不去。

译文：

（有为之教化）让普天下都知道美德之为美德，这是因为天下已有太多的恶行。普天下都知道性善之为性善，是因为天下已有太多的性恶。这好比有无相生，难易相成，长短相形，高下相倾，音声相和，前后相随。

所以有道的统治者，（不要“有为”地宣传美德与性善）要行无为之事。让万事自然兴起，不要去干涉。让万事自然生发，不要去占有。让万事有作为，不要恃强压制。让万事成功，不要据为己功。只有不居功自傲，他的功劳才能流芳百世。

注释：

[1]形：比较。
[2]倾：倾向。
[3]辞：干涉。
[4]有：占有。
[5]恃：恃强。

4. 有为是利用，无为更实用

第十一章：三十辐，共一毂[1]，当其无，有车之用。埏埴[2]以为器，当其无，有器之用。凿户牖[3]以为室，当其无，有室之用。故有之以为利，无之以为用。

译文：

制造车轮，将三十根辐条连在一个车轴上，因车轴内是空的，所以就有了车轮转动的功用。制造陶器，糅合陶土制成器皿，因器皿内是空的，所以就有了器

皿装物的功用。建造房屋，挖开一个窗户，再挖空其内部，成为一个房屋，因房屋内是空的，所以房屋有了功用。

可见“有”是利用的部分，“无”是更实用的部分。(由此推及治国，有为是暂时有利的治国方法，无为是更加实用的治国方法。)

注释:

[1]毂：车轮中心车轴，三十辐条共同插入的轴心木圈。
[2]埏埴：和土。埏是抟和，埴是陶土。
[3]户牖：户为单扇门，牖为窗。

(三)清静自正

1. 以静治国，少扰动，远鬼神

第六十章：治大国，若烹小鲜[1]。以道莅[2]天下，其鬼不神[3]。非其鬼不神，其神不伤人。非其神不伤人，圣人亦不伤人。夫两不相伤，故德交归[4]焉。

译文:

治理一个大国，好像烹调小鱼一样，(不要常扰动，免得散碎。)领导人以大道莅临天下，鬼就不神通。不是鬼不神通，是鬼的神通不能伤害人。非但鬼的神通不能伤害人，好的领导人也因为心怀大道而不伤害人。鬼怪与领导人都不伤害人，圣人使上下和谐，功德归民。

注释:

[1]鲜：鱼。
[2]莅：临。
[3]神：神力。
[4]德交归：韩非子解释：“言其德上下交盛而俱归于民焉。”意为：圣人无为之治，上下交而和谐，功德归于民。

2. 自我清静，维护正义

第四十五章：大成若缺，其用不弊[1]。大盈若冲[2]，其用不穷。大直若屈，大巧若拙，大辩若讷[3]。躁[4]胜寒，静胜热。清静为天下正[5]。

译文:

大成就的人外表好像有欠缺，重用他不会坏事。正气满盈的人外表好像空虚，重用他好处不尽。特别正直的人外表好像弯曲，特别灵巧的人外表好像笨拙，特别的辩才外表好像语言迟钝。急走克服寒冷，清静克服狂热。清静无为的政治家，可为天下维持正义。

注释：

[1]弊：败坏。
[2]冲：空虚。
[3]讷：语言迟钝。
[4]躁：任继愈解释为“急走”。
[5]正：匡正，公正，正义。

3. 清静稳重，勿轻勿躁

第二十六章：重为轻根，静为躁君。是以君子终日行，不离辎重[1]。虽有荣观，燕处超然。奈何万乘之主[2]，而以身轻天下。轻则失根，躁则失君[3]。

译文：

稳重比轻率更为根本，冷静比急躁更为主宰。所以有道行的人整日行走在外，离不开载重的车辆。他虽然有荣华富贵，却超然处于物质享受之外。为何身为大国君主，却那样轻率地治理天下呢？轻率则失去根本，急躁则失去主宰。

注释：

[1]辎重：行军带的粮食与装备。
[2]万乘之主：大国国君。
[3]君：主宰。

（四）柔弱胜刚强

1. 外表柔弱者处于优势，外表强大者处于劣势

第七十六章：人之生也柔弱，其死也坚强[1]。草木之生也柔脆，其死也枯槁[2]。故坚强者死之徒[3]，柔弱者生之徒。是以兵强则灭，木强则折。强大处下，柔弱处上。

译文：

人活着时身体柔软，死后身体变得僵硬。草木活着时柔软脆弱，死后变得枯萎干硬。所以说，施政过于强暴坚硬者，属于死亡之类。如果施政柔而无为，那

么属于生长之类。因此，军队过于强大，则要灭亡。树林过于高大，必被砍伐。外表强大者处于下势，外表柔弱者处于上势。

注释：

[1]坚强：强硬，僵硬。
[2]槁(gǎo)：干枯。
[3]徒：类。

2. 弱胜强，柔胜刚，

第七十八章：天下莫柔弱于水，而攻坚强者，莫之能胜，以其无以易[1]之。弱之胜强，柔之胜刚，天下莫不知莫能行。是以圣人云：受国之垢[2]，是谓社稷主；受国不祥[3]，是为天下王。正言若反。

译文：

天下没有比水更柔弱的东西，而攻击坚硬的东西，没有什么能胜过水，任何东西都无法取代水。弱胜强，柔胜刚，天下没有不知道的，但都不能够实行。所以好的统治者说过，能为国家蒙受耻辱的，就是国家的君主。能为国家承受不祥之灾的，才是国家的君王。正道良言，听上去好像是反话。

注释：

[1]易：替换。
[2]垢：屈辱。
[3]不祥：灾祸。

二、有道政治家“圣人”的崇高人格与道德修养

圣人在道德伦理方面，是具有崇高人格与道德修养之人。表现为无私，行善救人，宽容调和，爱他人，以德报怨，去除奢华，不积私财，有自知之明，自爱不自贵等。

(一)圣人无私，行善救人

1. 圣人不自生而长生，后身而身先，无私而成其私

第七章：天长地久。天地所以能长且久者，以其不自生[1]，故能长生。是以圣人后其身而身先，外其身而身存。非以其无私耶[2]！故能成其私。

译文：

天长地久。天地所以能够永恒长久，是因为它们不为自私而生存，所以能长久。所以好的统治者，甘愿置身于民众之后，而成为民众的首领。把自身置之度外，反而能保全生命。不正是因为他无私吗？反而成就了他的高官盛名之私。

注释：

[1]不自生：不为自己而生。
[2]耶：叹词，啊。

2. 常行善事，救人救物

第二十七章：善行无辙[1]迹。善言无瑕谪[2]。善数不用筹策[3]。善闭无关楗[4]而不可开。善结无绳约而不可解。是以圣人常善救人，故无弃人。常善救物，故无弃物。是谓袭[5]明。故善人者，不善人之师。不善人者，善人之资[6]。不贵其师、不爱其资，虽智大迷，是谓要妙。

译文：

善于行走者不留自己的痕迹。善于无言之教者没有过失。善于计算者不需要筹码工具。善于用锁关闭者不需要栓销，却谁也不能打开。善于捆绑者不需要绳索，却谁都不能解开。所以有道的领导人经常善于救助他人，不抛弃任何人。经常善于解决事物，不放弃任何事物。好像是冥冥中的智慧。

所以善良人是不善良人的老师，不善良人是善良人引以为戒的借鉴。不珍贵老师，不爱惜借鉴，虽然看似聪明，其实非常迷糊。这叫做精要的妙道。

注释：

[1]辙：车轮痕迹。
[2]瑕谪：缺点，毛病。
[3]筹策：古代计数工具。
[4]关楗：栓销。
[5]袭：含藏，隐蔽。
[6]资：借鉴。

(二)宽容调和，善爱他人

1. 调和仇怨，对人宽容

第七十九章：和大怨必有余怨，安可以为善。是以圣人执左契[1]，而不

责[2]于人。有德司契，无德司彻[3]。天道无亲[4]，常与善人。

译文：

调和了大的仇怨，必然还有余怨未能化解，这怎么可以认为是善爱呢？因此好的领导人既使手执借条债券，也不逼迫着索取债主。有德的领导人宽容地握有借条，无德的领导人像古代税吏那样无情。天道不偏爱谁，与人为善地对待每个人。

注释：

[1]契：借条，债据。
[2]责：索取。
[3]有德司契，无德司彻：契是借条，彻是周代税法。有德者宽容地握有借条，无德者无情地像凶狠税吏。
[4]无亲：无偏爱。

2. 宽容不善之人与有罪之人

第六十二章：. 道者万物之奥[1]。善人之宝，不善人之所保[2]。美言可以市尊[3]。美行可以加人[4]。人之不善，何弃之有。故立天子、置三公，虽有拱璧以先驷马[5]，不如坐进此道。古之所以贵此道者何。不曰：以求得，有罪以免邪？故为天下贵。

译文：

道是一切人的庇护。善良者视之如珍宝，不善良者也用它自保其身。（善良者）用美好的语言取人尊重，用美好的行为见重于人。那些不善良者也不会被道所抛弃。

所以，拥立帝王天子，设置三公大臣，虽然会有奉献玉璧在先、奉献驷马马车随后的隆重礼仪，倒还不如简朴地坐在一起，进献治国之道。古代天子、三公之所以贵重治国之道是为什么呢？不就是因为，善良者以此而求得庇护，不善良者获罪可以得免吗？所以“庇护一切人”被天下政治家贵重。

注释：

[1]奥：深，庇护。
[2]保：保护。
[3]市：取。
[4]加人：见重于人。

[5]拱璧以先驷马：先献拱抱的玉璧，后献驷马共拉的马车，这是古代献奉的礼仪。

(三)以德报怨，为政低调

1. 为人以德报怨，处事多想困难

第六十三章：为无为，事无事，味无味。大小多少，报怨以德[1]。图难于其易，为大于其细。天下难事，必作于易。天下大事，必作于细。是以圣人终不为大[2]，故能成其大。夫轻诺[3]必寡信，多易必多难。是以圣人犹难[4]之，故终无难矣。

译文：

以无为为作为，以无事为大事，以无味为口味。不在意名利大小与恩怨多少，始终保持以恩德回报怨恨的态度。设法克服困难，要从容易的动手。处理大事时，要从细微的开始。天下难事，都从容易的动手。天下大事，都从细微的开始。

因此，好的领导人始终不自以为大，所以才能成其为大。轻率的许诺，难以兑现，信用就不足。办事想得太容易，困难就很多。因此，好的领导人，遇事都从困难处着想，所以他最终没有困难了。

注释：

[1]报怨以德：以德报怨。
[2]大：自大。
[3]诺：许诺。
[4]犹难：都从难处想。

2. 为政低调，光而不耀

第五十八章：其政闷闷，其民淳淳[1]。其政察察，其民缺缺[2]。祸兮福之所倚。福兮祸之所伏。孰知其极，其无正[3]。正复为奇，善复为妖。人之迷，其日固久。是以圣人方而不割[4]。廉而不刿[5]。直而不肆[6]。光而不耀。

译文：

为政宽厚少语，人民富足纯朴。为政高调，苛察严刑，人民奸诈狡猾。祸常常伴随着福而起，福常常隐伏在祸之中。谁知道终极的道理，没有正邪的定准。正义正道可以变为邪门奇道，善事善道可以变为黑道妖道。人们被这些政治权术

迷惑，已经时日很久了。所以好的领导人，坚持方正而又不轻易杀死人，廉洁奉公而又不轻易伤害人，正直坦率而又不要肆无忌惮，光明正大而又不要光辉耀眼。

注释：

[1]淳淳(chún)：淳朴。
[2]察察：苛察，明察。缺缺：狡猾。
[3]正：定准，标准。
[4]方而不割：坚持方正而不轻易杀人。
[5]廉而不刿(guì)：廉洁奉公而不轻易伤害人。
[6]直而不肆：正直坦率而不要肆无忌惮。

(四)去除奢华，不积私财

1. 使用权力不可强为，不可过分

第二十九章：将欲取[1]天下而为[2]之，吾见其不得已。天下神器[3]，不可为也，为者败之，执者失之。夫物或行或随，或嘘[4]或吹，或强或羸[5]，或载或隳[6]。是以圣人去甚、去奢、去泰。

译文：

想要治天下而强力作为，我看他不得成功。天下神圣的权力，不可以强为。强为者必定失败，专权者必定丧权。政治人物(复杂)他们或者冲在前面，或者跟在后面，或者慢慢吹热风，或者急急吹凉风，或者强硬，或者软弱，或者安稳，或者危险。好的统治者(不像他们)，去掉极端的，奢华的，过分的。

注释：

[1]取：治。
[2]为：有为，与无为相反。
[3]神器：神物，指国家权力。
[4]嘘：慢慢地吐出热气。
[5]羸：弱。
[6]隳：危。载：安。

2. 不积私财，利他无私

第八十一章：信言不美，美言不信。善者不辩，辩者不善。知[1]者不博[2]，

博者不知。圣人不积[3]，既以为人己愈有。既以与人己愈多。天之道利而不害，圣人之道为而不争。

译文：

诚实的话不华美，华美的话不诚实。善良的人不狡辩，狡辩的人不善良。智慧的人不炫博，炫博的人不智慧。

好的领导人不积私财，他尽力为别人，而自己感到富有。他把财物送与他人，而自己感到收获越多。天之道，利益万物而不妨害万物。人之道，帮助他人而不与他人争利。

注释：

[1]知：智。
[2]博：炫博，卖弄。
[3]积；积财，保留。

(五)圣人有直觉之知，有自知之明，自爱不自贵

1. 对大道的直觉感悟

第四十七章：不出户，知天下。不窥牖[1]，见天道。其出弥[2]远，其知弥少。是以圣人不行而知，不见而明，不为而成。

译文：

足不出户，知晓天下的大事。不看窗外，知天时的规律。出门走得越远，对道所知越少。所以好的领导人要有直觉感悟，不行远而知道，不见闻而明智，不作为而成功。

注释：

[1]牖：窗户。
[2]弥：越，愈。

2. 不自以为是，有自知之明

第七十一章：知不知，上。不知知[1]，病。圣人不病，以其病病[2]。夫唯病病，是以不病。

译文：

知道自己有许多事不知道，最好。不知道许多事却自以为是，是毛病。最好的领导人没有毛病，因为他把自己的毛病当做毛病来对待。把自己的毛病当做毛病来对待，所以他没有毛病。

注释：

[1]不知知：以不知为知，而不是不知而自以为知。
[2]病病：以病为病，而不是有病而不知病。

3. 自知自爱自尊

第七十二章：民不畏威，大威至矣。无狎[1]其所居，无厌[2]其所生。夫唯不厌，是以不厌。是以圣人自知不自见，自爱不自贵。故去彼取此。

译文：

人民不畏惧统治者的压迫威力，则更大的反抗威力就要到来了。不要逼迫人民流离失所，不要压制人民的生路。唯有统治者不压制，人民才不会厌弃统治者。

因此好的领导人有自知之明而不自吹自擂，有自爱自尊而不自以为高贵无比。所以，他去除后者而选取了前者。

注释：

[1]狎：逼迫。
[2]厌：压迫，压制。

三、对当权统治者"侯王"的奉劝与告诫

老子《道德经》中，侯王是圣人的对立面，代表现实社会中比较保守的统治者，他们腐败，贪得无厌，往往留下大祸。老子奉劝与告诫他们，不自傲，就无祸殃，要知足，就可以长久，实行道治，就天下太平。

（一）侯王腐败，贪得无厌

1. 声色犬马，追逐难得之货

第十二章：五色令人目盲，五音令人耳聋，五味令人口爽[1]。驰骋畋[2]猎，

令人心发狂。难得之货[3]，令人行妨[4]。是以圣人为腹，不为目，故去彼取此。

译文：

五色光闪耀令人眼花目盲，五音尖锐令人震耳欲聋，五味厚重令人舌不知味。驰骋于马，狩猎于野，令人心发狂。难得一见的珍宝奇货，令人行为越轨。所以，好的领导人治理国家，首要任务是解决人民吃饱肚子的问题，而不是声色犬马的感官享受问题。所以要舍弃后者，选取前者。

注释：

[1]爽：口病，无味。
[2]畋：打猎。
[3]难得之货：美女、珍宝之类。
[4]行妨：妨害社会的行为，如偷盗抢劫类。

2. 食税太多，强作妄为，贪得无厌

第七十五章：民之饥，以其上食税之多，是以饥。民之难治，以其上之有为，是以难治。民之轻死，以其上求生之厚，是以轻死。夫唯无以生为[1]者，是贤[2]于贵生。

译文：

人民陷于饥荒，是因为统治者收税过多，所以才闹饥荒。人民难以治理，是因为统治者好大喜功，强作妄为，所以难以治理。人民不怕死而造反，是因为统治者贪生怕死，贪得无厌，所以人民不怕死而造反。唯有不以生活奉养为重的道者，远胜于那些贪生贪欲的统治者。

注释：

[1]无以生为：不以生活奉养为重。
[2]贤：胜于。

(二)侯王非道，留下大祸

1. 统治者如强盗头子，非道也

第五十三章：使我介[1]然有知，行于大道，唯施[2]是畏。大道甚夷[3]，而人好径[4]。朝甚除[5]，田甚芜，仓甚虚。服文彩，带利剑，厌饮食，财货有余。是谓盗夸[6]。非道也哉。

译文：

如何使统治者稍微有些大道的知识呢？那就是让他们走上正道，唯恐误入歧途。治国大道非常平坦，可是统治者偏好斜径小路。朝廷非常败落，农田非常荒芜，粮仓非常空虚。（然而统治者却招摇过市）穿着华彩的衣服，佩带着锋利的宝剑，吃厌了山珍海味，财货多得用不完。真可谓强盗头子，他们完全不懂治国之道啊！

注释：

[1]介：微微，稍许。
[2]施：通迤，斜道。
[3]夷：平坦。
[4]径：邪径。
[5]朝甚除：朝政废败。除：废。
[6]盗夸：盗首。

2. 富贵而骄，留下大祸

第九章：持而盈之，不如其已[1]。揣[2]而锐之，不可长保。金玉满堂，莫之能守。富贵而骄，自遗其咎。功成名遂身退，天之道。

译文：

执政达到高峰，不如急流勇退。就算你锤炼得无比敏锐，也难以长保性命。金玉满堂，不能守到身后。富贵而又骄傲，给自己留下祸害。所以功成名就而及时隐退下野，是天之道啊。

注释：

[1]已：止。
[2]揣：捶磨。

（三）侯王不自傲，不留祸殃

1. 矜持自傲的统治者，民众厌恶

第二十四章：跂[1]者不立，跨者不行。自见者不明，自是者不彰[2]。自伐[3]者无功，自矜者不长。其在道也，曰：余食赘形[4]。物[5]或恶之，故有道者不处。

译文：

踮起脚跟会站立不稳，跨步太大会不利行走。固执己见者不明智，自以为是者不彰显。自我夸耀者出力而无功，矜持自傲者不能做领袖。站在道的立场上可以说：上面这些人如同剩饭赘瘤。民众也厌恶这些人，所以有道者不这样自处。

注释：

[1]跂：同企，踮起脚。
[2]彰：彰显。
[3]伐：夸耀。
[4]余食赘形：剩饭与赘形。赘形指身体上长出的多余肉瘤。
[5]物：人，民众。

2. 守道保身，不留祸殃

第五十二章：天下有始，以为天下母[1]。既得其母，以知其子[2]。既知其子，复守其母，没身不殆。塞其兑[3]，闭其门，终身不勤[4]。开其兑，济其事，终身不救。见小曰明，守柔曰强。用其光，复归其明，无遗身殃。是为习常[5]。

译文：

天下社会从道开始，它是天下社会的根本。既已得到社会的根本，便可知道治理社会万象。既然知道社会万象的治理，再回守治国之道这个根本，终生将没有危险。(统治者若能够)阻塞感官享受的五窍，关闭贪欲的心门，他将终生不会有烦扰。若放纵感官五窍的享受，成全贪欲之事，他将终生不可救治。见小知微称为明智，守柔居弱称为强大。运用智慧的光，使政治复归于清明，也不给自己带来祸殃。这就是永恒的道理。

注释：

[1]母：指道，天下万事万象的根本。
[2]子：指万物，万物指万事万象。
[3]兑：口。
[4]勤：烦劳，烦扰。
[5]习常：习同袭，承袭。常：常道。

(四)侯王要知足，可以长生长寿

1. 轻货轻名，贵身长久，知足常乐

第四十四章：名与身孰亲？身与货孰多[1]？得与亡孰病[2]？甚爱必大费，多藏必厚亡。知足不辱，知止不殆。可以长久。

译文：

名声与生命哪个更亲爱？生命与财货哪个更贵重？获得名声与损失生命，哪个更有害？所以过分的爱必定有很大的耗费，过多的藏货会令很多人为它而死亡。知足不会招致侮辱，适可而止不会招致祸害。如此就可以长生长寿。

注释：

[1]多：尊重，贵重。
[2]病：有害。

2. 莫要多欲，知足常足

第四十六章：天下有道，却[1]走马以粪[2]。天下无道，戎马[3]生于郊。祸莫大于不知足。咎莫大于欲得。故知足之足，常足矣。

译文：

治国有道而天下和平，退出军队的战马耕地，马粪肥田。治国无道而天下战乱，战马怀胎，生于郊野。

最大的祸害莫大于不知足，最大的过失莫大于贪欲多得，(这样都会导致战争与掠夺。)所以，懂得知足常乐的满足，才是恒常不衰的满足。

注释：

[1]却：退出。
[2]粪：耕种。
[3]戎马：战马。

(五)侯王要行道，实行无为

1. 侯王得一行道，天下有正义

第三十九章：昔之得一[1]者。天得一以清，地得一以宁，神得一以灵，谷

得一以盈，万物得一以生，侯王得一以为天下正[2]。其致之[3]。天无以清将恐裂，地无以宁将恐废，神无以灵将恐歇，谷无以盈将恐竭，万物无以生将恐灭，侯王无以正将恐蹶。故贵以贱为本，高以下为基。是以侯王自称孤、寡、不谷。此非以贱为本邪？非乎？至誉无誉[4]。不欲琭琭如玉，珞珞如石[5]。

译文：

自古凡是获得“一”的，天得“一”而清明，地得“一”而安宁，神得“一”而灵通，山谷得“一”而溪水满盈，万千事物得“一”而生长，侯王得“一”而成为天下领袖。进而言之，天没有清明将恐怕会裂口，地没有安定将恐怕会崩塌，神没有灵通将恐怕会消歇，山谷没有满盈的水将恐怕会枯竭，万千事物没有生长将恐怕会灭绝，侯王没有领袖权力将恐怕会一蹶不振。

所以尊贵以卑贱为根本，位高者以低下者为基础，因此，统治者自称为孤、寡、不谷，这不就是以卑贱作为根本吗？不是这样吗？所以，统治者的最高荣誉是百姓无须对他歌功颂德的赞誉。不希望赞誉他华丽如玉，而宁可视他如低贱的硬石。

注释：

[1]一：道。

[2]正：平正，公平，正义。

[3]其致之：推而言之。

[4]至誉无誉：最高的荣誉是不赞誉。

[5]琭琭如玉，珞珞如石：琭琭形容华丽，珞珞形容坚硬。

2. 侯王要无为，无为而无不为

第三十七章：道常无为，而无不为。侯王若能守之，万物将自化[1]。化而欲作，吾将镇之以无名之朴[2]。无名之朴，亦将不欲。不欲以静，天下将自正。

译文：

治国之道就是通过自然无为，达到无所不为的成就。统治者若能坚守这个原则，天下任何大事皆可自己转化为平安。转化以后又因利欲而动乱发作，我将以无名之道镇服之。无名之道的真朴，让他们无贪欲。无贪欲，就可以清静，天下将自然就安定。

注释：

[1]化：转化，归化。

[2]无名之朴：老子常以“无名”与“朴”形容道。

第三章　道家思想治国，还是儒、墨、法家思想治国

一、道家的人格、信仰以及对死而不亡的追求

老子《道德经》中的“道者”，是百家争鸣时期道家的自称。老子多称赞他们，并介绍他们谦虚谨慎，勤奋行道，善良慈爱，无私利他的人格。他们的孤独与穷困不被人理解，但他们坚持对大道的信仰，对长生不死的追求。

（一）道者谦虚谨慎，勤奋行道，善良慈爱，无私利他

1. 谦虚谨慎，破旧立新

第十五章：古之善为道者，微妙玄通，深不可识。夫唯不可识，故强为之容。豫[1]兮若冬涉川，犹[2]兮若畏四邻，俨[3]兮其若客，涣[4]兮若冰之将释，敦兮其若朴，旷兮其若谷，浑[5]兮其若浊。孰能浊以止静之徐清[6]？孰能安以久动之徐生[7]？保此道者，不欲盈。夫唯不盈，故能蔽而新成。

译文：

古代善于以道治国者，微妙通达，深不可识。正因为深不可识，所以只能勉强对他做一形容：慎重啊，像冬天涉水过河。警觉啊，像害怕四周一起来围攻。庄严啊，像到贵人家里做客。他融解散怨啊，像冰雪融化。敦厚啊，像未经雕刻的素材。旷达深沉啊，像深山之幽谷。混沌厚道啊，像浑浊之水。

谁能治理浑浊，使之静止，逐渐清明？谁能在安定久滞时，使之变动，逐渐新生？唯有保持以道治国的政治家，他们不会自满。正因为不会自满，所以能够完成破旧立新的历史使命。

注释：

［1］豫：慎重，迟疑。
［2］犹：警觉，警惕。
［3］俨：庄严，凝定。

[4]涣：融解，散怨。
[5]浑：混沌，厚道。
[6]浊以止静之徐清：治理浑浊，使之静止，逐渐清明。
[7]安以久动之徐生：安定久滞，使之变动，逐渐新生。

2. 勤奋行道，善良慈爱，无私利他

第四十一章：上士闻道，勤而行之。中士闻道，若存若亡。下士闻道，大笑之。不笑不足以为道。故建言有之。明道若昧，进道若退，夷[1]道若类[2]。上德若谷，大白若辱。广德若不足，建德若偷[3]。质真若渝[4]，大方无隅[5]，大器晚成，大音希声。大象无形，道隐无名。夫唯道，善贷[6]且成。

译文：

“上士”听了道，勤奋地实行。“中士”听了道，将信将疑。“下士”听了道，哈哈大笑。不笑，就称不上是“道”了。所以古代立言者有这样的话：光明大道好像暗道一样，前进大道好像退路一样，平坦大道好像坎坷一样。

高尚的品德好像低下，上好的清白好像受辱，广博的功德好像不足。刚健的功德好像苟且偷安一样。质朴而真实好像变得污浊。最方正者却没有棱角。贵重的器物最晚才完成。

极大的声音，好像听不到，极大的形象，好像没有形迹。道幽隐而无名称。唯有道，善良慈爱，无私给予，帮助成全他人。

注释：

[1]夷：平坦。
[2]类：崎岖。
[3]建德如偷：建通健，偷即惰，偷安。
[4]渝：污浊。
[5]隅：棱角。
[6]贷：给予，施与。

(二)道者穷困孤独、终生贵道的人格

1. 道者的穷困、孤独、昏昏若愚

第二十章：绝学无忧。唯之与阿[1]，相去几何？善之与恶，相去若何？人之所畏，不可不畏。荒[2]兮，其未央[3]哉！众人熙熙，如享太牢[4]，如春登台。我独泊兮，其未兆[5]，傫傫[6]兮，若无所归。众人皆有余，而我独若遗[7]。我

愚人之心也哉！。沌沌[8]兮，如婴儿之未孩；俗人昭昭，我独昏昏；俗人察察，我独闷闷。澹[9]兮其若海，飂[10]兮若无所止。众人皆有以，而我独顽似鄙。我独异于人，而贵食母[11]。

译文：

断绝对于仁义礼智的学习，反而减少了忧患。诺（卑称）与阿（尊称），有必要相去那么远吗？性善与性恶，有必要相去那么远吗？当然，人们所畏惧的，不可不畏惧。（大道）似乎是那么广漠遥远而无边无际啊！

众人熙熙攘攘，好像参加热闹的宴席，又好像春日登台观光。我却独自一人，淡泊而不喜欢炫耀。闲散困乏啊，好像无家可归一样。众人都富裕有余，而我好像穷困不足。我真像一个愚笨者的心理啊。浑噩迟钝，好像婴儿还不会笑。

世人都那么聪明，我独自昏昏欲睡。世人都那么明察，我独自闷闷不乐。广阔辽远啊，好像大海的深处。高风飘逸啊，无止境地吹。众人都有为进取，而我独自顽固而笨拙。我孤独而与众不同，我最贵重的是使用大道。

注释：

[1]唯之与阿：儒家从等级尊卑和名分出发，严格区分应诺口语的尊卑。诺为卑称，阿为尊称。

[2]荒：广漠。

[3]央：尽，际。

[4]太牢：丰盛宴席。太牢：指牛、羊、猪，把大三牲养在牢里准备祭祀社稷所用。

[5]未兆：没有征兆，不炫耀。

[6]傫傫：疲倦状。

[7]遗：匮乏，不足。

[8]沌沌：浑沌状。

[9]澹：广阔辽远。

[10]飂：高风飘逸。

[11]食母：食即用，母即道。

2. 道者的话阳春白雪，曲高和寡

第七十章：吾言甚易知、甚易行。天下莫能知、莫能行。言有宗、事有君[1]。夫唯无知，是以不我[2]知。知我者希，则我者贵。是以圣人被褐[3]怀玉。

译文：

我的话很容易明白，也很容易实行。天下却没有人能明白，不能实行。我的

话有宗旨，我行事有主宰(道)。

不懂得言行之道，所以不理解我。明白我语言者那么稀少，效法我行事者那么珍贵。所以好的领导人，往往披着粗布外衣，却怀里揣着宝玉。

注释：

[1]君：主。
[2]不我知：不知我。
[3]被褐：被通披，褐指粗衣。

(三)道者对不入死地、死而不亡的追求

1. 道者的终极理想：死而不亡

第三十三章：知人者智，自知者明。胜人者有力，自胜者强。知足者富，强行[1]者有志，不失其所者久。死而不亡者，寿。

译文：

知人善任者有智慧，有自知之明者才是明智。战胜别人者有力量，能战胜自己才是强者。知足者常富，勤而行之者有意志。不离失根本者长生历久。人死而道不亡者，真正长寿。

注释：

[1]强行：勤而行之。

2. 善于修道养生者不入死地

第五十章：出生入死。生之徒[1]，十有三。死之徒，十有三。人之生，动之于死地，亦十有三。夫何故？以其生生之厚[2]。盖闻善摄生者，陆行不遇兕[3]虎，入军不被甲兵。兕无所投其角。虎无所用其爪。兵无所容其刃。夫何故？以其无死地。

译文：

人出世为生，入地为死。长生长寿一类，占十分之三。短命而死一类，占十分之三。本来可以长生长寿，活动不当而陷于死地一类，占十分之三。这第三类人是何原因？因为他们生养过于厚重。

听说善于养生修道的人，在陆地行走不会遇到犀牛与老虎，杀入敌军战斗时不被兵器所伤。(遇到犀牛老虎时)犀牛不知道往哪里顶角，老虎不知道怎样使

用利爪。(杀入敌军时)敌兵刀器没有了锋利的刃。这是什么缘故？因为养生修道者不会进入死亡之地。

注释：

[1]徒：类。
[2]生生之厚：生养过于厚重，营养过盛。
[3]兕：犀牛。

(四)道者对大道的信仰

1. 和光同尘的大道，先天帝存在

第四章：道冲[1]而用之，或不盈。渊兮，似万物之宗。挫其锐，解其纷，和其光，同其尘。湛[2]兮，似或存。吾不知其谁之子，象帝之先。

译文：

大道看似空虚，它的作用却无穷无尽。渊博啊，好像是万众的宗主。它挫折锐利，解除纷扰，柔和光辉，混同于尘土。幽隐啊，似无又好像存在。我不知道它由谁所产生，好像在天帝之前就存在了。

注释：

[1]冲：古字为盅，器空为盅。
[2]湛：幽隐，无形。

2. 无形恍惚的大道，先经验存在

第十四章：视之不见，名曰夷。听之不闻，名曰希。抟之不得，名曰微[1]。此三者不可致诘[2]，故混而为一。其上不皎[3]，其下不昧[4]，绳绳[5]不可名，复归于无物。是谓无状之状，无物之象，是谓惚恍。迎之不见其首，随之不见其后。执古之道，以御今之有[6]。能知古始，是谓道纪[7]。

译文：

(道)视而不见，称为无色之“夷”。听而不闻，称为无声之“希”。摸而无体，称为无形之“微”。这三者不可以追究清楚，是混而为一的整体。它上面不显得光明，它下面不显得阴暗，绵绵运作而不可名状，复归于无形无象的状态。

这叫做无形状的形状，无形体的形象，称为“惚恍”。迎着它看不见前头，跟着它看不见后头。(只有道者)运用古代的治国之道，治理当今的社会大事。

认识治国之道的起源，可称为道治的纲领。

注释：

[1]夷，希，微：无色，无声，无形。
[2]致诘：究诘，追究。
[3]皎：清白，光明。
[4]昧：阴暗，暗昧。
[5]绳绳：绵绵不绝。
[6]有：事物。
[7]纪：纲领，纲纪。

二、道家的治国谋略与阴柔权术

老子认为，精明的统治者，应该学会治国谋略，包括一些阴柔权术。例如尚阴守雌，委曲求全，欲废先兴，以退为进，不以智治国，智者不敢为，杀一儆百，打仗称迫不得已，杀敌示悲哀流泪等。

(一)尚阴守雌，委曲求全

1. 阴术的功用无穷无尽

第六章：谷神[1]不死，是谓玄牝[2]。玄牝之门，是谓天地根。绵绵若存，用之不勤[3]。

译文：

虚空变化之道永存不死，它是万事万物的神秘阴门。神秘阴门是天地社会之命根。它像阴门一样绵绵不断地生育，若存若亡，但作用无穷无尽。

注释：

[1]谷神：谷即空虚，神即变化，指虚空常变之道。
[2]玄牝：玄即幽深，牝即雌性生殖器，玄牝形容道的幽深与产生万物的功能。
[3]不勤：不穷尽，不倦息。

2. 守雌，守黑，守辱

第二十八章：知其雄，守其雌，为天下溪。为天下溪，常德不离，复归于婴

儿。知其白，守其黑，为天下式[1]。为天下式，常德不忒[2]，复归于无极[3]。知其荣，守其辱，为天下谷。为天下谷，常德乃足，复归于朴。朴散则为器[4]，圣人用之，则为官长[5]。故大制不割。

译文：

知道何为雄强，却甘守雌柔，甘居天下的沟溪。甘居天下的沟溪，永恒的德性不会离身，复归于婴儿般的元气充沛。知道何为明亮，却甘为黑暗，为天下人做(守柔的)模式。为天下人做模式，永恒的德性不会让人出差错，复归于没有终极的大道。

知道何为荣耀，却甘守卑辱，甘为天下的低谷。甘为天下的低谷，永恒的德性充足旺盛，复归于真朴的道。真朴的道散之，就有了国家权力。好的政治家使用这权力，成为君王领袖。好的权力制度是与道不能割裂的。

注释：

[1]式：模式，楷模。
[2]忒：差错。
[3]无极：无限，无终极。
[4]器：神器，指国家权力。
[5]官长：君王，领袖。

3. 能伸能屈，委曲求全

第二十二章：曲则全，枉则直，洼则盈，敝则新，少则得，多则惑。是以圣人抱一[1]为天下式。不自见，故明。不自是，故彰。不自伐，故有功。不自矜，故长。夫唯不争，故天下莫能与之争。古之所谓曲则全者。岂虚言哉！诚全而归之[2]。

译文：

委曲反可保全，弯曲反可伸直，低洼反可(水)满盈，破旧反可更新，少取反可多得，多欲反而迷惑。所以，好的政治家始终如一地抱持着道的原则，成为天下的模式。不固执己见，反而明智豁达。不自以为是，反而彰显才华。不自我夸耀，反而立功受奖。不骄傲自满，反而长久荣华。

故而不好争斗，反而天下英雄都不能与你争夺权力。从古以来就有这句话流传："委曲反可求全"，岂是一句空话？确实，政治上的保全之道，可以归结为道啊！

注释：

[1]抱一：抱即抱持，守。一即道。

[2]诚全而归之：诚即确实，全即保全，归之即归于道。这里的道，是指向相反方面转化的规律，即“反者道之动”。

(二)欲废先兴，以退为进

1. 欲废先兴，欲取先与

第三十六章：将欲歙[1]之，必固张之。将欲弱之，必固强之。将欲废之，必固兴之。将欲取之，必固与[2]之。是谓微明，柔弱胜刚强。鱼不可脱于渊，国之利器[3]，不可以示人。

译文：

将要收拾整治他，必须假意先提拔扩张他。将要削弱他，必须假意先增强他。将要废除他，必须假意先兴盛他。将要夺取他，必须假意先给予他。这是政治上的微妙阴术，可称为柔弱胜刚强的柔术。鱼不可脱离水，隐于深渊，国家统治者的权谋不可以公示于人。

注释：

[1]歙：收，合。

[2]与：予，给。

[3]利器：国家的权力与权术。

2. 反客为主，以退为进

第六十九章：用兵有言，吾不敢为主而为客，不敢进寸而退尺。是谓行无行[1]，攘无臂[2]，扔无敌[3]，执无兵[4]。祸莫大于轻敌。轻敌几丧吾宝[5]。故抗兵相加[6]，哀[7]者胜矣。

译文：

用兵打仗的人说，我不敢轻易地主动进攻而宁客守阵地，我不敢轻易地进军寸土而宁可退兵一尺。这可称为，列阵要好像无阵营一样小心，奋臂好像失去臂力一样谨慎，兵临前线好像无敌军踪迹一样惶恐，手握兵器好像没有兵器一样惧怕。

最大的祸害就是轻敌，轻敌几乎等同于丧失我的“三宝”。所以，两支力量

势均力敌时，悲哀的一方会得胜。

注释：

[1]行：行列，阵营。
[2]攘：振臂。
[3]扔：对抗，临敌。
[4]执：拿，握。
[5]吾宝："三宝"：慈，俭，不敢为天下先。
[6]相加：相如，相当。
[7]哀：悲哀，悲愤。悲愤可以转化为巨大力量，悲哀可以麻痹对方。

（三）不以智治国，智者不敢为

1. 民众愚朴，利于治国

第六十五章：古之善为道者，非以明[1]民，将以愚[2]之。民之难治，以其智多。故以智治国，国之贼。不以智治国，国之福。知此两者，亦楷式[3]。常知楷式，是谓玄德。玄德深矣、远矣！与物反矣。然后乃至大顺。

译文：

古代善于以道治国的统治者，不要民众过分精明巧诈，而要民众保持愚朴。民众难以治理，因为他们的智巧太多。所以用智巧治国，是国家的灾难。不以智巧治国，是国家的福气。

知道这两者，也是治国的法则。总是知道这个法则，可称为玄妙大德。玄妙大德深奥，高远啊！它与一般的治国法则是相反的，如此之后国家才能大治大顺。

注释：

[1]明：巧诈。
[2]愚：愚朴。
[3]楷式：法则。

2. 使民无知无欲，弱志强骨

第三章：不尚贤[1]，使民不争。不贵难得之货，使民不为盗。不见可欲，使民心不乱。是以圣人之治，虚其心，实其腹，弱其志，强其骨；常使民无知、无欲，使夫智者不敢为也。为无为，则无不治。

译文：

不以高官厚禄崇尚贤才，使民众不会激烈地竞争功名。不推崇难得的奇珍异宝，使民众不去行盗。看不见引起欲望的东西，使民众不会心乱。所以好的领导人的治国之道，减少功名的心欲，而重视温饱，削弱争斗的心志，而增强筋骨。经常使人无功名之智，无争斗之欲。使自作聪明的人不敢谋权。实行无为而治，无不可治。

注释：

[1]尚贤：崇尚贤才，给予高官厚禄。

(四)杀一儆百，打仗称迫不得已，杀敌示悲哀

1. 杀鸡给猴看，枪打出头鸟

第七十四章：民不畏死，奈何以死惧之。若使民常畏死，而为奇[1]者，吾得执而杀之，孰敢。常有司杀者杀。夫代司杀者杀，是谓代大匠斫[2]。夫代大匠斫者，希有不伤其手矣[3]。

译文：

人民都不怕死，用死刑威吓他们又奈何？如果(社会安定快乐)使人民常畏惧死亡。对邪恶犯罪者，我把他抓起来杀死，谁还敢再犯罪？

经常有司法部门来决定刑杀的事。如果超越司法权限而滥刑滥杀，就好比没有经验的人代替木匠砍木头。代替木匠砍木头，很少会不砍伤自己的手啊！

注释：

[1]为奇：为邪作恶。

[2]斫砍凿，削。

[3]这句话的引申意为：超越司法而刑杀的人，最终很少会不被他人刑杀啊！

2. 打仗称迫不得已，战胜不骄傲，不逞强

第三十章：以道佐人主者，不以兵强天下。其事好还[1]。师之所处，荆棘生焉。大军之后，必有凶年。善有果而已[2]，不敢以取强。果而勿矜，果而勿伐[3]，果而勿骄。果而不得已，果而勿强。物壮则老，是谓不道，不道早已[4]。

译文:

以“道”辅佐统治者的人，不要以兵战逞强于天下，这是以报还报的事情。军队所到之处，农田荆棘丛生。大战以后，必有荒年。打胜了就适可而止，不敢以兵战逞强。打胜了不要矜持，打胜了不要夸耀，打胜了不要骄傲。

打胜了，对外称是迫不得已啊！打胜了，对外不可以显示强大啊！事物过分强壮就该衰老了，(过分强大)不合于道，不合于道就会早早灭亡。

注释:

[1]还：还报，报应。

[2]果而已：果即胜，已即止。

[3]伐：夸耀。

[4]早已：早死。

3. 杀人众多示悲哀，打了胜仗办丧礼

第三十一章：夫佳[1]兵者，不祥之器，物[2]或恶之，故有道者不处。君子居则贵左，用兵则贵右。兵者不祥之器，非君子之器，不得已而用之，恬淡为上。胜而不美，而美之者，是乐杀人。夫乐杀人者，则不可得志于天下矣。吉事尚左，凶事尚右。偏将军处左，上将军处右，言以丧礼处之[3]。杀人之众，以悲哀泣之，战胜，以丧礼处之。

译文:

上好兵器是不吉祥的事情，众人都厌恶它，故以道治国的领导人不使用它。君子安居时以左为贵，用兵打仗以右为贵，兵器是不吉祥的器物，不是君子用的器物。

万不得已才用它，恬淡为好。打仗胜了不要赞美，赞美的人，是喜欢杀戮的人。喜欢杀戮的人，不可以得志于天下。

举办吉庆大事时，以左方为贵。举办丧葬大事时，以右方为贵。打战时，偏将军往往在军队的左方，上将军往往在军队的右方，要安排他在举办丧葬的方向。

杀人众多，要以悲哀流泪对待。打了胜仗，要以举办丧礼的仪式来处理。

注释:

[1]佳：根据蒋锡昌的解释，佳兵为美利之器。佳为上好，佳兵为上好兵器。

[2]物：人，众人。
[3]丧礼处之：上将军往往杀敌多，所以安排在举办丧葬的右方。

三、批评孔子的仁义礼智学

孔子以“仁义礼智学”的德政闻名于诸侯，是儒学的核心内容。老子认为道治是最根本的，其次是德政，再次是仁政，又次是义政，等等。老子批评儒家之学、儒家之智。认为没有这些虚伪的理论，回到朴实无言的无为状态更好。

从本章开始，以下所有引用的《道德经》章句都是第二次引用，另立标题。注释与译文与前面各章各节一样。

（一）道治是古代最好的社会制度，丧失了道治，才有了仁义礼智的德治制度

1. 有道的领导人不实行仁政

第五章：天地不仁，以万物为刍狗[1]。圣人不仁，以百姓为刍狗。天地之间，其犹橐龠[2]乎？虚而不屈[3]，动而愈出。多言数[4]穷，不如守中[5]。

译文：

天地没有仁，将万事万物视为用于祭祀的草扎的狗，用完弃之。好的领导人不实行儒家仁政，将人民百姓视为“刍狗”，不要以强迫来教化他们，任其自然的生活。天地之间（治国）岂不好像一个大风箱吗，看似空虚而气无穷，越是发动风越多。指示太多，教化太多，政事快速败亡。还不如像风箱那样，从空虚无言中产生无穷的力。

注释：

[1]刍狗：古代祭祀，用草扎的狗，祭祀完扔掉。
[2]橐龠：风箱。
[3]屈：竭，穷。
[4]数：速。
[5]中：中空，如风箱中的空虚无穷状。

2. 批评孔子的仁义、慧智、孝慈、忠臣

第十八章：大道废，有仁义；慧智[1]出，有大伪；六亲不和，有孝慈；国家昏乱，有忠臣。

译文：

（古代以大道治国，国家繁荣昌盛。）大道丧失了，才提倡儒家仁义。儒家智慧出来了，才到处有伪善。家族六亲不合，才提倡儒家孝顺与慈爱，国家昏乱无度，才提倡儒家忠臣。

注释：

[1]慧智：智慧，儒家的智慧，非指人类一切智慧。

3. 批评孔子的仁义与礼

第三十八章：上德不德，是以有德。下德不失德，是以无德。上德无为而无以为[1]，下德为之而有以为。上仁为之而无以为。上义为之而有以为。上礼为之而莫之以应，则攘臂[2]而扔[3]之。故失道而后德。失德而后仁。失仁而后义。失义而后礼。夫礼者忠信之薄而乱之首。前识[4]者，道之华而愚之始。是以大丈夫，处其厚不居其薄。处其实，不居其华。故去彼取此。

译文：

好的德治社会，不需要提倡道德，而人人都有道德。不好的德治社会，好像生怕失去了道德，标榜道德，而人人都无道德。好的德治社会，实行无为而治，也不知道什么是无为而治，无意识地实行。不好的德治社会，实行强力有为的统治，有意识地讲仁义道德。

好的仁治社会，实行强力有为的统治，无意识地实行。好的义治社会，实行强力有为的统治，有意识地实行。好的礼治社会，实行强力有为的统治，没有人响应，只能伸臂出手，强拉人实行。

所以失去以道治国才有以德治国，失去了以德治国才有以仁治国，失去了以仁治国才有以义治国，失去了以义治国才有以礼治国。以礼治国是忠信丧失的结果，是引起社会动乱的首要原因。

那些大讲生而知之、先知先觉的人，其实只懂得道的浮华的一面，非常的愚蠢。所以真正的大丈夫居于道而不居于礼，相信实在而不相信先知的华丽词藻。所以要去掉后者相信前者。

注释：

[1]无以为：无意识地实行。
[2]攘臂：伸臂。
[3]扔：强行牵引。

[4]前识：先知。

(二)用儒家才智治国，是国家的灾难

1. 批评孔子的圣智仁义

第十九章：绝圣弃智，民利百倍；绝仁弃义[1]，民复孝慈；绝巧弃利，盗贼无有；此三者以为文[2]，不足。故令有所属，见素抱朴[3]，少私寡欲。

译文：

抛弃儒家的圣典与智慧，对民众有利百倍。断绝儒家仁义学说，民众回复到真正的孝顺与慈爱。抛弃投机取巧与谋利贪财，盗贼就没有了。以上三者，是儒家浮夸文饰之论，不足于治国。所以要使人有所归属：生活朴素，少私寡欲。

注释：

[1]仁、义：指儒家仁义，非指人类一切仁义。
[2]文：文饰。
[3]见素抱朴：感官清淡，怀抱素朴。

2. 以智治国，国之贼

第六十五章：古之善为道者，非以明[1]民，将以愚[2]之。民之难治，以其智多。故以智治国，国之贼。不以智治国，国之福。知此两者，亦楷式[3]。常知楷式，是谓玄德。玄德深矣、远矣！与物反矣。然后乃至大顺。

译文：

古代善于以道治国的统治者，不要民众过分精明巧诈，而要民众保持愚朴。民众难以治理，因为他们的智巧太多。所以用智巧治国，是国家的灾难。不以智巧治国，是国家的福气。

知道这两者，也是治国的法则。总是知道这个法则，可称为玄妙大德。玄妙大德深奥，高远啊！它与一般的治国法则是相反的，如此之后国家才能大治大顺。

注释：

[1]明：巧诈。
[2]愚：愚朴。
[3]楷式：法则。

(三)断绝对于儒家理论的学习

1. 批评孔子的性善

第二十章：绝学无忧。唯之与阿[1]，相去几何？善之与恶，相去若何？人之所畏，不可不畏。荒[2]兮，其未央[3]哉！众人熙熙，如享太牢[4]，如春登台。我独泊兮，其未兆[5]，傫傫[6]兮，若无所归。众人皆有余，而我独若遗[7]。我愚人之心也哉！沌沌[8]兮，如婴儿之未孩；俗人昭昭，我独昏昏；俗人察察，我独闷闷。澹[9]兮其若海，飂[10]兮若无止。众人皆有以，而我独顽且鄙。我独异于人，而贵食母[11]。

译文：

断绝对于仁义礼智的学习，反而减少了忧患。诺(卑称)与阿(尊称)，有必要相去那么远吗？性善与性恶，有必要相去那么远吗？当然，人们所畏惧的，不可不畏惧。(大道)似乎是那么广漠遥远而无边无际啊！

众人熙熙攘攘，好像参加热闹的宴席，又好像春日登台观光。我却独自一人，淡泊而不喜欢炫耀。闲散困乏啊，好像无家可归一样。众人都富裕有余，而我好像穷困不足。我真像一个愚笨者的心理啊。浑噩迟钝，好像婴儿还不会笑。

世人都那么聪明，我独自昏昏欲睡。世人都那么明察，我独自闷闷不乐。广阔辽远啊，好像大海的深处。高风飘逸啊，无止境地吹。众人都有为进取，而我独自顽固而笨拙。我孤独而与众不同，我最贵重的是使用大道。

注释：

[1]唯之与阿：儒家从等级尊卑和名分出发，严格区分应诺口语的尊卑。诺为卑称，阿为尊称。

[2]荒：广漠。

[3]央：尽，际。

[4]太牢：丰盛宴席。太牢：指牛、羊、猪，把大三牲养在牢里准备祭祀社稷所用。

[5]未兆：没有征兆，不炫耀。

[6]傫傫：疲倦状。

[7]遗：匮乏，不足。

[8]沌沌：浑沌状。

[9]澹：广阔辽远。

[10]飂：高风飘逸。

[11]食母：食即用，母即道。

2. 批评孔子的为学

第四十八章：为学[1]日益，为道日损[2]。损之又损，以至于无为。无为而不为。取天下常以无事，及其有事，不足以取天下。

译文：

学习仁义礼智的知识，每天有所增益。要掌握治国之道，每天要减损那些知识与欲望。减损了再减损，以至于达到无为而治的境界。政治上无为，可以达到无所不为的地步。

要取得天下的安定，永远不要无事生非、好功扰民。等到统治者无事生非、好功扰民的时候，他将不足于取得天下的安定了。

注释：

[1]学，仁义礼智等知识的学习。

[2]损：减少。

四、批评孔子的道名天命德

孔子的政治纲领是恢复先王之道与实行正名而治，所以《道德经》开篇，第一章第一句，就是针对孔子，批评先王之道与正名。孔子最崇拜的是天命，老子认为道比天命更根本。孔子崇拜德治，老子认为道治高于德治。

(一)先王之道、正名与天命

1. 孔子的先王之道，非常道；孔子的正名，非常名

第一章：道[1]可道，非常道。名[2]可名，非常名。无名天地之始。有名万物[3]之母。故常无欲以观其妙。常有欲以观其徼[4]。此两者同出而异名，同谓之玄[5]。玄之又玄，众妙之门。

译文：

先王之道，可以言说论道，但不是永恒不变的治国之道。名分等级，可以正名，但没有永恒不变的名教制度。无名分等级，是天地之初的状态。有名分等级，是社会制度的基础。

所以，在无欲寡欲的时候，才能观察到政治的奥妙与实质。在有欲多欲的时

候，只能观察到政治的边际与表面。两者出于相同的治国目的，而名教制度不同，两者都是玄妙的。道治是玄妙中的玄妙，它是通往一切治国法则的门径。

注释：

[1]道：先王之道，针对儒家。

[2]名：名分等级，针对儒家。

[3]万物：万民社会。

[4]徼：边际，过界。

[5]玄：玄妙，玄机。

2. 万事不由命，批评孔子的听天由命

第五十一章：道生之，德畜之，物形之，势成之。是以万物[1]莫不尊道，而贵德。道之尊，德之贵，夫莫之命[2]而常自然。故道生之，德畜之。长之育之。成之熟之。养之覆[3]之。生而不有，为而不恃，长而不宰。是谓玄德。

译文：

由道治催生，由德治蓄养，由物质条件而形成规模，由时势而成就英雄。所以世间政治事务的兴盛，莫不遵循道治的原则，莫不崇尚德治的制度。道的遵循，德的崇尚，并没有天命主使，而是社会自然而然形成的。社会制度就是这样，道治催生它，德治蓄养它。让它生长发育，让它成熟结果。培养它，庇护它。

催生政治社会的变迁，却不据为已有，兴起政治社会的变迁，却不恃强凌弱，滋长政治社会的变迁，却不独裁。这是最高的德治。

注释：

[1]万物：万人社会，政治。

[2]命：天命，命运。

[3]覆：覆盖，庇护。

(二)不分贵贱，以德报怨

1. 不分贵贱，批评孔子的贵贱有别

第五十六章：知[1]者不言。言者不知。塞其兑[2]，闭其门[3]，挫其锐，解其纷，和其光，同其尘，是谓玄同[4]。故不可得而亲。不可得而疏。不可得而利。不可得而害。不可得而贵。不可得而贱。故为天下贵。

译文：

有政治智慧的人，不会喋喋不休地教化；喋喋不休教化的人，没有真正的政治智慧。智者塞住口少说话，闭上门少欲望，挫减锋芒锐利，解除激烈纷争，揉和于日光之中，混同于尘土之中，这就是玄妙的平等境界。就是说，不可因所得多少而亲，不可因所得多少而疏，不可因所得多少而利，不可因所得多少而害，不可因所得多少而贵，不可因所得多少而贱。故天下最珍贵的就是平等玄同。

注释：

[1]知：同智。
[2]兑：口，说话。
[3]门：门径，欲望之门。
[4]玄同：玄妙之齐同，平等。

2. 以德报怨，针对孔子的以德报德，以怨报怨

第六十三章：为无为，事无事，味无味。大小多少，报怨以德[1]。图难于其易，为大于其细。天下难事，必作于易。天下大事，必作于细。是以圣人终不为大[2]，故能成其大。夫轻诺[3]必寡信，多易必多难。是以圣人犹难[4]之，故终无难矣。

译文：

以无为为作为，以无事为大事，以无味为口味。不在意名利大小与恩怨多少，始终保持以恩德回报怨恨的态度。设法克服困难，要从容易的动手。处理大事时，要从细微的开始。天下难事，都从容易的动手。天下大事，都从细微的开始。

因此，好的领导人始终不自以为大，所以才能成其为大。轻率的许诺，难以兑现，信用就不足。办事想得太容易，困难就很多。因此，好的领导人，遇事都从困难处着想，所以他最终没有困难了。

注释：

[1]报怨以德：以德报怨。
[2]大：自大。
[3]诺：许诺。
[4]犹难：都从难处想。

五、批评墨子

先秦诸子百家中，相信天有意志，相信鬼神的作用，最典型莫过于墨家。老子认为，比起鬼神与天志，道是最根本的。墨子尚同，主张所有臣民上同于君王，君王上同于天志。老子认为和高于同，对立的和谐高于无差别的尚同。

墨子主张尚贤，提倡唯才是举。老子并不反对统治者选用有才能的人，但他反对给贤者高地位，高收入，造成对非贤者的压制，引起激烈的竞争，引起社会的不稳定。老子主张对贤者与非贤者一视同仁，平等对待一切人。

（一）批评墨子的天帝、鬼神

1. 道先于帝存在

第四章：道冲[1]，而用之或不盈。渊兮，似万物之宗。挫其锐，解其纷，和其光，同其尘。湛[2]兮，似或存。吾不知谁之子，象帝之先。

译文：

大道看似空虚，它的作用却无穷无尽。渊博啊，好像是万众的宗主。它挫折锐利，解除纷扰，柔和光辉，混同于尘土。幽隐啊，似无又好像存在。我不知道它由谁所产生，好像在天帝之前就存在了。

注释：

[1]冲：古字为盅，器空为盅。

[2]湛：幽隐，无形。

2. 大道治国，鬼神不灵通

第六十章：治大国，若烹小鲜[1]。以道莅[2]天下，其鬼不神[3]。非其鬼不神，其神不伤人。非其神不伤人，圣人亦不伤人。夫两不相伤，故德交归[4]焉。

译文：

治理一个大国，好像烹调小鱼一样，（不要常扰动，免得散碎。）领导人以大道莅临天下，鬼就不神通。不是鬼不神通，是鬼的神通不能伤害人。非但鬼的神通不能伤害人，好的领导人也因为心怀大道而不伤害人。鬼怪与领导人都不伤害人，圣人使上下和谐，功德归民。

注释：

[1]鲜：鱼。

[2]莅：临。

[3]神：神力。

[4]德交归：韩非子解释："言其德上下交盛而俱归于民焉。"意为：圣人无为之治，上下交而和谐，功德归于民。

(二)批评墨子的尚贤，尚同

1. 不尚贤，以免争功名

第三章：不尚贤[1]，使民不争。不贵难得之货，使民不为盗。不见可欲，使民心不乱。是以圣人之治，虚其心，实其腹，弱其志，强其骨；常使民无知、无欲，使夫智者不敢为也。为无为，则无不治。

译文：

不以高官厚禄崇尚贤才，使民众不会激烈地竞争功名。不推崇难得的奇珍异宝，使民众不去行盗。看不见引起欲望的东西，使民众不会心乱。所以好的领导人的治国之道，减少功名的心欲，而重视温饱，削弱争斗的心志，而增强筋骨。经常使人无功名之智，无争斗之欲。使自作聪明的人不敢谋权。实行无为而治，无不可治。

注释：

[1]尚贤：崇尚贤才，给予高官厚禄。

2. 不尚无差别的同一，尚对立统一之和

第二章：天下皆知美之为美，斯恶已。皆知善之为善，斯不善已。故有无相生，难易相成，长短相形[1]，高下相倾[2]，音声相和，前后相随。是以圣人处无为之事，行不言之教；万物作焉而不辞[3]，生而不有[4]，为而不恃[5]，功成而弗居。夫唯弗居，是以不去。

译文：

(有为之教化)让普天下都知道美德之为美德，这是因为天下已有太多的恶行。普天下都知道性善之为性善，是因为天下已有太多的性恶。这好比有无相生，难易相成，长短相形，高下相倾，音声相和，前后相随。

所以有道的统治者,(不要“有为”地宣传美德与性善)要行无为之事。让万事自然兴起,不要去干涉。让万事自然生发,不要去占有。让万事有作为,不要恃强压制。让万事成功,不要据为已功。只有不居功自傲,他的功劳才能流芳百世。

注释:

[1]形:比较。
[2]倾:倾向。
[3]辞:干涉。
[4]有:占有。
[5]恃:恃强。

六、批评法家

法家主张以严刑峻法,让臣民畏惧。老子说,民不畏死,奈何以死惧之?法家主张明察秋毫,控制百姓的一切。老子反对控制,反对主宰,主张自然无为。法家主张强兵,征战,老子反对战争,认为兵强则早亡。

(一)批评法家严刑峻法,酷吏苛察

1. 严刑峻法,反使民不畏死

第七十四章:民不畏死,奈何以死惧之。若使民常畏死,而为奇者,吾得执而杀之,孰敢。常有司杀者杀。夫代司杀者杀,是谓代大匠斫。夫代大匠斫者,希有不伤其手矣。

译文:

(以严刑峻法治国)人民都不怕死,用死刑威吓他们又奈何?如果(以道治国)使人民贵惜生命,热爱生活,常畏惧死亡。对极少数邪恶犯罪者,我把他抓起来杀死,谁还敢再犯罪?

(以道治国)只有司法部门才能决定刑杀的事。如果超越司法权限而滥刑滥杀,就好比没有经验的人代替木匠砍木头。代替木匠砍木头,很少会不砍伤自己的手啊!(超越司法而刑杀的人,最终很少会不被他人刑杀啊!)

2. 明察苛求,反使民机诈

第五十八章:其政闷闷,其民淳淳。其政察察,其民缺缺。祸尚福之所倚。

福尚祸之所伏。孰知其极，其无正。正复为奇，善复为妖。人之迷其日固久。是以圣人方而不割。廉而不刿。直而不肆。光而不耀。

译文：

为政低调，少说多做，人民富足纯朴。为政高调，苛察严刑，人民奸诈狡猾。祸常常伴随着福而起，福常常隐伏在祸之中。谁知道终极的道理，没有正邪的定准。正义正道可以变为邪门奇道，善事善道可以变为黑道妖道。人们被这些政治权术迷惑，已经时日很久了。所以好的领导人，坚持正义而又不轻易杀死人，廉洁奉公而又不轻易伤害人，正直坦率而又不要肆无忌惮，光明正大而又不要光辉耀眼。

(二)批评法家法令多而无效，兵强而早亡

1. 法令太多，反使盗贼也多

第五十七章：以正[1]治国，以奇用兵，以无事取天下。吾何以知其然哉？以此。天下多忌讳[2]，而民弥贫。人多利器，国家滋昏。人多伎巧，奇物滋起。法物[3]滋彰，盗贼多有。故圣人云：我无为而民自化，我好静而民自正，我无事而民自富，我无欲而民自朴。

译文：

以正义治国，以出奇用兵，以不扰民生事治天下。我何以知道应该正义治国呢？就是下面这些。官府对民众的禁忌过多，民众越来越贫困。民众用很多精良武器，反抗官府，国家越来越动乱。许多奇巧的怪人出现，神秘的怪事连连发生。严刑峻法的惩治令越公布，强盗小偷等犯罪活动却越来越多。

所以好的政治家说过：我无为而治而民众自然教化，我好清静而民众自然正义，我不扰民生事而民众自然富足，我不贪欲纵欲而民众自然朴实。

注释：

[1]正：正当，正义。
[2]忌讳：禁忌，禁令。
[3]法物：法令，法规。

2. 兵强而不合于道，早早灭亡

第三十章：以道佐人主者，不以兵强天下。其事好还[1]。师之所处，荆棘生焉。大军之后，必有凶年。善有果而已[2]，不敢以取强。果而勿矜，果而勿

伐[3]，果而勿骄。果而不得已，果而勿强。物壮则老，是谓不道，不道早已[4]。

译文：

以“道”辅佐统治者的人，不要以兵战逞强于天下，这是以报还报的事情。军队所到之处，农田荆棘丛生。大战以后，必有荒年。打胜了就适可而止，不敢以兵战逞强。打胜了不要矜持，打胜了不要夸耀，打胜了不要骄傲。

打胜了，对外称是迫不得已啊！打胜了，对外不可以显示强大啊！事物过分强壮就该衰老了，（过分强大）不合于道，不合于道早早灭亡。

注释：

[1]还：还报，报应。
[2]果而已：果即胜，已即止。
[3]伐：夸耀。
[4]早已：早死。

附：河上公本《道德经》

在以上“《道德经》新译”中，《道德经》各章顺序被重新编排，看不到《道德经》的原貌。这里附录的河上公本《道德经》的原文，可供读者对照参考。河上公本《道德经》，引自宗教文化出版社 2007 年出版的《道德经》一书。

道　经

体道章第一

道可道，非常道。名可名，非常名。无名，天地之始。有名，万物之母。故常无欲，以观其妙。常有欲，以观其徼。此两者同出而异名，同谓之玄。玄之又玄，众妙之门。

养身章第二

天下皆知美之为美，斯恶已。皆知善之为善，斯不善已。故有无相生，难易相成，长短相形，高下相倾，音声相和，前后相随。是以圣人处无为之事，行不言之教；万物作焉而不辞，生而不有，为而不恃，功成而弗居。夫唯弗居，是以不去。

安民章第三

不尚贤，使民不争。不贵难得之货，使民不为盗。不见可欲，使民心不乱。是以圣人之治，虚其心，实其腹，弱其志，强其骨；常使民无知无欲，使夫智者不敢为也。为无为，则无不治。

无源章第四

道冲而用之，或不盈。渊兮似万物之宗。挫其锐，解其纷，和其光，同其尘。湛兮似或存。吾不知其谁之子，象帝之先。

虚无章第五

天地不仁，以万物为刍狗。圣人不仁，以百姓为刍狗。天地之间，其犹橐籥

乎？虚而不屈，动而愈出。多言数穷，不如守中。

成像章第六

谷神不死，是谓玄牝。玄牝之门，是谓天地根。绵绵若存，用之不勤。

韬光章第七

天长地久。天地所以能长且久者，以其不自生，故能长生。是以圣人后其身，而身先，外其身，而身存。非以其无私耶！故能成其私。

易性章第八

上善若水。水善利万物而不争，处众人之所恶，故几于道。居善地，心善渊，与善仁，言善信，政善治，事善能，动善时。夫唯不争，故无尤。

运夷章第九

持而盈之，不如其已。揣而锐之，不可长保。金玉满堂，莫之能守。富贵而骄，自谴其咎。功成名遂身退，天之道。

能为章第十

载营魄抱一，能无离乎？专气致柔，能如婴儿乎？涤除玄览，能无疵乎？爱民治国，能无为乎？天门开阖，能为雌乎？明白四达，能无知乎？生之畜之，生而不有，为而不恃，长而不宰，是谓玄德。

无用章第十一

三十辐共一毂，当其无，有车之用。埏埴以为器，当其无，有器之用。凿户牖以为室，当其无，有室之用。故有之以为利，无之以为用。

检欲章第十二

五色令人目盲，五音令人耳聋，五味令人口爽。驰骋畋猎，令人心发狂。难得之货，令人行妨。是以圣人为腹，不为目，故去彼取此。

厌耻章第十三

宠辱若惊，贵大患若身。何谓宠辱若惊？宠为下。得之若惊，失之若惊，是谓宠辱若惊。何谓贵大患若身？吾所以有大患者，为吾有身，及吾无身，吾有何患。故贵以身为天下者，若可以寄天下。爱以身为天下者，若可以托于天下。

赞玄章第十四

视之不见，名曰夷。听之不闻，名曰希。抟之不得，名曰微。此三者不可致诘，故混而为一。其上不皎，其下不昧，绳绳兮不可名，复归于无物。是谓无状之状，无物之象，是谓惚恍。迎之不见其首，随之不见其后。执古之道，以御今之有。能知古始，是谓道纪。

显德章第十五

古之善为士者，微妙玄通，深不可识。夫唯不可识，故强为之容。豫兮若冬涉川，犹兮若畏四邻，俨兮其若客，涣兮若冰之将释，敦兮其若朴，旷兮其若谷，浑兮其若浊。孰能浊以止，静之徐清？孰能安以久，动之徐生？保此道者，不欲盈。夫唯不盈，故能弊不新成。

归根章第十六

致虚极，守静笃。万物并作，吾以观其复。夫物芸芸，各复归其根。归根曰静，静曰复命；复命曰常，知常曰明。不知常，妄作凶。知常容，容乃公，公乃全，全乃天，天乃道，道乃久，没身不殆。

淳风章第十七

太上，下知有之。其次，亲而誉之。其次，畏之。其次，侮之。信不足焉，有不信焉。犹兮其贵言，功成事遂，百姓皆谓我自然。

俗薄章第十八

大道废，有仁义；慧智出，有大伪；六亲不和，有孝慈；国家昏乱，有忠臣。

还淳章第十九

绝圣弃智，民利百倍；绝仁弃义，民复孝慈；绝巧弃利，盗贼无有。此三者以为文不足。故令有所属，见素抱朴，少思寡欲。

异俗章第二十

绝学无忧。唯之与阿，相去几何？善之与恶，相去何若？人之所畏，不可不畏。荒兮，其未央哉！众人熙熙，如享太牢，如春登台。我独怕兮，其未兆，如婴儿之未孩；乘乘兮，若无所归。众人皆有余，而我独若遗。我愚人之心也哉。沌沌兮，众人昭昭，我独昏昏；众人察察，我独闷闷。忽兮其若海，漂兮若无所

止。众人皆有以，而我独顽似鄙。我独异于人，而贵食母。

虚心章第二十一

孔德之容，惟道是从。道之为物，惟恍惟惚。恍兮惚兮，其中有物。惚兮恍兮，其中有象。窈兮冥兮，其中有精。其精甚真。其中有信。自今及古，其名不去，以阅众甫。吾何以知众甫之然哉！以此。

益谦章第二十二

曲则全，枉则直，洼则盈，敝则新，少则得，多则惑。是以圣人抱一为天下式。不自见，故明。不自是，故彰。不自伐，故有功。不自矜，故长。夫唯不争，故天下莫能与之争。古之所谓曲则全者，岂虚言哉！诚全而归之。

虚无章第二十三

希言自然。飘风不终朝，骤雨不终日。孰为此者？天地。天地尚不能久，而况于人乎？故从事于道者，道者同于道。德者同于德。失者同于失。同于道者，道亦乐得之；同于德者，德亦乐得之；同于失者，失亦乐得之。信不足焉，有不信焉。

苦恩章第二十四

跂者不立，跨者不行。自见者不明，自是者不彰。自伐者无功，自矜者不长。其在道也，曰：余食赘形。物或恶之，故有道者不处。

象元章第二十五

有物混成，先天地生。寂兮寥兮，独立而不改，周行而不殆，可以为天地母。吾不知其名，字之曰道，强名之曰大。大曰逝，逝曰远，远曰反。故道大、天大、地大、王亦大。域中有四大，而王居其一焉。人法地，地法天，天法道，道法自然。

重德章第二十六章

重为轻根，静为躁君。是以君子终日行，不离辎重。虽有荣观，燕处超然。奈何万乘之主，而以身轻天下。轻则失臣，躁则失君。

巧用章第二十七

善行无辙迹。善言无瑕谪。善数不用筹策。善闭无关楗而不可开。善结无绳约而不可解。是以圣人常善救人，故无弃人。常善救物，故无弃物。是谓袭明。

故善人者，不善人之师。不善人者，善人之资。不贵其师、不爱其资，虽智大迷，是谓要妙。

反朴章第二十八

知其雄，守其雌，为天下溪。为天下溪，常德不离，复归于婴儿。知其白，守其黑，为天下式。为天下式，常德不忒，复归于无极。知其荣，守其辱，为天下谷。为天下谷，常德乃足，复归于朴。朴散则为器，圣人用之，则为官长。故大制不割。

无为章第二十九

将欲取天下，而为之，吾见其不得已。天下神器，不可为也，为者败之，执者失之。夫物或行或随，或嘘或吹，或强或羸，或载或隳。是以圣人去甚、去奢、去泰。

俭武章第三十

以道佐人主者，不以兵强天下。其事好还。师之所处，荆棘生焉。大军之后，必有凶年。善者果而已，不敢以取强。果而勿矜，果而勿伐，果而勿骄。果而不得已，果而勿强。物壮则老，是谓不道，不道早已。

偃武章第三十一

夫佳兵者，不祥之器，物或恶之，故有道者不处。君子居则贵左，用兵则贵右。兵者不祥之器，非君子之器，不得已而用之，恬淡为上。胜而不美，而美之者，是乐杀人。夫乐杀人者，则不可得志于天下矣。故吉事尚左，凶事尚右。偏将军处左，上将军处右，言以丧礼处之。杀人之众，以悲哀泣之，战胜，以丧礼处之。

圣德章第三十二

道常无名，朴虽小，天下不敢臣。侯王若能守之，万物将自宾。天地相合，以降甘露，民莫之令而自均。始制有名，名亦既有，天亦将知止，知之，所以不殆。譬道之在天下，犹川谷之于江海。

辩德章第三十三

知人者智，自知者明。胜人者有力，自胜者强。知足者富。强行者有志。不失其所者久。死而不亡者，寿。

任成章第三十四

大道泛兮，其可左右。万物恃之以生而不辞，功成而不名有。衣养万物而不为主，常无欲可名于小矣。万物归焉，而不为主，可名于大矣。以其终不自为大，故能成其大。

仁德章第三十五

执大象，天下往。往而不害，安平泰。乐与饵，过客止。道之出口，淡乎其无味。视之不足见。听之不足闻。用之不可既。

微明章第三十六

将欲歙之，必固张之。将欲弱之，必固强之。将欲废之，必固兴之。将欲取之，必固与之。是谓微明。柔弱胜刚强。鱼不可脱于渊，国之利器，不可以示人。

为政章第三十七

道常无为，而无不为。侯王若能守之，万物将自化。化而欲作，吾将镇之以无名之朴。无名之朴，亦将不欲。不欲以静，天下将自正。

德　经

论德章第三十八

上德不德，是以有德。下德不失德，是以无德。上德无为而无以为，下德为之而有以为。上仁为之而无以为。上义为之而有以为。上礼为之而莫之以应，则攘臂而扔之。故失道而后德。失德而后仁。失仁而后义。失义而后礼。夫礼者忠信之薄而乱之首。前识者，道之华而愚之始。是以大丈夫，处其厚不处其薄。居其实，不居其华。故去彼取此。

法本章第三十九

昔之得一者。天得一以清，地得一以宁，神得一以灵，谷得一以盈，万物得一以生，侯王得一以为天下正。其致之。天无以清将恐裂，地无以宁将恐发，神无以灵将恐歇，谷无以盈将恐竭，万物无以生将恐灭，侯王无以贵高将恐蹶。故贵必以贱为本，高必以下为基。是以侯王自谓曰孤、寡、不毂。此其以贱为本耶？非乎？故至数车无车。不欲琭琭如玉，落落如石。

去用章第四十

反者道之动。弱者道之用。天下万物生于有，有生于无。

同异章第四十一

上士闻道，勤而行之。中士闻道，若存若亡。下士闻道，大笑之。不笑不足以为道。故建言有之。明道若昧，进道若退，夷道若类。上德若谷，大白若辱。广德若不足，建德若偷。质真若渝，大方无隅，大器晚成，大音希声。大象无形，道隐无名。夫唯道，善贷且成。

道化章第四十二

道生一。一生二。二生三。三生万物。万物负阴而抱阳，冲气以为和。人之所恶，唯孤、寡、不毂，而王公以为称，故物或损之而益，或益之而损。人之所教，我亦教之，强梁者，不得其死。吾将以为教父。

遍用章第四十三

天下之至柔，驰骋天下之至坚。无有入无间，吾是以知无为之有益。不言之教，无为之益，天下希及之。

立戒章第四十四

名与身孰亲？身与货孰多？得与亡孰病？甚爱必大费，多藏必厚亡。知足不辱，知止不殆。可以长久。

洪德章第四十五

大成若缺，其用不弊。大盈若冲，其用不穷。大直若屈，大巧若拙，大辩若讷。躁胜寒，静胜热。清静为天下正。

俭欲章第四十六

天下有道，却走马以粪。天下无道，戎马生于郊。罪莫大于可欲，祸莫大于不知足。咎莫大于欲得。故知足之足，常足矣。

鉴远章第四十七

不出户，知天下。不窥牖，见天道。其出弥远，其知弥少。是以圣人不行而知，不见而明，不为而成。

忘知章第四十八

为学日益，为道日损。损之又损，以至于无为。无为而不为。取天下常以无事，及其有事，不足以取天下。

任德章第四十九

圣人常无心。以百姓心为心。善者吾善之。不善者吾亦善之，德善。信者吾信之，不信者吾亦信之，德信。圣人在天下怵怵，为天下浑其心。百姓皆注其耳目，圣人皆孩之。

贵生章第五十

出生入死。生之徒，十有三。死之徒，十有三。人之生，动之死地，十有三。夫何故？以其生生之厚也。盖闻善摄生者，陆行不遇兕虎，入军不被甲兵。兕无所投其角。虎无所措其爪。兵无所容其刃。夫何故？以其无死地。

养德章第五十一

道生之，德畜之，物形之，势成之。是以万物莫不尊道，而贵德。道之尊，德之贵，夫莫之命而常自然。故道生之，德畜之。长之育之。成之熟之。养之覆之。生而不有，为而不恃，长而不宰。是谓玄德。

归元章第五十二

天下有始，以为天下母。既知其母，以知其子。既知其子，复守其母，没身不殆。塞其兑，闭其门，终身不勤。开其兑，济其事，终身不救。见小曰明，守柔曰强。用其光，复归其明，无遗身殃。是谓习常。

益证章第五十三

使我介然有知，行于大道，唯施是畏。大道甚夷，而人好径。朝甚除，田甚芜，仓甚虚。服文彩，带利剑，厌饮食，财货有余。是谓盗夸。盗夸非道也哉。

修观章第五十四

善建者不拔，善抱者不脱，子孙以祭祀不辍。修之于身，其德乃真；修之于家，其德乃余；修之于乡，其德乃长；修之于邦，其德乃丰；修之于天下，其德乃普。故以身观身，以家观家，以乡观乡，以国观国，以天下观天下。吾何以知天下之然哉？以此。

玄符章第五十五

含德之厚，比于赤子。毒虫不螫，猛兽不据，攫鸟不搏。骨弱筋柔而握固。未知牝牡之合而朘作，精之至也。终日号而不嗄，和之至也。知和曰常。知常曰明。益生曰祥。心使气曰强。物壮则老。谓之不道，不道早已。

玄德章第五十六

知者不言。言者不知。塞其兑，闭其门，挫其锐，解其纷，和其光，同其尘，是谓玄同。故不可得而亲。亦不可得而疏。不可得而利。亦不可得而害。不可得而贵。亦不可得而贱。故为天下贵。

淳风章第五十七

以正治国，以奇用兵，以无事取天下。吾何以知其然哉？以此。天下多忌讳，而民弥贫。人多利器，国家滋昏。人多伎巧，奇物滋起。法物滋彰，盗贼多有。故圣人云：我无为而民自化，我好静而民自正，我无事而民自富，我无欲而民自朴，我无情而民自清。

顺化章第五十八

其政闷闷，其民淳淳。其政察察，其民缺缺。祸兮福之所倚。福兮祸之所伏。孰知其极，其无正。正复为奇，善复为妖。人之迷，其日固久。是以圣人方而不割。廉而不刿。直而不肆。光而不耀。

守道章第五十九

治人事天，莫若啬。夫唯啬，是谓早服。早服谓之重积德。重积德则无不克。无不克则莫知其极。莫知其极，可以有国，有国之母，可以长久。是谓深根固蒂，长生久视之道。

居位章第六十

治大国，若烹小鲜。以道莅天下，其鬼不神。非其鬼不神，其神不伤人。非其神不伤人，圣人亦不伤人。夫两不相伤，故德交归焉。

谦德章第六十一

大国者下流，天下之交，天下之牝。牝常以静胜牡。以静为下。故大国以下小国，则取小国。小国以下大国，则取大国。故或下以取，或下而取。大国不过欲兼畜人。小国不过欲入事人。夫两者各得其所欲，大者宜为下。

为道章第六十二

道者万物之奥。善人之宝，不善人之所保。美言可以市，尊行可以加人。人之不善，何弃之有。故立天子、置三公，虽有拱璧以先驷马，不如坐进此道。古之所以贵此道者何。不曰：求以得，有罪以免邪？故为天下贵。

恩始章第六十三

为无为，事无事，味无味。大小多少，报怨以德。图难于其易，为大于其细。天下难事，必作于易。天下大事，必作于细。是以圣人终不为大，故能成其大。夫轻诺必寡信，多易必多难。是以圣人犹难之，故终无难矣。

守微章第六十四

其安易持，其未兆易谋。其脆易破，其微易散。为之于未有，治之于未乱。合抱之木生于毫末。九层之台起于累土。千里之行始于足下。为者败之，执者失之。是以圣人无为，故无败，无执故无失。民之从事，常于几成而败之。慎终如始，则无败事。是以圣人欲不欲，不贵难得之货。学不学，复众人之所过，以辅万物之自然，而不敢为。

淳德章第六十五

古之善为道者，非以明民，将以愚之。民之难治，以其智多。以智治国，国之贼。不以智治国，国之福。知此两者，亦楷式。能知楷式，是谓玄德。玄德深矣、远矣！与物反矣。然后乃至大顺。

后己章第六十六

江海之所以能为百谷王者，以其善下之，故能为百谷王。是以圣人欲上民，必以言下之。欲先民，必以身后之。是以圣人处上而民不重，处前而民不害。是以天下乐推而不厌。以其不争，故天下莫能与之争。

三宝章第六十七

天下皆谓我大，似不肖。夫唯大，故似不肖。若肖久矣，其细也夫。我有三宝，持而保之：一曰慈，二曰俭，三曰不敢为天下先。慈故能勇，俭故能广，不敢为天下先，故能成器长。今舍慈且勇，舍俭且广，舍后且先，死矣！夫慈以战则胜，以守则固。天将救之，以慈卫之。

配天章第六十八

善为士者不武。善战者不怒。善胜敌者不与争。善用人者为之下。是谓不争之德。是谓用人之力。是谓配天，古之极。

玄用章第六十九

用兵有言，吾不敢为主而为客，不敢进寸而退尺。是谓行无行，攘无臂，扔无敌，执无兵。祸莫大于轻敌。轻敌几丧吾宝。故抗兵相加，哀者胜矣。

知难章第七十

吾言甚易知、甚易行。天下莫能知、莫能行。言有宗、事有君。夫唯无知，是以不我知。知我者希，则我者贵。是以圣人被褐怀玉。

知病章第七十一

知不知，上。不知知，病。夫唯病病，是以不病。圣人不病，以其病病，是以不病。

爱己章第七十二

民不畏威，则大威至。无狭其所居，无厌其所生。夫唯不厌，是以不厌。是以圣人自知不自见，自爱不自贵。故去彼取此。

任为章第七十三

勇于敢则杀，勇于不敢则活。此两者，或利或害。天之所恶，孰知其故。天之道不争而善胜，不言而善应，不召而自来，繟然而善谋。天网恢恢，疏而不失。

制惑章第七十四

民不畏死，奈何以死惧之。若使民常畏死，而为奇者，吾得执而杀之，孰敢。常有司杀者。夫代司杀者杀，是谓代大匠斫。夫代大匠斫者，希有不伤其手矣。

贪损章第七十五

民之饥，以其上食税之多，是以饥。民之难治，以其上之有为，是以难治。民之轻死，以其上求生之厚，是以轻死。夫唯无以生为者，是贤于贵生。

戒强章第七十六

人之生也柔弱，其死也坚强。万物草木之生也柔脆，其死也枯槁。故坚强者死之徒，柔弱者生之徒。是以兵强则不胜，木强则共。强大处下，柔弱处上。

天道章第七十七

天之道，其犹张弓乎。高者抑之，下者举之。有余者损之，不足者补之。天之道，损有余而补不足。人之道，则不然，损不足以奉有余。孰能有余以奉天下，唯有道者。是以圣人为而不恃，功成而不处。其不欲见贤。

任信章第七十八

天下莫柔弱于水，而攻坚强者，莫之能胜，以其无以易之。柔之胜刚，弱之胜强，天下莫不知莫能行。是以圣人云：受国之垢，是谓社稷主；受国不祥，是为天下王。正言若反。

任契章第七十九

和大怨，必有余怨，安可以为善。是以圣人执左契，而不责于人。有德司契，无德司彻。天道无亲，常与善人。

独立章第八十

小国寡民。使有什伯人之器而不用。使民重死而不远徙。虽有舟舆，无所乘之。虽有甲兵，无所陈之。使民复结绳而用之。甘其食、美其服、安其居、乐其俗。邻国相望，鸡犬之声相闻。民至老死不相往来。

显质章第八十一

信言不美，美言不信。善者不辩，辩者不善。知者不博，博者不知。圣人不积，既以为人己愈有。既以与人己愈多。天之道，利而不害，圣人之道，为而不争。

参考文献

河上公本．道德经．引自《道德经》．北京：宗教文化出版社，2007．
王弼本．道德经．引自《道德经》．北京：宗教文化出版社，2007．
任继愈．老子新释．上海：上海古籍出版社，1978．
陈鼓应．老子注释及评介．北京：中华书局，1984．
贺荣一．老子之朴治主义．天津：百花文艺出版社，1994．
许啸天．老子．北京：中国书店，1988．
古棣、周英．老子通．长春：吉林人民出版社，1991．
任法融．道德经释义．西安：三秦出版社，1993．
胡孚琛，吕锡琛．道学通论．北京：社会科学文献出版社，2004．
肖箑父，李锦全．中国哲学史．北京：人民出版社，1982．
熊铁基，马怀良，刘韶军．中国老学史．福州：福建人民出版社，1995．

后 记

唯道论由老子首创，其基本思想为万物唯道所生，万物唯道所成，道在万物之中，万有唯道所生。唯道论流传至今，仍然是当代道家与道教的重要理论。本书以唯道论为基础，对当代道论、道家、道教进行了理论探讨。中国哲学史上，没有典型意义上的唯物论、唯心论、先验论、反映论、经验论、唯理论，这些是对西方哲学思维方式的生搬硬套。唯道论是中国传统的哲学思维方式之一，从老庄的唯道论到当代新道家的唯道论，其理论形态源远流长，推陈出新，一脉相承。

唯道论在政治上的运用是以道治国，这是由老子《道德经》中最早提出来的，笔者认为，全部《道德经》的内容可以归结为三个问题：以道治国，还是以德治国？圣人治国，还是侯王治国？道家思想治国，还是儒家、法家、墨家思想治国？本书包括了笔者对老子《道德经》的独特理解。

2006 年 7 月 30 日至 8 月 3 日，海峡两岸炎帝神农文化论坛唯道论研讨会在武汉拉开帷幕。本次研讨会由湖北省人民政府主办，湖北省对台办公室、武汉大学哲学学院、随州市人民政府、神农架林区政府承办。湖北省省长罗清泉、国务院台办副主任叶克冬出席了开幕式并讲话。台湾新同盟会会长许历农先生、台湾新党主席郁慕明先生等一行专程从台湾来武汉参加会议。中共中央政治局委员、湖北省省委书记俞正声在会前看望了许历农、郁慕明等会议代表。

国内外著名学者成中英、唐明邦、熊铁基、李绍崐、胡孚琛、李刚、李向平、刘全华(美)、宫哲兵，以及来自美国、加拿大、新加坡、拉脱维亚等七个国家及中国港澳台地区和内地的 100 余位学者参加了本次研讨会。共收到论文 90 余篇。会议以“唯道论”为主题，研讨唯道论对中国道家发展及中国哲学发展的价值与意义。

本书前六个部分，是宫哲兵关于唯道论的专著。第十部分，是宫哲兵对《道德经》的注释与今译。第七至第九部分，是唯道论研讨会的会议论文与摘要，由宫哲兵主编。许多著名学者的重要论文在本书第九部分中只有摘要，如果读者想阅读全文，可以从台湾《道教学术资讯网站》中获得全文。感谢台湾洪百坚道长亲临此会，会后将唯道论研讨会的全部会议论文发表在这个重要道教网站上。

宫哲兵

2012. 3